告発・課徴金・行政処分なしの視点でみる

不適正な会計処理と再発防止策

宝印刷総合ディスクロージャー研究所 [監修]
小谷融 [編著]
平松朗・鈴木広樹
清水一・手嶋大介 [著]

清文社

はじめに

　金融商品取引法において、粉飾決算等の重要事項に虚偽記載のある有価証券報告書を提出した場合には、懲役刑を含む刑事罰が規定されている。しかし、違反行為といっても、現実には悪質性の度合いは千差万別で、刑事罰は対象者に与える影響が極めて大きいため抑制的に運用する必要がある。その結果、刑事罰を科すに至らない程度の違反行為は、放置されることになってしまう。このような状況は、規制の実効性の確保の面から、また、法適用の公平性の観点からも、望ましいものではない。

　このため、平成17年4月1日から課徴金制度が導入された。これは、ルール破りは割りに合わないという規律を確立し、金融商品取引法令の実効性を確保するという行政目的を達成するため、行政上の措置として、金融商品取引法の一定の規定に違反した者に対して金銭的負担を課すものだ。有価証券報告書等の開示書類の虚偽記載（不適正な会計処理）も、この課徴金の対象となる違反行為である。

　しかし、不適正な会計処理があったとして訂正報告書を提出した会社に、すべて課徴金が課されているかというと、そうでもない。課徴金を課すほどのものでもない軽微なものは「行政処分なし」となっている。

　どういう不適正な会計処理が告発されるのか、また課徴金の対象となるのか、あるいは行政処分を受けないのかということが、有価証券報告書提出会社や会計監査人である公認会計士、企業法務に携わる弁護士等にとって気になるところである。もちろん、金融庁や証券取引等監視委員会は、その悪質性に応じて処分を決めているのであろう。しかし、外部からは、どのような基準で処分（「告発」「課徴金」「行政処分なし」）が決められているのかは明らかでない。

　また、上記関係者にとって、これらの会社において、不適正な会計処理が行われた背景やどのような再発防止策が検討されたかを知ることは、コンプライアンスや内部統制の観点から非常に重要なことである。

有価証券報告書提出会社は、過去の連結財務諸表に関連して不適正な会計処理を発見した場合、その連結財務諸表の訂正と訂正後の連結財務諸表に対する監査証明を付した訂正報告書を内閣総理大臣に提出しなければならない。

　本書では、この訂正報告書を手掛かりに上記の基準を明らかにするため、①不適正な会計処理の態様、②不適正な会計処理が行われた背景、および③その再発防止策の検討・分析を行った。各章の概要は次のとおり。

　第1章の「不適正な会計処理」では、不適正な会計処理に対する金融庁、証券取引所および日本公認会計士協会の規定・規程・基準等を取りまとめた。不適正な会計処理が発覚した場合、有価証券報告書提出会社等は、限られた時間内にその会社の監査役、調査委員会、金融庁、証券取引所等多方面への対応が必要となる。どのような対応が適切であるかについても言及している。

　第2章の「告発事案」では、重要な事項につき虚偽の記載のある有価証券報告書等を提出したとして、証券取引等監視委員会から地方検察庁検察官に告発された最近の4事案を紹介している。各事案は、①告発の概要、②虚偽記載のあった有価証券報告書に係る訂正報告書の訂正理由、③虚偽記載の態様、④不適正な会計処理の連結財務諸表への影響額、⑤不適正な会計処理を行った背景、⑥告発となった判断基準、および⑦同社において検討された再発防止策からなっている。

　第3章の「課徴金事案」では、重要な事項につき虚偽の記載のある有価証券報告書等を提出したとして、金融庁から課徴金が課された最近の9事案を紹介している。これらの事案は次の観点から選定したものである。なお、各事案の内容は、上記告発事案に準じた。

① 新興市場上場企業の虚偽記載で上場企業としてのあり方が問われるもの
② 伝統的な循環取引を主導しているもの
③ 会社が不適正な会計処理を行っていたことを公表する前に、証券取引等監視委員会から立入調査を受けたもの
④ 重要な事項につき虚偽の記載のある有価証券報告書等を組込情報等とした有価証券届出書により、投資家に株券を取得させたもの

第4章「行政処分のない事案」では、一見したところ不適正な会計処理の重要性が高いと思われるが、課徴金が課されていない12事案について、なぜ課徴金の対象とされなかったかを考察している。

　第5章の「不適正な会計処理事案の計量分析」では、不適正な会計処理が発覚した会社の悪質性と金融庁・証券取引等監視委員会による処分（告発・課徴金・行政処分なし）の関係を統計的に分析している。

　資料編では、平成19年7月1日から24年6月30日までの間に、訂正報告書を提出した会社を対象に、「告発事案」、「課徴金事案」、「行政処分のない事案」に区別したうえで、会社ごとに次の事項を取りまとめた。

① 業種、上場市場、訂正報告書の提出日および対象決算期
② 不適正な会計処理に伴う連結財務諸表の主な訂正勘定科目
③ 具体的な虚偽表示の態様（課徴金事案）、訂正報告書の訂正理由
④ 訂正に伴う連結財務諸表の主な勘定科目の増減金額および増減率
⑤ 訂正報告書における監査証明の有無（行政処分なし）

　最後に、データ収集に協力していただいた宝印刷総合ディスクロージャー研究所の小西千秋執行役員、新井晶美次長、増田美和研究員、黒須悠子所員、ならびに本書の編集の労をとっていただいた清文社編集第三部の中塚一樹氏には、この場を借りて厚くお礼を申し上げたい。

　平成25年1月

小谷　融

Contents

第 1 章　不適正な会計処理

1. 金融商品取引法における規制 …………………………………………3
    1　発行開示 ……………………………………………………………3
    2　継続開示 ……………………………………………………………5
    3　訂正報告書等の自発的提出 ………………………………………6
    4　開示書類の検査 ……………………………………………………7
    5　虚偽記載等による訂正報告書等の提出命令 ……………………8
    6　課徴金制度 ………………………………………………………10
    7　刑事罰 ……………………………………………………………12
    8　刑事罰、課徴金、民事責任における虚偽記載の範囲 ………13

2. 証券取引所における規制 ……………………………………………15
    1　上場廃止 …………………………………………………………15
    2　監理銘柄・整理銘柄への指定 …………………………………16
    3　特設注意市場銘柄制度 …………………………………………16
    4　適時開示に係る規定に違反した場合の措置 …………………17

3. 財務諸表の訂正と監査証明 …………………………………………19
    1　財務諸表の訂正と過年度遡及会計基準 ………………………19
    2　財務諸表の訂正と監査証明 ……………………………………21

4. 日本公認会計士協会における基準等 ………………………………24
    1　会計不正と監査基準、実務指針等 ……………………………24

2　不正発覚後の対応 ……………………………………………26
　　3　日本公認会計士協会におけるその他の対応 ………………34

5．不適正な会計処理が発覚した場合の監査人の対応 ……………36
　　1　内部調査委員会・第三者委員会への監査人の対応 ………37
　　2　証券取引所への監査人の対応 ………………………………37
　　3　会社法上の対応 ………………………………………………39
　　4　金商法上の対応 ………………………………………………40

第２章　告発事案

1．A－1株式会社（精密機器） ……………………………47
　　［訂正勘定科目］連結（ファンドの連結はずし）、資産（無形固定資産（のれん）の架空計上）、特別損失（関係会社投資評価損の未計上、のれん減損処理等の架空計上）
　　1　告発の概要 ……………………………………………………47
　　2　訂正報告書の訂正理由 ………………………………………49
　　3　虚偽記載の態様 ………………………………………………52
　　4　不適正な会計処理の連結財務諸表への影響額 ……………59
　　5　不適正な会計処理の背景 ……………………………………62
　　6　告発となった判断基準 ………………………………………66
　　7　再発防止策 ……………………………………………………68

2．A－3株式会社（情報・通信業） ………………………71
　　［訂正勘定科目］売上高（売上の過大計上、架空売上の計上）、売上原価（架空仕入の計上）
　　1　告発の概要 ……………………………………………………71
　　2　訂正報告書の訂正理由 ………………………………………72

|3　虚偽記載の態様 ………………………………………………73
|4　不適正な会計処理の連結財務諸表への影響額 …………………76
|5　不適正な会計処理の背景 ………………………………………79
|6　告発となった判断基準 …………………………………………81
|7　再発防止策 ………………………………………………………82

3．株式会社A-4（情報・通信業）……………………84
[訂正勘定科目] 売上高（売上の前倒し計上）、売上原価（架空外注費の計上）、特別損失（リース料に係る貸倒引当金の不計上）

|1　告発の概要 ………………………………………………………84
|2　訂正報告書の訂正理由 …………………………………………85
|3　虚偽記載の態様 …………………………………………………87
|4　不適正な会計処理の連結財務諸表への影響額 …………………89
|5　不適正な会計処理の背景 ………………………………………92
|6　告発となった判断基準 …………………………………………94
|7　再発防止策 ………………………………………………………95

4．A-5株式会社（電気機器）……………………………98
[訂正勘定科目] 売上高（架空売上の計上、売上の前倒し計上）、売上原価（売上原価の繰延べ）

|1　告発の概要 ………………………………………………………98
|2　訂正報告書の訂正理由 …………………………………………99
|3　虚偽記載の態様 …………………………………………………102
|4　不適正な会計処理の連結財務諸表への影響額 …………………103
|5　不適正な会計処理の背景 ………………………………………106
|6　告発となった判断基準 …………………………………………108
|7　再発防止策 ………………………………………………………110

5. 訂正報告書未提出会社 ……………………………………112

第3章　課徴金事案

1. B-3株式会社（サービス業） ……………………………119
［訂正勘定科目］売上高（架空売上の計上）、特別損失（貸倒引当金の不計上）、資産（無形固定資産（ソフトウェア）の架空計上）

1	事案の概要 ……………………………………………………119
2	訂正報告書の提出理由 ………………………………………120
3	虚偽記載の態様 ………………………………………………121
4	不適正な会計処理の財務諸表への影響額 …………………122
5	不適正な会計処理を行った背景 ……………………………125
6	課徴金が課された判断基準 …………………………………126
7	再発防止策 ……………………………………………………127

2. 株式会社B-4（情報・通信業） ……………………………129
［訂正勘定科目］売上高（売上の過大計上）、売上原価（架空工事の計上）、販売費及び一般管理費（費用の無形固定資産への付替え）、営業外費用（貸倒引当金の過少計上）、資産（無形固定資産（ソフトウェア）の架空計上）

1	事案の概要 ……………………………………………………129
2	訂正報告書の訂正理由 ………………………………………130
3	虚偽記載の態様 ………………………………………………131
4	不適正な会計処理の連結財務諸表への影響額 ……………134
5	不適正な会計処理を行った背景 ……………………………137
6	課徴金が課された判断基準 …………………………………138
7	再発防止策 ……………………………………………………140

3. 株式会社B−7（情報・通信業） ……………………………142
[訂正勘定科目] 特別損失（貸倒引当金の過少計上、債務保証損失引当金の不計上）

1	事案の概要 ……………………………………………………………142
2	訂正報告書の訂正理由 ………………………………………………143
3	虚偽記載の態様 ………………………………………………………143
4	不適正な会計処理の連結財務諸表への影響額 ……………………147
5	不適正な会計処理を行った背景 ……………………………………149
6	課徴金が課された判断基準 …………………………………………150
7	再発防止策 ……………………………………………………………150

4. 株式会社B−8（電気機器） ……………………………………151
[訂正勘定科目] 売上高（売上の前倒し計上、売上の取消し処理の未済、架空売上の計上）

1	事案の概要 ……………………………………………………………151
2	訂正報告書の訂正理由 ………………………………………………152
3	虚偽記載の態様 ………………………………………………………153
4	不適正な会計処理の連結財務諸表への影響額 ……………………154
5	不適正な会計処理を行った背景 ……………………………………157
6	課徴金が課された判断基準 …………………………………………159
7	再発防止策 ……………………………………………………………159

5. 株式会社B−9（情報・通信業） ……………………………160
[訂正勘定科目] 特別利益（債務免除益の架空計上）、特別損失（貸倒引当金の過少計上）

1	事案の概要 ……………………………………………………………160
2	訂正報告書の訂正理由 ………………………………………………161
3	虚偽記載の態様 ………………………………………………………162

	4	不適正な会計処理の連結財務諸表への影響額 …………………164
	5	不適正な会計処理を行った背景 …………………165
	6	課徴金が課された判断基準 …………………166
	7	再発防止策 …………………166

6. B-11株式会社（情報・通信業） …………………168
[訂正勘定科目] 売上高（架空売上の計上、売上の前倒し計上）、特別損失（貸倒引当金の不計上）

	1	事案の概要 …………………168
	2	訂正報告書の訂正理由 …………………169
	3	虚偽記載の態様 …………………170
	4	不適正な会計処理の連結財務諸表への影響額 …………………173
	5	不適正な会計処理を行った背景 …………………176
	6	課徴金が課された判断基準 …………………178
	7	再発防止策 …………………178

7. 株式会社B-12（情報・通信業） …………………180
[訂正勘定科目] 資産（棚卸資産の架空計上、有形固定資産の架空計上）

	1	事案の概要 …………………180
	2	訂正報告書の訂正理由 …………………180
	3	虚偽記載の態様 …………………182
	4	不適正な会計処理の連結財務諸表への影響額 …………………184
	5	不適正な会計処理を行った背景 …………………185
	6	課徴金が課された判断基準 …………………186
	7	再発防止策 …………………187

8. B-28株式会社（情報・通信業） ……………………189
[訂正勘定科目] 売上高（架空売上の計上）、資産（売上債権、貸付金、無形固定資産の過大計上）

| 1 | 事案の概要 ……………………………………………189
| 2 | 訂正報告書の訂正理由 …………………………………189
| 3 | 虚偽記載の態様 …………………………………………191
| 4 | 不適正な会計処理の連結財務諸表への影響額 ……………194
| 5 | 不適正な会計処理を行った背景 ………………………197
| 6 | 課徴金が課された判断基準 ……………………………198
| 7 | 再発防止策 ………………………………………………198

9. 株式会社B-30（卸売業） ……………………………200
[訂正勘定科目] 売上高（架空売上の計上）

| 1 | 事案の概要 ……………………………………………200
| 2 | 訂正報告書の訂正理由 …………………………………200
| 3 | 虚偽記載の態様 …………………………………………201
| 4 | 不適正な会計処理の連結財務諸表への影響額 ……………203
| 5 | 不適正な会計処理を行った背景 ………………………206
| 6 | 課徴金が課された判断基準 ……………………………207
| 7 | 再発防止策 ………………………………………………208

第4章 行政処分のない事案

1. 株式会社C-4（小売業） ………………………………211
[訂正勘定科目] 売上原価（仕入割戻の過大計上）、資産（棚卸資産の過少計上）、負債（仕入債務の過少計上）

| 1 | 事案の概要 ……………………………………………211
| 2 | 訂正報告書の訂正理由 …………………………………212

| 3 虚偽記載の態様 …………………………………………212
| 4 不適正な会計処理の連結財務諸表への影響額 …………213
| 5 不適正な会計処理を行った背景 …………………………216
| 6 重要性がないとされた判断基準 …………………………217
| 7 再発防止策 …………………………………………………218

2. C−6株式会社（サービス業） …………………………221

[訂正勘定科目] 販売費及び一般管理費（貸倒引当金繰入額の過大計上）、資産（貸付金の過少計上、前渡金の過大計上）、負債（仕入債務の過少計上）

| 1 事案の概要 …………………………………………………221
| 2 訂正報告書の訂正理由 ……………………………………221
| 3 虚偽記載の態様 ……………………………………………223
| 4 不適正な会計処理の連結財務諸表への影響額 …………224
| 5 不適正な会計処理を行った背景 …………………………226
| 6 重要性がないとされた判断基準 …………………………228
| 7 再発防止策 …………………………………………………228

3. C−7株式会社（機械） …………………………………231

[訂正勘定科目] 売上高（売上の過大計上）、売上原価（売上原価の過少計上）、販売費及び一般管理費（費用の過大計上）、資産（棚卸資産の過少計上）、負債（前受金の過少計上、工事損失引当金の過少計上）

| 1 事案の概要 …………………………………………………231
| 2 訂正報告書の訂正理由 ……………………………………231
| 3 虚偽記載の態様 ……………………………………………233
| 4 不適正な会計処理の連結財務諸表への影響額 …………234
| 5 不適正な会計処理を行った背景 …………………………235

| 6 重要性がないとされた判断基準 …………………………………237
| 7 再発防止策 ……………………………………………………237

4．C－8 株式会社（建設業）……………………………………240
［訂正勘定科目］売上高（売上の過大計上）、売上原価（売上原価の過大計上）、販売費及び一般管理費（退職給付費用の過大計上）、資産（売上債権の過大計上、棚卸資産の過大計上、有形固定資産の過大計上）、負債（仕入債務の過大計上）

| 1 事案の概要 ……………………………………………………240
| 2 訂正報告書の訂正理由 ………………………………………241
| 3 虚偽記載の態様 ………………………………………………241
| 4 不適正な会計処理の連結財務諸表への影響額 ……………244
| 5 不適正な会計処理を行った背景 ……………………………247
| 6 重要性がないとされた判断基準 ……………………………247
| 7 再発防止策 ……………………………………………………248

5．C－12 株式会社（パルプ・紙）………………………………250
［訂正勘定科目］販売費及び一般管理費（費用の過大計上）、特別損失（損失の過大計上）、資産（有形固定資産の過大計上・過少計上、無形固定資産（のれん）の過大計上）、負債（関係会社事業損失引当金の過少計上）

| 1 事案の概要 ……………………………………………………250
| 2 訂正報告書の訂正理由 ………………………………………251
| 3 虚偽記載の態様 ………………………………………………252
| 4 不適正な会計処理の連結財務諸表への影響額 ……………255
| 5 不適正な会計処理を行った背景 ……………………………258
| 6 重要性がないとされた判断基準 ……………………………259
| 7 再発防止策 ……………………………………………………259

6. 株式会社C-17（小売業） ……………………………………260
[訂正勘定科目] 売上高（架空売上の計上）、売上原価（架空仕入の計上）、販売費及び一般管理費（費用の過大計上）、資産（売上債権の過大計上、棚卸資産の過大計上）、負債（仕入債務の過大計上）

| 1 事案の概要 ……………………………………………………260
| 2 訂正報告書の訂正理由 ………………………………………260
| 3 虚偽記載の態様 ………………………………………………262
| 4 不適正な会計処理の連結財務諸表への影響額 ……………263
| 5 不適正な会計処理を行った背景 ……………………………264
| 6 重要性がないとされた判断基準 ……………………………265
| 7 再発防止策 ……………………………………………………266

7. 株式会社C-19（小売業） ……………………………………267
[訂正勘定科目] 売上原価（売上原価の過少計上）、資産（棚卸資産の過大計上）

| 1 事案の概要 ……………………………………………………267
| 2 訂正報告書の訂正理由 ………………………………………267
| 3 虚偽記載の態様 ………………………………………………269
| 4 不適正な会計処理の連結財務諸表への影響額 ……………270
| 5 不適正な会計処理を行った背景 ……………………………273
| 6 重要性がないとされた判断基準 ……………………………274
| 7 再発防止策 ……………………………………………………274

8. 株式会社 C-21 （不動産業） ……………………………277
［訂正勘定科目］売上高（売上の過大計上）、販売費及び一般管理費（費用の過少計上）、特別損失（貸倒引当金繰入額の過少計上）、資産（不動産共同事業出資金の過大計上）

1	事案の概要 …………………………………………………277
2	訂正報告書の訂正理由 ……………………………………278
3	虚偽記載の態様 ……………………………………………279
4	不適正な会計処理の連結財務諸表への影響額 …………280
5	不適正な会計処理を行った背景 …………………………281
6	重要性がないとされた判断基準 …………………………283
7	再発防止策 …………………………………………………283

9. C-23 株式会社 （機械） ……………………………286
［訂正勘定科目］売上高（架空売上の計上）、売上原価（架空仕入の計上）、販売費及び一般管理費（費用の過少計上）、特別損失（付加価値税修正損の過少計上）、資産（売上債権の過大計上、棚卸資産の過少計上）

1	事案の概要 …………………………………………………286
2	訂正報告書の訂正理由 ……………………………………287
3	虚偽記載の態様 ……………………………………………288
4	不適正な会計処理の連結財務諸表への影響額 …………289
5	不適正な会計処理を行った背景 …………………………293
6	重要性がないとされた判断基準 …………………………294
7	再発防止策 …………………………………………………294

10. C-29株式会社（小売業） ……………………………………297
［訂正勘定科目］売上高（架空売上の計上）、売上原価（架空仕入の計上）、販売費及び一般管理費（租税公課等の過大計上）、営業外収益（収益の過大計上）、営業外費用（費用の過大計上）、特別損失（固定資産除却損の過大計上）、資産（有形固定資産の過大計上）

1	事案の概要 ……………………………………………297
2	訂正報告書の訂正理由 ………………………………298
3	虚偽記載の態様 ………………………………………298
4	不適正な会計処理の連結財務諸表への影響額 ……300
5	不適正な会計処理を行った背景 ……………………301
6	重要性がないとされた判断基準 ……………………302
7	再発防止策 ……………………………………………303

11. 株式会社C-39（サービス業） ……………………………306
［訂正勘定科目］売上原価（売上原価の過少計上）、資産（前渡金の過大計上）、負債（仕入債務の過少計上）

1	事案の概要 ……………………………………………306
2	訂正報告書の訂正理由 ………………………………306
3	虚偽記載の態様 ………………………………………307
4	不適正な会計処理の連結財務諸表への影響額 ……308
5	不適正な会計処理を行った背景 ……………………310
6	重要性がないとされた判断基準 ……………………311
7	再発防止策 ……………………………………………312

12. C-42株式会社（機械） ……………………………………………315
［訂正勘定科目］売上高（売上の前倒し計上）、売上原価（売上原価の過少計上）、販売費及び一般管理費（製品保証引当金の過少計上）、資産（売上債権の過大計上、棚卸資産の過大計上）

1	事案の概要 ……………………………………………………315
2	訂正報告書の訂正理由 ………………………………………315
3	虚偽記載の態様 ………………………………………………316
4	不適正な会計処理の連結財務諸表への影響額 ……………317
5	不適正な会計処理を行った背景 ……………………………320
6	重要性がないとされた判断基準 ……………………………320
7	再発防止策 ……………………………………………………321

第5章　不適正な会計処理事案の計量分析

1	悪質性の指標 …………………………………………………325
2	基礎統計 ………………………………………………………326
3	回帰分析 ………………………………………………………327
4	まとめ …………………………………………………………331

資料編　訂正報告書における不適切な会計処理の分析

1	告発事案 ………………………………………………………335
2	課徴金事案 ……………………………………………………337
3	行政処分のない事案 …………………………………………400

---凡　例---

【法　令】
法……金融商品取引法
令……金融商品取引法施行令
開示府令……企業内容等の開示に関する内閣府令
財務諸表等規則……財務諸表等の用語、様式及び作成方法に関する規則
連結財務諸表規則……連結財務諸表の用語、様式及び作成方法に関する規則
監査証明府令……財務諸表等の監査証明に関する内閣府令
開示ガイドライン……企業内容等の開示に関する留意事項について

【東京証券取引所】
上場規程……有価証券上場規程
上場規程施行規則……有価証券上場規程施行規則

第1章
不適正な会計処理

本章「不適正な会計処理」は、金融庁、証券取引所および日本公認会計士協会における有価証券報告書提出会社の不適正な会計処理に対応する規定・規程・基準等をとりまとめたものである。

　第1節「金融商品取引法における規制」では、ディスクロージャー制度の概要、証券取引等監視委員会や金融庁・財務局による開示書類の検査、不適正な会計処理があった場合の訂正報告書、それに対する課徴金および刑事罰についての説明がなされている。

　第2節「証券取引所における規制」では、不適正な会計処理による上場廃止等の措置と、適時開示に係る規定に違反した場合の措置についての説明がなされている。

　第3節「財務諸表の訂正と監査証明」では、有価証券報告書提出会社が過去の財務諸表に関連して不適正な会計処理を発見した場合、その財務諸表の訂正と訂正後の財務諸表に対する監査証明についての説明がなされている。

　第4節「日本公認会計士協会における基準等」では、日本公認会計士協会が公表している不適正な会計処理に対する監査上の取扱いについての説明がなされている。これは有価証券報告書提出会社における内部監査にとっても有用である。

　第5節「不適正な会計処理が発覚した場合の監査人の対応」では、公認会計士等は、不適正な会計処理が発覚した場合には、限られた時間内にその会社の監査役、調査委員会、金融庁、証券取引所等多方面への対応が必要になるが、どのような対応が適切であるかについての説明がなされている。これは有価証券報告書提出会社にとっても同様のことがいえる。

1 金融商品取引法における規制

　開示規制であるディスクロージャー制度は、投資者が自己責任のもと投資判断を行うために、その有価証券および発行者に関する情報が正確、公平かつ適時に開示されることにより、投資者が事実を知らされないことによって被る損害から保護するものである。

 発行開示

1 募集または売出しの届出

　有価証券の募集または売出しは、発行者がその有価証券の募集または売出しに関し内閣総理大臣に届出をしているものでなければ、これをすることができない（法第4条第1項本文）。この届出は、その有価証券の発行会社が有価証券届出書または発行登録書・発行登録追補書類を内閣総理大臣に提出することにより行われる（法第5条第1項）。具体的には、次の募集または売出しに届出が必要となる。

① 発行価額の総額が1億円以上の募集
　募集とは、多数の者（50名以上）を相手方として新発の有価証券の取得勧誘をいう。
② 開示が行われていない有価証券の売出価額の総額が1億円以上の売出し
　開示が行われていない有価証券とは、その有価証券の発行会社が有価証券届出書または有価証券報告書等により継続的に企業情報を開示していない会社の有価証券をいう（法第4条第7項第1号、開示府令第6条）。

③　開示が行われていない有価証券の適格機関投資家取得証券一般勧誘

適格機関投資家取得証券一般勧誘とは、プロ私募(適格機関投資家私募)の有価証券の売出しで、適格機関投資家が適格機関投資家以外の一般投資者に対して行うものをいう(法第4条第2項第4号)。

④　開示が行われていない有価証券の特定投資家等取得有価証券一般勧誘

特定投資家等取得有価証券一般勧誘とは、特定投資家向け有価証券の売出しで、特定投資家が特定投資家以外の一般投資者に対して行うものをいう(法第4条第3項)。

2 目論見書

目論見書とは、有価証券の募集もしくは売出し、適格機関投資家取得有価証券一般勧誘または特定投資家等取得有価証券一般勧誘のために、その有価証券の発行者の事業その他の事項に関する説明を記載する文書であって、相手方に交付し、または相手方からの交付の請求があった場合に交付するものをいう(法第2条第10項)。

届出を要する次の募集または売出しに係る有価証券の発行者およびすでに開示が行われている有価証券の売出価額の総額が1億円以上の売出しに係る有価証券の発行者は、目論見書を作成することが義務付けられている(法第13条第1項)

① 届出を要するものに係る目論見書
 a. 発行価額の総額が1億円以上の募集
 b. 開示が行われていない有価証券の売出価額の総額が1億円以上の売出し
 c. 開示が行われていない適格機関投資家取得有価証券一般勧誘
 d. 開示が行われていない特定投資家等取得有価証券一般勧誘
② すでに開示している有価証券の売出し係る目論見書

❷ 継続開示

　流通市場における継続開示は、金融商品取引所に上場されている株式など流動性のある有価証券の発行者に対して、投資者がその有価証券に投資するに際しての判断資料を提供するために義務付けられている開示制度である。定期的な開示書類には、有価証券報告書、有価証券報告書等の記載内容の確認書、内部統制報告書、四半期報告書、半期報告書、自己株券買付状況報告書および親会社等状況報告書があり、臨時的な開示書類には臨時報告書がある。

①有価証券報告書

　次に掲げる①～④の有価証券の発行者は、事業年度ごとに、その会社の商号、その会社の属する企業集団およびその会社の経理の状況や事業の内容等を記載した「有価証券報告書」を、毎事業年度経過後3か月以内に内閣総理大臣に提出しなければならない（法第24条第1項）。

① 金融商品取引所に上場されている有価証券（上場会社）
② 店頭売買有価証券市場において売買するものとして認可金融商品取引業協会に登録された店頭売買有価証券（店頭登録会社）
③ その募集または売出しにつき有価証券届出書または発行登録追補書類を提出した有価証券（①および②を除く）
④ 事業年度末または前4事業年度末のいずれかにおいて株券または優先出資証券の所有者が1,000名以上であるもの（①～③を除く、令第3条の6第4項）

②四半期報告書

　金融商品取引所に上場されている有価証券または店頭売買有価証券市場において売買するものとして認可金融商品取引業協会に登録された店頭売買有価証券のうち、次の有価証券の発行者である会社（上場会社または店頭登録会社）は、その事業年度が3か月を超える場合には、その事業年度の期間を3か月ご

とに区分した各期間ごとに、その会社の属する企業集団の経理の状況その他公益または投資者保護に必要かつ適当な事項を記載した連結ベースの四半期報告書を、その各期間経過後45日以内に、内閣総理大臣に提出しなければならない。ただし、第4四半期に係るものの提出は不要である（法第24条の4の7①、令第4条の2の10第1項・第2項・第3項）。

① 株券
② 優先出資証券（信用金庫の中央組織である信金中央金庫等の協同組織金融機関がこれに該当する）
③ 外国会社の株券または優先出資証券の性質を有するもの
④ 有価証券信託受益証券で、受託証券が①～③であるもの
⑤ 預託証券で、①～③に係る権利を表示するもの

ただし、上記以外の有価証券報告書提出会社についても、四半期報告書を任意に提出することができる（法第24条の4の7第2項）。

3 半期報告書

有価証券報告書提出会社のうち、四半期報告書を提出しなければならない会社以外の会社は、その事業年度が6か月を超える場合には、事業年度ごとに、その事業年度が開始した日以後6か月間のその会社の属する企業集団およびその会社の経理の状況その他事業の内容に関する重要な事項、その他の公益または投資者保護のため必要かつ適当な事項を記載した半期報告書を、その期間経過後3か月以内に内閣総理大臣に提出しなければならない（法第24条の5第1項）。

❸ 訂正報告書等の自発的提出

有価証券届出書または有価証券報告書等について、訂正を必要とするものがあるときは、発行者はこれらの訂正届出書または訂正報告書を内閣総理大臣に提出しなければならない（法第7条、第24条の2第1項）。

したがって、有価証券届出書または有価証券報告書等に記載事項の記載漏れ、記載不十分、重要な事項について虚偽記載がある場合に、自発的訂正が必要となる。

❹ 開示書類の検査

開示書類の検査の実効性を確保するため、金融商品取引法では次の規定が設けられている。

1 提出会社等に対する検査等

内閣総理大臣は、公益または投資者保護のために必要かつ適当であると認めるときは、次の者に対し、参考となるべき報告もしくは資料の提出を命じ、または職員にその者の帳簿書類その他の物件を検査させることができる（法第26条）。

① 有価証券届出書等の開示書類を提出した者
② 有価証券届出書等の開示書類を提出すべきであると認められる者
③ 有価証券の引受人
④ その他の関係者
⑤ 参考人

2 公認会計士等に対する資料の提出命令

内閣総理大臣は、公益または投資者保護のために必要かつ適当であると認めるときは、有価証券届出書等に記載される財務諸表等および内部統制報告書の監査証明を行った公認会計士または監査法人に対し、参考となるべき報告または資料の提出を命じることができる（法第193条の2第6項）。この提出すべき資料の一つに監査概要書がある（監査証明府令第5条）。

なお、行政命令発出のための事実認定としての開示関係規定の遵守状況に関する検査については、証券取引等監視委員会が担った方が違反行為の摘発を有

効に行えるとして、内閣総理大臣および金融庁長官は、これらの権限を証券取引等監視委員会に委任している（法第194条の7第3項）。

❺ 虚偽記載等による訂正報告書等の提出命令

1 訂正届出書等の訂正命令

　有価証券届出書または有価証券報告書等について、次のいずれかに該当する場合、内閣総理大臣は有価証券の発行会社に対して、これらの訂正届出書または訂正報告書の提出を命じることができる（法第9条第1項、第10条第1項、第24条の2第2項）。

① 形式上の不備があるとき
② 記載すべき重要な事項の記載が不十分であると認めるとき
③ 重要な事項について虚偽の記載があるとき
④ 記載すべき重要な事項または誤解を生じさせないために必要な重要な事実の記載が欠けているとき

2 虚偽記載等の対象

　金融商品取引法第10条第1項等の規定を適用し、虚偽記載等による訂正届出書または訂正報告書等の提出命令の処分を行うにあたっては、投資者の投資判断に影響を与えると考えられる次のような事項について、影響度を個別に検討して判断するものとするとされている（開示ガイドライン10−1①）。

① 提出者の連結財務諸表等の貸借対照表の資産・負債の総額、純資産合計や損益計算書の当期純利益等が一定以上変動する場合
② 提出者の事業実施等に不可欠な資産の計上誤り
③ 提出者の株主の状況
④ 発行有価証券の流動性の誤り

　金融庁では、これらの検討にあたっては、機械的・画一的に行わないように、

また、重要な事項の判断については、単に記載上の注意等により定められている記載事項の有無により判断することのないように留意するとしている。

3 提出命令等の手続

　虚偽記載等がある可能性が判明した場合には、提出命令にあたって次のような手続をとることとされている（開示ガイドライン10－1②～④）。
① 深度あるヒアリングを行うことや、必要に応じて金融商品取引法第26条（届出者等に対する報告の徴取および検査）の規定に基づく報告を求めることを通じて、事実関係の把握に努める。
② 連結財務諸表等に係る虚偽記載等がある可能性が判明した場合は、その連結財務諸表等に監査証明を行った監査法人等に対しても、深度あるヒアリング、もしくは必要に応じて、金融商品取引法第26条または第193条の2（公認会計士または監査法人による監査証明）第6項の規定に基づく報告を求めることとする。
③ その結果、虚偽記載等があることが判明した場合は、速やかに自発的な訂正届出書の提出を求めることとし、適正な訂正届出書の提出がなされないと認められた場合もしくは公益または投資者保護上必要と考えられる場合等には、速やかに金融商品取引法第10条第1項に基づく訂正届出書の提出命令の手続に入ることとする。
④ 訂正届出書の提出命令を行おうとする場合、金融商品取引法第8条（届出の効力発生日）第1項に規定する効力発生までの待機期間が経過するまでに、必要と考えられる訂正が行われない可能性がある等、必要かつ適当と認められる場合には、効力停止命令を併せて行うことを検討するものとする。
⑤ 金融商品取引法第10条第3項に定める停止命令の解除の決定については、深度あるヒアリングを行うことや、必要に応じて金融商品取引法第26条の規定に基づく報告を求めることを通じて、訂正届出書の内容のほか、

提出者の財務処理体制ならびに内部統制の状況についても、十分把握した上で総合的に判断するものとする。

❻ 課徴金制度

　開示書類の虚偽記載・未提出、相場操縦、インサイダー取引等の不公正取引、金融商品取引法に対する違反行為に対しては、懲役刑を含む刑事罰が規定されている。しかし、違反行為といっても、現実には悪質性の度合いは千差万別で、刑事罰は対象者に与える影響が極めて大きいため抑制的に運用する必要がある。その結果、刑事罰を科すに至らない程度の違反行為は、放置されることになってしまう。このような状況は、規制の実効性の確保の面から、また、法適用の公平性の観点からも、望ましいものではない。

　このため、平成17年4月1日から課徴金制度が導入された。ルール破りは割りに合わないという規律を確立し、金融商品取引法令の実効性を確保するという行政目的を達成するため、行政上の措置として、金融商品取引法の一定の規定に違反した者に対して金銭的負担を課すものである。

① 発行開示書類の虚偽記載

　内閣総理大臣は、次の有価証券の発行者または発行者の役員等で売出しを行った者に対し、その有価証券の発行価額または売出価額の総額の2.25%（株券、優先出資証券等については4.5%）の額に相当する額の課徴金を国庫に納付することを命じなければならない（法第172条の2）。

① 重要な事項につき虚偽記載があり、または記載すべき重要な事項の記載が欠けている開示書類を提出した発行者が、その開示書類に基づく募集または売出しにより有価証券を取得させ、または売付けたとき（法第172条の2第1項）。

② 重要な事項につき虚偽記載があり、または記載すべき重要な事項の記載が欠けている開示書類を提出した発行者の役員、代理人、使用人その他従

業者であって、その開示書類に虚偽の記載があり、または記載すべき重要な事項の記載が欠けていることを知りながらその開示書類の提出に関与した者が、その開示書類に基づく売出しにより、その役員等が所有する有価証券を売付けたとき（法第172条の2第2項）。
③ 重要な事項につき虚偽記載があり、または記載すべき重要な事項の記載が欠けている既開示有価証券の売出しに係る目論見書を使用した発行者が、その目論見書に係る売出しによりその発行者が所有する有価証券を売付けたとき（法第172条の2第4項）
④ 重要な事項につき虚偽記載があり、または記載すべき重要な事項の記載が欠けている既開示有価証券の売出しに係る目論見書を使用した発行者の役員、代理人、使用人その他従業者であって、その目論見書に虚偽記載があり、または記載すべき重要な事項の記載が欠けていることを知りながらその目論見書の作成に関与した者が、その目論見書に係る売出しによりその役員等が所有する有価証券を売付けたとき（法第172条の2第5項）。
⑤ 発行開示書類に記載すべき重要な事項の変更がある場合等に提出が求められる訂正届出書または訂正発行登録書（法第7条前段、法第23条の4前段等）を提出すべき者が、その発行開示訂正書類を提出しないで募集または売出しにより有価証券を取得させ、または売り付けたとき（法第172条の2第6項）。

なお、課徴金の対象となる発行開示書類等とは、次のものをいう（法第172条第3項）。
① 有価証券届出書、訂正届出書（参照書類および添付書類を含む）
　参照書類である有価証券報告書、四半期報告書、半期報告書に虚偽記載があった場合も発行開示書類の虚偽記載となる。
② 発行登録書、訂正発行登録書、発行登録追補書類（参照書類および添付書類を含む）
③ 目論見書

2 継続開示書類の虚偽記載

(1) 有価証券報告書

　有価証券の発行者が、重要な事項につき虚偽記載があり、または記載すべき重要な事項の記載が欠けている有価証券報告書およびその添付書類またはその訂正報告書を提出したときは、内閣総理大臣は、次のいずれか多い金額に相当する額の課徴金を国庫に納付することを命じなければならない（法第172条の4第1項）。

① 600万円
② その発行者が発行する株券等の市場価額の総額に10万分の6を乗じて得た額

　なお、同一事業年度に複数の継続開示書類（有価証券報告書または四半期報告書・半期報告書・臨時報告書）の虚偽記載が存在する場合には、課徴金額を調整する規定が設けられている（法第185条の7第6項）。ただし、継続開示書類の虚偽記載を訂正する訂正報告書にさらに虚偽記載がある場合は、当初の虚偽記載とは別の新たな虚偽が行われていると考えられることから、そのような場合は課徴金額調整の対象外とされている（法第185条の7第7項）。

(2) 四半期報告書または半期報告書

　有価証券の発行者が、重要な事項につき虚偽記載があり、または記載すべき重要な事項の記載が欠けている四半期報告書または半期報告書およびその訂正報告書を提出したときは、内閣総理大臣は、有価証券報告書の課徴金の2分の1に相当する額の課徴金を国庫に納付することを命じなければならない（法第172条の4第2項）。

❼ 刑事罰

　金融商品取引制度の根本を脅かし、金融商品市場を信頼して投資した投資者に不測の損害を与える次のような行為を抑制するため、これらの罪を犯した者

は、金融商品取引法で最も罪の重い罰則である10年以下の懲役もしくは1,000万円以下の罰金に処せられ、またはこれらが併科される（法第197条第1項）。
① 重要事項に虚偽記載のある有価証券届出書、有価証券報告書等の書類の提出
② 重要事項に虚偽の表示のある公開買付け関連の公告または公表
③ 重要事項に虚偽記載のある公開買付届出書等の書類の提出
④ 重要事項に虚偽記載のある特定証券情報、発行者情報等の提供または公表
⑤ 虚偽の表示・公表
⑥ 不公正取引行為、風説の流布・偽計、相場操縦的行為違反等

また、金融商品取引法は、単にこれらの犯罪の実行行為者を罰するだけではなく、法人そのものを処罰する両罰規定を置いている（法第207条）。両罰規定とは、会社の代表者、代理人、使用者その他の従業員が行った会社の業務に関する違反行為について、会社に対しても7億円以下の罰金を科すものである（法第207条第1項第1号）。これは、法人には代表者や従業員らの選任、監督に注意を尽くさなかった過失責任があるとの考え方による。

なお、証券取引等監視委員会による犯則事件の調査は、質問、検査、領置等の任意調査のほか、裁判官の発する許可状による臨検、捜査および差押えといった強制調査からなっている。

❽ 刑事罰、課徴金、民事責任における虚偽記載の範囲

1 虚偽記載の対象範囲

金融商品取引法では、開示書類の虚偽記載となる対象が図表1−1に示すとおり刑事罰、課徴金、民事責任で書き分けられている。

刑事罰では開示書類のうち「重要な事項につき虚偽記載のあるもの」（法第197条第1項ほか）が、課徴金では「重要な事項につき虚偽記載のあるもの」

または「記載すべき重要な事項の記載が欠けているもの」(法第172条の2、法第174条の4)が、民事責任では「重要な事項につき虚偽記載のあるもの」または「記載すべき重要な事項の記載が欠けているもの」もしくは「誤解を生じさせないために必要な重要な事実の記載が欠けているもの」(法第18条ほか)が対象となっている。

図表1-1　虚偽記載となる対象

	刑事罰	課徴金	民事責任
重要な事項につき虚偽記載のあるもの	○	○	○
記載すべき重要な事項の記載が欠けているもの	×	○	○
誤解を生じさせないために必要な重要な事実の記載が欠けているもの	×	×	○

② 記載すべき重要な事項の記載が欠けているもの

「記載すべき重要な事項の記載が欠けているもの」は、本来開示書類に記載すべき不利益な事項が記載されないことにより、そのような事実が存在しないという虚偽の外形が創り出され、その結果、投資者が企業内容・有価証券の価値について現実以上に良好なものと誤解する場合が想定されることから、「重要な事項につき虚偽記載のあるもの」と同様に課徴金の対象となった。

③ 誤解を生じさせないために必要な重要な事実の記載が欠けているもの

「誤解を生じさせないために必要な重要な事実」とは、開示書類の様式等で具体的に開示項目とはされていない事実であっても、開示項目についての誤解を生じさせないために必要な事実があれば記載しなければならないものである。したがって、何を書かなければならないかという要件には幅があることから、「誤解を生じさせないために必要な重要な事実の記載が欠けているもの」については、刑事罰および課徴金の対象外となっていることは妥当なところである。

2 証券取引所における規制

❶ 上場廃止

　東京証券取引所（以下、「東証」という。）は、上場会社が有価証券報告書等に虚偽記載を行い、かつ、その影響が重大であると認めた場合、上場廃止にするとしている（上場規程第601条第1項第11号）。

　なお、ここで有価証券報告書等とは、有価証券届出書、発行登録書および発行登録追補書類ならびにこれらの書類の添付書類およびこれらの書類に係る参照書類、有価証券報告書およびその添付書類、半期報告書、四半期報告書ならびに目論見書をいう（上場規程第2条第89号）。

　また、虚偽記載とは、有価証券報告書等について、内閣総理大臣等から訂正命令（原則として、法第10条（法第24条の2、法第24条の4の7および法第24条の5において準用する場合を含む。）または法第23条の10に係る訂正命令をいう。）もしくは課徴金納付命令（法第172条の2第1項（同条第4項において準用する場合を含む。）または法第172条の4第1項もしくは第2項に係る命令をいう。）を受けた場合または内閣総理大臣等もしくは証券取引等監視委員会により法第197条もしくは法第207条に係る告発が行われた場合、またはこれらの訂正届出書、訂正発行登録書または訂正報告書を提出した場合であって、その訂正した内容が重要と認められるものである場合をいう（上場規程第2条第30号）。

❷ 監理銘柄・整理銘柄への指定

　東証は、上場会社が有価証券報告書等における虚偽記載により上場廃止になるおそれがある場合、その事実を投資者に周知させるため、「監理銘柄（審査中）」に指定することができるとしている（上場規程第610条、上場規程施行規則第605条第14号）。

　そして、上場廃止が決定された場合には、その事実を投資者に周知させるため、上場廃止日の前日までの間（1か月間）、整理銘柄に指定することができるとしている（上場規程第611条、上場規程施行規則第604条第10号・第606条）。

❸ 特設注意市場銘柄制度

　東証は、上場会社が有価証券報告書等における虚偽記載により上場廃止になるおそれがあると認めた後、上場廃止にはならないと認めた場合で、かつ、その上場会社の内部管理体制等について改善の必要性が高いと認める場合は、特設注意市場銘柄に指定することができるとしている（上場規程第501条第1項第1号）。

　そして、特設注意市場銘柄に指定された上場会社は、指定から1年を経過するごとに、内部管理体制の状況等について記載した内部管理体制確認書を速やかに提出しなければならない（上場規程第501条第2項）。その内部管理体制確認書の内容等に基づき内部管理体制等に問題があると認められなければ、特設注意市場銘柄指定が解除される（上場規程第501条第3項）。

　なお、特設注意市場銘柄指定から3年が経過しても、内部管理体制等に引き続き問題があると東証が認めた場合、また、内部管理体制確認書の提出を求めたにもかかわらず、内部管理体制等の状況等が改善される見込みがないと東証が認めた場合、上場契約に関する重大な違反であるとして、上場が廃止されることになる（上場規程第601条第1項第12号、上場規程施行規則第601条第

10項第3号・第4号)。

　また、東証は、上場会社が後述する改善報告書を提出したものの、改善措置の実施状況および運用状況に改善が認められず、その上場会社の内部管理体制等について改善の必要性が高いと認めた場合も、特設注意市場銘柄に指定することができるとしている（上場規程第501条第1項第2号)。

❹ 適時開示に係る規定に違反した場合の措置

　東証は、上場会社が適時開示に係る規定に違反した場合の措置も定めている。適時開示とは、東証が上場会社に対して投資者の投資判断への影響が大きいと考えられる情報の開示を求めているものであり（上場規程第402条～第420条)、決算短信や四半期決算短信、重要事実の決定や発生に関する開示などがある。

　適時開示に係る規定に違反した場合の措置には、公表措置制度、上場契約違約金制度、改善報告書制度があるが、これらは有価証券報告書等における虚偽記載に対する措置ではない。しかし、有価証券報告書等における虚偽記載が判明した場合、通常、決算短信や四半期決算短信の訂正も行われる。そして、その訂正内容が重大で、適時開示に係る規定に違反したと認められた場合、これらの措置が課されることになる。

1 公表措置制度

　東証は、上場会社が適時開示に係る規定に違反したと認め、必要と認める場合、そのことについて公表することができるとしている（上場規程第508条第1項第1号)。

2 上場契約違約金制度

　東証は、上場会社が適時開示に係る規定に違反したと認め、証券市場に対する株主および投資者の信頼を毀損したと認めた場合、その上場会社に対して上場契約違約金の支払いを求めることができるとしている（上場規程第509条第

1項第1号)。なお、その場合、そのことについて公表される。

③ 改善報告書制度

　東証は、上場会社が適時開示に係る規定に違反したと認め、改善の必要性が高いと認めた場合、その上場会社に対して、その経緯および改善措置を記載した改善報告書の提出を求めることができるとしている（上場規程第502条第1項第1号）。なお、提出された改善報告書は公衆の縦覧に供せられる（上場規程第502条第4項）。

　そして、改善報告書を提出した上場会社は、提出から6か月経過後速やかに、改善措置の実施状況および運用状況を記載した改善状況報告書を提出しなければならない（上場規程第503条第1項）。その改善状況報告書も公衆の縦覧に供せられる（上場規程第503条第4項）。

　なお、改善報告書を提出しない場合、また、改善報告書の提出を求めたにもかかわらず、会社情報の開示の状況等が改善される見込みがないと東証が認めた場合、上場契約に関する重大な違反であるとして、上場が廃止されることになる（上場規程第601条第1項第12号、上場規程施行規則第601条第10項第1号・第2号）。

3 財務諸表の訂正と監査証明

❶ 財務諸表の訂正と過年度遡及会計基準

　過去の財務諸表に関連して不適正な会計処理が発見された場合には、通常、「会計上の変更及び誤謬の訂正に関する会計基準」(過年度遡及会計基準)に従い過去の財務諸表を修正再表示しなければならないとされている(同基準第21項)。

(過年度遡及会計基準第21項)
　「21. 過去の財務諸表における誤謬が発見された場合には、次の方法により修正再表示する。
(1)　表示期間より前の期間に関する修正再表示による累積的影響額は、表示する財務諸表のうち、最も古い期間の期首の資産、負債及び純資産の額に反映する。
(2)　表示する過去の各期間の財務諸表には、当該各期間の影響額を反映する。

　金商法上は、有価証券報告書等に記載すべき重要な事項の変更等を発見した場合には、訂正報告書の提出が求められている。したがって、金商法の適用会社は、一般的には過去の誤謬を当期の財務諸表の一部を構成する比較情報として示される前期数値を修正再表示することにより解消することはできないと考えられている(例えば、監査基準委員会報告書第63号「過年度の比較情報 -

対応数値と比較財務諸表」に係る平成23年7月1日付常務理事公表文)。

　前期以前の財務諸表に誤謬があり、当該誤謬の是正に係る有価証券報告書の訂正報告書の提出が、当期の有価証券報告書の提出以前に行われれば、前期の財務諸表は訂正報告書の提出時点で誤謬は治癒されており、修正再表示は適用されなくなるとも考えられる。制度の検討過程においては、比較的軽微な誤謬を是正する場合、前期の有価証券報告書の訂正報告書の提出を行わず、当期の有価証券報告書に記載される財務諸表の前期の数値を修正再表示することにより、治癒を完結させる実務もあり得るのではないか、という検討が行われたが、誤謬に係る重要性の判断に程度を設ける議論が避けられず、法律解釈の明瞭性の観点から、訂正報告書が必要との整理が行われている。

　しかしながら、修正再表示が適用されなければ、過年度遡及会計基準第22項を制度化した各財務諸表規則上の修正再表示に係る注記は義務付けられないことになる。金商法上、過去の誤謬に関する注記を求めている過年度遡及会計基準が活用されない状態があり、より高次元の考え方の整理が必要であろう。

　米国では、前期の財務諸表を修正再表示するとともに、実務上は、過年度に係る訂正報告書の訂正内容も会計基準（SFAS154号＝現Topic250）に従って修正再表示しなければならないようである（SECのスタッフ会計公報（SAB）第108号)。我が国においても、当期の財務諸表の比較情報である前期の財務諸表の修正再表示による修正を認めるとともに、過年度の財務諸表の誤謬に係る訂正報告書の記載内容について会計基準を適用する、ないし会計基準を準用するといった解釈を示すことを検討すべきであると考えられる。方法としては、開示府令或いは財規のガイドラインにおいて解釈を明らかにすることが考えられる。

　注1：過年度遡及会計基準第22項は以下のとおり。

> 22. 過去の誤謬の修正再表示を行った場合には、次の事項を注記する。
> (1) 過去の誤謬の内容
> (2) 表示期間のうち過去の期間について、影響を受ける財務諸表の主な表示科目に対する影響額及び1株当たり情報に対する影響額

> (3) 表示されている財務諸表のうち、最も古い期間の期首の純資産の額に反映された、表示期間より前の期間に関する修正再表示の累積的影響額

注2:「修正再表示に関する注記」として、例えば、財務諸表等規則においては、以下の規定がある。

> (修正再表示に関する注記)
> 第8条の3の7　修正再表示を行つた場合には、次に掲げる事項を注記しなければならない。ただし、重要性の乏しいものについては、注記を省略することができる。
> 　一　誤謬の内容
> 　二　財務諸表の主な科目に対する前事業年度における影響額
> 　三　前事業年度に係る一株当たり情報に対する影響額
> 　四　前事業年度の期首における純資産額に対する累積的影響額

注3：平成24年3月期に誤謬により修正再表示した会社は、加賀電子㈱1社であるという（経営財務第3078号）。同社は平成23年3月期の有価証券報告書の訂正報告書を提出し、同期の連結財務諸表を訂正するとともに、当期においては、比較情報となる前期の連結財務諸表を修正再表示している。また、連結財務諸表規則第14条の8に規定する修正再表示に関する注記を行っている。

注4：開示ガイドライン7-12においては、「訂正届出書は投資者の理解が容易となるように、訂正前及び訂正後の内容を記載する等の方法により記載するものとし、具体的な訂正理由の記載が必要であることに留意する」とされているが、実務的には「記載事項の一部に訂正すべき事項がありましたので」といった、訂正理由が具体性に欠け、不明確な事例が少なくない。

❷ 財務諸表の訂正と監査証明

　会社が財務諸表を訂正した場合には、監査人は訂正後の財務諸表に対して監査報告書を発行することとされている。

　「財務諸表等の監査証明に関する内閣府令」（監査証明府令）は、監査証明を受けなければならない財務計算に関する書類の範囲を定めているが、そこには、訂正届出書や訂正報告書等に含まれる財務書類が掲げられている（第1条第15号）。

(監査証明府令第1条第15号)
法第7条第1項、第9条第1項又は第10条第1項（これらの規定を第24条の2第1項、第24条の4の7第4項及び第24条の5第5項において準用する場合を含む。）の規定により提出される訂正届出書又は訂正報告書において、前各号の書類を訂正する書類

監査証明の手続は、第3条に規定されており、監査報告書、中間監査報告書および四半期レビュー報告書により行うこととされている（第3条第1項、第2項）。

(監査証明府令第3条第1項)
　財務諸表（・・中略・・）、財務書類又は連結財務諸表（以下「財務諸表等」という。）の監査証明は、財務諸表等の監査を実施した公認会計士又は監査法人が作成する監査報告書により、中間財務諸表（・・中略・・）又は中間連結財務諸表（以下「中間財務諸表等」という。）の監査証明は、中間財務諸表等の監査（以下「中間監査」という。）を実施した公認会計士又は監査法人が作成する中間監査報告書により、四半期財務諸表（・・中略・・）又は四半期連結財務諸表（以下「四半期財務諸表等」という。）の監査証明は、四半期財務諸表等の監査（以下「四半期レビュー」という。）を実施した公認会計士又は監査法人が作成する四半期レビュー報告書により行うものとする。

(監査証明府令第3条第2項)
前項の監査報告書、中間監査報告書又は四半期レビュー報告書は、一般に

> 公正妥当と認められる監査に関する基準及び慣行に従つて実施された監査、中間監査又は四半期レビューの結果に基いて作成されなければならない。

　以上のような監査証明に係る制度を前提に財務諸表の訂正が行われた場合の実務に着眼してみよう。

　まず、金額の大小にかかわらず、過年度に影響のある財務諸表の訂正を行った場合には、過年度の有価証券報告書（四半期報告書、半期報告書を含む）についても訂正報告書を提出している。しかし、これらの訂正報告書についてすべて監査報告書の再発行が行われているわけではない。実務的には、財務諸表の大項目（総資産額、純資産額、売上高、経常利益、税引前利益、当期純利益）の金額に影響を与える訂正を行った場合には、監査報告書を再発行しているようである。

　このような実務と監査証明府令の規定との関係は微妙ではあるが、軽微な訂正にまで監査報告書の再発行を求めることには現実的には無理があるため、やむを得ないと考えられる。むしろ現行の実務を確認するような行政的な措置が必要か検討する余地がありそうである。

4 日本公認会計士協会における基準等

❶ 会計不正と監査基準、実務指針等

　財務諸表監査としての会計監査の機能と限界については、本書のテーマではないので詳細は監査論の教科書等を参照していただきたいが、今日の監査基準は、情報監査の枠内で実態監査の機能も強調しているといわれている。例えば、「現行の監査基準も財務諸表監査を情報監査から両面監査に変換しようとするのではなく、あくまでも情報監査の機能的延長線上で不正や違法行為の摘発問題を処理しようとする。つまり、財務諸表を利用した意思決定者の判断に影響するほどに重要な虚偽表示をもたらす可能性のある不正、誤謬や違法行為の存在に、職業的懐疑心をもって注意を払い、それを看過しないように求めるもの」（山浦久司著『会計監査論』中央経済社、2008）と説明されており、監査基準上に具体的に以下のように定められている。

　　財務諸表の監査の目的は、経営者の作成した財務諸表が、一般に公正妥当と認められる企業会計の基準に準拠して、企業の財政状態、経営成績及びキャッシュ・フローの状況をすべての重要な点において適正に表示しているかどうかについて、監査人が自ら入手した監査証拠に基づいて判断した結果を意見として表明することにある。
　　<u>財務諸表の表示が適正であるという監査人の意見は、財務諸表には、全</u>

体として重要な虚偽の表示がないということについて、合理的な保証を得たとの監査人の判断を含んでいる。(下線筆者)

○一般基準3

　監査人は、職業的専門家としての正当な注意を払い、懐疑心を保持して監査を行わなければならない。

○一般基準4

　監査人は、財務諸表の利用者に対する不正な報告あるいは資産の流用の隠蔽を目的とした重要な虚偽の表示が、財務諸表に含まれる可能性を考慮しなければならない。また、違法行為が財務諸表に重要な影響を及ぼす場合があることにも留意しなければならない。

○実施基準、基本原則5

　監査人は、職業的専門家としての懐疑心を持って、不正及び誤謬により財務諸表に重要な虚偽の表示がもたらされる可能性に関して評価を行い、その結果を監査計画に反映し、これに基づき監査を実施しなければならない。

○実施基準、監査計画の策定5

　監査人は、会計上の見積りや収益認識等の判断に関して財務諸表に重要な虚偽の表示をもたらす可能性のある事項、不正の疑いのある取引、特異な取引等、特別な検討を必要とするリスクがあると判断した場合には、そのリスクに対応する監査手続に係る監査計画を策定しなければならない。

○実施基準、監査の実施6

　監査人は、監査の実施において<u>不正又は誤謬を発見した場合には、経営者等に報告して適切な対応を求めるとともに、適宜、監査手続を追加して十分かつ適切な監査証拠を入手し、当該不正等が財務諸表に与える影響を評価</u>しなければならない。(下線筆者)

このような監査基準の定めを前提に、日本公認会計士協会では監査人による不正発見や不正発見後の監査人の対応に関連して以下のような監査基準委員会報

告書等を公表している。
① 「財務諸表監査における不正」(監査基準委員会報告書240)
② 「財務諸表監査における法令の検討」(同250)
③ 「監査役等とのコミュニケーション」(同260)
④ 「内部統制の不備に関するコミュニケーション」(同265)
⑤ 「企業及び企業環境の理解を通じた重要な虚偽表示リスクの識別と評価」(同315)
⑥ 「監査の過程で識別した虚偽表示の評価」(同450)
⑦ 「後発事象」(同560)
⑧ 「不適切な会計処理が発覚した場合の監査人の留意事項について」(監査・保証実務委員会研究報告第25号)
⑨ 「法令違反等事実発見への対応に関するQ&A」(法規委員会研究報告第9号)
⑩ 「循環取引等不適切な会計処理への監査上の対応等について」(会長通牒平成23年第3号)

❷ 不正発覚後の対応

前述のように、監査基準においては、「監査人は、監査の実施において不正または誤謬を発見した場合には、経営者等に報告して適切な対応を求めるとともに、適宜、監査手続を追加して十分かつ適切な監査証拠を入手し、当該不正等が財務諸表に与える影響を評価しなければならない。」とされている。

この定めを受けた実務指針のひとつである「財務諸表監査における不正」(監査委員会報告書240)は、財務諸表の監査における不正に関する実務上の指針を提供するものであり、「企業及び企業環境の理解を通じた重要な虚偽表示リスクの識別と評価」(同315)及び「評価したリスクに対応する監査人の手続」(同330)を、不正による重要な虚偽表示リスクに関してどのように適用すべきかについて記載している、とした上で、監査人の目的として、①不正による

重要な虚偽表示リスクを識別し評価すること、②評価された不正による重要な虚偽表示リスクについて、適切な対応を立案し実施することにより、十分かつ適切な監査証拠を入手すること、③<u>監査中に識別された不正又は不正の疑いに適切に対応すること</u>、を掲げている。（下線筆者）

　この監査基準委員会報告書240から不正発覚後の対応についての関係規定をピックアップしてみよう。

《6．監査証拠の評価》

34．監査人は、虚偽表示を識別した場合、当該虚偽表示が不正の兆候であるかどうかを評価しなければならない。不正の兆候と判断したときには、（・・中略・・）当該虚偽表示が与える影響を評価しなければならない。

35．監査人は、重要であるかどうかにかかわらず、虚偽表示を識別した場合、当該虚偽表示が不正に起因するものであるか又はその可能性があり、経営者（特に上級経営者）が関与していると考えるときには、不正による重要な虚偽表示リスクに関する評価と、実施するリスク対応手続の種類、時期及び範囲への影響を再評価しなければならない。さらに、監査人は、それまでに入手した証拠の証明力を再検討する場合、従業員、経営者又は第三者による共謀の可能性も検討しなければならない。

36．監査人は、不正が行われた結果として財務諸表に重要な虚偽表示が行われていると判断した場合、（・・中略・・）監査及び監査報告に及ぼす影響を評価しなければならない。

《9．経営者及び監査役等とのコミュニケーション》

39．監査人は、不正を識別した場合、（・・中略・・）不正の防止及び発見に対する責任を負う者にその責任に関する事項を知らせるため、適切な階層の経営者に適時にこれらの事項を伝達しなければならない。

40．監査人は、以下の企業に影響を与える不正を識別したか又は疑いを抱

いた場合、適時に、監査役等に伝達しなければならない。
⑴　経営者による不正又は不正の疑い
⑵　内部統制において重要な役割を担っている従業員による不正又は不正の疑い
⑶　上記以外の者による財務諸表に重要な影響を及ぼす可能性がある不正又は不正の疑い

　監査人は、経営者が関与する不正が疑われる場合、監査役等に報告するとともに、監査を完了するために必要な監査手続きの種類、時期及び範囲についても協議しなければならない。

《10. 規制当局等への報告》
42. 監査人は、不正を識別した場合、法令等の規定により、規制当局等に対し報告する責任があるかどうかを判断しなければならない。
　監査人は、守秘義務があるため、被監査会社の同意がある場合や法令等の規定に基づく場合等正当な理由がある場合を除き、企業の外部に対して報告又は漏えいしてはならない。

　その他、関連が深い規定として第37項の監査契約の継続が問題となる状況に直面した場合の取扱いや第38項の不正が識別された場合に入手すべき経営者確認書の記載事項がある。
　次に「監査の過程で識別した虚偽表示の評価」（監査基準委員会報告書450）をみてみよう。本報告書は、識別した虚偽表示が監査に与える影響と、未修正の虚偽表示が財務諸表に与える影響を評価する際の実務上の指針を提供するものである。

《1. 識別した虚偽表示の集計》
4. 監査人は、明らかに僅少なものを除き、監査の過程で識別した虚偽表示を集計しなければならない。

《2. 監査の進捗に伴い識別した虚偽表示の検討》
5. 監査人は、以下の場合、監査の基本的な方針及び詳細な監査計画を修正する必要があるかどうか判断しなければならない。
⑴ 識別した虚偽表示の内容とその発生の状況が他の虚偽表示が存在する可能性を示唆しており、それらを合算した際に重要な虚偽表示となり得る他の虚偽表示が存在する可能性を示唆している場合
⑵ 監査の過程で収集した虚偽表示の合計が、監査基準委員会報告書320に従って決定した重要性の基準値に近づいている場合

《3. 虚偽表示に関するコミュニケーション及び修正》
7. 監査人は、監査の過程で集計したすべての虚偽表示について、適切な階層の経営者に適時に報告し、これらの虚偽表示を修正するよう経営者に求めなければならない。

《4. 未修正の虚偽表示が及ぼす影響の評価》
10. 監査人は、個別に又は集計して、未修正の虚偽表示が重要であるかどうかを判断しなければならない。監査人は、この評価を行うに当たって、以下を考慮しなければならない。
⑴ 全体としての財務諸表及び関連する取引種類、勘定残高又は開示等に対する虚偽表示の大きさと内容、並びに虚偽表示が発生した特定の状況
⑵ 過年度の未修正の虚偽表示が全体としての財務諸表及び関連する取引種類、勘定残高又は開示に与える影響

《監査役等とのコミュニケーション》
11. 監査人は、未修正の虚偽表示の内容とそれが個別に又は集計して監査意見に与える影響について、監査役若しくは監査役会又は監査委員会(以下「監査役等」という。)に報告しなければならない。未修正の虚偽表示のうち重要な虚偽表示がある場合には、監査人は、監査役等が経営者に重要な虚偽表示の修正を求めることができるように、未修正の重要な虚偽表示であることを明示して報告しなければならない。
12. 監査人は、監査役等に、過年度の未修正の虚偽表示が関連する取引種類、勘定残高又は開示等及び全体としての財務諸表に与える影響について報告しなければならない。

《5. 経営者確認書》
13. 監査人は、経営者に、未修正の虚偽表示の与える影響が個別にも集計しても全体としての財務諸表に対して重要性がないと判断しているかどうかについて、経営者確認書に記載することを求めなければならない。経営者確認書には、未修正の虚偽表示の要約を記載するか又は添付することを求めなければならない。

次に後発事象として不適切な会計処理が発見された場合の監査手続を「後発事象」(監査基準委員会報告書560)により見てみよう。後発事象という特定の期間においてではあるが、不適切な会計処理が発見された場合の監査手続が詳細に定められている。

《1. 期末日の翌日から監査報告書日までの間に発生した事象》
5. 監査人は、期末日の翌日から監査報告書日までの間に発生し、財務諸表の修正又は財務諸表における開示が要求されるすべての事象を識別し

たことについて十分かつ適切な監査証拠を入手するために立案した監査手続を実施しなければならない。

　ただし、監査人には、すでに実施した他の監査手続によって一定の結論が得られた事項について、追加的な監査手続を実施することが求められているわけではない。

6. 監査人は、期末日の翌日から監査報告書日までの期間を対象として、第5項が要求する手続を実施しなければならない。（以下略）

《2. 監査報告書日の翌日から財務諸表の発行日までの間に監査人が知るところとなった事実》

9. 監査人は、監査報告書日後に、財務諸表に関していかなる監査手続を実施する義務も負わない。

　しかしながら、監査報告書日の翌日から財務諸表の発行日までの間に、もし監査報告書日現在に気付いていたとしたら、監査報告書を修正する原因となった可能性のある事実を知るところとなった場合には、監査人は以下の手続を実施しなければならない。

⑴　経営者（及び適切な場合、監査役若しくは監査役会又は監査委員会（以下「監査役等」という。））と当該事項について協議すること

⑵　財務諸表の修正又は財務諸表における開示が必要かどうか判断すること

⑶　財務諸表の修正又は財務諸表における開示が必要な場合、当該事項について財務諸表でどのように扱う予定であるか経営者に質問すること

10. 経営者が、財務諸表を修正又は財務諸表に開示する場合、監査人は以下の手続を実施しなければならない。

⑴　当該修正又は開示に関して、必要な監査手続を実施すること

⑵　第11項が適用される場合を除き、以下の手続を実施すること

　①　第5項及び第6項の監査手続を、当該修正又は開示が追加された

財務諸表に対する監査報告書日までの期間に拡大して実施すること

　② 監査報告書を、当該修正又は開示が追加された財務諸表に対する監査報告書に差し替えること

　修正又は開示が追加された差替後の財務諸表に対する監査報告書の日付は、差替後の財務諸表の承認日以降の日付とする。

11. 法令等又は財務報告の枠組みにおいて、事後判明事実の影響に限定した財務諸表の修正又は財務諸表における開示が禁止されておらず、かつ、財務諸表に対して責任を有する者が、当該修正又は開示に限定して承認することが禁止されていない場合、監査人は第10項(2)①が要求する事後判明事実に関する監査手続を当該修正又は開示に限定して実施することが認められる。（以下略）

12. 監査人が財務諸表の修正又は財務諸表における開示が必要であると判断する状況において、経営者が財務諸表の修正又は開示を行わない場合には、以下のいずれかの手続を実施しなければならない。

　⑴ まだ監査報告書を企業に提出していない場合、監査基準委員会報告書705「独立監査人の監査報告書における除外事項付意見」に従って、監査意見に及ぼす影響を考慮した上で、監査報告書を提出すること

　⑵ すでに監査報告書を企業に提出している場合、監査人は、経営者及び監査役等に、必要な財務諸表の修正又は財務諸表における開示を行うまでは、財務諸表を第三者に対して発行しないよう通知すること

　それにもかかわらず、必要な修正又は開示を行う前の財務諸表が発行された場合、監査人は、財務諸表の利用者による監査報告書への依拠を防ぐための適切な措置を講じなければならない。

《3. 財務諸表が発行された後に監査人が知るところとなった事実》

13. 監査人は、財務諸表が発行された後に、当該財務諸表に関していかなる監査手続を実施する義務も負わない。

　しかしながら、財務諸表が発行された後に、もし監査報告書日現在に

気付いていたとしたら、監査報告書を修正する原因となった可能性のある事実を知るところとなった場合には、監査人は以下の手続を実施しなければならない。
(1) 経営者（及び適切な場合、監査役等）と当該事項について協議すること
(2) 財務諸表の訂正が必要かどうか判断すること
(3) 財務諸表の訂正が必要な場合、当該事項について財務諸表でどのように扱う予定であるか経営者に質問すること

14. 経営者が財務諸表を訂正する場合、監査人は以下の手続を実施しなければならない。
(1) 当該訂正に関して、必要な監査手続を実施すること
(2) 財務諸表の訂正について、以前に発行した財務諸表とその監査報告書を受領したすべての者に対して伝達するために経営者が行う対応を検討すること
(3) 第11項が適用される場合を除き、以下の手続を実施すること
  ① 第5項及び第6項の監査手続を、訂正後の財務諸表に対する監査報告書日までの期間に拡大して実施すること。訂正後の財務諸表に対する監査報告書の日付は、訂正後の財務諸表の承認日以降の日付とする。
  ② 訂正後の財務諸表に対する監査報告書を提出すること
(4) 第11項が適用される場合、第11項に従って、訂正後の財務諸表に対する監査報告書を提出すること

15. 監査人は、訂正後の財務諸表に対する監査報告書の強調事項区分又はその他の事項区分に、以前に発行した財務諸表を訂正した理由を詳細に記載している財務諸表の注記を参照し、監査人が以前に提出した監査報告書について記載しなければならない。

16. 経営者が財務諸表の訂正について、以前に発行した財務諸表を受領したすべての者に対して伝達するために必要な対応を行わない場合、及び、

> 財務諸表に訂正が必要であると監査人が判断しているにもかかわらず経営者が財務諸表を訂正しない場合、監査人は、経営者及び監査役等に財務諸表の利用者による監査報告書への依拠を防ぐための措置を講じる予定であることを通知しなければならない。(監査基準委員会報告書260「監査役等とのコミュニケーション」参照)
>
> このような通知にもかかわらず、経営者が必要な対応を行わない場合、監査人は、監査報告書への依拠を防ぐための適切な措置を講じなければならない。

❸ 日本公認会計士協会におけるその他の対応

　日本公認会計士協会では、会計不正に関し、監査基準委員会報告書以外にもいくつかの会員向け文書を公表している。

　平成17年3月11日付で「情報サービス産業における監査上の諸問題について」(IT業界における特殊な取引検討プロジェクトチーム報告)を公表している。収益認識や棚卸資産の把握が困難な情報サービス業において不適切な会計処理が多発したため、監査上の留意事項及び会計基準の明確化の提言について取りまとめを行ったものであるが、不適切な会計処理が発覚した後の対応方法には言及されていない。

　さらに、平成23年9月15日付で「循環取引等不適切な会計処理への監査上の対応等について」(会長通牒平成23年第3号)を公表した。

　この通牒は、平成23年6月に証券取引等監視委員会から公表された課徴金事例集を契機として、開示書類の虚偽記載に対する課徴金の勧告事案が増加傾向にあること、特に循環取引に代表される不適切な会計処理に係るものが多くみられるとの認識のもと、会員向けに監査上の対応等を整理したものである。

　会長通牒においては、循環取引の特徴として、経営者、特定の事業部門責任者等により意図的に仕組まれるため、正常な取引要件が整っているように見え

る場合が多く、さらに、①取引先は実在することが多い、②資金決済が実際に行われることが多い、③会計記録や証憑の偽造または在庫等の保有資産の偽装が徹底して行われることが多いこと、が指摘されている。

　このような監査上の危機感を反映してか、ITに対応した監査手続きについて、「ITに対応した監査手続事例～事例で学ぶよくわかるITに対応した監査～」（IT委員会研究報告第40号）が、平成23年10月11日付で公表されている。この研究報告は、「財務諸表監査において特にITに関する理解の不足や、監査手続きの不十分な実施の事例を想定し、監査人が実施するリスクの評価及び対応の際の留意点」について検討し、ケーススタディとして取りまとめたものであり、不正経理の手口や発見方法等が具体的に記載されており、監査人以外の関係者にとっても参考になるものと思われる。

　また、IT委員会実務指針第6号「ITを利用した情報システムに関する重要な虚偽表示リスクの識別及び評価したリスクに対応する監査人の手続きについて」が、平成23年12月22日付で公表されている。

　これらの委員会報告や実務指針は、特定の業種を対象としたものではないが、ITの普及により、IT自体をビジネスの核とする情報サービス産業が増えており、商品の納品のような物の動きがなく取引が目に見えない形で行われ、企業の収益の源泉やビジネスモデルが分かりにくい業種・業態に対する監査の困難性が認識されているものと考えられる。

　日本公認会計士協会では、平成22年9月に監査・保証実務委員会において不適切会計処理対応専門委員会を立ち上げ、平成24年3月に「不適切な会計処理が発覚した場合の監査人の留意事項について」（監査・保証実務委員会研究報告第25号）を公表している。この研究報告の内容については、次の「5. 不適正な会計処理が発覚した場合の監査人の対応」において説明する。

5 不適正な会計処理が発覚した場合の監査人の対応

　前述のように日本公認会計士協会では、平成24年3月に「不適切な会計処理が発覚した場合の監査人の留意事項について」を公表している。本研究報告は、近年の当局による開示書類に係る重要な虚偽記載に対する課徴金賦課事例の増加などを踏まえ、不適切な会計処理が発覚した際の監査人の対応を規範性のない「研究報告」という形で取りまとめたもので、最近の実務動向を踏まえた具体的な手続や内容を含んでおり、監査人の対応を考える上で最も適切なものであると考えられる。そこで本研究報告を土台にして監査人の対応を概観したいと思う。

　監査人の対応として不適切な会計処理が発覚した場合には、監査人は限られた時間内に監査役、調査委員会、金融庁、証券取引所、財務局等多方面への対応が必要になる。本研究報告は、不適切な会計処理が発覚した場合の対応について監査人の立場からの留意事項を整理したものであるが、通常の監査業務の中で不適切な会計処理の兆候を早い段階で把握し、かつ、適切な対応をとることが最も重要であるとされる。そのためには、「4. 日本公認会計士協会における基準等」で紹介したように強固な監査体制の確立及び虚偽表示リスクの的確な評価など深度ある監査を実施することが必要とされている。

　本研究報告では、監査人の内部調査委員会・第三者委員会への対応、証券取引所への対応、関東財務局他各財務局への対応、会社法上の対応、金融商品取引法第193条の3への対応について言及されている。

❶ 内部調査委員会・第三者委員会への監査人の対応

　被監査会社が、不適切な会計処理の調査等のために内部調査委員会や第三者委員会を設置した場合、監査人が対応を求められるケースが非常に多い。
① 　監査人は、内部調査委員会・第三者委員会からヒアリングを受けることがある。ヒアリング者が第三者委員会の場合には、被監査会社と守秘義務解除の覚書を交わし協力することになる。
② 　監査人は、不適切な会計処理等に係る事実関係、会計上認められない処理及びその理由、訂正に伴う年度別の数値的影響額等について、事実関係の確認の範囲内で意見交換をする。
③ 　監査人は、調査報告書における監査に関する記載に事実誤認が無いことを確認し、事実誤認がある場合には、修正を申し入れる必要がある。

❷ 証券取引所への監査人の対応

　被監査会社が上場会社の場合、不適切な会計処理に関係する取引所のさまざまな規制を受けることになる。

1 適時開示規制、上場廃止基準、監理銘柄（審査中）指定の理解

　上記「2. 証券取引所における規制」で解説されたように上場会社において不適当な会計処理のおそれ等が発覚した場合、社内調査の開始、第三者委員会の設置から有価証券報告書等の訂正報告書の提出に至る過程で、上場会社は取引所の定める適時開示規則に従って適時開示が必要となる。また、上場会社が有価証券報告書等に虚偽記載を行った場合には、虚偽記載審査を受けることになる。虚偽記載の影響が重大であると認められた場合、上場廃止決定及び整理銘柄指定が行われることになる。

2 被監査会社に対する証券取引所への事前相談の提言

　不適切な会計処理の発覚は上場廃止にも繋がり得る重大な問題なので、監査人からも上場会社に対して適切に提言することが望まれる。不適切な会計処理の概要を把握した段階で、直ちに証券取引所に事前相談し、取引所と適時開示の時期・内容等を相談するよう被監査会社に提言することが適当である。

　また、有価証券報告書等の訂正報告書の要否については、監査人は被監査会社に対し、適時に関東財務局その他所轄の各財務局に相談するよう提言する必要がある。

　なお、虚偽記載審査においては、第三者委員会の設置が重視されており、監査人としては、不適切な会計処理に至った経緯や原因の究明、再発防止策の策定等を行うために、被監査会社に対して第三者委員会の設置を検討してもらうことも必要である。

3 被監査会社の開示情報の検討

　監査人は、被監査会社から適時開示規制による開示情報のドラフトを入手し、事前確認しておくことが適当である。ドラフトの内容に監査人の監査に関する事実関係に齟齬を来している記載や誤解を与えるような記載がある場合、修正を依頼する必要があるからである。

　不適切な会計処理について過年度の財務諸表を訂正することが想定される場合、訂正内容・訂正金額については、第三者委員会の調査結果の開示や訂正報告書との整合性を確保する観点から、可能な限り適時開示前に検証しておくことが必要である。

　また、適時開示から訂正報告書の提出までにそれほどの監査期間が確保できないケースも想定されるので、会社または第三者委員会と調査・訂正スケジュールについては十分協議しておくことが必要である。

4 証券取引所からの虚偽記載審査

　上場会社が証券取引所により監理銘柄（審査中）に指定された場合、虚偽記載審査の一環として監査人がヒアリングを受けることがある。監査人がヒアリングを受ける場合には、上場会社から守秘義務の解除を受ける必要があると考えられる。証券取引所が監査人にヒアリングを要請する場合、上場会社はこれに協力する義務がある。

❸ 会社法上の対応

　会社法第397条では、会計監査人は、その職務を行うに際して取締役の職務の執行に関し不正の行為又は法令もしくは定款に違反する重大な事実があることを発見したときは、遅滞なく、これを監査役（監査役会あるいは監査委員会）に報告しなければならないとされている。

　会計監査人は、会計監査を職務としており、取締役の業務執行の監査（業務監査）を職務とするものではないが、取締役の不正行為等には、会計に関わるものが多いと考えられることから、会計監査人が会計監査の過程でこれを発見する可能性も高い。また、会計監査人は、不正行為等が行われていることを発見した場合、監査役のような違法行為の差し止めの権限（会社法第385条第1項）を有するものではないので、会計監査人だけでは不正行為等に適時に対処することができないおそれもある。そこで会計監査人の監査役への報告を義務付けることにより、監査役の適切な対処を促し、もって会社及び株主の利益を保護することを目的とする規定とされている。

　監査基準委員会報告250「財務諸表監査における法令の検討」においては、本条に直接関連する以下の規定が置かれている。

《(1)監査役等への違法行為の報告》
21. 監査人は、監査の実施過程で気付いた違法行為又はその疑いに関連する事項を、明らかに軽微である場合を除き、監査役等に報告しなければならない。
22. 監査人は、第21項に記載している違法行為又はその疑いが故意でかつ重要であると判断する場合、当該事項を監査役等に速やかに報告しなければならない。
23. 監査人は、経営者又は監査人等の違法行為への関与が疑われる場合、当該者より上位又は当該者を監督する機関又は者が存在するときは、当該機関又は者にその事項を報告しなければならない。そのような上位の者又は機関が存在しない場合、又は当該事項を報告しても対応がなされないと考えられる場合、若しくは報告すべき相手が不明瞭な場合、監査人は、法律専門家の助言を求めることを検討しなければならない。

　この報告については書面による報告の要否は明記されていないが、監査基準委員会報告260「監査役等のコミュニケーション」では、監査上の重要な発見事項について、監査役等と書面によりコミュニケーションを行わなければならないとされており、書面による報告が適当とされている。この際の文例が監査・保証実務委員会研究報告第25号に掲載されている。

❹ 金商法上の対応

　公認会計士または監査法人（公認会計士等）が財務書類に重要な影響を及ぼす不正・違法行為を発見した場合であって、その行為をその会社の監査役等に報告するなど、被監査会社の自主的な是正措置を促す手段を踏んでも、なお、改善が図られないときは、公認会計士等による内閣総理大臣への意見の申出制度が設けられている。制度の概要は以下のとおり。

また、この制度に係る実務上の留意点等については、前掲「法令違反等事実発見への対応に関するQ&A」（平成20年11月5日　日本公認会計士協会。以下「QA」という。）に詳しいので参照されたい。

1 不正等発見時における申出制度

公認会計士等が、特定発行者（金融商品取引所に上場されている有価証券の発行会社その他の者で政令で定めるものをいう。以下「上場会社等」という。）の監査証明を行うに当たって、その特定発行者における法令に違反する事実その他財務計算に関する書類の適正性の確保に影響を及ぼすおそれがある事実（法令違反等事実）を発見したときは、その事実の内容と、その事実に係る法令違反の是正その他の適正な措置を取るべき旨を、遅滞なく、その上場会社等に書面で通知しなければならない（法第193の3①、監査証明府令7）。

上記の通知を行った公認会計士等は、通知を行った日から、有価証券報告書にあってはその提出期限の6週間前の日または通知日から起算して2週間を経過した日のいずれか遅い日後なお次のすべてがあると認める場合において、重大な影響を防止するために必要があると認めるときは、その法令違反事実等に関する意見を内閣総理大臣に申し出なければならない。

① 法令違反事実等が、その上場会社等の財務計算に関する書類の適正性の確保に重大な影響を及ぼすおそれがあること。
② 通知を受けた上場会社等が適正な措置をとらないこと。

この場合、公認会計士等は、あらかじめ、内閣総理大臣に申出をする旨を書面で通知しなければならない（法第193の3②、令36、監査証明府令8）。また、上記の申出を行った公認会計士等は、その上場会社等に対し、申出を行った旨及びその内容を書面で通知しなければならない（法第193の3③）。

2 申出制度の手続

上記の上場会社等に対する書面での通知の内容は、法令違反等事実の内容及びこれに係る法令違反等の是正その他適切な措置をとるべき旨であり、名宛人

は、監査役または監事その他これらに準ずる者である（監査証明府令第7条）。名宛人に取締役会（執行役、取締役）は含まれていないが、事象の重要性から、実務上は取締役会等に通知することが想定されるので研究報告では、取締役会等に通知する場合の文例も示されている。

内閣総理大臣に対する書面での通知の内容は、監査証明府令第8条において、金融庁長官宛に、以下の事項を記載した書面を提出することとされており、また、研究報告において文例が示されている。

① 公認会計士等の氏名または名称及び住所または主たる事務所の所在地
② 特定発行者の商号または名称
③ 法第193条の3第1項の規定により通知を行った日
④ 意見の要旨
⑤ 意見の内容（法第193条の3第2項第1号の事項及び同項第2号の事項の別に記載すること）」

なお、「あらかじめ書面で通知」する宛先については、法令で規定されていないが、同条第1項の規定に基づく通知に準じ監査役会等が考えられる。また、追加的に取締役会等への通知も考えられる。この通知についても研究報告において文例が示されている。

上場会社等に対する内閣総理大臣に申出を行った旨及びその内容を記載した書面での通知の宛先についても法令で規定されていないが、同条第1項の規定に基づく通知に準じ監査役会等が考えられる。また、追加的に取締役会等への通知も考えられる。この通知についても研究報告において文例が示されている。

3 主な留意点

その他、本制度に関連し日本公認会計士協会が公表した文書のうち、特に留意しておくべき点を掲げる。

① 監査基準委員会報告250「財務諸表監査における法令の検討」においては、本条に直接関連する以下の規定が置かれている。

《(3)規制当局等への違法行為の報告》
27.監査人は、違法行為を識別した又はその疑いがある場合、法令に基づき、規制当局等に対し報告する責任があるかどうかを判断しなければならない。

② 本制度はあくまでも法第193条の2第1項に規定される財務書類の監査に適用されるものであり、会社法に基づく監査(会計監査人監査)や内部統制報告制度における監査(法第193条の2第2項)には適用されない。
　他方、四半期財務諸表は、法第193条の2第1項に規定される財務書類に含まれることから(監査証明府令第1条)、四半期報告制度における四半期レビューは、本制度の対象になる。(QA3)

③ 本制度の対象となる法令違反等事実は、本来監査実施年度の財務書類(注記事項を含む)に反映されるべき事項であるにもかかわらず、適切に反映されていない事項であると考えられる。過年度の財務書類の修正を要するような法令違反事実を発見した場合も、本制度の対象となると考えられる。(QA4)

④ 当局へ申出を行う場合における「重大な影響を及ぼすおそれがある」場合とは、監査人が発見した法令違反等事実について、会社側に通知するなどの取組みを進めてきたにもかかわらず是正が進まない等の事由により、当該法令違反等事実が財務書類の適正性の確保に重大な影響を及ぼす蓋然性が高くなった場合等を指すものと解されている(金融庁の考え方ⅲ.31)。(QA8)

第 2 章
告発事案

本章は、平成19年7月1日から24年6月30日の間に有価証券報告書に係る訂正報告書を提出し、かつ、訂正前の虚偽記載のある有価証券報告書について、証券取引等監視委員会から地方検察庁検察官に告発されたもの5件のうち4件を紹介している。

　なお、この間、証券取引等監視委員会から告発されたが、会社の倒産等により有価証券報告書の訂正報告書を提出していないところが3社ある。この3社の概要については、本章第5節を参照されたい。

1 A-1 株式会社

[有価証券報告書提出会社] 精密機器、東京証券取引所市場第一部上場（平成24年1月21日、特設注意市場銘柄指定）
[訂正報告書の提出日] 平成23年12月14日
[訂正対象決算期] 平成18年4月1日～23年3月31日
[訂正勘定科目] 連結（ファンドの連結はずし）、資産（無形固定資産（のれん）の架空計上）、特別損失（関係会社投資評価損の未計上、のれん減損処理等の架空計上）

❶ 告発の概要

＜粉飾決算＞

　本件は、金融資産の運用により生じた多額の含み損を、本来はそれを財務諸表に計上すべきものであったにもかかわらず、連結対象外の複数のファンドを利用するなどの方法で隠蔽し、純資産の過大計上を長期間にわたり計上したものである。さらに当社は、企業買収の機会をとらえて、株式の買取代金や仲介者への手数料を過大に支払い、その支払額をファンドに送金して損失を埋めるとともに、財務諸表上は「のれん」の償却等を通じて含み損の解消を図ったものである。

　これらは、歴代の代表取締役の了知の下で、経理・財務または経営企画を担当する取締役等が関与し、管理部門の限られた幹部社員の主導によって、数名の社外関係者の協力を受けて巧妙な手法を用いて行われた。

第2章●告発事案

<告　発>
　当社は、上述のとおり、損失を抱えた金融商品を簿外処理するとともに架空ののれん代を計上するなどの方法により、重要な事項につき虚偽の記載のある次の有価証券報告書を提出した。
① 平成19年6月28日提出　平成19年3月期有価証券報告書
② 平成20年6月27日提出　平成20年3月期有価証券報告書
③ 平成21年6月26日提出　平成21年3月期有価証券報告書
④ 平成22年6月29日提出　平成22年3月期有価証券報告書
⑤ 平成23年6月29日提出　平成23年3月期有価証券報告書

　証券取引等監視委員会は、平成24年3月6日に平成19年3月期・20年3月期の有価証券報告書の提出が、平成24年3月28日に平成21年3月期から23年3月期の有価証券報告書の提出が、証券取引法、金融商品取引法（第197条第1項等重要な事項につき虚偽の記載のある有価証券報告書の提出）に違反するとして、当社および役員3名と外部協力者3名を東京地方検察庁検察官に告発した。外部協力者は、損失の簿外処理等の粉飾行為に深く係ったとして粉飾決算の共同正犯として認定され、告発されたものである。

　さらに、証券取引等監視委員会は、平成24年3月28日に、平成19年3月期および20年3月期の決算に係る虚偽有価証券報告書の提出につき、新たに外部協力者1名を告発している。

　平成24年3月28日、これらの犯則嫌疑者については、公訴の提起が行われ、東京地方裁判所において、公判係属中である。

　なお、この告発とは別に、金融庁は、平成19年3月期から23年6月期までの有価証券報告書、半期報告書および四半期報告書を対象に、1億9,181万9,994円の課徴金の納付命令を決定している。

　課徴金納付命令の決定の時に同一事件について公訴が提起されている場合には、裁判が確定した時から決定の効力が生ずる。この場合、罰金の確定裁判があった場合には、課徴金の額は罰金の額が控除された額に変更され、その変更の処分の文書の謄本が送達された時から効力が発生する。また、罰金の額が課

徴金の額を上回った場合には、納付命令自体が取り消される。

❷ 訂正報告書の訂正理由

　平成 23 年 12 月 14 日に、平成 19 年 3 月期から 23 年 3 月期の間の有価証券報告書等に係る訂正報告書が提出されている。そのうち告発の対象となった平成 23 年 3 月期の有価証券報告書の訂正報告書における訂正理由は次のとおり。訂正理由は他の年度も同様である。

■ 平成23年3月期有価証券報告書の訂正報告書

1【有価証券報告書の訂正報告書の訂正理由】
1. 訂正の経緯
　当社は、Gyrus Group PLC、株式会社アルティス、NEWS CHEF 株式会社及び株式会社ヒューマラボの買収に関する検討の開始から取引実行に至る一切の取引に関して、当社に不正ないし不適切な行為、又は妥当性を欠く経営判断があったか否かについて、独立性を確保した調査委員会による厳正かつ徹底した調査を行い、投資家、株主、取引先その他のステークホルダーに対する説明責任を果たし、ガバナンス体制の改善強化に関する提言その他の当社の組織、運営等に関する改善すべき点の指摘と改善策に関する提言を求めて、平成 23 年 11 月 1 日、当社と利害関係のない委員から構成される第三者委員会（委員長：甲斐中辰夫　弁護士）を設置しました。第三者委員会の調査開始後の 11 月 8 日、当社は 1990 年代から有価証券投資等にかかる損失計上の先送りを行っており、不適切な会計処理を行ってきたことを発表しました。11 月 8 日以降、第三者委員会は関係者へのヒアリングやその他の利用可能な方法により、当社の損失先送りと損失解消の実態解明（会計帳簿・記録を含む）に焦点をあて調査を実施し、12 月 6 日、当社は第三者委員会より損失先送りと損失解消の実態とその

影響を記載した調査報告書を受領しました。

　平成23年12月6日付の第三者委員会（委員長：甲斐中辰夫　弁護士）による調査報告書の指摘及び社内調査の結果を受け、金融商品取引法第24条の2第1項の規定に基づいて当社は過去に提出いたしました有価証券報告書等に記載されている連結財務諸表及び個別財務諸表に含まれる不適切な会計処理を訂正し、有価証券報告書等の訂正報告書を提出することを、平成23年12月14日の取締役会の承認を経て決定しました。訂正した内容は以下の通りです。有価証券報告書等の訂正報告書提出日現在で当社が知る限りにおいて、下記訂正内容以外に不適切な会計処理はありません。

　11月8日の当社の有価証券投資等の損失計上の先送りの発表の結果、国内及び海外（英国、米国を含む）の捜査当局、監督機関その他の公的機関の調査が開始されており、これらの調査により有価証券報告書等提出日の翌日以後新たな事実が判明した場合には、連結財務諸表及び個別財務諸表を訂正する場合があります。更に、当社の不適切な財務報告の結果、当社に対して当社米国預託証券の保有者が訴訟を提起しており、様々な株主及び株主グループが当社への損害賠償を求める、あるいは訴訟を起こすおそれがあります。

2．含み損失の分離及び解消取引の概要

　当社は1990年代頃から有価証券投資、デリバティブ取引等にかかる多額な損失を抱え、その損失計上を先送りするため、平成12年3月期以降、含み損の生じた金融資産・デリバティブ取引等を譲り受ける連結対象外の受け皿となる複数のファンド（以下、「受け皿ファンド」という。）に分離しましたが、その際、当社は受け皿ファンドが含み損の生じていた資産を契約金額で購入できるように、当社の預金等を担保に銀行から受け皿ファンドに融資をさせたほか、当社において事業投資ファンドを設立し、当該事業投資ファンドから受け皿ファンドに資金を流していました（以下、受け皿ファンドに資金を流すために利用された預金等及び事業投資ファンドへの出資金を「特定資産」という。）。このようにして分離された損失につ

いて、当社は資金調達に利用させていた特定資産を通じて実質的に負担しています。なお、損失の分離に伴って必要になった上記の特定資産は、平成19年以降における複数の子会社（株式会社アルティス、NEWS CHEF株式会社及び株式会社ヒューマラボ）の買収資金及びGyrus Group PLCの買収に際しファイナンシャル・アドバイザーに支払った報酬や優先株の買戻し資金を支払先の了解のもとファンドに流し込むことにより返済されました。返済に際してこれらファンドが清算され、分離された損失も最終的に解消されました。

このような損失の分離及び解消取引の経緯につきましては、複数名の役員が把握していましたが、調査報告書の指摘及び社内調査の結果、各ファンドの法的形式及び運用主体並びに損失の分離時点以降各受け皿ファンドの清算までの期間に係る具体的な運用資産、評価額等に関する情報が十分に管理されていないことが判明しました。このため、平成12年3月期以降、これらのスキームに関係していた外部関係者から会計情報の提供を受け、訂正報告書の作成を行っています。

3. 会計処理

上述の通り、当社は分離した損失を負担し、また、複数の受け皿ファンドにおいて当社役員がSole Directorを務め、資金の貸借もあるため、当社はこれら受け皿ファンドを実質的に支配していたと判断しました。

したがって、これら受け皿ファンドを連結することにより、これまで連結範囲外に置かれていた借入金及び含み損失を取り込み、これまで連結貸借対照表に計上されていた一部特定資産を連結消去し、結果として簿外処理されていた運用資産を計上しています。また、スキーム解消のために受け皿ファンドへの還流資金として使用された複数の子会社の買収資金及びファイナンシャル・アドバイザーに支払った報酬や優先株の買戻し資金は、これまで連結貸借対照表上、のれんに計上されていたため、当該のれんを取消すことにより訂正期間ののれんの償却費及びのれんの減損損失も取り消しています。

4. 影響金額

　連結貸借対照表では、当社は訂正期間期首（平成 18 年 4 月 1 日）において、ファンドを連結することにより、当該損失 117,298 百万円の金額を期首利益剰余金から減額しています。

　また、貸借対照表では同期首において、「関係会社投資」に対する損失見込額 117,914 百万円を期首剰余金から減額しています。

　なお、上述の通り、損失の分離に利用された特定資産は、平成 19 年以降の複数の子会社の買収資金及びファイナンシャル・アドバイザーに支払った報酬や優先株の買戻資金の受け皿ファンドへの還流により回収されました。

　これらの決算訂正により、当社が平成 23 年 6 月 29 日付で提出いたしました第 143 期（自平成 22 年 4 月 1 日　至平成 23 年 3 月 31 日）有価証券報告書の記載事項の一部を訂正する必要が生じましたので、金融商品取引法第 24 条の 2 第 1 項の規定に基づき、有価証券報告書の訂正報告書を提出するものであります。

　なお、訂正後の連結財務諸表及び財務諸表については、新日本有限責任監査法人により監査を受けており、その監査報告書を添付しています。

❸ 虚偽記載の態様

当社第三者委員会が平成 23 年 12 月 6 日に公表した「調査報告書」によると、次のような不適正な会計処理があったとしている。

1 含み損失の分離

　当社は 1990 年代頃から有価証券投資、デリバティブ取引等にかかる多額な損失を抱え、その損失計上を先送りするため、平成 12 年 3 月期以降、含み損の生じた金融資産・デリバティブ取引等を転売する連結対象外の受け皿となる

複数のファンド（以下、「受け皿ファンド」という。）を組成し、そこへ含み損失を分離することとした。その際、当社は受け皿ファンドが含み損の生じていた金融資産を当社の取得価額（簿価）で購入できるように、**図表2－1**に示すとおり、次の方法で受け皿ファンドに資金を流した。

【ヨーロッパルートⅠ】

　当社は、平成9年から10年にかけて受け皿ファンドを組成し、同年、欧州系外国銀行に当社名義口座の資産を担保として、受け皿ファンドに300億円の融資を取り付けた（**図表2－1**の①の取引）。

【ヨーロッパルートⅡ】

　当社は子会社とともに、平成12年に上記欧州系外国銀行の関連会社が運用する外国籍ファンドに350億円を投資した。その資金は、受け皿ファンドへ社債購入および出資の形で流れた（**図表2－1**の②の取引）。

【シンガポールルート】

　当社は、平成11年、欧州系外国銀行シンガポール支店から、同銀行の当社預金を担保にして、受け皿ファンドに最終的には600億円を融資させている。この資金は、銀行から当社の組成した複数のファンドを経由して、最終的に受け皿ファンドに流れた（**図表2－1**の③の取引）。

【国内ルート】

　当社は、平成12年、ファンド2社とともに投資事業ファンドを立ち上げ、同ファンドに300億円を出資した。同ファンドから受け皿ファンドへ債券引き受けの形で300億円が流れた（**図表2－1**の④の取引）。

　当社は、このようにして資金を得た受け皿ファンドに含み損のある金融商品を簿価で買い取らせることにより、960億円の損失を受け皿ファンドに移転し、連結財務諸表から含み損を分離した。

第2章●告発事案

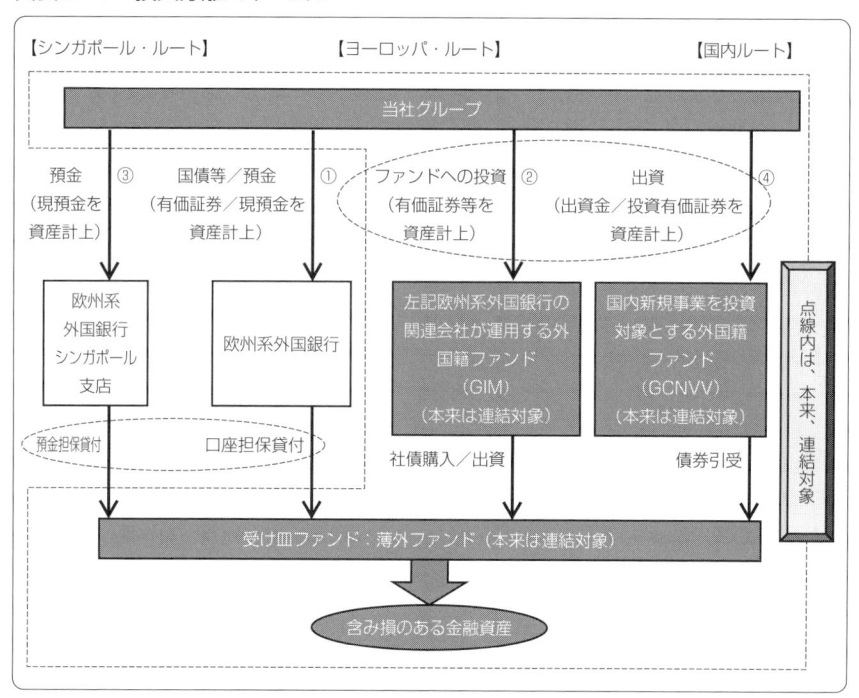

図表2-1　損失分離スキームⅠ

【シンガポール・ルート】　【ヨーロッパ・ルート】　【国内ルート】

当社グループ

- 預金③（現預金を資産計上）
- 国債等／預金①（有価証券／現預金を資産計上）
- ファンドへの投資②（有価証券等を資産計上）
- 出資④（出資金／投資有価証券を資産計上）

- 欧州系外国銀行シンガポール支店
- 欧州系外国銀行
- 左記欧州系外国銀行の関連会社が運用する外国籍ファンド（GIM）（本来は連結対象）
- 国内新規事業を投資対象とする外国籍ファンド（GCNVV）（本来は連結対象）

預金担保貸付／口座担保貸付　　社債購入／出資　　債券引受

受け皿ファンド：簿外ファンド（本来は連結対象）

含み損のある金融資産

点線内は、本来、連結対象

出所：平成24年5月10日証券取引等監視委員会岳野事務局長の日本証券経済研究所における講演「最近の証券取引等監視委員会の活動から」資料を一部修正

2 損失解消スキームⅠ

　当社は、ファンドGCNVVが発掘した国内3社（アルティス、ヒューマラボ、NEWS CHEF）について、高い成長性が認められるとして、おおむね次の方法により、含み損を抱えるファンドに株式の売却益を計上し、分離した損失の一部を解消することを企図し、順次これを実行していった。

① 平成15年（2003年）12月から18年（2006年）1月にかけて、受け皿ファンドが、1株当たり5万円ないし20万円程度の安い価格で、国内3社からの増資を引き受ける（**図表2-2の①～④の取引**）。

② 当社において、国内3社について、高い成長を達成する事業計画を描く。
③ 当社のかかる事業計画をもとに、平成18年（2006年）3月に、受け皿ファンドのほかに損失分離スキームに関わっていたファンドDD、GT、GCNVVが受け皿ファンドから、国内3社の株式を1株当たり445万円ないし1,437万円の著しく高い価格で購入する（図表2-2の⑤〜⑧の取引）。

また、平成19年（2007年）の会計基準変更により、ファンドが連結決算の対象となったことに伴い、当社は、ファンドGCNVVおよびその主要な投資先を連結決算に直接組み込む必要が生じた。しかし、ファンドGCNVV等が連結決算に直接組み込まれると、当社の監査法人からファンドGCNVVに対する監査が強まることが予想され、受け皿ファンドを利用した損失先送りが露見してしまう懸念が生じた。このため、当社は、ファンドGCNVVが保有していた投資先の株式をすべて現物で引き取ることとし、このうち本件国内3社の株式は、ファンドGCNVVの取得価額で現物償還を受けている（図表2-2の⑨の取引）。

さらに、当社は、平成20年（2008年）3月および4月に、これら三つのファンドおよび受け皿ファンドから、国内3社の株式を1株当たり900万円ないし2,050万円の著しく高い価格で購入する（図表2-2の⑩〜⑬の取引）。

これにより、受け皿ファンドや損失分離スキームに関わっていた三つのファンドは、国内3社の株式から多額の売却益を得ることができ、ファンドが抱えていた損失の一部を解消することができた。

④ 国内3社の株式を高値で購入した当社は、3社の実際の企業価値との差額をのれんとして計上した。

そして、上記の経緯から、当社は、平成21年（2009年）3月期に国内3社ののれんについて、557億円の大幅な減損処理を行った。また、翌22年（2010年）3月期にも13億円の減損処理を行っている。これにより、当社は、隠れていた損失の一部の最終処理を行った。

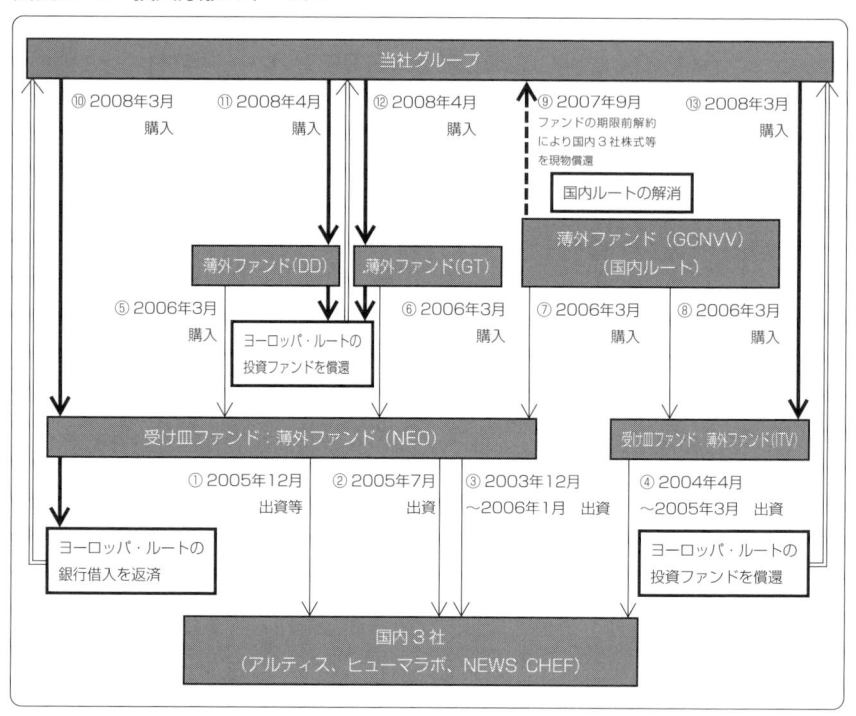

図表2-2 損失分離スキームⅡ

出所：平成24年5月10日証券取引等監視委員会岳野事務局長の日本証券経済研究所における講演「最近の証券取引等監視委員会の活動から」資料を一部修正

3 損失解消スキームⅡ

　当社は、平成20年（2008年）2月に、英国の医療機器メーカーであるジャイラスを買収した。当社は、この買収に際して、ファイナンシャル・アドバイザーに対して、平成18年（2006年）6月から22年（2010年）3月までの間に、巨額の金銭が支払われた。その一部は分離された損失の解消に充てられている。そして、平成23年（2011年）3月に、その金銭を利用したファンドSG Bond Plusの解約をもって、すべての損失が解消された。

当社の策定したジャイラス買収を利用した損失解消の具体的なスキームは、**図表２－３**に示すとおり、次の方法により行われた。

① 当社は、ファイナンシャル・アドバイザーAXESグループとの契約において、報酬として現金のほかに株式オプションとワラントを付与した。
② 後に、株式オプションを配当優先株に交換するとともに、ワラントを高額（53億円）で買い取った。
③ さらに、優先株を6億2000万ドル（579億円）もの金額で買い取ることにより、結果的にジャイラス買収価格の約3割に相当する資金をファイナンシャル・アドバイザーに支払った。
④ そのファイナンシャル・アドバイザーAXESグループに支払われた資金の一部632億円が複数のファンドを経由して、ファンドSG Bond Plusに送金された。
⑤ 最終的に、平成23年（2011年）3月までにファンドSG Bond Plusから当社に632億円が償還された。

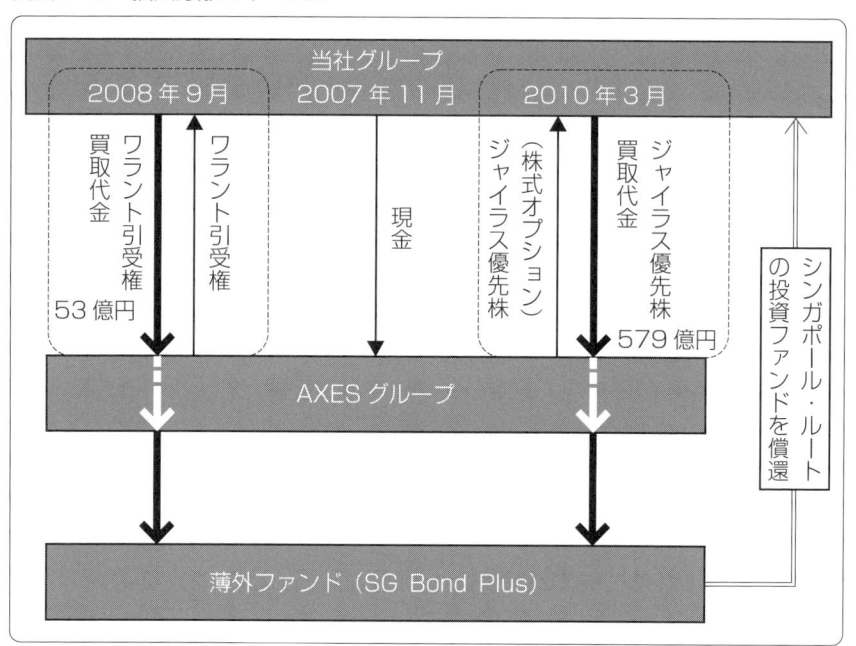

図表2−3　損失分離スキームⅡ

```
                        当社グループ
        ┌─────────┬──────────┬─────────┐
        │ 2008年9月 │ 2007年11月 │ 2010年3月 │
        │          │           │          │
   ワラント  ワラント            株式       ジャイラス
   買取代金  引受権   現金    オプション    買取代金
   53億円   引受権          ジャイラス    ジャイラス
                           優先株        優先株
                                        579億円
        ↓     ↑     ↓           ↑         ↓
   ┌────────────────────────────────────┐
   │          AXES グループ                │
   └────────────────────────────────────┘
        ↓                                ↓
   ┌────────────────────────────────────┐
   │       簿外ファンド（SG Bond Plus）      │
   └────────────────────────────────────┘
                                          →シンガポール・ルートの投資ファンドを償還
```

出所：平成24年5月10日証券取引等監視委員会岳野事務局長の日本証券経済研究所における講演「最近の証券取引等監視委員会の活動から」資料を一部修正

4 簿外ファンドを連結する会計処理へ訂正

　当社は、受け皿ファンドや損失分離スキームに関わったファンドについて、当社が分離した損失を負担し、また、複数の受け皿ファンド等において当社役員がSole Directorを務め、資金の貸借もあるため、これら受け皿ファンド等を実質的に支配していたと判断した。

　したがって、これら受け皿ファンド等を連結することにより、これまで連結範囲外に置かれていた借入金および含み損失を取り込み、これまで連結貸借対照表に計上されていた一部特定資産（受け皿ファンドに資金を流すために利用された預金等および事業投資ファンドへの出資金）を連結消去し、結果として

簿外処理されていた運用資産を計上している。また、スキーム解消のために受け皿ファンドへの還流資金として使用された複数の子会社の買収資金およびファイナンシャル・アドバイザーに支払った報酬や優先株の買戻し資金は、これまで連結貸借対照表上、のれんに計上されていたため、当該のれんを取り消すことにより訂正期間ののれんの償却費およびのれんの減損損失も取り消している。

❹ 不適正な会計処理の連結財務諸表への影響額

　当社の平成19年3月期から23年3月期までの間の連結財務諸表の主な科目の訂正前、訂正後およびその増減額、増減率の数値は次のとおりである。

■平成23年3月期　連結財務諸表の主な科目の訂正前・訂正後

(単位：百万円)

	訂正前	訂正後	増減額	増減率
売上高	847,105	847,105	0	0.00%
売上原価	459,511	459,420	△ 91	△ 0.02%
販売費及び一般管理費	352,234	349,306	△ 2,928	△ 0.83%
営業外収益	10,693	8,179	△ 2,514	△ 23.51%
営業外費用	23,905	23,343	△ 562	△ 2.35%
特別利益	6,118	6,118	0	0.00%
特別損失	5,507	9,395	3,888	70.60%
当期純利益・損失（△）	7,381	3,866	△ 3,515	△ 47.62%
純資産	166,836	115,579	△ 51,257	△ 30.72%
総資産	1,063,593	1,019,160	△ 44,433	△ 4.18%

■平成22年3月期　連結財務諸表の主な科目の訂正前・訂正後

(単位：百万円)

	訂正前	訂正後	増減額	増減率
売上高	883,086	883,086	0	0.00%
売上原価	474,842	474,801	△ 41	△ 0.01%
販売費及び一般管理費	348,095	347,125	△ 970	△ 0.28%
営業外収益	6,317	6,518	201	3.18%
営業外費用	21,351	21,603	252	1.18%
特別利益	51,986	51,986	0	0.00%
特別損失	10,897	7,358	△ 3,539	△ 32.48%
当期純利益・損失（△）	47,763	52,527	4,764	9.97%
純資産	216,891	163,131	△ 53,760	△ 24.79%
総資産	1,152,227	1,104,528	△ 47,699	△ 4.14%

■平成21年3月期　連結財務諸表の主な科目の訂正前・訂正後

(単位：百万円)

	訂正前	訂正後	増減額	増減率
売上高	980,803	980,803	0	0.00%
売上原価	519,580	519,523	△ 57	△ 0.01%
販売費及び一般管理費	426,636	418,558	△ 8,078	△ 1.89%
営業外収益	11,622	11,591	△ 31	△ 0.27%
営業外費用	27,819	28,634	815	2.93%
特別利益	691	34	△ 657	△ 95.08%
特別損失	110,382	46,096	△ 64,286	△ 58.24%
当期純利益・損失（△）	△ 114,810	△ 50,561	64,249	△ 55.96%

純資産	168,784	110,907	△ 57,877	△ 34.29%
総資産	1,106,318	1,038,253	△ 68,065	△ 6.15%

■ 平成20年3月期　連結財務諸表の主な科目の訂正前・訂正後

(単位：百万円)

	訂正前	訂正後	増減額	増減率
売上高	1,128,875	1,128,875	0	0.00%
売上原価	619,396	619,371	△ 25	△ 0.00%
販売費及び一般管理費	396,856	396,678	△ 178	△ 0.04%
営業外収益	8,983	9,008	25	0.28%
営業外費用	28,521	24,522	△ 3,999	△ 14.02%
特別利益	4,111	4,111	0	0.00%
特別損失	2,584	10,245	7,661	296.48%
当期純利益・損失（△）	57,969	54,625	△ 3,344	△ 5.77%
純資産	367,876	244,281	△ 123,595	△ 33.60%
総資産	1,358,349	1,217,172	△ 141,177	△ 10.39%

■ 平成19年3月期　連結財務諸表の主な科目の訂正前・訂正後

(単位：百万円)

	訂正前	訂正後	増減額	増減率
売上高	1,061,786	1,061,786	0	0.00%
売上原価	611,503	611,503	0	0.00%
販売費及び一般管理費	351,554	351,554	0	0.00%

営業外収益	6,330	6,330	0	0.00%
営業外費用	28,833	26,713	△ 2,120	△ 7.35%
特別利益	731	731	0	0.00%
特別損失	3,377	6,184	2,807	83.12%
当期純利益・損失（△）	47,799	46,962	△ 837	△ 1.75%
純資産	344,871	224,951	△ 119,920	△ 34.77%
総資産	1,091,800	1,002,665	△ 89,135	△ 8.16%

❺ 不適正な会計処理の背景

　第三者委員会調査報告書によると、不適正な取引が行われた原因は以下の点にあったとしている。

1 経営トップによる処理および隠蔽であること

　本件は、社長、副社長、常務取締役等のトップ主導により、これを取り巻く一部の幹部によって秘密裏に行われたものである。当社においては、このような会社トップや幹部職員によって不正が行われることを想定したリスク管理体制がとられておらず、これらに対する監視機能が働かなかった。経営中心部分が腐っており、その周辺も汚染され、悪い意味でのサラリーマン根性の集大成ともいうべき状態であった。

2 企業風土、意識に問題があったこと

　会社トップが長期間にわたってワンマン体制を敷き、これに会社内部で異論を述べることがはばかられる雰囲気が醸成されていた。歴代の社長には、透明性やガバナンスについての意識が低く、正しいことでも異論を唱えれば外に出される覚悟が必要であった。

　役員の間に社長交代のシステムが確立されておらず、恣意的にこれを占める

ことが可能となっていた。風通しが悪く、意見が自由に言えないという企業風土が形成されており、役員間には、会社を私物視する意識が蔓延し、株主に対する忠実義務などの意識が希薄であった。

3 隠蔽等の手段が巧妙であったこと

本件が長期間にわたり発覚しなかった原因の一つとして、次のとおり、損失隠蔽、飛ばしの手段が巧妙であった。
① 書類や証拠を残さず、内部からも発見しにくい方法であった。
② 外部ファンドとM&Aを利用した一般に分かりにくい手法がとられていた。
③ 取締役会や監査役会にも必要な情報はほとんど提供されなかった。

4 会社法上の各機関の役割が果たされなかったこと

会社法上のガバナンスの面からみると、不正をチェックする機関としては、取締役会、監査役および監査役会、会計監査人が存する。本件のようなトップ自らが関与している不正をチェックすることは一般的に困難が伴う。しかしながら、当社の場合、それらのチェック機能は、残念ながら、余りにも不十分であったと言わざるをえない。

取締役にはイエスマンが多く、取締役会は形骸化していたと認めざるを得ない。また、社外取締役もこれにふさわしい人物が選ばれておらず、機能していなかった。

さらに、監査役会も形骸化し、社外監査役を含め監査役にふさわしい者が選任されず、監査役会として会社の事業方針に異議を述べた形跡はない。また、経営トップにおいても、それを良しとし、何か指摘されることを嫌がっていた。

5 監査法人が十分機能を果たさなかったこと

監査法人は、本件の一部取引が不合理なものではないかといったんは指摘しており、このときチェック機能が働く可能性があった。しかし、次の「6 外

部専門家による委員会等が十分機能を果たさなかったこと」のとおり、本来の機能を果たさなかった外部専門家による委員会の意見に安易に依拠して、結局、正しい指摘をすることができなかった。

また、監査法人の交代にあたっての引継ぎも十分ではなく、その責務を十分果たすことができなかったと評価せざるをえない(注)。

注：金融庁は、平成24年7月6日に当社の監査を行っていた二つの監査法人（平成21年6月に監査法人が交代している）に業務管理体制の改善に係る業務改善命令を発出した。その処分理由は次のとおりである。

【前任監査法人】

① 過去に問題のあった被監査会社に対するリスク評価に係る情報を法人本部に集約し、フォローする体制が不十分であったため、当該会社に対する監査証明業務に従事する監査チームに、過去の監査等の状況を踏まえたリスクを的確に認識させることができなかった点において、法人本部としての実効性のある監査の実施に向けた取り組みが十分でなかった。

② 取引の内容等からその経済合理性等に疑問を抱かせるような特異な取引について、上級審査の対象事項となることを規定していなかった点において、法人本部が監査現場の状況を的確に把握するための体制が十分とはいえず、このため、監査チームと法人本部とが連携した専門部署の機動的な活動等による、より深度のある組織的な監査が行われていなかった。

③ 監査人の交代に際して、監査チームは、後任監査人に概括的な説明を行ったのみで、被監査会社とのやり取り等について詳細な説明を行っていなかったため、監査で把握された問題点が的確に後任監査人に引き継がれなかったが、法人本部も引き継ぎについて適切なフォローを行わなかった。

【後任監査法人】

① A-1株式会社から会計監査人就任の依頼を受けているが、依頼の時期が3月決算会社としては異例の5月上旬というタイミングであったこと、平成21年3月期に1000億円以上の特別損失を計上していたこと等を踏まえると、監査契約の受嘱の可否の検討に当たっては、多額の損失を計上する原因となった国内企業3社ののれんの減損処理や英国医療機器メーカーの買収に係るファイナンシャル・アドバイザリー報酬の一部の損失計上について、前任監査人にその見解や経緯等の詳細な説明を求めた上で、受嘱の決定を行うべきであった。法人本部は、受嘱の申請者でもあった監査チームに、前任監査人の見解の聴取は指示していたものの、監査チームは前任監査人からこれらの情報に関する詳細な聴取を行っておらず、また、法人本部は聴取結果について具体的な説明を求めていなかったことから、法人として

の十分なフォローができていなかった。
② 監査チームは、上述のとおり、国内企業3社ののれんの減損処理等に関する詳細な聴取を行っていないなど、前任監査人との間で十分な引継ぎを行っておらず、監査チームにも法人本部にも前任監査人が把握した問題点が適切に引き継がれなかった。
③ 監査チームは、上述の国内企業3社ののれんの減損処理等に関する問題は、前任監査人が基本的に解決したと理解したため、こうした点に係るリスクを的確に認識することができず、また、法人本部も受嘱時に認識していたリスクについて、特段の分析や監査チームからの聴取を行っていなかった点において、法人として組織的な監査を実施するための仕組みが十分に機能していなかった。

6 外部専門家による委員会等が十分機能を果たさなかったこと

　会社は、監査法人の指摘に対し、外部専門家による委員会を組成して、経営トップの意に沿った報告書を徴求することにより、不正の発覚を防ごうとした。しかし、その報告書は、多くの留保条件をおいた不完全なものであり、到底中立公正な第三者の意見として信を措くことのできるものではなかった。
　監査役会、さらに監査法人は、この報告書の結論のみに重きを置き、その内容や留保条件に立ち入った検討を行わなかった。

7 会社の人事ローテーションが機能してこなかったこと

　当社においては、同一人に長期間にわたって重要な資産運用等の業務を担当させることが可能な体制をとり、かつそのような人的運用をしたこと（ジョブ・ローテーションの欠如）が本件に寄与したことは否定できない。
　当社としては、適時に会社の人脈や利害から離れた人材を社外等に求めて、これに財務面等を担当させ、それまでにたまっていた可能性のある滓の類を掃除させるべきであった。それをせず、偶々外国人の社長を採用したことによって、それが実現する事態となった。
　公正であるべき人事が歪められ、秘密を共有する者、隠蔽等に加担した者が優遇される体制が維持されたことは重大な欠陥である。

8 コンプライアンス意識が欠如していたこと

損失を簿外にし、長期間かけてこれを解消して、ごまかそうとするなどは、およそコンプライアンスの意義を理解していない行動である。歴代社長のコンプライアンス意識・統率力に問題があった上、ガバナンスが欠如していた。

当社においては、企業買収にあたりデューデリジェンスの実施や法務部などのチェック等本来行うべき手続を故意に省略しても、問題とならない体制が維持されていた。また、会社内部において内部統制あるいはリスクを管理する組織は独立していなかった。さらに、内部通報制度も適切に構築されていなかった。

9 外部協力者の存在

本件においては、違法な財務処理であるということを知りつつ、会社幹部に知恵を貸し、その助力をし、隠蔽にも加担した外部協力者が存在したことも、長期間にわたる損失隠蔽スキームが実現した要因である。

❻ 告発となった判断基準

本件は、虚偽の有価証券報告書の提出が証券取引法および金融商品取引法(第197条第1項等の重要な事項につき虚偽の記載のある有価証券報告書の提出)に違反するとして告発されたものである。本件が課徴金事案ではなく告発事案となったのは、次のことが総合的に勘案されたものと推測される。

1 長期間にわたる粉飾決算

当社は1990年代頃から有価証券投資、デリバティブ取引等にかかる多額の損失を抱え、その損失計上を先送りするため、平成12年3月期以降、含み損の生じた金融資産・デリバティブ取引等を譲り受ける連結対象外の受け皿となる複数のファンドに分離した。

2 巨額な粉飾金額

損失を抱えた金融商品を簿外処理するとともに架空ののれん代を計上するなどの方法により、次のとおり、巨額な粉飾決算を行っていた。

	訂正前　連結純資産額	訂正後　連結純資産額
平成19年3月期	3,448億7,100万円	2,322億4,900万円
20年3月期	3,678億7,600万円	2,514億5,000万円
21年3月期	1,687億8,400万円	1,213億2,300万円
22年3月期	2,168億9,100万円	1,718億2,300万円
23年3月期	1,668億3,600万円	1,252億3,900万円

この訂正後の連結純資産額の数値は、平成23年3月6日証券取引等監視委員会「A-1株式会社に係る虚偽有価証券報告書提出事件の告発について」および同年3月28日証券取引等監視委員会「A-1株式会社に係る虚偽有価証券報告書提出事件の告発について(2)」によるものであるが、上記❹不適正な会計処理の連結財務諸表への影響額」の連結純資産額の増減額とは異なっている。上記❹の数値には、粉飾金額のほか誤謬の修正など他の要因による訂正が含まれているのではないかと思われる。

3 経営トップによる処理および隠蔽

歴代の代表取締役の了知の下で、経理・財務または経営企画を担当する取締役等が関与し、管理部門の限られた幹部社員の主導によって、数名の社外関係者の協力を受けて巧妙な手法を用いて秘密裏に行われたものである。

4 粉飾手段が巧妙

損失隠蔽、飛ばしの手段が、書類や証拠を残さず、内部から発見しにくい方法で行われていた。また、外部のファンドとM&Aを利用した一般に分かりにくい手法がとられていた。

5 会社法上のガバナンスの不備

本件のようにトップ自らが関与している不正をチェックすることは一般的には困難を伴うことであるが、①経営者の業務執行を監督すべき取締役会および監視すべき監査役会が有効に機能しておらず、コーポレート・ガバナンスが不全であったと認められ、さらに②管理部門の一部におけるコンプライアンス意識が著しく欠如するとともに、重要な資産の管理業務に係る体制・運用に不備があったこと等が認められたものである。

7 再発防止策

当社の平成24年6月28日「財務報告に係る内部統制の開示すべき重要な不備に関するお知らせ」によると、次の是正方針に従い再発防止に向けた経営体制・仕組みを再構築し、コーポレート・ガバナンス、コンプライアンスの機能強化を図っていきたいとしている。

1 コーポレート・ガバナンス体制の強化

経営者の業務執行を監督ないし監査すべき取締役会と監査役会が有効に機能していなかったとして、次の是正方針を掲げている。

① 執行と監督の明確な分離
  a. 取締役会の構成員の過半数を独立性の高い社外取締役とする。
  b. 取締役会議長は、社長以外の者（会長）が務める。
  c. 取締役相互間のみならず、取締役会が執行役員の業務執行を監督する。

② 執行機関に対する監督機関の権限・機能強化
　a. 過半数を社外取締役で構成する独立委員会を任意設置し、各取締役および監査役ならびに会長および社長の候補者指名ならびに取締役の報酬決定を行う。
　b. 社長の最長在任期間、役付執行役員の担当部門における最長在任期間、および上限年齢を制定する。
　c. 取締役会への付議ルール等の見直し、運用面での徹底を行う。
③ 社外取締役および監査役の選定の公正性確保およびその役割・機能の拡大
　a. 社外取締役および監査役候補者の指名にあたっては、独立性・客観性を重視して選定の要件・基準を明確にする。
　b. 常勤監査役のうち1名を社外から招聘する。そのサポートを目的として監査役室スタッフを拡充する。
④ 積極的な情報開示
　a. 投資家の観点から有用と思われる情報を適時かつ積極的に開示する。

2 コンプライアンス体制の見直し

企業風土やコンプライアンス意識の欠如および内部通報制度に不備があったとして、次の是正方針を掲げている。
① 経営陣のコンプライアンスに対する意識改革およびアカウンタビリティの強化
　a.「当社グループ企業行動憲章」・「当社グループ行動規範」の見直しを行い、「グローバル・コンプライアンス・ガイドライン」を策定する。
　b. 経営陣によるコンプライアンス・コミットメント宣言を行う。
　c. コンプライアンス推進状況を公表する。
② コンプライアンスの推進を一層強化する体制の整備
　a. 社外取締役を委員長とする「コンプライアンス委員会」を設置する。
　b. チーフ・コンプライアンス・オフィサー（CCO）の任命および定期的

なローテーションを行う。
　　c. コンプライアンス組織の拡充を図る。
③　コンプライアンス意識の醸成・徹底
　　a. 各階層におけるコンプライアンス教育の拡充を図る。
　　b. コンプライアンス意識調査を定期的に実施する。
④　内部通報制度の拡充
　　a. 内部通報窓口の社外設置など、通報窓口を整備・拡充する。
　　b. 不正を知った者の内部通報義務を明確化する。

2 A－3株式会社

[有価証券報告書提出会社] 情報・通信業、東京証券取引所市場第一部上場（平成20年6月1日、民事再生手続開始申立てを行ったことにより上場廃止となり、平成22年9月24日に解散している。）
[訂正報告書の提出日] 平成20年5月22日
[訂正対象決算期] 平成14年7月1日～19年6月30日
[訂正勘定科目] 売上高（売上の過大計上、架空売上の計上）、売上原価（架空仕入の計上）

❶ 告発の概要

　当社は、次のとおり、循環取引等を利用した架空売上を計上するなど虚偽の記載ある連結損益計算書等を掲載した有価証券報告書を提出し、その後の株式募集および売出しを行うにあたり虚偽の有価証券報告書を参照すべき旨を記載した有価証券届出書を提出した。
　①　平成17年6月期有価証券報告書を平成17年9月21日に提出し、その後、平成18年3月6日に同有価証券報告書を参照すべき旨を記載した有価証券届出書を提出
　②　平成18年6月期有価証券報告書を平成18年9月21日に提出し、その後、平成19年8月29日に同有価証券報告書を参照すべき旨を記載した有価証券届出書を提出
　証券取引等監視委員会は、平成22年3月2日および3月19日に、これらの虚偽記載のある有価証券届出書等の提出が旧証券取引法（第197条第1項等の

重要な事項につき虚偽の記載のある有価証券届出書等の提出）に違反するとして、当社、当社の代表取締役会長および当社代表取締役副会長の三者を横浜地方検察庁検察官に告発した。代表取締役会長は当社の業務全般を統括し、代表取締役副会長は代表取締役会長を補佐し当社の業務全般を統括していたものである。

　平成23年9月15日、横浜地方裁判所は、「代表取締役副会長は、不正取引の実行者に助言をし、また、本件会社の監査対応の実質的責任者として、不正取引等が発覚しないよう監査対応をしたのであって、本件各犯行において重要な役割を果たしている」として、代表取締役副会長に、懲役2年6か月（執行猶予4年）、罰金300万円の判決を言い渡した。それに対して、代表取締役副会長は控訴した。

　平成23年9月20日、横浜地方裁判所は、「代表取締役会長は、本件一連の粉飾決算を主導した首謀者であることは明らかであり、巨額の損失が明るみに出ることを避け、本件会社が成長企業であることを装いたいなどという思惑ないし虚栄心から、独断で循環取引等を支持し、これを隠蔽する手段に訴えており、このような態度は、およそ企業コンプライアンスを無視するものであり、上場企業の経営者にあるまじき態度である」などとして、代表取締役会長に、懲役3年（実刑）、罰金800万円の判決を言い渡した。これに対して、代表取締役会長は控訴した。

　現在、被告人両名は、東京高等裁判所において公判係属中である。

　なお、本事案は、平成19年11月の増資後、経営陣を刷新し、新経営陣の下で従前の事業内容の精査や資産の再評価を行う過程で、過去において不適正な疑いのある取引が行われた可能性があるとして発覚したものである。

❷ 訂正報告書の訂正理由

　平成20年5月22日に、平成15年6月期から19年6月期の間の有価証券報告書等に係る訂正報告書が提出されている。そのうち告発の対象となった平成

18年6月期の有価証券報告書の訂正報告書における訂正理由は次のとおり。訂正理由は他の年度も同様である。

■ 平成18年6月期有価証券報告書の訂正報告書

1【有価証券報告書の訂正報告書の訂正理由】
　平成18年9月21日に提出いたしました第14期事業年度（自　平成17年7月1日　至　平18年6月30日）有価証券報告書に以下の事項を反映させることに伴い、記載事項の一部を修正する必要が生じましたので金融商品取引法第24条の2第1項の規定に基づき、有価証券報告書の訂正報告書を提出いたします。
　当社は昨年11月の増資後、経営陣を刷新し、新経営陣の下で従前の事業内容の精査や資産の再評価等を行ってまいりました。その過程で、過去において不適切な疑いのある取引が行われた可能性があるのではないかと考えられる状況に至ったことから、徹底的な事実解明のため調査委員会を発足させ、調査・確認等を本格的に行いました。
　本調査対象取引は過去数期間に及んでおります。調査・確認の結果、これまでお知らせした業績等の内容を訂正する必要があると判断したため、訂正するものであります。

❸ 虚偽記載の態様

　当社が平成20年4月30日に公表した「調査委員会の調査結果概要と当社としての再発防止策について」（以下、「調査委員会報告」という。）によると、不適正な取引は次の五つのパターンに分類されるとしている。

1 実体のないとみられるスルー取引

　実体のないスルー取引は、口銭収入と同様、営業外収益とすべきところ、売上高と売上原価の両建て処理を行い、売上高を嵩上げしていた。例えば、A社とB社との間で100の売買契約があった際、同社がその取次ぎを行い、その口銭として5の手数料を受取る場合、受取手数料5を収益に計上することになるが、この取引を、売上高105、売上原価100として処理していたものである。

図表2-4　実体のないとみられるスルー取引

```
┌─────────────────────────────────────────────────┐
│  A社 ─────────────────────────────────→ B社      │
│              ┌──────────────────┐                │
│              │      当社         │                │
│              │ 取次ぎ受取手数料5 │                │
│              └──────────────────┘                │
│                     ⇓                            │
│  A社  ──仕入100──→  当社  ──売上105──→  B社     │
└─────────────────────────────────────────────────┘
```

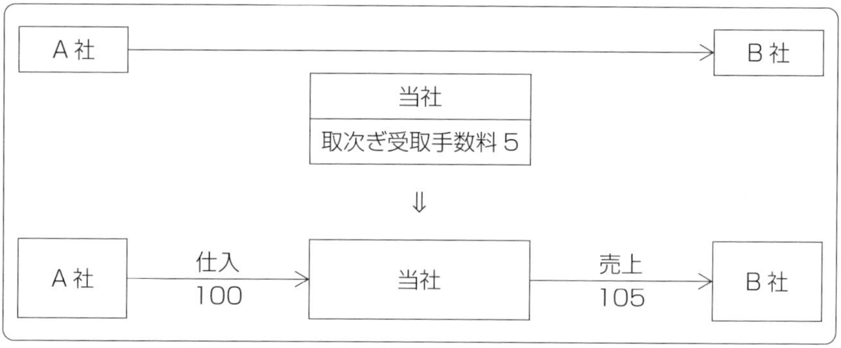

2 リース契約（会社）を利用した不適正な循環取引

　売上利益の獲得、または損失計上の回避を目的として、滞留在庫、他のプロジェクトで経費計上していなかったSE作業コスト、自社における設備投資物件に関わる製品等を売上原価とし、いったん売上計上し、売却先または転売先経由で、当社がリース会社からリース資産または買取資産として計上していた。

　また、当社の代わりに、取引先がリース会社とリース契約を締結し、当社と取引先は別途サービス契約を締結して、リース料に見合うサービス料を支払っているものもあった。リース会社を絡ませたところに特徴のある循環取引といえる。

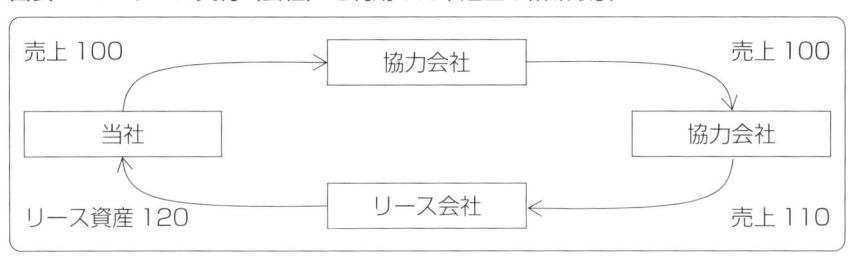

図表2-5　リース契約（会社）を利用した不適正な循環取引

```
売上100 ──────→ 協力会社 ──────→ 売上100
 │                                      │
当社                                  協力会社
 ↑                                      │
リース資産120 ← リース会社 ←──── 売上110
```

③ 売上の先行計上とその後の失注処理、買戻しによる循環取引

　売上の計上基準を満たしておらず、実際には販売先が預かっている状況にも係わらず、先行して売上を計上した取引において、結果として販売先と成約に至らなかった場合に、当社は売上の取消しを回避するため、別の転売先を見つけ、最終的には、製品名称を変更するなどして、この転売先もしくは複数の転売先を経由した後に、当社が買い戻していた。典型的な循環取引である。

④ 不適正なバーター取引による売上

　自社保有のライセンス商品等を、市場における実勢水準から嵩上げした価格で相手方に売却し、相手方または転売先から別の商品を、売却した商品の価格の嵩上げ分をその価格に上乗せして購入していた。実需に基づく取引ではないことから、購入した商品は滞留在庫となり、その後、上記②の循環取引が行われたものと推測される。

図表2-6　不適切なバーター取引による売上

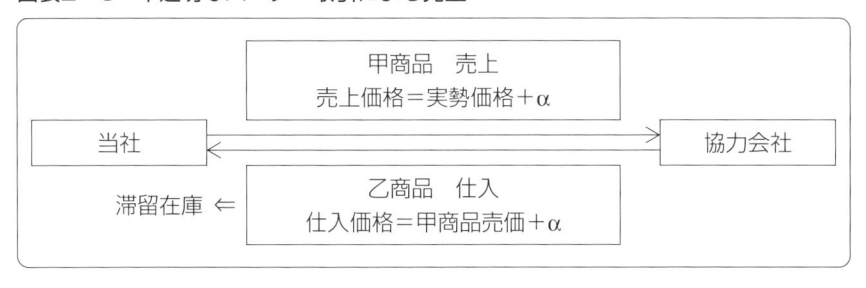

```
                甲商品　売上
             売上価格＝実勢価格＋α
当社 ←──────────────────────────── 協力会社
                乙商品　仕入
  滞留在庫 ← 仕入価格＝甲商品売価＋α
```

5 粗利益5％以上を計上したセール＆リースバック取引

　セール＆リースバック取引を利用すると、売却時点で利益が一括計上される一方で、その後の費用がリース期間にわたり計上される場合には、利益を先取りすることができる。本来であれば、リース期間に応じて損益を調整する必要がある。

　ただし、この点については、営業担当者には不正の意図はなく、会計基準の認識・理解不足であったとしている。

❹ 不適正な会計処理の連結財務諸表への影響額

　当社は、平成19年6月期決算で多額の赤字を計上し、債務超過に転落しているが、実態は、平成18年6月期以前から売上を過大計上することにより、赤字を黒字決算とする粉飾決算を続けていた。当社の平成15年6月期から19年6月期まで間の連結財務諸表の主な科目の訂正前、訂正後およびその増減額、増減率の数値は次のとおりである。

■ 平成19年6月期　連結財務諸表の主な科目の訂正前・訂正後

（単位：百万円）

	訂正前	訂正後	増減額	増減率
売上高	60,390	53,104	△ 7,286	△12.06％
売上原価	50,262	47,153	△ 3,109	△6.19％
販売費及び一般管理費	10,567	10,172	△ 395	△3.74％
営業外収益	319	319	0	0.00％
営業外費用	435	435	0	0.00％
経常利益・損失（△）	△ 554	△ 4,336	△ 3,782	682.67％

特別利益	112	112	0	0.00%
特別損失	29,274	20,004	△ 9,270	△31.67%
当期純利益・損失（△）	△ 30,265	△ 24,777	5,488	△18.13%
純資産	△ 4,068	△ 32,489	△ 28,421	698.65%
総資産	66,690	46,476	△ 20,214	△30.31%

平成18年6月期　連結財務諸表の主な科目の訂正前・訂正後

（単位：百万円）

	訂正前	訂正後	増減額	増減率
売上高	77,180	53,554	△ 23,626	△30.61%
売上原価	58,158	48,726	△ 9,432	△16.22%
販売費及び一般管理費	13,166	12,697	△ 469	△3.56%
営業外収益	122	168	46	37.70%
営業外費用	295	295	0	0.00%
経常利益・損失（△）	5,682	△ 7,997	△ 13,679	△240.74%
特別利益	217	4,688	4,471	2,060.37%
特別損失	43	43	0	0.00%
当期純利益・損失（△）	3,088	△ 6,142	△ 9,230	△298.90%
純資産	27,364	△ 6,545	△ 33,909	△123.92%
総資産	71,157	54,266	△ 16,891	△23.74%

■ 平成17年6月期　連結財務諸表の主な科目の訂正前・訂正後

(単位：百万円)

	訂正前	訂正後	増減額	増減率
売上高	78,908	57,802	△ 21,106	△26.75%
売上原価	60,129	57,801	△ 2,328	△3.87%
販売費及び一般管理費	12,667	12,207	△ 460	△3.63%
営業外収益	46	60	14	30.43%
営業外費用	226	226	0	0.00%
経常利益・損失（△）	5,931	△ 12,372	△ 18,303	△308.60%
特別利益	—	—	—	—
特別損失	88	88	0	0.00%
当期純利益・損失（△）	3,413	△ 14,788	△ 18,201	△533.28%
純資産	19,267	△ 5,410	△ 24,677	△128.08%
総資産	47,966	37,555	△ 10,411	△21.70%

■ 平成16年6月期　連結財務諸表の主な科目の訂正前・訂正後

(単位：百万円)

	訂正前	訂正後	増減額	増減率
売上高	78,808	66,722	△ 12,086	△15.34%
売上原価	66,426	58,574	△ 7,852	△11.82%
販売費及び一般管理費	8,265	8,028	△ 237	△2.87%
営業外収益	56	56	0	0.00%
営業外費用	120	120	0	0.00%
経常利益・損失（△）	4,051	54	△ 3,997	△98.67%
特別利益	9	9	0	0.00%

特別損失	179	179	0	0.00%
当期純利益・損失（△）	2,203	△ 1,793	△ 3,996	△181.39%
純資産	8,967	2,491	△ 6,476	△72.22%
総資産	32,755	32,633	△ 122	△0.37%

■ 平成15年6月期　連結財務諸表の主な科目の訂正前・訂正後

（単位：百万円）

	訂正前	訂正後	増減額	増減率
売上高	50,492	46,356	△ 4,136	△8.19%
売上原価	41,037	38,791	△ 2,246	△5.47%
販売費及び一般管理費	6,877	6,727	△ 150	△2.18%
営業外収益	18	18	0	0.00%
営業外費用	86	86	0	0.00%
経常利益・損失（△）	2,509	769	△ 1,740	△69.35%
特別利益	12	12	0	0.00%
特別損失	123	123	0	0.00%
当期純利益・損失（△）	1,288	△ 450	△ 1,738	△134.94%
純資産	7,120	4,641	△ 2,479	△34.82%
総資産	23,589	23,938	349	1.48%

❺ 不適正な会計処理の背景

　上記❸の調査委員会報告によると、不適正な取引が行われた原因は、次の三点であるとしている。

1 一部の経営陣の独断専行とそれに歯止めをかける経営管理体制の未整備

経営陣は、上場直後から、売上と利益成長を経営の第一目標に掲げ、東京証券取引所市場第一部上場を目標として、社員を指揮してきた。営業部門へは、達成不可能とも思われる高い社内予算を課す代わりに、その達成に応じて高額な給与またはボーナスの支給を保証してきたことにより、営業担当者らは、不適正な取引によるか否かは別として、目標達成と高額なインセンティブの取得へと邁進してきた。

また、経営陣は、利益増加の観点から、金融サービス事業における初期開発費用やソフトウェアの開発費用などについて、費用計上することを認めなかった。このような企業風土を背景として、不適正な会計処理が行われた。

経営管理体制からみても、取締役会は実体として会長兼社長による独断専行を許容する体制であり、案件審査ならびに決算承認等において、十分な監視監督機能を果たしていなかった。また、これを防止すべき役割をもつ監査役会においても、例えば平成19年6月期においては2回開催されているのみであり、監査役会としての監督機能が十分に機能していなかった。

2 業務プロセス管理体制の不備

業務プロセス管理に関する組織的問題として、案件の取り組みから完結に至る一連の業務プロセスにおいて、取引の実在性、会計上の適正性の確認、監督する社内管理体制の構築・運用に不備があった。また、独立の審査部門が存在せず、審査機能が存在しなかったことが、不適正取引を見過ごす大きな要因となった。

3 一部社員のコンプライアンス意識の低さ

一連の不適正な取引の背景には、一部社員のコンプライアンス意識の低さの問題がある。売上および利益増加を重視するあまり、先行発注や、仕入先に対する営業協力（貸しを作る）という形で立替払いをすることが、会社に損害を

与えるリスクを伴った取引であるという意識が一部の社員の間に欠如していた。

❻ 告発となった判断基準

　本件は、虚偽の有価証券報告書等の提出が旧証券取引法（第197条第1項等の重要な事項につき虚偽の記載のある有価証券届出書等の提出）に違反するとして告発されたものである。本件が課徴金事案ではなく告発事案となったのは、次のことが総合的に勘案されたものと推測される。

1 巨額な粉飾金額

　東京証券取引所市場第一部上場企業であった会社の複数年度にわたる粉飾であり、粉飾金額も平成17年度6月期および18年度6月期合わせて売上高で約274億円、経常利益で約135億円と極めて巨額である。

　この粉飾金額の数値は、証券取引等監視委員会編『平成22年　証券取引等監視委員会の活動状況』119頁によるものであるが、上記「❹　不適正な会計処理の連結財務諸表への影響額」の売上高・経常利益の増減額とは異なっている。上記❹の数値には、粉飾金額のほか誤謬の修正など他の要因による訂正が含まれているのではないかと思われる。

2 巨額な粉飾に基づく資金調達

　このような巨額の粉飾決算に基づいて、平成18年3月に約200億円もの第三者割当増資と、平成19年8月に約60億円もの公募増資が行われている。これは市場を欺いて多額の資金調達を行ったものである。

3 巨額な粉飾に基づく役員の株式売出し

　公募増資に際し、被告人両名は、自己が保有する同社の株式を売り出して、多額の対価を得ているものであり、投資家を騙して、その犠牲の下、自己の利益を図るものとして、極めて悪質な粉飾決算である。

4 IT業界等に対する一罰百戒

　IT業界等における会計環境の特質として、取引対象のソフトウェアあるいはサービスの実在性、取引の経済合理性、取引価額の妥当性および取引先との共謀などの諸問題が指摘されていた。

　証券取引等監視委員会は、本件告発が平成17年3月日本公認会計士協会IT業界における特殊な取引検討プロジェクトチーム報告「情報サービス産業における監査上の諸問題」や平成18年3月企業会計基準委員会「ソフトウェア取引の収益の会計処理に関する実務上の取扱い」(実務対応報告第17号)等ともあいまって、IT業界における「会計環境の特質」を背景とした粉飾の一掃につながると期待したものと思われる。いってみれば、不適正な会計処理を行っているIT業界等の会社に対し、一罰百戒の観点から、本件が 1 ～ 3 を考慮して告発案件に選ばれたといえるのではないか。

　その後、日本公認会計士協会から平成23年9月15日には「循環取引等不適切な会計処理への監査上の対応等について」(会長通牒平成23年第3号)が、平成24年3月22日には「不適切な会計処理が発覚した場合の監査人の留意事項について」(監査・保証実務委員会研究報告第25号)等が公表されている。

❼ 再発防止策

　当社は、調査委員会からの再発防止策に関する提言等を踏まえ、「経営管理体制の改革」として、
① 経営陣の交代による経営の監視体制の強化
② 取締役会および経営会議での充実した審議・審査体制の確立
③ 決裁権限規程等の見直しによる権限集中の排除とチェック体制の充実化
また、「業務プロセスの改革と管理体制の整備」として、
① 審査本部の設置
② 案件審査会議の設置

③ 管理部門の独立化による財務コントロールの強化
④ 内部監査室、コンプライアンス室への専任者の配属による定期的レビューの実施
⑤ 専門委員会の改組・発足による経営上層部による監視体制の強化

さらに、「社員の意識改革」として、
① 人事報酬制度の改革
② コンプライアンス・ホットラインの設置
③ 社外教育の実施
を行ったところである。

しかし、当社は、平成20年4月30日に、東京証券取引所において「社外取締役等で構成される調査委員会による調査の結果、過年度にわたり不適切な取引が行われていたことが判明した」旨の適時開示を行い、同日、民事再生手続開始申立てを行った。その後、同年6月1日に東京証券取引所市場第二部の上場廃止となり、平成22年9月24日に解散している。

3 株式会社A-4

[有価証券報告書提出会社] 情報・通信業、ジャスダック証券取引所上場（平成21年1月27日、同証券取引所株券上場廃止基準第2条第1項第10号a（上場会社が有価証券報告書等に「虚偽記載」を行い、かつ、その影響が重大であるとジャスダック証券取引所が認めた場合）に該当することから上場廃止）
[訂正報告書の提出日] 平成20年5月16日
[訂正対象決算期] 平成14年4月1日～19年3月31日
[訂正勘定科目] 売上高（売上の前倒し計上）、売上原価（架空外注費の計上）、特別損失（リース料に係る貸倒引当金の不計上）

❶ 告発の概要

　当社は、平成17年3月期に、架空売上の計上や不適正な原価処理を行うなどの方法により、虚偽の記載のある連結損益計算書等を掲載した有価証券報告書を提出した。

　証券取引等監視委員会は、平成20年6月16日に、この虚偽記載のある有価証券報告書の提出が旧証券取引法（第197条第1項等の重要な事項につき虚偽の記載のある有価証券報告書の提出）に違反するとして、当社、当社の元代表取締役社長および元財務担当役員（前代表取締役社長）の三者を神戸地方検察庁検察官に告発した。

　平成20年11月に神戸地方裁判所において、会社には罰金500万円、元財務担当取締役には懲役3年（執行猶予4年）の判決が確定した。

　現在、元代表取締役社長は、神戸地方裁判所において公判係属中である。

なお、本件発覚の経緯は次のとおりである。

当社は、平成19年5月に証券取引等監視委員会から、当社の平成17年3月期売上計上に係る取引を中心とした過年度にわたる会計処理について、不適正な会計処理が行われていた可能性がある旨の指摘を受けた。そこで、当社は、証券取引等監視委員会の調査に協力しながら事実の把握に努めていたところ、当社において平成20年1月中旬頃、不適正な会計処理が存在していたとの疑義が高まった。

そのため、当社は、まずその詳細の把握に努めるべく、公認会計士および弁護士とアドバイザリー契約を締結し、同人とともに社内調査チームを編成し、株式上場後の平成11年3月期から19年9月中間期までを調査期間とし、全容解明のため徹底した調査を実施することとした。また、当社は、平成20年3月21日、当社の会計監査人である監査法人に対し、当該不適正な会計処理について説明を行うとともに、当社の調査内容に関する検討を依頼した。

上記調査により相当程度の概要が明らかになった段階である平成20年4月1日、当社は、社内調査委員会の設置を機関決定した。同年4月28日、当社は社内調査の中間報告を行い、同日、外部調査委員会を設置することを発表した。二つの調査委員会の最終報告書は、社内調査委員会が平成20年6月20日に「社内調査報告書」として、外部調査委員会が平成20年9月25日に「最終答申書」として公表した。

❷ 訂正報告書の訂正理由

平成20年5月16日に、平成15年3月期から19年3月期の間の有価証券報告書等に係る訂正報告書が提出されている。そのうち告発の対象となった平成17年3月期の有価証券報告書の訂正報告書における訂正理由は次のとおり。訂正理由は他の年度も同様である。

平成17年3月期有価証券報告書の訂正報告書

1【有価証券報告書の訂正報告書の訂正理由】

　今般、当社は、平成17年3月期決算におきまして、複数のシステム開発関連取引で、売上の早期計上等が行われていたことが確認されました。

　上記の売上の早期計上等につきましては、顧客から検収書などを事前に受領するなどしたうえで、本来、翌期以降に売上計上すべき取引を第11期（自　平成16年4月1日　至　平成17年3月31日）決算で売上計上したというものです。これにより平成17年3月期に取消される不適切な売上高は、1,274,800千円であります。

　また、平成14年7月から平成19年3月までの間の特定の取引先に対する支出が、当時の役職員の一部により、架空の外注費の名目で処理されていたことが確認されました。

　かかる処理を訂正した結果、当社の第11期（自　平成16年4月1日　至　平成17年3月31日）における連結損益計算書は、売上高が1,274,800千円減少し、売上原価が301,798千円減少し、営業外費用が28,491千円増加し、特別損失が346,500千円増加することになります。その結果、税金等調整前当期純利益及び当期純利益が1,347,993千円減少することにより、訂正後は、税金等調整前当期純損失が1,166,015千円、当期純損失が1,133,882千円となります。

　また、個別業績では、売上高が1,274,800千円減少し、売上原価が301,798千円減少し、営業外費用が28,491千円増加し、特別損失が346,500千円増加することになります。その結果、税引前当期純利益及び当期純利益が1,347,993千円減少することにより、訂正後は、税引前当期純損失が1,144,753千円、当期純損失が1,112,620千円となっております。

　これらを訂正するため、金融商品取引法第24条の2第1項の規定に基づき、当社が平成17年6月30日に提出いたしました第11期（自　平成16年4月1日　至　平成17年3月31日）有価証券報告書の訂正報告書

を提出するものであります。

また、当社は、上記処理が影響を及ぼす期間については、第11期（自　平成16年4月1日　至　平成17年3月31日）以外の期についても、期ごとに有価証券報告書及び半期報告書の訂正報告書を提出しておりますので、第11期以外の期の訂正については、各期の訂正報告書をご参照下さい。

なお、訂正後の連結財務諸表及び財務諸表については、新日本監査法人により監査を受けており、その監査報告書を添付しております。

❸ 虚偽記載の態様

当社が平成20年6月20日に公表した「社内調査報告書」および外部調査委員会が平成20年9月25日に公表した「最終答申書」（以下、「調査委員会報告」という。）によると、次のような不適正な会計処理があったとしている。

1 不適正な原価処理

＜取引の背景＞

当社は、平成13年3月期にG社（本店：大韓民国、平成19年5月に倒産）に対し、韓国ASP事業用システムの提供（売上高16億円）を行った。具体的な提供方法は、当時、G社が設立後間もないこともあり、信用がなく自ら資金を調達して自社で直接当社から上記システムを購入することも、また、リース会社から与信を受けてリース取引を行うことも困難であった。そのため、当社がリース会社との間でセールアンドリースバックを行い、当社がG社に転リースを行う形をとった。

しかし、その後、G社の経営状態が悪化し、G社から当社へのリース料の支払が危うい状態となった。当社は、特別損失計上を避けるため、およびG社に対する元代表取締役社長自らの貸付金等の回収等の利得を得るため、当社の

元代表取締役社長および一部の役職員が、当社から別会社を経由して、実質的に当社によるＧ社に対するリース料等の支払原資の支援となる次の取引を行った。

＜不適正な原価処理＞

当社から別会社であるＴ社（当社の外注先協力会社）に対し実体のない発注を行ったうえ、さらにＴ社においてもＧ社に対し実体のない発注を行うことにより、Ｔ社経由で、当社へのリース料および元代表取締役社長への借入金返済の支払原資となる資金が当社からＧ社へ支払われる取引

図表２−７　不適正な原価処理

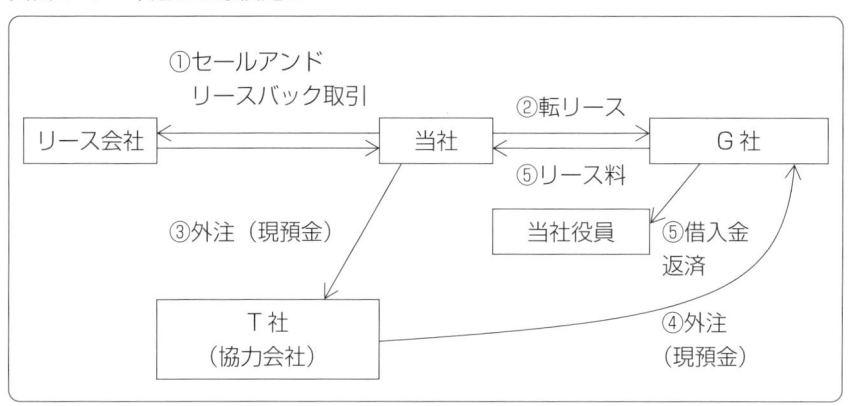

```
                  ①セールアンド
                   リースバック取引      ②転リース
   ┌────────┐ ←──────→ ┌────┐ ────→ ┌────┐
   │ リース会社 │               │ 当社 │        │ Ｇ社 │
   └────────┘               └────┘        └────┘
                                  │  ⑤リース料  ↑
                                  │    ┌──────┐ │
          ③外注（現預金）         │    │当社役員│←┤⑤借入金
                                  ↓    └──────┘ │   返済
                              ┌────────┐       │
                              │  Ｔ社   │───────┘
                              │（協力会社）│ ④外注
                              └────────┘ （現預金）
```

最終的には、平成14年7月から19年3月までの間、当社が外注費の名目でＴ社に対する支払をなすことで、当社からＧ社に対する実質的な資金支援が行われた。

なお、Ｇ社は、当社の元代表取締役社長が、第三者に資金を貸し付け、同人を名目上の代表者・株主とすることにより設立した会社である。実質的には元代表取締役社長の支配下にあった法人である(注)。

注：平成20年7月4日、当社は、元代表取締役社長および前代表取締役社長を、当社と取引先会社経由で、元代表取締役社長が実質的に経営する韓国のＧ社に対し、外注費の名目で当社から資金を不正に支出させ、当社に損害を与え

た特別背任の容疑で神戸地方検察庁に刑事告訴している。

2 不適正な売上計上

　不適正な売上計上は、平成17年3月期に、複数のシステム開発関連において行われたものである。具体的には、平成17年3月期の売上高を増やして赤字を回避するため、顧客から検収書等を事前に受領するなどしたうえで、本来、翌期以降に売上計上すべき取引を平成17年3月期決算において計上したものである。

　かかる不適正な売上計上がなされた取引については、翌期以降、実際の納品、検収・受領がなされたものがほとんどである。一部については、翌期に取引がキャンセルされているが、キャンセルされた取引については、翌期において売上の取消し処理が行われている。

❹ 不適正な会計処理の連結財務諸表への影響額

　当社の平成15年3月期から19年3月期までの間の連結財務諸表の主な科目の訂正前、訂正後およびその増減額、増減率の数値は次のとおりである。

■平成19年3月期　連結財務諸表の主な科目の訂正前・訂正後

(単位：百万円)

	訂正前	訂正後	増減額	増減率
売上高	2,313	2,751	438	18.94％
売上原価	1,919	2,179	260	13.55％
販売費及び一般管理費	1,316	1,316	0	0.00％
営業外収益	12	12	0	0.00％
営業外費用	60	69	9	15.00％

	訂正前	訂正後	増減額	増減率
特別利益	11,427	11,427	0	0.00%
特別損失	1,964	2,044	80	4.07%
当期純利益・損失（△）	6,683	6,772	89	1.33%
純資産	16,895	16,784	△ 111	△0.66%
総資産	20,436	20,263	△ 173	△0.85%

■ 平成18年3月期　連結財務諸表の主な科目の訂正前・訂正後

（単位：百万円）

	訂正前	訂正後	増減額	増減率
売上高	1,980	2,736	756	38.18%
売上原価	3,169	2,087	△ 1,082	△34.14%
販売費及び一般管理費	942	937	△ 5	△0.53%
営業外収益	27	27	0	0.00%
営業外費用	153	193	40	26.14%
特別利益	15	15	0	0.00%
特別損失	145	717	572	394.48%
当期純利益・損失（△）	△ 2,374	△ 1,142	1,232	△51.90%
純資産	10,190	9,990	△ 200	△1.96%
総資産	15,066	14,947	△ 119	△0.79%

■ 平成17年3月期　連結財務諸表の主な科目の訂正前・訂正後

(単位：百万円)

	訂正前	訂正後	増減額	増減率
売上高	2,913	1,638	△ 1,275	△43.77%
売上原価	1,690	1,388	△ 302	△17.87%
販売費及び一般管理費	868	868	0	0.00%
営業外収益	29	29	0	0.00%
営業外費用	81	110	29	35.80%
特別利益	0	0	0	―
特別損失	119	466	347	291.60%
当期純利益・損失（△）	214	△ 1,133	△ 1,347	△629.44%
純資産	12,616	11,184	△ 1,432	△11.35%
総資産	15,928	14,505	△ 1,423	△8.93%

■ 平成16年3月期　連結財務諸表の主な科目の訂正前・訂正後

(単位：百万円)

	訂正前	訂正後	増減額	増減率
売上高	1,452	1,452	0	0.00%
売上原価	1,332	1,327	△ 5	△0.38%
販売費及び一般管理費	1,089	1,089	0	0.00%
営業外収益	26	26	0	0.00%
営業外費用	52	89	37	71.15%
特別利益	13	13	0	0.00%
特別損失	1,742	1,720	△ 22	△1.26%

当期純利益・損失（△）	△ 2,709	△ 2,718	△ 9	0.33%
純資産	11,452	11,368	△ 84	△0.73%
総資産	15,060	14,964	△ 96	△0.64%

■ 平成15年3月期　連結財務諸表の主な科目の訂正前・訂正後

（単位：百万円）

	訂正前	訂正後	増減額	増減率
売上高	2,860	2,860	0	0.00%
売上原価	2,747	2,438	△ 309	△11.25%
販売費及び一般管理費	1,149	1,149	0	0.00%
営業外収益	37	37	0	0.00%
営業外費用	50	108	58	116.00%
特別利益	37	37	0	0.00%
特別損失	80	407	327	408.75%
当期純利益・損失（△）	△ 1,044	△ 1,119	△ 75	7.18%
純資産	14,434	14,359	△ 75	△0.52%
総資産	17,188	17,113	△ 75	△0.44%

❺ 不適正な会計処理の背景

　上記❸の社内調査報告書および調査委員会報告書によると、不適正な会計処理の最大の発生原因は、元代表取締役社長を絶対視し、これに反対意見を言うことのできない企業風土およびこれと表裏の関係にある内部統制・牽制システムの欠如・不全にあったとのことである。その内容は次のとおり。

1 当社の企業風土

　当社は、創業者である元代表取締役社長が強い指導力の下で成長してきた企業で、当時の役員は、全員創業時からの元代表取締役社長の部下であった。また、元代表取締役社長の保有する株式割合は約34％であり、実質的に経営支配権を有していた。

　そのため、当社において、元代表取締役社長は、いわば絶対的な存在であったことから、同人の考え方や方針に当社役職員が反対意見を言える環境になく、元代表取締役社長に対する監視・監督・監査が適切に機能し得る状況が欠如していた。

　このような当社の企業風土が、本件の根本原因であった。

2 コーポレート・ガバナンスの問題

　上記のとおり、元代表取締役社長を絶対視する環境の下で、当社の取締役会は法定の重要事項の決議を行う等の機能は果たしていたものの、代表取締役社長の業務執行状況に対する監視・監督機能が不全に陥っていた。

　また、当社監査役会にも、本件に係る情報は一切伝達されておらず、情報を伝えるスタッフもいなかったことから、結果として、実効性のある監査を行うことができなかった。

3 コンプライアンス意識の欠如

　今回の不適正な会計処理の発生原因は、金融機関等に対する信用を維持することにより、資金調達を可能にし、当社が倒産する事態を防ぐということが主たる動機となっていた。このことからすれば、当社の倒産を防ぐためであれば、虚偽の財務報告を行うこともやむを得ないという意識を有していたといわざるを得ず、当社内において、絶対に不正を許さないというコンプライアンス意識が欠落していた。

❻ 告発となった判断基準

本件は、虚偽の有価証券報告書の提出が旧証券取引法（第197条第1項等の重要な事項につき虚偽の記載のある有価証券報告書の提出）に違反するとして告発されたものである。本件が課徴金事案ではなく告発事案となったのは、次のことが総合的に勘案されたものと推測される。

1 証券取引等監視委員会からの指摘

本件は、証券取引等監視委員会から平成19年5月に、当社へ平成17年3月期売上計上に係る取引を中心とした過年度にわたる会計処理について、不適正な会計処理が行われていた可能性がある旨の指摘がなされたものである。

2 元代表取締役個人の利得

最終的に元代表取締役社長個人が実質的に経営するGに支払われた返済見込みのない架空外注費は、Gにおいて当社へのリース料の支払のほか、元代表取締役社長個人からの借入金の返済に使用されている。それにより、元代表取締役社長は、投資家を欺き、その犠牲の下、自己の利益を図ったものであり、極めて悪質な粉飾決算である。

3 コーポレート・ガバナンスの問題

当社において、元代表取締役社長は、いわば絶対的な存在であったことから、同人の考え方や方針に当社役職員が反対意見を言える環境になく、元代表取締役社長に対する監視・監督・監査が適切に機能し得る状況が欠如していた。

4 巨額の粉飾

平成17年3月期の粉飾金額が次のとおり非常に大きいものである。詳細は上記❹の「平成17年3月期　連結財務諸表の主な科目の訂正前・訂正後」を参照されたい。

	訂　正　前	訂　正　後	増　減　率
売　上　高	2,913百万円	1,638百万円	△44％
当期純利益	214	△1,133	△629％

5 継続企業の前提に関する注記の回避

　3期連続赤字であり、平成17年3月期も赤字決算が続くと、会計監査人の監査において、継続企業の前提に関する注記が付される可能性があったことから、それを避けるために行った。

❼ 再発防止策

　上記❸の社内調査報告書および調査委員会報告書によると、当社は、以下の再発防止策を実施するとしている。

1 当社の企業風土の改善

　元代表取締役社長を含めた当時の関係取締役は全員退任し、社外から招聘した執行役員社長を中心とした新経営体制に移行する（注）。

　　注：平成20年6月28日開催の株主総会において、社外から招聘した2名の取締役候補が選任され、代表取締役、専務取締役に就任している。

　元代表取締役社長は、現在も当社の約34％の議決権割合を保有する当社の大株主であることから、法律上は当社に対し、株主としての影響力を行使し得る立場にある。そこで、当社は、元代表取締役社長が保有する当社株式を第三者に譲渡するように要請し、あるいは適正な割合まで低下させるように働き続ける。さらに、今後、その影響力の行使あるいは議決権行使の態様が、当社企業価値および株主共同の利益に反することがないように監視するため、ガバナンス評価委員会を新設する。同委員会の役割は次のとおりである。

①　元代表取締役社長の意を受けた者が再び取締役として選任され、不当な影響力を行使することがないように、取締役候補者の適否を評価し、当社取締役会は、同委員会の評価を最大限尊重して株主総会に提案する取締役選任議案の決定を行うものとする。
②　当社の最適な株主構成について勧告を行い、いわゆるブラック・ナイトが元代表取締役社長の保有株式を取得しようとする場合には、買収者に対して、必要と思われる情報提供を求めたうえで、適切な対抗措置をとるよう取締役会に求めること。
③　当社における今後の改善策の実施および適正かつ実効的な内部統制の実施等を監視、監督していくこと。

2 コーポレート・ガバナンスの改善

今回の不適正な会計処理の発生原因となったコーポレート・ガバナンスの不備に対しては、取締役会および監査役会の機能を強化するため、次の措置を実施する。
①　社外者を招聘しての経営陣の刷新：上記1のとおり
②　取締役会の活性化：執行役員制度を活用し、必要に応じて経営と執行を分離する等、相互に牽制機能が働くような場に変えていく。
③　監査役の活動・監査役会の活性化：監査役会は、取締役会において、監査役自らが積極的に重要案件等について報告を求める等の対応をとるようにし、当該発言状況をより詳細に取締役会議事録にて記載し、事業報告等で報告するようにする。

3 コンプライアンス意識の改善について

今回発覚した不適正な会計処理については、当時の取締役および一部の従業員も関与していた。元代表取締役社長の影響下でのことではあるものの、今後、永続的にかかる事態の再発を防止するためには、経営者・従業員一体となってコンプライアンス遵守の徹底を行う必要があるとして、次のことを実施すると

している。
　① コンプライアンス教育の強化
　② その他コンプライアンスに関する啓蒙活動
　③ 各種規定の見直し：倫理規程の整備、懲罰規定の見直し

　これら再発防止策の進捗状況であるが、当社が平成21年1月27日に、ジャスダック証券取引所上場廃止になったこともあり、これに関するリリースが見当たらない。

4 A-5株式会社

【有価証券報告書提出会社】電気機器、東京証券取引所マザーズ市場上場（平成21年2月21日、同証券取引所有価証券上場規程第603条第1項第6号(関連規則は同規程第601条第1項第11号ａ（上場会社が有価証券報告書等に虚偽記載を行い、かつ、その影響が重大であると東京証券取引所が認める場合））に該当することから上場廃止）
【訂正報告書の提出日】平成20年3月31日
【訂正対象決算期】平成14年5月1日～19年4月30日
【訂正勘定科目】売上高（架空売上の計上、売上の前倒し計上）、売上原価（売上原価の繰延べ）

❶ 告発の概要

　当社は、平成17年4月期および18年4月期の有価証券報告書ならびに18年9月15日提出に係る有価証券届出書において、架空売上を計上するなどの方法により、重要な事項につき虚偽の記載のあるものを提出した。

　証券取引等監視委員会は、平成20年12月24日に、この虚偽記載のある有価証券報告書等の提出が旧証券取引法（第197条第1項等の重要な事項につき虚偽の記載のある有価証券報告書等の提出）に違反するとして、当社、代表取締役社長、取締役管理部長（管理部門の業務全般を統括管理）、および取締役総合企画部長（投資家向け広報および資金計画の企画・立案等の業務）の四者を広島地方検察庁検察官に告発した。

　平成21年4月28日、広島地方裁判所は、本件粉飾決算の態様は、複数の手

段を用いて行われた計画的で悪質なものであるとして、会社に罰金800万円、代表取締役に懲役2年（執行猶予4年）、取締役管理部長に懲役1年6か月（執行猶予3年）、取締役総合企画部長に懲役1年（執行猶予3年）の判決を言い渡し、同判決は確定した。

なお、本件発覚は次のとおりである。

当社の平成20年4月期中間期決算作業を行う過程の19年11月下旬に、過年度において売上計上した物件について、その返品等に伴う会計処理について疑義があることが判明した。

当社は、その事実を受け、平成19年11月21日、直ちに当時の代表取締役社長を委員長とする社内特別調査委員会を組織し、調査を開始した。

その調査結果を、平成19年12月13日の「過年度決算訂正の可能性の発生並びに平成20年4月期中間決算発表遅延に関するお知らせ」、平成20年2月29日の「平成20年4月期中間決算の状況の開示及び半期報告書提出並びに過年度決算にかかる訂正の概要に関するお知らせ」、平成20年3月31日の「過年度決算にかかる有価証券報告書の訂正報告書等の提出に関するお知らせ」において公表している。

❷ 訂正報告書の訂正理由

平成20年3月31日に、平成15年4月期から19年4月期の間の有価証券報告書等に係る訂正報告書が提出されている。そのうち告発の対象となった平成18年4月期の有価証券報告書の訂正報告書における訂正理由は次のとおり。訂正理由は他の年度も同様である。

■ 平成18年4月期有価証券報告書の訂正報告書

1【有価証券報告書の訂正報告書の訂正理由】
　平成18年7月31日に提出した第12期事業年度（自　平成17年5月1

日　至　平成18年4月30日）の有価証券報告書に以下の事項を反映させることに伴い、記載事項の一部を修正する必要が生じましたので有価証券報告書の訂正報告書を提出致します。

(1)　より保守的に売上計上すべき売上

　当社は、出荷基準にて売上を計上しておりますが、当該計上基準に付随して「出荷時に検収の目途が明確であることが必要で、仮に一定期間を経ても合理的理由がないにも関わらず検収を受けることができない場合は、製品の返品等がなくとも取消処理を行うこと」という会計方針のもと処理してまいりました。

　出荷基準を採用する以上、正常な営業循環の過程にあると判断できるだけの確実性が必要でありますが、今般の過年度決算の訂正においては、ルールの厳格な適用からはずれ、上記会計方針に合致しない売上計上が行われておりました。

(a)　返品され棚卸資産となった取引に関するもの

　売上計上後、なんらかの理由により返品され在庫となった取引が存在いたしました。これは、該当製品が顧客の要求を満たすことができなかった、顧客において製造工程が変更になった等の理由により当該製品が不要となった、製造に使用されたとしても不要となった段階で返品された等の理由で返品がなされたものであり、売上計上時の検収目途が明確であったとは言い難い取引でありました。

　これらの取引に関しては、結果的に返品となり在庫となっていることから、売上時の検収の目処が明確でなかったとみなし、より保守的に売上計上時点に遡り訂正いたします。

(b)　返品され転売された取引に関するもの

　売上計上後なんらかの理由により、他の顧客に転売された取引が存在いたしました。これは、上記(a)と同等の理由等により、一旦返品され、さらに他の顧客に転売されていることから、当初の売上計上時の検収目途が明確であったとは言い難い取引でありました。

これらの取引は、結果的に転売となっていることから、当初の売上時の検収の目処が明確でなかったとみなし、より保守的に当初の売上計上時点に遡り訂正いたします。

(c) 商社を経由した取引に関するもの

当社は、エンドユーザーに製品を販売する際、資金回収リスクの軽減、市場開拓及び顧客の要請等の理由により、商社を経由して取引を行うことがあります。

今般の訂正対象となる取引においては、売上計上された後、一旦、売上が取消され、再度、売上計上されたり、エンドユーザーとの直取引に変更になり、商社に対する売上が取り消された取引等がありました。

これらも前記(a)、(b)同様、当初の売上計上時に検収の目処が明確でなかったとみなし、より保守的に当初の商社への売上計上時点に遡り訂正いたします

(2) 仕入計上の遅れ

当社は検収基準にて仕入を計上しておりますが、仕入物件のうち高額物件（100万円以上）について、その計上タイミングは、製造部門からの検収連絡に依拠しておりました。

当該会計処理過程においては、仕入物品が売上計上済物件なのか、棚卸資産に計上すべき物件なのかをリアルタイムで把握するシステムが不十分で、その結果、売上計上後に仕入計上を行っていたケースが存在いたしました

(3) 期末仕掛品の把握ミス

当社は、製品の製造原価を製造番号ごとに集計する個別原価計算制度を採用しております。

この処理において、製造番号の発番管理に統一性がなく、混乱が生じておりました。

また、引合、受注段階からの実行予算管理、粗利益管理が不十分で、さらに前記(2)の仕入計上の遅れ等もあり、期末仕掛品残高の把握、集計に正

確性を欠いているものがあり、訂正処理をいたします。
　その結果、記載事項の一部に訂正すべき事項がありましたので、これを訂正するため、有価証券報告書の訂正報告書を提出するものであります。なお、訂正後の連結財務諸表及び財務諸表については、創研合同監査法人による監査を受けており、その監査報告書を添付しております。

❸ 虚偽記載の態様

当社が平成20年4月14日に東京証券取引所へ提出した「改善報告書」によると、次のような不適正な会計処理があったとしている。

1 架空売上の計上

当社は、出荷基準により売上を計上しているが、次の取引は、当初の売上計上時に検収の目処が明確になっていなかったものである。
　① 売上計上時の検収目処が明確でないまま売上に計上した結果、売上計上後に返品されたもの、または売上取消されたものが在庫となっている。
　　売上の架空計上となるので、当初の売上計上時点に遡り、売上がなかったものとの訂正を行っている。
　② 売上計上後、返品され、売上取消された後に、他の顧客に転売したものについて、商品の流れに沿った会計処理が行われていない。
　　売上の期間的なズレが生ずることから、当初の売上を取消し、転売時に新たに売上を計上する訂正が行われている。
　③ 商社を経由した取引において、取消しのあったものについて、取消しの会計処理がなされていない。

2 売上原価の繰延べ

売上に係る売上原価を棚卸資産とすることにより、売上原価を過少計上して

いた。これについては、仕入物品が売上計上済み物品なのか、棚卸資産に計上すべき物品なのかをリアルタイムで把握するシステムが不十分であったとしている。

③ 期末仕掛品の過大計上

上記②と同様、売上に係る売上原価を期末仕掛品とすることにより、売上原価を過少計上していた。これについては、引合、受注段階からの実行予算管理、粗利益管理が不十分で、期末仕掛品残高の把握、集計に正確性を欠いているものがあったとしている。

❹ 不適正な会計処理の連結財務諸表への影響額

当社の平成15年4月期から19年4月期までの間の連結財務諸表の主な科目の訂正前、訂正後およびその増減額、増減率の数値は次のとおりである。

■ 平成19年4月期　連結財務諸表の主な科目の訂正前・訂正後

(単位：百万円)

	訂正前	訂正後	増減額	増減率
売上高	6,420	6,395	△ 25	△ 0.39%
売上原価	5,420	5,000	△ 420	△ 7.75%
販売費及び一般管理費	1,320	1,320	0	0.00%
営業外収益	41	41	0	0.00%
営業外費用	61	61	0	0.00%
特別利益	0	0	0	―
特別損失	0	0	0	―
当期純利益・損失（△）	△ 417	0	417	△ 100.00%

純資産	5,631	4,835	△ 796	△ 14.14%
総資産	8,479	8,268	△ 211	△ 2.49%

■ 平成18年4月期　連結財務諸表の主な科目の訂正前・訂正後

(単位：百万円)

	訂正前	訂正後	増減額	増減率
売上高	4,952	5,830	878	17.73%
売上原価	3,511	4,826	1,315	37.45%
販売費及び一般管理費	1,116	1,116	0	0.00%
営業外収益	36	36	0	0.00%
営業外費用	93	93	0	0.00%
特別利益	1	1	0	0.00%
特別損失	1	1	0	0.00%
当期純利益・損失（△）	153	△ 301	△ 454	△ 296.73%
純資産	4,505	3,282	△ 1,223	△ 27.15%
総資産	7,058	6,379	△ 679	△ 9.62%

■ 平成17年4月期　連結財務諸表の主な科目の訂正前・訂正後

(単位：百万円)

	訂正前	訂正後	増減額	増減率
売上高	4,030	3,654	△ 376	△ 9.33%
売上原価	3,138	2,957	△ 181	△ 5.77%
販売費及び一般管理費	711	711	0	0.00%

営業外収益	2	2	0	0.00%
営業外費用	48	48	0	0.00%
特別利益	3	3	0	0.00%
特別損失	37	37	0	0.00%
当期純利益・損失（△）	68	△138	△206	△302.94%
純資産	2,226	1,459	△767	△34.46%
総資産	5,247	4,668	△579	△11.03%

■ 平成16年4月期　連結財務諸表の主な科目の訂正前・訂正後

（単位：百万円）

	訂正前	訂正後	増減額	増減率
売上高	3,085	3,089	4	0.13%
売上原価	2,350	2,574	224	9.53%
販売費及び一般管理費	607	607	0	0.00%
営業外収益	21	21	0	0.00%
営業外費用	29	29	0	0.00%
特別利益	8	8	0	0.00%
特別損失	23	23	0	0.00%
当期純利益・損失（△）	56	△308	△364	△650.00%
純資産	1,460	901	△559	△38.29%
総資産	4,144	3,809	△335	△8.08%

■平成15年4月期　連結財務諸表の主な科目の訂正前・訂正後

(単位：百万円)

	訂正前	訂正後	増減額	増減率
売上高	2,242	2,336	94	4.19%
売上原価	1,649	1,627	△ 22	△ 1.33%
販売費及び一般管理費	451	451	0	0.00%
営業外収益	5	5	0	0.00%
営業外費用	41	41	0	0.00%
特別利益	—	—	—	—
特別損失	—	—	—	—
当期純利益・損失（△）	55	118	63	114.55%
純資産	1,409	1,214	△ 195	△ 13.84%
総資産	3,461	3,298	△ 163	△ 4.71%

❺ 不適正な会計処理の背景

当社が平成20年4月14日に東京証券取引所へ提出した「改善報告書」によると、不適正な会計処理を行った直接的な原因は次のとおりである。

1 経営姿勢

当社は、創業者である前社長の指導のもと事業を展開してきた。その過程において、本来企業としてあるべきコーポレート・ガバナンス体制やコンプライアンス体制が十分には構築されなかった。

今回の直接の原因は、過去の経営者による増収戦略偏重の中、売上予算、利益予算達成を重視するあまり、営業担当者等に大きな負荷が掛かっていた。当社の売上計上基準に付随する条件（検収目処が明確であること）の確認を営業

担当者に判断を任せていたことから、返品、取消し、転売等がなされていた。売上実績偏重という営業姿勢とともに、売上計上処理時の業務フロー、社内ルールに不備があった。

2 当社の属する業界の慣行

当社は、受注生産による事業を展開している。過去において、顧客との信頼関係を前提に、口頭発注時や仕様決定時に製造が開始されることが多くあり、また、製造開始から売上計上までの社内業務を営業担当者独自の検収見込みに関する判断により行われていた。これは、売上計上処理時における検収目処の確認に関するルールが不備であったことを意味する。

3 当社の技術動向

当社は、非接触電気検査という世界に類を見ない技術を独自に開発して事業を行っている。開発の初期段階では、製品の完成度は必ずしも高くなかった。そのため、検収を受けるまで相当な時間がかかるものがあった。しかし、営業担当者や開発担当者の判断によって売上計上が行われた。

4 海外での事業展開

顧客の工場の海外進出に対応し、当社もアジア諸国に進出した。しかし、海外の商習慣の違いを理解しないまま、国内と同様の営業活動を行ったことで、顧客の海外工場ですでに生産に使用されているにもかかわらず、入金をしてもらえず、装置引き上げに至ったものもある。

5 社内システムの不備

当社では、売上・仕入・在庫・原価等のシステムを市販のソフトウェアや社内作成のソフトウェアで別々に管理する状態となっていた。このような状況下では、各々のソフトウェア間の情報交換は行われず、それらの情報を統合するには、手作業にて行わなければならず、データ管理において不十分な状態であっ

た。そのことにより、今般の訂正事項の発見が遅くなった。

6 内部管理体制の不備

様々な業務処理のチェック機能を果たすべき管理部門において、その体制整備が不十分で、売上計上時の検収目処に関する確認、売上物件の仕入計上確認、棚卸資産の確認等、日々の取引チェック、決算業務におけるチェック等が十分に行われていなかった。その結果、有効な内部牽制制度の実施、各種事務処理等の改善、社内システム等の改善ができないまま推移した。

❻ 告発となった判断基準

本件は、虚偽の有価証券報告書の提出が旧証券取引法（第197条第1項等の重要な事項につき虚偽の記載のある有価証券報告書等の提出）に違反するとして告発されたものである。本件が課徴金事案ではなく告発事案となったのは、次のことが総合的に勘案されたものと推測される。

1 上場直前期の赤字を粉飾

当社が平成15年4月21日東京証券取引所マザーズに上場する際に公表した上場直前期の平成14年4月期の決算数値は、次のとおりである。実際の数値では、売上が激減していること、赤字決算であることから、上場は延期されていたものと思われる。

	訂 正 前	訂 正 後	増 減 率
売 上 高	1,929百万円	1,342百万円	△ 30.4%
当期純利益	29	△186	△ 741.4%

2 粉飾期間中に株価操縦

証券取引等監視委員会は、当社の経営陣と親しかった弁護士らが、当社の粉飾期間中の平成17年10月中旬に、当社株券につき株価操縦を行っていたとして、平成19年11月29日、告発した。

3 意図的な粉飾決算を否定

当社は、平成19年12月13日の「過年度決算訂正の可能性の発生ならびに平成20年4月期中間決算発表遅延に関するお知らせ」において、内部統制体制の構築を進める過程において、過年度決算で修正が必要は事実が判明した旨の公表を行った。そこにおいて、「出荷時点で売上を計上するルールを採用していたが、出荷済みの製品が返品されたにもかかわらず、売上に計上したままになっていた可能性がある」と説明し、意図的な粉飾決算を否定していた。

4 証券取引等監視委員会による指摘

証券取引等監視委員会から指摘を受け、当社は平成20年3月31日に有価証券報告書の訂正報告書を提出した。黒字と発表していた平成16年4月期から18年4月期の決算は、実際には3期連続赤字であることが判明した。詳細な金額は、上記「❹　不適正な会計処理の連結財務諸表への影響額」を参照されたい。

5 コーポレート・ガバナンスおよびコンプライアンスの不備

当社は、創業者である前社長の指導のもと事業を展開してきた。その過程において、本来企業としてあるべきコーポレート・ガバナンス体制やコンプライアンス体制が十分に構築されなかった。

6 第三者調査委員会の未設置

不適正な会計処理に疑義があることが判明し、代表取締役社長を委員長とす

る社内特別調査委員会は組織したが、外部の第三者調査委員会を設置していない。

❼ 再発防止策

当社が平成20年4月14日に東京証券取引所へ提出した「改善報告書」によると、不適正な会計処理を行った直接的な原因は次のとおりである。

1 コーポレート・ガバナンスに関する改善

会社が掲げる理念としての「企業行動憲章」、社員一人一人が業務を遂行していくにあたり、倫理的・道徳的よりどころとなる「社員行為規範」を新たに策定した。今後、これらを社内外に公表し、当該憲章・規範に則った業務を運営していくことで、企業風土の改善を図っていく。

2 内部管理体制の強化

今後の売上計上をはじめとする業務フロー、関連証憑等を改善し、効率的、かつ適正な業務運営を構築するため、業務改革委員会を設置した。同委員会において、具体的な施策の検討を行うとともに、金融商品取引法に定める内部統制システムの整備を進めていく。

また、社内に新たな管理部署（業務管理部）を創設し、次のことを実施する。
① 売上計上基準の見直し
② 仕入計上方法と計上遅れ防止
③ 原価管理手法の改善
④ 製造原価管理システムの改善
⑥ 棚卸資産管理手法の改善等に係る社内規程の改定

3 その他の改善

さらに、このほか、①モニタリング機能の強化、②コンプライアンス・ホッ

トラインの設置、③財務・経理部門の機能強化、④監査部門との連携強化、⑤役職員教育、および⑥社内管理システムの改善等を行いたいとしている。

5 訂正報告書未提出会社

　本節では、証券取引等監視委員会から虚偽の記載のある有価証券報告書等について検察庁に告発されたが、会社の倒産等により訂正報告書を提出していない3社の概要を紹介する。

【株式会社富士バイオメディックス】

＜事案の概要＞

　当社は、次のとおり、架空売上を計上するなど虚偽の記載のある連結損益計算書等を掲載した有価証券報告書等を提出し、その後の株式募集を行うにあたり虚偽の記載ある損益計算書等を掲載した有価証券届出書を提出した。

① 平成19年5月期有価証券報告書を平成19年8月31日に提出
② その後、平成20年2月13日に上記有価証券報告書に掲載されている連結財務諸表を掲載した有価証券届出書を提出

　証券取引等監視委員会は、平成23年5月27日に、これらの虚偽記載のある有価証券報告書等の提出が証券取引法、金融商品取引法（第197条第1項等の重要な事項につき虚偽の記載のある有価証券報告書等の提出）に違反するとして、当社、当社の代表取締役社長、取締役管理本部長、管理本部副本部長および外部の経営コンサルタント会社の役員の五者を東京地方検察庁検察官に告発した。代表取締役社長は当社の業務全般を統括し、取締役管理本部長は当社の経理・財務業務等を統括し、管理本部副本部長は当社の経理・財務業務に従事していたものである。

　本件は、当社の役職員に加え、粉飾決算の手法を指南していた外部の経営コンサルタント会社の役員も共同正犯として認定し、いわゆる「粉飾アレン

ジャー」を告発した初めての事例である。

<判　決>
　平成24年3月8日、東京地方裁判所は、本件は、赤字会社を成長性の高い黒字会社であるかのように見せかける粉飾を行っており、実態との乖離は甚だしく、投資家の判断を大きく誤らせ、証券市場の公正性およびこれに対する投資家の信頼等を著しく害するものであることは明らかであるとして、次の判決を言い渡した。

　代表取締役社長に懲役2年（実刑）
　取締役管理本部長に懲役2年6か月（執行猶予3年）
　管理本部副本部長に懲役2年6か月（執行猶予4年）、罰金400万円
　経営コンサルタント会社の役員に懲役3年（執行猶予5年）、罰金800万円
　取締役管理本部長、管理本部副本部長および経営コンサルタント会社の役員の同判決は確定したが、代表取締役社長は、控訴し、東京高等裁判所において公判係属中である。

【株式会社エフォーアイ】

<事案の概要>
　当社は、平成21年10月16日に、上場に伴う株式の募集等を行うに際し、架空売上を計上する方法により（注）、虚偽の記載のある連結損益計算書等を掲載した有価証券届出書を提出した。

　　注：当該有価証券届出書に記載された売上高（約118億円）の実に97％に相当する金額が架空売上高の計上によるものであった。

　証券取引等監視委員会は、平成22年10月6日に、本件虚偽有価証券届出書の提出が金融商品取引法（第197条第1項等の重要な事項につき虚偽の記載のある有価証券届出書の提出）に違反するとして、当社、当社の代表取締役社長、代表取締役専務、取締役の四者をさいたま地方検察庁検察官に告発した。代表取締役社長は当社の業務全般を統括し、代表取締役専務は当社の経理業務全般を統括し、取締役は当社の営業部門の長を務めていたものである。

また、本件は、虚偽の売上高を前提とした有価証券届出書等の開示書類につき、真実かつ正確な記載がなされている旨の虚偽の表明をするなどし、多数の一般投資家にこれらの虚偽の内容を記載した目論見書を交付させるなどした「偽計」により、同年10月26日に告発されている。

＜判　決＞

平成24年2月29日、さいたま地方裁判所は、本件は会社ぐるみで組織的かつ継続的に行われており、粉飾率は90％を超えてきわめて巨額であって、投資家の信頼を著しく裏切り、証券市場の制度の根幹を揺るがした、きわめて悪質な犯行であるとして、代表取締役社長に懲役3年（実刑）、代表取締役専務に懲役3年（実刑）判決を言い渡し、代表取締役専務の同判決は確定した。代表取締役社長は控訴したが、控訴を取り下げたため、代表取締役社長の同判決は確定した。

【株式会社プロデュース】

＜事案の概要＞

当社は、次のとおり、上場に伴う株式の募集等を行うに際し、架空売上を計上するなどの虚偽の記載のある損益計算書等を掲載した有価証券届出書を提出した。また、架空売上を計上するなどの虚偽の記載のある損益計算書等を掲載した有価証券報告書を提出（2期）し、その後の株式募集を行うにあたり虚偽の有価証券報告書を参照すべき旨を記載した有価証券届出書を提出した。

① 平成17年11月10日に平成17年6月期の財務諸表を掲載した有価証券届出書を提出
② 平成18年6月期有価証券報告書を平成18年9月29日に提出
③ 平成19年6月期有価証券報告書を平成19年9月27日に提出
④ 平成19年11月16日に上記③の有価証券報告書を参照すべき旨を記載した有価証券届出書を提出

証券取引等監視委員会は、平成21年3月25日、同年4月28日にこれらの虚偽記載のある有価証券報告書等の提出が証券取引法、金融商品取引法（第197

条第1項等の重要な事項につき虚偽の記載のある有価証券報告書等の提出）に違反するとして、当社、当社の代表取締役および専務取締役の三者をさいたま地方検察庁検察官に告発した。

＜判　決＞

平成21年8月5日、さいたま地方裁判所は、本件は、証券市場の公正性を害する極めて悪質な犯行であるとして、次の判決を言い渡した。

代表取締役に懲役3年（実刑）、罰金1,000万円

専務取締役に懲役2年6か月（執行猶予4年）

専務取締役の同判決は確定したが、代表取締役は控訴した。

平成22年3月23日、東京高等裁判所は、代表取締役に、本件が懲役刑の執行を猶予すべき事案であるとは認められないとして、控訴棄却の判決を言い渡し、代表取締役は上告した。

平成22年8月10日、最高裁判所は、上告趣旨は、事実誤認、量刑不当の主張であって、上告理由に当たらないとして、代表取締役に上告棄却の判決を言い渡し、同判決は確定した。

＜事案の概要＞

また、証券取引等監視委員会は、平成21年4月28日に、これらの有価証券報告書等の財務諸表を監査した公認会計士についても告発している。

＜判　決＞

平成24年1月30日、さいたま地方裁判所は、本来、企業会計の不正をただすべき専門家の立場にある公認会計士において、不正を看過するばかりか自らが多年にわたって粉飾指南をするなどして犯行を敢行しており、犯情は悪質であることから刑事責任が重いことはいうまでもなく、さらに、今日の経済社会や国民生活において、会計監査法人や公認会計士の社会的役割がきわめて重要になり、社会に多大な影響を与える存在であることも勘案すると、公認会計士等に対し、法令順守の警鐘を鳴らし、同種事案の再発防止の一般予防を強くはかる必要性も否定し難いなどとして、公認会計士に、懲役3年（実刑）を言い渡し、公認会計士は控訴した。現在、東京高等裁判所において公判係争中である。

第 3 章
課徴金事案

新興市場上場企業には、次のようなリスクがあることから、上場企業としてのあり方が問われるような有価証券報告書の虚偽記載が見受けられる(注)。

【オーナー経営者による不適正取引】

金融商品取引法に基づく内部統制制度等の整備により、上場企業の開示の正確性を担保する制度的枠組みは以前よりも構築されてきた。しかし、最終的に経営者自らが適正な開示・会計処理に対する自覚を欠く場合には、これを抑止することは困難な面が多い。新興市場上場企業の中には、会社設立後日も浅く、オーナーの不適正行為をチェックする体制がない場合、虚偽記載を行うリスクがある。

【ビジネスモデルが発展途上】

新興市場上場企業の中には、ビジネスモデルが発展途上である社が多い。その中で、上場企業としての株価等を気にするあまり、経営者等が、いまだ実現していない、もしくは、実現しているかのように見せかけやすい売上項目を悪用して、投資家を欺く虚偽記載を行うリスクがある。

注：寺田達史「新興市場上場企業の虚偽記載について（その1）」(2012.4.4 東京証券取引所 CLUB CABU News No.2952 http://www.tse.or.jp/)

平成19年7月1日から24年6月30日の間に有価証券報告書に係る訂正報告書を提出し、かつ、訂正前の虚偽記載のある有価証券報告書について課徴金の課されたものは、平成24年9月30日現在43事案であった。

本章では、このうち、上記のことを踏まえ、次の観点から選んだ9事案を紹介している。残りの事案については、巻末の資料を参照されたい。

① 新興市場上場企業の虚偽記載で上場企業としてのあり方が問われるもの
② 伝統的な循環取引を主導して、売上高を過大に計上しているもの
③ 会社が不適正な会計処理を公表する前に、証券取引等監視委員会による立入調査を受けたもの
④ 重要な事項につき虚偽の記載のある有価証券報告書等を組込情報等とした有価証券届出書により、投資家に株券を取得させたもの
⑤ 有価証券報告書の訂正報告書が最近提出されたもの

1 B-3株式会社

[有価証券報告書提出会社] サービス業、札幌証券取引所アンビシャス（平成24年2月23日、「虚偽記載」および「上場契約違反等」により上場廃止）
[訂正報告書の提出日] 平成23年12月27日、24年1月16日
[訂正対象決算期] 平成18年1月1日〜22年12月31日
[訂正勘定科目] 売上高（架空売上の計上）、特別損失（貸倒引当金の不計上）、資産（無形固定資産（ソフトウェア）の架空計上）

❶ 事案の概要

　本件は、①札幌証券取引所アンビシャスへ株式上場前（平成18年12月期）における架空売上の計上、②株式上場後（平成19年2月以降）における架空売上の計上、③前会長に対する不正な資金流出に係る貸倒引当金の不計上等の不適正な会計処理を行い、平成18年12月期から22年12月期各期の有価証券報告書、その間の半期報告書もしくは四半期報告書において、重要な事項につき虚偽の記載を行っていたものである。また、こうした重要な事項につき虚偽の記載のある有価証券報告書を組込情報等とした有価証券届出書により、投資家に株券を取得させていた。さらに、当社役員は、有価証券届出書に虚偽の記載があることを知りながら、同届出書の提出に関与し、これに基づく売出しにより、同人が所有する同社株券を売り付けていた。

　金融庁は、平成24年3月5日に、上記の行為が金融商品取引法第172条の4および第172条の2に該当するとして、当社に3,125万円、当社役員に24万円の課徴金を課した。なお、課徴金の対象となった継続開示書類は、平成18

年12月期有価証券報告書、19年12月期半期報告書・有価証券報告書、20年12月期半期報告書・有価証券報告書、21年12月期第1～3四半期報告書・有価証券報告書、22年12月期第1～3四半期報告書・有価証券報告書、および23年12月期第1・2四半期報告書である。

❷ 訂正報告書の訂正理由

　平成23年12月27日に、18年12月期の有価証券報告書等の訂正報告書が、24年1月16日に19年12月期～22年12月期までの有価証券報告書等の訂正報告書が提出されている。課徴金の対象となった平成22年12月期の有価証券報告書に係る訂正報告書における訂正理由は次のとおり。他の年度の訂正理由もこれと同様である。

■平成22年12月期の有価証券報告書の訂正報告書

1【有価証券報告書の訂正報告書の訂正理由】
　当社において、訂正の対象となり得る不適切な取引が存在することが判明いたしました。当該内容について、第三者調査委員会による厳正な調査を行い、売上高の取消、資産の損失計上等必要と認められる訂正を行うため、金融商品取引法第24条の2第1項の規定に基づき、平成23年3月28日に提出した第11期（自　平成22年1月1日　至　平成22年12月31日）有価証券報告書の訂正報告書を提出するものであります。
　なお、財務諸表の記載内容に係る訂正箇所のほか、XBRL形式のデータのうち公衆の縦覧に供されていない内容の一部修正すべき事項についてXBRLの修正も行いましたので、併せて修正後のXBRL形式のデータ一式（表示情報ファイルを含む）を提出いたします。

❸ 虚偽記載の態様

１ 上場前の架空売上の計上

　資金循環を前提とした固定資産の購入とコンテンツ許諾の取引である。当社は、A社との間で、画像コンテンツの著作権使用許諾契約を締結して使用許諾料の名目で売上を計上した。そのために実在しないソフトウェアの開発をB社に委託して架空のソフトウェア資産を計上し、開発委託費の名目で流出させた資金の一部を最終的にA社から受領して売上代金の回収を偽装した。当社は、このような資金循環取引を複数回実行し、架空売上を計上した。

２ 上場後の架空売上の計上

　子会社に対する貸付金の循環を前提としたコンテンツ許諾の取引である。当社は、C社との間で、画像コンテンツの著作権使用許諾契約を締結して使用許諾料の名目で売上を計上した。そのために、当社は、当時子会社であったD社への貸付金を、E社に発注していたシステム代金を水増しして開発委託費用の一部として資金流出させた後、C社を経由させることにより、上記売上代金の回収を偽装した。当社は、このような資金循環取引を複数回実行し、架空売上を計上した。

３ 前会長に対する不正な資金流出に係る貸倒引当金の不計上

　取締役の個人債務の精算のための架空取引等である。当社は、F社との間で実体のない業務委託契約を締結した上で、何らの役務提供を受けていなかったにもかかわらず、前会長の個人債務を前会長に代わって返済するため、業務委託料の名目でF社に当該委託料を支払って、前会長のために不正に資金を流出させた。当社は、こうした不正支出を数回行っており、これら支出は、本来、前会長に対する債権と認識すべきものである。しかし、当時、前会長には具体的な返済意思や計画がなかったことから、直ちに全額貸倒引当金を計上すべき

ものであった。

　参考1：寺田達史「新興市場上場企業の虚偽記載について（その2）」（2012.4.18 東京証券取引所 CLUB CABU News No.2962 http://www.tse.or.jp/）
　参考2：B-3株式会社第三者調査委員会　平成23年12月13日「（B-2）第三者調査委員会報告書」

❹ 不適正な会計処理の財務諸表への影響額

　当社の平成18年12月期から22年12月期各期財務諸表の主な科目の訂正前、訂正後およびその増減額、増減率の数値は次のとおりである。

■ 平成22年12月期　財務諸表の主な科目の訂正前・訂正後

（単位：百万円）

	訂正前	訂正後	増減額	増減率
売上高	507	507	0	0.00%
売上原価	245	225	△ 20	△ 8.16%
販売費及び一般管理費	364	344	△ 20	△ 5.49%
営業外収益	0	0	0	―
営業外費用	9	9	0	0.00%
特別利益	0	0	0	―
特別損失	45	29	△ 16	△ 35.56%
当期純利益・損失（△）	△ 159	△ 103	56	△ 35.22%
純資産	83	13	△ 70	△ 84.34%
総資産	320	274	△ 46	△ 14.38%

■平成21年12月期　財務諸表の主な科目の訂正前・訂正後

(単位：百万円)

	訂正前	訂正後	増減額	増減率
売上高	563	563	0	0.00%
売上原価	229	207	△ 22	△ 9.61%
販売費及び一般管理費	362	350	△ 12	△ 3.31%
営業外収益	0	0	0	―
営業外費用	14	8	△ 6	△ 42.86%
特別利益	281	257	△ 24	△ 8.54%
特別損失	22	31	9	40.91%
当期純利益・損失（△）	214	222	8	3.74%
純資産	42	△ 83	△ 125	△ 297.62%
総資産	348	255	△ 93	△ 26.72%

■平成20年12月期　連結財務諸表の主な科目の訂正前・訂正後

(単位：百万円)

	訂正前	訂正後	増減額	増減率
売上高	642	542	△ 100	△ 15.58%
売上原価	501	432	△ 69	△ 13.77%
販売費及び一般管理費	649	639	△ 10	△ 1.54%
営業外収益	3	3	0	0.00%
営業外費用	8	9	1	12.50%
特別利益	―	―	―	―
特別損失	734	484	△ 250	△ 34.06%
当期純利益・損失（△）	△ 1,252	△ 1,020	232	△ 18.53%

純資産	△ 389	△ 532	△ 143	36.76%
総資産	1,056	930	△ 126	△ 11.93%

■ 平成19年12月期　財務諸表の主な科目の訂正前・訂正後

(単位：百万円)

	訂正前	訂正後	増減額	増減率
売上高	561	366	△ 195	△ 34.76%
売上原価	218	183	△ 35	△ 16.06%
販売費及び一般管理費	281	277	△ 4	△ 1.42%
営業外収益	2	2	0	0.00%
営業外費用	9	15	6	66.67%
特別利益	―	―	―	―
特別損失	0	59	59	―
当期純利益・損失（△）	56	△ 167	△ 223	△ 398.21%
純資産	760	385	△ 375	△ 49.34%
総資産	1,131	757	△ 374	△ 33.07%

■ 平成18年12月期　財務諸表の主な科目の訂正前・訂正後

(単位：百万円)

	訂正前	訂正後	増減額	増減率
売上高	403	337	△ 66	△ 16.38%
売上原価	99	133	34	34.34%
販売費及び一般管理費	198	200	2	1.01%

営業外収益	0	0	0	―
営業外費用	38	37	△ 1	△ 2.63%
特別利益	0	0	0	―
特別損失	5	55	50	1000.00%
当期純利益・損失（△）	60	△ 89	△ 149	△ 248.33%
純資産	431	280	△ 151	△ 35.03%
総資産	474	325	△ 149	△ 31.43%

❺ 不適正な会計処理を行った背景

　第三者調査委員会が平成23年12月13日に当社に提出した「第三者調査委員会報告書」によると、虚偽記載の動機は、上場前の虚偽記載については上場承認を得ることを目的として、またその後については当社の財務内容を金融機関向けによく見せることがきっかけであったとしている。

　また、同報告書では、不適正な会計処理等を生じさせた内部統制上の欠陥等として、次のことが指摘されている。

1 経営陣におけるコンプライアンス意識の欠如

　本件は、当時の旧経営陣が、意図的に行った不正行為である。旧経営陣、自らが率先して行う不正を内部統制システムで牽制することはできない。経営陣としての資質に問題があった。

2 代表取締役の権限の形骸化・取締役会の形骸化

　本件不正取引が行われた当時の代表取締役は、代表取締役というのは名ばかりで、実際上は、創業者である会長の指示・指導を受けていたものであり、会長の影響下にあったといえる。したがって、会長の不正行為等に対して異を唱える関係になかった。代表取締役の権限は、会長との人的関係において、その

権限は形骸化していた。

また、本件不正取引について、取締役会にその取引内容等の十分な情報が提供されておらず、その結果、取引の適否等についても、ほとんど議論がなされた形跡が見当たらない。さらに、社外取締役は、自らが積極的に不正取引に関与していた事実が認められ、経営陣への牽制機能の発揮など到底なし得る状態になく、社外取締役の行動としては不適切であった。

③ 監査役、監査役会の機能不全

取締役会への情報提供が不足していたこともあり、取締役会および監査役会で、監査役においても、本件の取引内容、当事者、必要性、経緯等について、十分な討議がなされた形跡が見られなかった。

④ 固定資産管理の不備

経理担当者が関係部署に対して、固定資産台帳に基づき、存在の有無を質問するだけの手続に止まり、ソフトウェアにおいても、サーバー内のシステムの存在を確認するなどの実質的な棚卸は行っていなかった。

❻ 課徴金が課された判断基準

以下のことが総合的に勘案され、課徴金が課されたものと推測される。

本件は第2節 株式会社B-4の案件と同様に、経営者自らが虚偽記載に大きな役割を果たしており、また、事業の性格上、使用許諾料の受領といった、実現しているかのように見せかけやすい売上項目を悪用したものである。

前者は、経営者そのものが、法令に反する行動をとった場合には、内部統制は機能し難い。後者は、こうした取引は、実際に物が動くものでない、または動いているか分かりにくいものなので、例えば、書類上の形を整え、「協力者」を作る等により、売上を架空、過大に計上できるので、安易にこれに手を染める者が後を絶たない。

虚偽記載は性格上、様々なものがあるが、この2点は新興市場の発展のためにも、同市場上場企業において、なくしていかなければならないタイプの虚偽記載である(注)。

なお、札幌証券取引所 平成24年2月22日「上場廃止等の決定について」によると、当社の上場廃止理由は次のとおりである。

「虚偽記載の内容は監査法人を欺く架空売上の計上、資産の過大計上等の悪質な不正会計処理が意図的に行われたもので、訂正後の決算情報は売上高、利益を大幅に減少させるものであった。その結果、当社は本件発覚まで上場後一度も正しい財務諸表を開示しておらず、加えて、平成20年12月期および21年12月期は2期連続債務超過であって株券上場廃止基準に定める要件に抵触するものであった。

また、上場申請期である平成18年12月期の経常利益および当期純利益については黒字から赤字に訂正、その結果、訂正後の正しい財務諸表では予算と実績が大幅に乖離している状況であった。

以上のことから、当該虚偽記載は、投資者の金融商品市場に対する信頼を著しく毀損するものであり、その影響は重大であると認められ、また、新規上場申請に係る宣誓書において宣誓した事項について重大な違反を行ったものと認められるため、当社株式の上場廃止を決定するものである。」

注：寺田達史「新興市場上場企業の虚偽記載について（その2）」（2012.4.18 東京証券取引所 CLUB CABU News No.2962 http://www.tse.or.jp/）

❼ 再発防止策

当社が平成23年12月13日に公表した「第三者調査委員会報告書の受領に関するお知らせ」によると、今後の対応については、「再発防止策を含めたコーポレート・ガバナンスの強化等、必要な措置、是正をする所存であり、その内容が確定次第、速やかに開示させていただきます。」としている。

しかし、平成24年3月21日に札幌証券取引所アンビシャスにおいて当社株

式が上場廃止になったこともあり、いまだ、再発防止策は公表されていない。

2 株式会社 B-4

[有価証券報告書提出会社] 情報・通信業、東京証券取引所マザーズ市場上場（平成24年1月18日、内部管理体制改善の必要性が高い等の理由により特設注意市場銘柄に指定）
[訂正報告書の提出日] 平成23年12月22日
[訂正対象決算期] 平成17年11月1日〜22年10月31日
[訂正勘定科目] 売上高（売上の過大計上）、売上原価（架空工事の計上）、販売費及び一般管理費（費用の無形固定資産への付替え）、営業外費用（貸倒引当金の過少計上）、資産（無形固定資産（ソフトウェア）の架空計上）

❶ 事案の概要

　本件は、当社の代表取締役が不正な手段で行った資金流出について、当社は、これを当社代表取締役等に対する債権として認識して、適正に貸倒引当金を計上しなければならなかったが、これを計上しない等の不適正な会計処理を行い、平成18年10月期から22年10月期各期の有価証券報告書のほか、その期間の四半期報告書および平成23年10月期第1四半期報告書において、重要な事項につき虚偽記載を行っていたものである。また、計4回にわたり、こうした重要な事項につき虚偽の記載のある有価証券報告書等を組込情報とした有価証券届出書により、投資家（第三者割当増資）に株券および新株予約権を取得させた。
　金融庁は、平成24年3月19日に、上記の行為が金融商品取引法第172条の4および第172条の2に該当するとして、4,373万円の課徴金を課した。なお、

課徴金の対象となった継続開示書類は、平成18年10月期有価証券報告書、19年10月期有価証券報告書、20年10月期有価証券報告書、21年10月期第1から3四半期報告書、22年10月期第1・3四半期報告書・有価証券報告書、23年10月期第2四半期報告書である。

❷ 訂正報告書の提出理由

平成23年12月22日に、平成18年10月期から平成22年10月期の間の有価証券報告書等の訂正報告書が提出されている。課徴金の対象となった平成22年10月期の有価証券報告書に係る訂正報告書における訂正理由は次のとおり。他の年度の訂正理由もこれと同様である。

■平成22年10月期の有価証券報告書の訂正報告書

1【有価証券報告書の訂正報告書の訂正理由】
　当社及び当社子会社において、過年度の不適切な取引及び会計処理が存在することが判明いたしました。平成23年8月より第三者調査委員会による調査を行い訂正すべき内容が判明いたしましたので、当該訂正を行うため、金融商品取引法第24条の2第1項の規定に基づき、平成23年1月28日に提出した第18期（自　平成21年11月1日　至　平成22年10月31日）の有価証券報告書の訂正報告書を提出するものであります。
　なお、連結財務諸表及び財務諸表の記載内容にかかる訂正箇所につきましてはXBRLの修正も行いましたので、併せて修正後のXBRL形式のデータ一式（表示情報ファイルを含む。）を提出いたします。
　訂正後の連結財務諸表及び財務諸表につきましては、清和監査法人により監査を受け、その監査報告書を添付しております。

❸ 虚偽記載の態様

【不適正な会計処理に係る取引の概要】

1 不正な資金流出

　当社の代表取締役だったAは、当社が計上した架空の売上の回収偽造に用いる資金の捻出や、A自身の株式投資および個人事業の資金に利用することなどを目的として、当社から、①架空の取引先に対する長期貸付金などの名目による出金や、②会計処理を経ない簿外での出金、③既存または架空の取引先に対する架空工事の発注に伴う工事代金等の名目での出金などを行い、不正に資金を流出させていた。これらの不正な資金流出のために、当社は、見積書や預り書等の証憑を偽造していた。

　また、当社は、Aとの間で金銭消費貸借契約を締結して、Aに資金を貸し付けていたが、上記の不正な手段で流出させた資金を含め、当社において具体的な債権の回収計画はなかった。

2 インセンティブに係る売上

　当社は、取引先B社から委託を受けて、携帯電話の販売代理店業務を行っていた。当社は、B社との間で、一定の期間における携帯電話販売による新規契約回線数に係るインセンティブを受領する内容の合意書を締結した。

　しかし、当社は、合意書の締結前の時点で、合意書の成立が見込まれたことをもって、財貨・用役の提供が何ら完了していなかったにもかかわらず、売上を計上していた。

　※本件において「インセンティブ」とは、携帯電話等の販売促進のために、電気通信事業者が、契約実績に応じて販売代理店に支払う奨励金のことをいう。

3 資金調達のアレンジメントフィー

　当社は、Aの知人であるCの紹介で、投資事業組合に対する新株予約権の発行により、資金調達を行った。

　その後、当社は、上記資金調達のアレンジメントフィー（アレンジャーに支払う手数料）の支払をCから要求されたため、当社は、Cと協議し、当社の連結子会社が、Cが指定した会社からソフトウェアを購入したように装い、当社の連結子会社から代金を支払うことにした。当社の連結子会社が支払った代金は、ソフトウェア仮勘定として資産計上された。

4 保険事業のロイヤリティ

　当社は、E社との合弁会社を設立し、保険募集のテレマーケティング事業を開始するとともに、上記合併会社は、E社の連結子会社である保険総括代理店に対し、保険代理店を営むことに係るロイヤリティを継続的に支払っていた。

図表3-1　保険事業のロイヤリティ

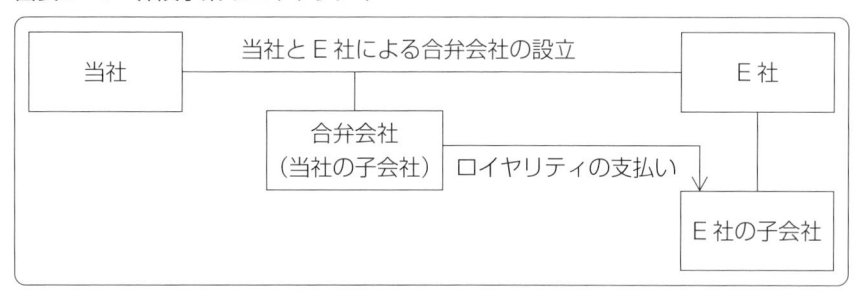

```
┌─────────────────────────────────────────────┐
│  ┌──────┐  当社とE社による合弁会社の設立 ┌──────┐ │
│  │ 当社 │─────────────────────────│ E社  │ │
│  └──────┘              │                └──────┘ │
│                   ┌─────┴─────┐              │  │
│                   │  合弁会社  │              │  │
│                   │(当社の子会社)│ ロイヤリティの支払い │
│                   └───────────┘─────────┐    │  │
│                                         ▼    ▼  │
│                                       ┌──────────┐│
│                                       │ E社の子会社 ││
│                                       └──────────┘│
└─────────────────────────────────────────────┘
```

　その後、当社は、E社との間で合併事業の解消について協議を開始したが、E社との間で、支払済みのロイヤリティの返還を含む、合弁事業の清算方法に係る正式な合意が成立していなかったにもかかわらず、合意は成立したものとして、ロイヤリティの返還額を売上として計上した（実際にロイヤリティの返還についてE社との合意がなされ、その返還があったとしても、本来、売上として計上すべきものではなく、費用の減額とすべきものであった）。

図表3−2　合弁事業解消についての協議

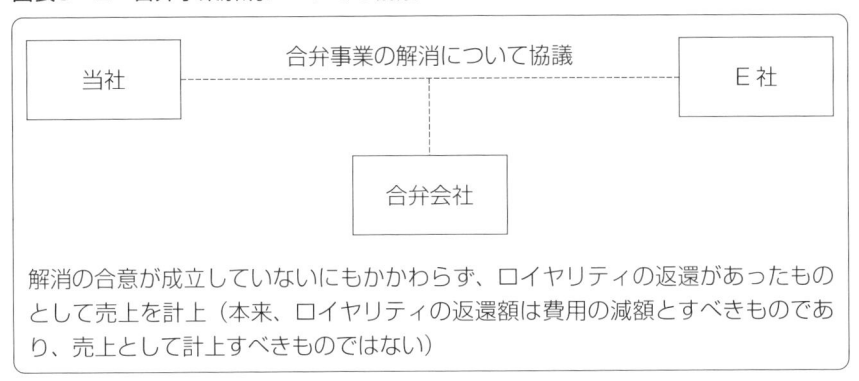

```
┌──────┐      合弁事業の解消について協議      ┌──────┐
│ 当社  │─────────────────────│ E社  │
└──────┘                                    └──────┘
              ┌──────┐
              │ 合弁会社 │
              └──────┘
```

解消の合意が成立していないにもかかわらず、ロイヤリティの返還があったものとして売上を計上（本来、ロイヤリティの返還額は費用の減額とすべきものであり、売上として計上すべきものではない）

【不適正な会計処理】

1 貸倒引当金繰入額の過少計上

当社のAに対する債権は、発生当時から当社において具体的な回収計画がなく、また、Aも具体的な返済計画がないことに加え、継続的に不正行為の隠蔽や証憑偽造などが行われており、Aに返済意志があったとは認められない。これらのことから、当社は、回収不能となる可能性が高いものとして貸倒引当金を計上すべきであった。

2 インセンティブに係る売上の過大計上

当社は、財貨・用役の提供が何ら完了していなかったにもかかわらず、B社との間でインセンティブに関する合意が成立することを見込んで、合意成立前に目標達成時のインセンティブ相当額を見積もり、売上を計上した。

3 架空のソフトウェア資産計上による費用の過少計上

当社は、本来、手数料とすべきCへのアレンジメントフィーの支払いを、架空のソフトウェア購入費として、会計上、ソフトウェア資産を計上し、手数

4 支払手数料の返還名目で行った売上の過大計上

当社は、E社との合弁事業の解消に際し、解消について合意が成立していないにもかかわらずロイヤリティの返還があったものとして売上を計上した。なお、実際にロイヤリティの返還について合意がなされ、その返還があったとしても、売上として計上すべきものではなく、費用の減額とすべきものであった。

参考：平成24年7月「金融商品取引法における課徴金事例集」証券取引等監視委員会

❹ 不適正な会計処理の連結財務諸表への影響額

当社の平成18年10月期から22年10月期各期連結財務諸表の主な科目の訂正前、訂正後およびその増減額、増減率の数値は次のとおりである。

■平成22年10月期　連結財務諸表の主な科目の訂正前・訂正後

（単位：百万円）

	訂正前	訂正後	増減額	増減率
売上高	11,540	11,517	△ 23	△ 0.20%
売上原価	9,398	9,387	△ 11	△ 0.12%
販売費及び一般管理費	1,691	1,696	5	0.30%
営業外収益	38	48	10	26.32%
営業外費用	87	166	79	90.80%
特別利益	10	12	2	20.00%
特別損失	25	31	6	24.00%
当期純利益・損失（△）	507	416	△ 91	△ 17.95%

純資産	2,114	1,928	△ 186	△ 8.80%
総資産	5,864	5,685	△ 179	△ 3.05%

■ 平成21年10月期　連結財務諸表の主な科目の訂正前・訂正後

(単位：百万円)

	訂正前	訂正後	増減額	増減率
売上高	11,908	11,908	0	0.00%
売上原価	9,969	9,963	△ 6	△ 0.06%
販売費及び一般管理費	1,544	1,548	4	0.26%
営業外収益	109	115	6	5.50%
営業外費用	122	135	13	10.66%
特別利益	1	96	95	9500.00%
特別損失	139	44	△ 95	△ 68.35%
当期純利益・損失（△）	426	577	151	35.45%
純資産	1,648	1,451	△ 197	△ 11.95%
総資産	5,475	5,288	△ 187	△ 3.42%

■ 平成20年10月期　連結財務諸表の主な科目の訂正前・訂正後

(単位：百万円)

	訂正前	訂正後	増減額	増減率
売上高	12,618	12,704	86	0.68%
売上原価	10,718	10,709	△ 9	△ 0.08%
販売費及び一般管理費	1,745	1,744	△ 1	△ 0.06%

営業外収益	54	55	1	1.85％
営業外費用	107	326	219	204.67％
特別利益	194	107	△ 87	△ 44.85％
特別損失	139	20	△ 119	△ 85.61％
当期純利益・損失（△）	80	11	△ 69	△ 86.25％
純資産	1,207	824	△ 383	△ 31.73％
総資産	5,879	5,589	△ 290	△ 4.93％

■ 平成19年10月期　連結財務諸表の主な科目の訂正前・訂正後

（単位：百万円）

	訂正前	訂正後	増減額	増減率
売上高	15,694	15,525	△ 169	△ 1.08％
売上原価	12,846	12,854	8	0.06％
販売費及び一般管理費	2,694	2,739	45	1.67％
営業外収益	55	40	△ 15	△ 27.27％
営業外費用	119	163	44	36.97％
特別利益	118	172	54	45.76％
特別損失	1,081	1,094	13	1.20％
当期純利益・損失（△）	△ 874	△ 1,097	△ 223	25.51％
純資産	760	468	△ 292	△ 38.42％
総資産	6,305	6,014	△ 291	△ 4.62％

■ 平成18年10月期　連結財務諸表の主な科目の訂正前・訂正後

（単位：百万円）

	訂正前	訂正後	増減額	増減率
売上高	5,315	5,315	0	0.00%
売上原価	2,926	2,932	6	0.21%
販売費及び一般管理費	3,148	3,173	25	0.79%
営業外収益	196	196	0	0.00%
営業外費用	554	395	△ 159	△ 28.70%
特別利益	10	56	46	460.00%
特別損失	1,148	1,341	193	16.81%
当期純利益・損失（△）	△ 2,288	△ 2,345	△ 57	2.49%
純資産	968	911	△ 57	△ 5.89%
総資産	4,258	4,334	76	1.78%

❺ 不適正な会計処理を行った背景

　第三者調査委員会が平成23年11月14日に当社に提出した「調査報告書」によると、「本件不正行為は、代表取締役社長をはじめ当社の取締役、監査役らによって組織ぐるみで行われていたものであり、当社においてこのような組織ぐるみの不正行為が容易に実行できたばかりではなく、これが長期間発覚しなかったという事実から見て、当社においては、実効的な内部統制が機能していなかったことが明らかである。よって、本件不正行為等の原因については、単に不正行為を行い、又は関与した個人に起因する問題ととらえるべきではなく、当社の内部統制、すなわち、組織・管理体制に起因する要素が大きいといわなければならない。」とし、本件不正行為等を許した組織体制や長期にわたって不正行為等の発覚を免れた管理体制を、次のように指摘している。

1 代表取締役社長個人への依存、権限の集中

　もともと、当社は、代表取締役社長個人の個人企業を設立母体としており、その設立経緯からして、実質的に代表取締役社長のワンマン経営であった。

　また、代表取締役社長は、事業拡大に対する意欲がきわめて強く、事業拡大のためにはある程度法令に違反してもやむを得ないという意識があり、経営者としての資質に問題があった。

2 監督機能の不全、内部監査機能の不足

　代表取締役の不正行為は、取締役会および監査役による社内監査・監督、ならびに会計監査人による社外監査に服するものである。しかし、すべてが機能していなかった。

　また、当社においても、平成12年4月に内部監査室が設置されたが、形式的なものに過ぎず、本社内における全社的な監査はまったく行っていなかった。

3 内部通報制度の不在

　平成19年4月に内部通報制度は設けられていた。しかし、同制度が利用された形跡はまったくない。また、本件不正行為等が、取締役および監査役により、組織ぐるみで行われたものであり、規程上その通報先は監査役であることからすると、そもそも、内部統制の充実による抑制を直ちに期待できるものではなかった。

❻ 課徴金が課された判断基準

　新興市場上場企業の中には、社歴も短く、経理・財務管理の体制が未成熟であるが故に、会計処理や解釈を誤り、結果として虚偽記載を行ってしまう場合もある。そうした次元の問題は、内部統制を整備するとともに、監査人、取引所との良好なコミュニケーションにより改善すればよい問題であり、上場企業

としての資質が問題視されるものではない。

　しかし、平成 22 年 4 月に、虚偽記載および偽計で刑事告発されたエフオーアイ（マザーズ上場）のように、上場前から大規模な虚偽記載を行っており、上場とそれによるファイナンスそのものが投資家を欺くようなものは、そもそも上場企業の資質を欠くものとして、厳正に処断されなければならない。

　証券取引等監視委員会では、近時、新興市場上場企業の虚偽記載の内容をみると、エフオーアイほどではないとしても、上場企業としてのあり方が問われる案件が散見されるとして、本件と第 1 節 B−3 株式会社の事例を紹介し、上場企業としての開示姿勢に係る次の 2 つの懸念を指摘している(注)。

① 　金融商品取引法に基づく内部統制制度等の整備により、上場企業の開示の正確性を担保する制度的枠組みは以前よりも構築されてきた。しかし、最終的に経営者自らが適正な開示・会計処理に対する自覚を欠く場合には、これを抑止することは困難な面が多い。新興市場上場企業の中には、会社設立後日も浅く、オーナーの不適正行為をチェックする体制がない場合、虚偽記載を行うリスクがある。

② 　新興市場上場企業の中には、ビジネスモデルが発展途上である社が多い。その中で、上場企業としての株価等を気にするあまり、経営者等が、いまだ実現していない、もしくは、実現しているかのように見せかけやすい売上項目を悪用して、投資家を欺く虚偽記載を行うリスクがある。

　本件は、上記①および②に該当し、上場企業としての資質に欠けるものであり、また、重要な事項につき虚偽の記載のある有価証券報告書等を組込情報とした有価証券届出書により 4 回にわたり資金調達を行っていること等が考慮され、課徴金が課されたと推測される。

　注：寺田達史「新興市場上場企業の虚偽記載について（その 1）」（2012.4.4 東京証券取引所 CLUB CABU News No.2952 http：//www.tse.or.jp/）

❼ 再発防止策

　当社が平成23年11月17日に公表した「第三者調査委員会による最終報告書の公表について」によると、次のとおり、徹底した再発防止策および法令遵守体制を確立するとしている。

①会社風土の抜本的改革

　上場企業の取締役・監査役および従業員としてのあり方、遵守すべき金融商品取引法令等に関する定期的な勉強会の開催と継続的な啓蒙活動を通じて、役職員の意識改革に努めていく。

②監査体制の改新・内部監査室による監査の実効性

　社外監査役を増員し、公認会計士1名、弁護士2名での体制とし、内部監査室および本件に関与しなかった社員を中心に構成されるコンプライアンス委員会を設置する。

　また、内部監査室の独立性を確保し、監査業務に専念できる体制を作るとともに、監査手順や監査マニュアルを策定し、その業務および権限を明確化する。

③取締役会の実効化

　社内規程を改訂し、取締役会決議を必要とする重要事項の再定義、定められた手続きによる取締役会の開催・運営、公正な取締役会を通じて各取締役の職務執行が十分に監督される体制を構築する。

④組織構造の見直し・内部通報制度の実効化

　経理および業務管理を担当する部署については、人員の十分な確保、コンプライアンス教育の強化、定期的な人事異動を通じ、不正の未然防止および万一不正が行われた場合の早期発見・早期是正が可能な組織への変革を推進する。

　また、コンプライアンス違反・法令違反等に関する内部通報制度の存在を社

員に十分周知するとともに、通報先として監査役のほかに社外監査役や顧問弁護士を加えることで、内部通報制度をより実効的なものに改善する。

3 株式会社B-7

[有価証券報告書提出会社] 情報・通信業、大阪証券取引所ジャスダック市場上場
[訂正報告書の提出日] 平成23年7月5日
[訂正対象決算期] 平成20年4月1日～23年3月31日
[訂正勘定科目] 特別損失（貸倒引当金の過少計上、債務保証損失引当金の不計上）

❶ 事案の概要

　本件は、当時、当社の代表取締役であったAが、当社の大株主であり、Aの経営方針に反対していたBが所有する当社株式を、知人に取得させる目的で当社の資金を支出したが、当社はこの資金を債権として計上せず、当該債権に対する貸倒引当金の不計上等の不適正な会計処理を行い、平成21年3月期から23年3月期各期の有価証券報告書のほか、その間の四半期報告書において重要な事項につき虚偽記載を行っていたものである。また、こうした重要な事項につき虚偽の記載のある有価証券報告書等を組込情報等とした有価証券届出書により、投資家（第三者割当増資）に株券を取得させていた。

　金融庁は、平成23年9月29日に、上記の行為が金融商品取引法第172条の4および第172条の2に該当するとして、当社に1,963万円の課徴金を課した。なお、課徴金の対象となった継続開示書類は、平成21年3月期の第1四半期報告書から23年3月期の第2四半期報告書までの間の有価証券報告書および四半期報告書である。

❷ 訂正報告書の訂正理由

平成 23 年 7 月 5 日に、平成 21 年 3 月期～23 年 3 月期までの間の有価証券報告書および四半期報告書の訂正報告書が提出されている。課徴金の対象となった平成 22 年 3 月期の有価証券報告書に係る訂正報告書における訂正理由は次のとおり。他のものの訂正理由もこれと同様である。

■ 平成22年3月期の有価証券報告書の訂正報告書

1【有価証券報告書の訂正報告書の訂正理由】
　当社において、訂正の対象となり得る不適切な取引が存在することが判明いたしました。当該内容について、第三者調査委員会による厳正な調査を行い、資産の損失計上等必要と認められる訂正を行うため、金融商品取引法第 24 条の 2 第 1 項の規定に基づき、平成 23 年 6 月 28 日に提出した第 15 期（自　平成 22 年 4 月 1 日　至　平成 23 年 3 月 31 日）有価証券報告書の訂正報告書を提出するものであります。
　なお、訂正後の連結財務諸表及び財務諸表について、清和監査法人により監査を受け、その監査報告書を添付しております。

❸ 虚偽記載の態様

【不適正な会計処理に係る取引の概要】

　当社の経営方針をめぐり、当時、当社の代表取締役であったＡと、当社の大株主Ｂは対立していた。Ｂの当社への影響力を排除したいと考えていたＡは、Ｂが保有する当社株式を手放す意向であるとの情報を得たことにより、知人である会社経営者Ｃに依頼し、Ｂが保有する当社株式会社を、Ｃに取得さ

せようと考えた。

　Aの依頼に対してCは了解したが、Cが行うD社からの借入れだけでは資金が不足していたため、Aは、当社株式の取得資金に充てる目的で、CおよびCが影響力を持つ法人（以下Cグループという。）に対して、ソフトウェアの開発委託等の名目等で、当社から資金を支出した。Cグループは、これらの資金によりBが保有する当社株式をすべて取得した。

図表3-3　当社株式取得資金の支出

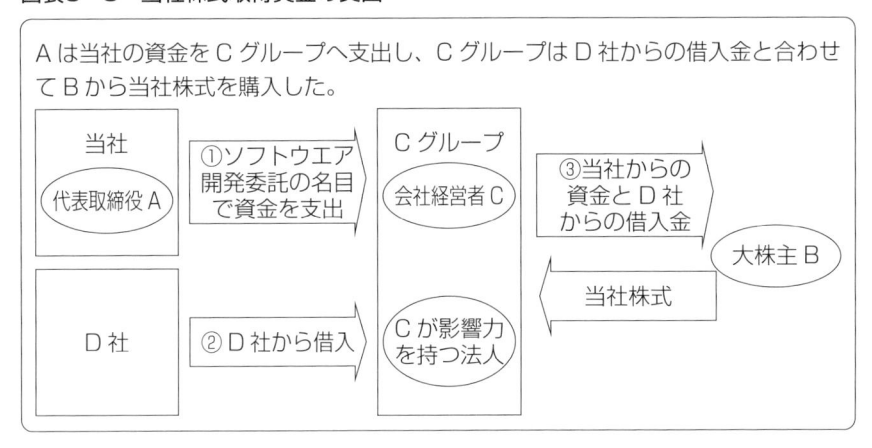

```
Aは当社の資金をCグループへ支出し、CグループはD社からの借入金と合わせ
てBから当社株式を購入した。

 ┌────────┐  ①ソフトウエア  ┌────────┐  ③当社からの
 │  当社  │  開発委託の名目  │Cグループ│  資金とD社
 │代表取締役A│ で資金を支出   │会社経営者C│ からの借入金
 └────────┘                └────────┘          ┌──────┐
                                                  │大株主B│
                                                  └──────┘
                               当社株式
 ┌────────┐                ┌────────┐
 │  D社  │  ②D社から借入  │Cが影響力│
 │        │                │を持つ法人│
 └────────┘                └────────┘
```

　その後、AはCから、資金繰りの悪化により、Cグループが株式取得のために借り入れた資金の返済が困難になったとの知らせを受けた。

　そこでAは、これらの状況を解決するため、再び当社の資金をCグループに提供することでこの問題を解決するとともに、最終的にCグループが保有する当社株式について、自分と当時の当社執行役員3名の名義によって当社株式を取得することを考えた。

　当社は、Aの知人が経営するE社へ、ソフトウェアの開発委託等の名目で資金を支払い、この資金は、E社からAおよび執行役員3名に提供された。

　その後、Aおよび執行役員3名の名義により、当社株式の取得証拠金等の名目で、当該資金をCグループに支払い、CグループはD社からの借入金を返済した。

また、これにより、Aおよび元執行役員3名は、Cグループが保有する当社株式を取得した。

図表3-4　代表取締役らによる当社株式の取得

① Cは、資金繰りの悪化により、株式取得のため借り入れていた資金の返済が困難になっていることをAに相談した。

```
会社経営者C        ⟹    代表取締役A
(資金繰り悪化)
```

② Aは、再び当社の資金をCグループに提供することで、この問題を解決するとともに、最終的にCグループが保有する株式について、自分と当時の当社執行役員3名の名義によって当社株式を取得することを考えた。
当社は、会社Eへ、ソフトウエアの開発委託等の名目で資金を支払い、この資金は会社EからA及び執行役員3名に提供された。
その後、Aらの名義により、当該資金をCグループに支払い、Aらは、Cグループが保有する当社株式を取得した。

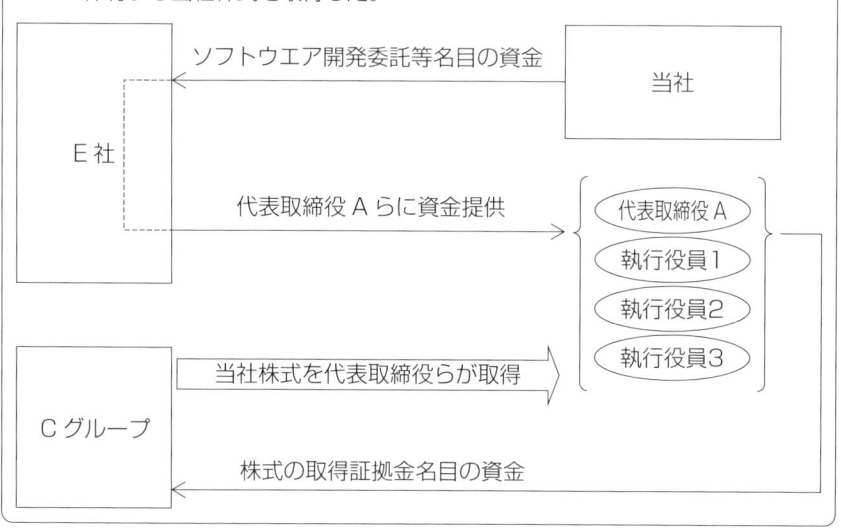

E社	← ソフトウエア開発委託等名目の資金 ―	当社
	― 代表取締役Aらに資金提供 →	代表取締役A / 執行役員1 / 執行役員2 / 執行役員3
Cグループ	← 当社株式を代表取締役らが取得 ―	
	← 株式の取得証拠金名目の資金 ―	

【不適正な会計処理】

1 貸倒引当金の過少計上

　当社は、E社へのソフトウェアの開発委託名目などの支出について、ソフトウェア仮勘定として資産計上したが、当該ソフトウェアについて開発委託等が行われた事実は認められず、当該資金はCグループの借入金返済や、Aおよび執行役員3名による当社株式の取得代金に当てられることを目的として、Aが主導し、かつ、これらの者への出金であることを隠して行ったものであり、当社としてこれらの者に利益供与を容認した認識はなかったことから、会計処理上、当該支出はAに対する債権として長期未収入金を意識すべきものであった。

　当該債権について、当社には具体的な回収計画がなく、また、Aらへの支出については事実を隠していたことを踏まえると、当時、Aに返済意志があったとは認められず、さらに、Aには回収の対象となる明確な資力も認められなかったことから、回収が見込めないものとして、当該長期未収入金の全額に対して貸倒引当金を計上すべきところ、当社はこれを行わなかった。

2 債務保証損失引当金の不計上

　当社は、Cグループが他社から行った借入れについて、Aの独断により債務保証を行っていたが、当社は、Cの資金繰りが悪化して当該借入金の返済が不可能になったことをCから伝えられており、Cグループに代わって当該債務保証を履行する可能性が高いこと、および当該履行に伴う求償債権が回収不能となる可能性が高いことを認識していたにもかかわらず、債務保証損失引当金の計上を行わなかった。

　　参考：平成24年7月「金融商品取引法における課徴金事例集」証券取引等監視委員会

❹ 不適正な会計処理の連結財務諸表への影響額

　当社の平成21年3月期から23年3月期連結財務諸表の主な科目の訂正前、訂正後およびその増減額、増減率の数値は次のとおりである。

■ 平成23年3月期　連結財務諸表の主な科目の訂正前・訂正後

（単位：百万円）

	訂正前	訂正後	増減額	増減率
売上高	1,014	1,014	0	0.00%
売上原価	227	227	0	0.00%
販売費及び一般管理費	715	715	0	0.00%
営業外収益	22	22	0	0.00%
営業外費用	19	19	0	0.00%
特別利益	6	6	0	0.00%
特別損失	195	195	0	0.00%
当期純利益・損失（△）	△134	△134	0	0.00%
純資産	171	171	0	0.00%
総資産	846	846	0	0.00%

■ 平成22年3月期　連結財務諸表の主な科目の訂正前・訂正後

（単位：百万円）

	訂正前	訂正後	増減額	増減率
売上高	1,107	1,107	0	0.00%
売上原価	315	284	△31	△9.84%
販売費及び一般管理費	723	700	△23	△3.18%

営業外収益	5	3	△ 2	△ 40.00%
営業外費用	31	31	0	0.00%
特別利益	50	50	0	0.00%
特別損失	62	83	21	33.87%
当期純利益・損失（△）	13	45	32	246.15%
純資産	766	316	△ 450	△ 58.75%
総資産	1,318	877	△ 441	△ 33.46%

■ 平成21年3月期　連結財務諸表の主な科目の訂正前・訂正後

（単位：百万円）

	訂正前	訂正後	増減額	増減率
売上高	2,395	2,395	0	0.00%
売上原価	1,209	1,206	△ 3	△ 0.25%
販売費及び一般管理費	1,542	1,541	△ 1	△ 0.06%
営業外収益	10	10	0	0.00%
営業外費用	26	26	0	0.00%
特別利益	908	908	0	0.00%
特別損失	2,183	2,637	454	20.80%
当期純利益・損失（△）	△ 1,680	△ 2,129	△ 449	26.73%
純資産	—	—	—	—
総資産	—	—	—	—

（注）平成21年3月末に連結子会社が全てなくなったため、連結貸借対照表を作成していない。したがって、純資産および総資産欄は「—」とした。なお、平成22年3月期は、新たに連結子会社ができたことから、再度、連結財務諸表を作成している。

❺ 不適正な会計処理を行った背景

　当社の平成23年3月1日「第三者調査委員会の調査結果に関するお知らせ」によると、「本件不正行為等は現取締役らによって組織ぐるみで行われており、このように組織ぐるみの不正行為が容易に実行でき、また、長期間発覚しなかったことは、当社において単にAら本件不正行為等の関与者における法令遵守意識が低かったことだけが原因ではなく、かかる本件不正行為等が組織ぐるみで実行され、また長期間に渡って発覚を免れていた事実からすると、当社においては実効的な内部統制が機能しておらず、不正行為の実効を牽制するための組織・管理体制の整備が不十分であったことに起因する部分が大きいと考えられる。」とし、当社における組織体制上の主な問題点として次のことを指摘している。

1 取締役会の形骸化

　当社では、A個人に対する強い依存体質があったことが、Aによる独断専行を許し、本件不正行為を招いたと考えられる。
　また、当社の社内規程においては、貸付等を除く経費支出について取締役会の承認事項とされておらず、億単位の経費の支出を行う場合でも社長決済で実行することが可能な状況にあるなど、取締役会が形骸化していた。
　さらに、社外取締役には、当社のコンサルタントをしている会社の担当者等が選任されており、独立性を有する社外有識者の立場による実効的な監督を期待できる状況ではなかった。

2 監査役および監査部門による監査機能の低下

　常勤監査役は、事実上、当社の従業員の業務にも従事するなど、独立性・中立性が確保された中で充実した監査業務は困難な状況にあった。また、社外監査役には情報が与えられる状況になかった。
　また、内部監査室において、十分に監査機能が果たされていたとはいい難い

状況である。もっとも、本件不正行為等が現取締役によって組織ぐるみで行われていたことからすると、内部監査機能が果たされていたとしても、本件不正行為等を早期に発見し、あるいは抑制できた可能性は低いと考えられる。

なお、当社には、内部通報制度が形式的に設置されていたが、実効的であったとはいえず、適切な内部通報制度は存在していなかった。

❻ 課徴金が課された判断基準

以下のことが総合的に勘案され、課徴金が課されたものと推測される。
① 本件も第1節 B-3株式会社および第2節 会部式会社B-4の案件と同様に、経営者自らが虚偽記載に大きな役割を果たしていたものである。
② 平成23年3月期内部統制報告書において、内部統制に重要な欠陥があったとしている。
③ 上記「❹ 不適正な会計処理の連結財務諸表への影響額」に示すとおり、不適正な会計処理が損益および純資産に与える増減率が大きい。
④ 重要な事項につき虚偽の記載のある有価証券報告書等を組込情報等とした有価証券届出書により、第三者割当増資により投資家に株券を取得させていた。

❼ 再発防止策

当社は、第三者調査委員会から社外有識者等による経営監視機関の設置を提言されたことを受け、平成23年3月14日に「経営監視委員会」を設置している。当委員会は、弁護士2名、公認会計士1名から構成され、次のことについて、指導、助言、監視、監督等を行うとしている。
① 会社法上認められた監査権限の行使に関すること
② 再発防止策の実施状況に関すること
③ コンプライアンス体制の再構築に関すること

4 株式会社 B-8

[有価証券報告書提出会社] 電気機器、大阪証券取引所ジャスダック市場上場（平成23年8月29日、完全子会社化により上場廃止）
[訂正報告書の提出日] 平成23年6月27日
[訂正対象決算期] 平成17年5月1日～22年4月30日
[訂正勘定科目] 売上高（売上の前倒し計上、売上の取消し処理の未済、架空売上の計上）

① 事案の概要

　本件は、当社の営業担当社員が、当社から与えられた売上計画の達成への重圧などから、証憑類を偽造するなどの行為を繰り返し、売上の前倒し計上や売上の取消処理の未済等の不適正な会計処理を行い、平成18年4月期から22年4月期各期の有価証券報告書のほか、その間における中間報告書もしくは四半期報告書、および23年4月期第1四半期報告書において、重要な事項につき虚偽の記載を行っていたものである。また、こうした重要な事項につき虚偽の記載のある有価証券報告書を組込情報等とした有価証券届出書により、投資家（第三者割当増資）に株券を取得させていた。

　金融庁は、平成23年8月24日に、上記の行為が金融商品取引法第172条の4および第172条の2に該当するとして、当社に3,108万円の課徴金を課した。なお、課徴金の対象となった継続開示書類は、平成19年4月期半期報告書・有価証券報告書、21年4月期第1四半期報告書・有価証券報告書、22年4月期第1～3四半期報告書・有価証券報告書、および23年4月期第1四半期報告

書である。

❷ 訂正報告書の訂正理由

平成23年6月27日に、平成18年4月期から平成22年4月期の間の有価証券報告書等の訂正報告書が提出されている。課徴金の対象となった平成22年4月期の有価証券報告書に係る訂正報告書における訂正理由は次のとおり。他の年度の訂正理由もこれと同様である。

■平成22年4月期の有価証券報告書の訂正報告書

1【有価証券報告書の訂正報告書の訂正理由】
　当社は、平成22年10月より、当社において不適切な会計処理が行われていた疑いが生じたことから、過去の会計処理に関して内部調査を進めるとともに、外部調査委員会を設置し調査を実施して参りました。
　この結果、過去に行われた取引の一部について、当社において不適切な会計処理が行われていたことが判明したため、売上高の計上時期の修正、過大計上された売上高及び売上原価並びに売掛金の修正、たな卸資産の修正その他必要と認められる修正を行い、金融商品取引法第24条の2第1項の規定に基づき、平成22年7月27日に提出した第40期（自　平成21年5月1日　至　平成22年4月30日）の有価証券報告書の訂正報告書を提出するものであります。
　なお、連結財務諸表及び財務諸表の記載内容にかかる訂正箇所につき、XBRLデータの訂正を行いましたので、併せて訂正後のXBRL形式のデーター式（表示情報ファイルを含む）を関連書類として提出いたします。
　訂正後の連結財務諸表及び財務諸表について、第39期については霞が関監査法人により、第40期については監査法人和宏事務所により監査を受け、その監査報告書を受領しております。

❸ 虚偽記載の態様

【不適正な会計処理に係る取引の概要】

　電子機器等の製造・販売を主な業務としていた当社は、上場会社として相応の売上を計上し、上場を維持したいと考えていた。このため、当社は売上計画の達成を社員に対し厳しく課していた。

　しかし、当社は近年、受注等の減少により財務状況が悪化し、社員への重圧はさらに増大していた。

　重圧を受けた営業担当社員は、売上計画の達成のため、取引先からの受注が見込みの段階であるにもかかわらず、取引先から注文書を前倒しで入手したり、自社において注文書を偽造作成したりしていた。また、取引先からの受注がないにもかかわらず、注文書と受領書を偽造していた。さらに、取引先から取り消された注文についても、取消しの手続きを行わなかった。これらによって出荷されたこととされた商品は、営業担当社員のロッカー等に保管するなどして、実地棚卸による指摘を免れていた。

図表3－5　売上に係る不適正な会計処理

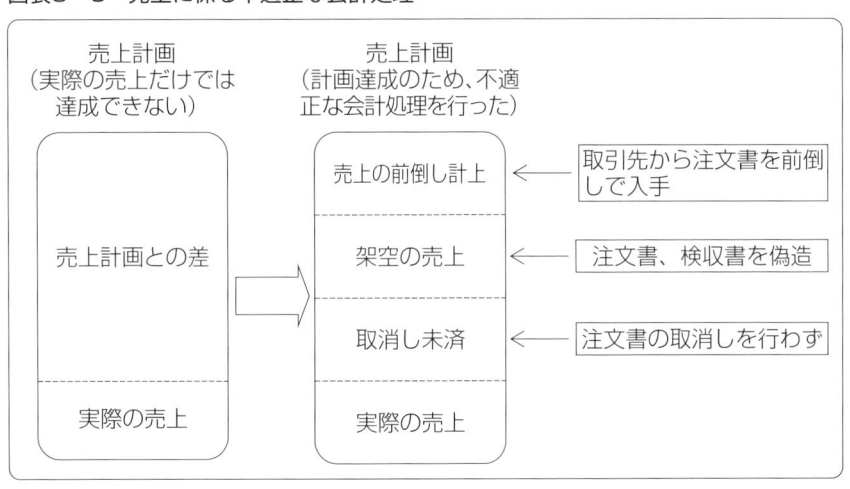

売上計画 （実際の売上だけでは達成できない）	売上計画 （計画達成のため、不適正な会計処理を行った）	
売上計画との差	売上の前倒し計上	← 取引先から注文書を前倒しで入手
	架空の売上	← 注文書、検収書を偽造
	取消し未済	← 注文書の取消しを行わず
実際の売上	実際の売上	

【不適正な会計処理】

[1] 売上の前倒し計上・売上の取消し処理の未済

　当社は、売上計上基準に出荷基準および検収基準を採用していたが、特に半期、通期の決算期末において、取引先からの受注がまだ見込み段階であるにもかかわらず、取引先からの証憑類を前倒しで入手したり、これらの証憑類を偽造したりして、翌期以降の売上とすべきものを、あたかも当期中の売上であるかのように装い売上を前倒し計上した。

　また、当社は、受注により売上として計上したものを、取引先の都合によって取り消されたにもかかわらず、売上の取消し処理を行わなかった。

[2] 架空売上の計上

　当社は、取引先からの注文がないにもかかわらず、注文書や検収書などを偽造して、実際に注文が存在しているかのように装い、架空の売上を計上した。

　参考：平成24年7月「金融商品取引法における課徴金事例集」証券取引等監視委員会

❹ 不適正な会計処理の連結財務諸表への影響額

　当社の平成18年4月期から22年4月期連結財務諸表の主な科目の訂正前、訂正後およびその増減額、増減率の数値は次のとおりである。

■ 平成22年4月期　連結財務諸表の主な科目の訂正前・訂正後

（単位：百万円）

	訂正前	訂正後	増減額	増減率
売上高	4,090	3,878	△ 212	△ 5.18%
売上原価	2,628	2,485	△ 143	△ 5.44%
販売費及び一般管理費	1,407	1,407	0	0.00%
営業外収益	6	6	0	0.00%
営業外費用	85	85	0	0.00%
特別利益	29	29	0	0.00%
特別損失	20	20	0	0.00%
当期純利益・損失（△）	△ 34	△ 103	△ 69	202.94%
純資産	1,758	1,365	△ 393	△ 22.35%
総資産	5,336	4,857	△ 479	△ 8.98%

■ 平成21年4月期　連結財務諸表の主な科目の訂正前・訂正後

（単位：百万円）

	訂正前	訂正後	増減額	増減率
売上高	4,299	4,219	△ 80	△ 1.86%
売上原価	2,897	2,843	△ 54	△ 1.86%
販売費及び一般管理費	1,804	1,808	4	0.22%
営業外収益	13	13	0	0.00%
営業外費用	77	77	0	0.00%
特別利益	81	81	0	0.00%
特別損失	151	151	0	0.00%
当期純利益・損失（△）	△ 625	△ 595	30	△ 4.80%

純資産	1,436	1,113	△ 323	△ 22.49%
総資産	5,259	4,895	△ 364	△ 6.92%

■平成20年4月期　連結財務諸表の主な科目の訂正前・訂正後

(単位：百万円)

	訂正前	訂正後	増減額	増減率
売上高	5,628	5,951	323	5.74%
売上原価	3,711	3,937	226	6.09%
販売費及び一般管理費	2,025	2,026	1	0.05%
営業外収益	26	26	0	0.00%
営業外費用	80	80	0	0.00%
特別利益	8	8	0	0.00%
特別損失	190	232	42	22.11%
当期純利益・損失（△）	△ 341	△ 294	47	△ 13.78%
純資産	2,050	1,697	△ 353	△ 17.22%
総資産	6,668	6,331	△ 337	△ 5.05%

■平成19年4月期　連結財務諸表の主な科目の訂正前・訂正後

(単位：百万円)

	訂正前	訂正後	増減額	増減率
売上高	5,254	4,973	△ 281	△ 5.35%
売上原価	3,370	3,199	△ 171	△ 5.07%
販売費及び一般管理費	1,883	1,896	13	0.69%

営業外収益	39	39	0	0.00%
営業外費用	66	66	0	0.00%
特別利益	82	82	0	0.00%
特別損失	94	94	0	0.00%
当期純利益・損失（△）	△ 80	△ 179	△ 99	123.75%
純資産	2,537	2,137	△ 400	△ 15.77%
総資産	6,860	6,467	△ 393	△ 5.73%

■ 平成18年4月期　連結財務諸表の主な科目の訂正前・訂正後

（単位：百万円）

	訂正前	訂正後	増減額	増減率
売上高	5,341	5,427	86	1.61%
売上原価	3,484	3,525	41	1.18%
販売費及び一般管理費	1,750	1,750	0	0.00%
営業外収益	23	23	0	0.00%
営業外費用	59	59	0	0.00%
特別利益	10	10	0	0.00%
特別損失	4	277	273	6825.00%
当期純利益・損失（△）	13	△ 288	△ 301	△ 2315.38%
純資産	2,804	2,503	△ 301	△ 10.73%
総資産	6,952	6,657	△ 295	△ 4.24%

❺ 不適正な会計処理を行った背景

　第三者調査委員会が平成 23 年 5 月 18 日に当社に提出した「第三者調査委員

会報告書」によると、不適正な会計処理の発生原因は次のとおり。

1 統制環境の問題

　統制環境は決して良いとはいえない。個人および部署の売上計画に対して売上が不足し、何とか売上を上げようという意識が強く、期ズレ売上が誘引される雰囲気、注文キャンセルによる売上取消処理の早期実施をできない雰囲気があった。さらに、営業部員が出荷基準および検収基準売上に対して、期ズレ売上計上により決算数値が変わることへの重要性を、あまり認識していなかった。

　営業管理室も受注・売上に関する書類（注文書もしくは注文書に相当する書類、検収書、受領者）が揃っておれば、売上計上はできるという雰囲気があり、出荷・検収の事実および書類が正式なものであるかのチェックがほとんどされず、回収が遅れても良いとする雰囲気もあった。

2 組織体制および業務体制の問題

① 営業部門の決裁権限の目が粗く、高額取引でも上層部に回らず、チェックされていない取引があった。

② 営業部の管理者は、大口受注に対しての見積書から受注・売上までの管理が甘かった。

③ 営業部の管理者の売上に対するチェックが表面的であり、内容が細かくチェックされず、承認印が押されていた。

④ 営業管理室の売上計上管理に関して、書類が揃っていれば売上計上はできるとし、売上計上に関する内容のチェックが形式的になっていた。

⑤ 内部監査室と営業管理室の室長が兼任であり、内部監査室の牽制機能が不十分であった。

⑥ コンプライアンス・リスク委員会がほとんど活動していなかったため、社員に対してコンプライアンスについての教育が行われていなかった。

⑦ 回収委員会および経理担当部署においても、資金繰りのための入金日の確認が主で、回収遅延債権の原因究明、売上計上に関する影響の有無の検

討、フォローアップ体制等に不備があった。

❻ 課徴金が課された判断基準

以下のことが総合的に勘案され、課徴金が課されたものと推測される。
① 本件は、平成 22 年 10 月 20 日に証券取引等監視委員会による立入調査を受けたものである。その調査により、過年度に亘り不適正な会計処理が行われていたとの疑義が生じたことから、証券取引等監視委員会より社内にて調査するように指示を受けた。
② 監査法人が交代している。
③ 上記「❹ 不適正な会計処理の連結財務諸表への影響額」に示すとおり、不適正な会計処理が損益および純資産に与える増減率が大きい。
④ 重要な事項につき虚偽の記載のある有価証券報告書等を組込情報等とした有価証券届出書により、第三者割当増資により投資家に株券を取得させていた。

❼ 再発防止策

当社は、平成 23 年 8 月 29 日に、株式交換により甲社（東京証券取引所第一部上場）の完全子会社化にするとして、大阪証券取引所ジャスダック市場から上場廃止となっている。

5 株式会社 B-9

[有価証券報告書提出会社] 情報・通信業、名古屋証券取引所セントレックス市場上場（平成23年6月14日、上場廃止基準「有価証券報告書等の虚偽記載」に該当し上場廃止）
[訂正報告書の提出日] 平成23年4月28日
[訂正対象決算期] 平成21年1月1日～22年9月30日
[訂正勘定科目] 特別利益（債務免除益の架空計上）、特別損失（貸倒引当金の過少計上）

❶ 事案の概要

　本件は、当社の子会社が、架空の借入れや、その債務の株式化により水増しされた純資産価額をもとにして行った株式交換などによって不適正な会計処理を行い、平成21年12月期の有価証券報告書のほか、22年12月期の第1から第3四半期報告書において、重要な事項について虚偽の記載を行ったものである。

　金融庁は、平成23年6月23日に、上記行為が金融商品取引法第172条の4に該当するとして、1,200万円の課徴金を課した。なお、課徴金の対象となった継続開示書類は、平成21年12月期有価証券報告書と22年12月期第1から第3四半期報告書である。

❷ 訂正報告書の訂正理由

　平成 23 年 4 月 28 日に、平成 21 年 12 月期の有価証券報告書、22 年 12 月期の第 1 から第 3 四半期報告書の訂正報告書が提出されている。課徴金の対象となった平成 21 年 12 月期の有価証券報告書に係る訂正報告書における訂正理由は次のとおり。

■ 平成21年12月期の有価証券報告書の訂正報告書

1【有価証券報告書の訂正報告書の訂正理由】
　当社では、当社の連結子会社である株式会社 SPARKS において、過年度の会計処理について修正を要する可能性のある事象が発覚いたしました。本件は、当社の連結子会社となる以前に、元支配人の指示のもと行われた会計処理であり、元支配人は平成 21 年 12 月 20 日以降、音信不通となっております。

　そのため、当時の事実関係を適切に把握するため、平成 23 年 3 月 11 日に当社と利害関係の無い社外の弁護士及び公認会計士による外部調査委員会を設置し、厳正な調査を進め、平成 23 年 4 月 18 日付の外部調査委員会から調査報告書を受領いたしました。

　この結果に基づき、平成 20 年 10 月に計上した営業権の修正等が必要と認められる訂正を行うため、金融商品取引法第 24 条の 2 第 1 項の規定に基づき、平成 22 年 3 月 26 日に提出した第 12 期（平成 21 年 1 月 1 日から平成 21 年 12 月 31 日まで）有価証券報告書の訂正報告書を提出するものであります。

　また、連結財務諸表の記載内容に係る訂正箇所については XBRL の修正をおこないましたので、併せて修正後の XBRL データ一式（表示情報ファイルを含む。）を提出いたします。

　なお、訂正後の連結財務諸表についてアスカ監査法人により監査を受け、

その監査報告書を添付しております。

❸ 虚偽記載の態様

【不適正な会計処理に係る取引の概要】

　当社の子会社Ａ社は、当社の子会社となる以前に、Ｂ社から事業を譲り受けることになっていた。その際、Ａ社は、Ａ社の代表取締役ａから、架空の金銭消費貸借契約によって２億円を借り入れたこととし、さらにＡ社は、Ｂ社からの領収書を偽造するなどして、これを事業買収のための資金としてＢ社へ支払ったことにした。実際には、Ａ社は、代表取締役ａから借入れは行っておらず、またＢ社への支払も行ってはいなかった。

図表３-６　架空借入と架空事業買収

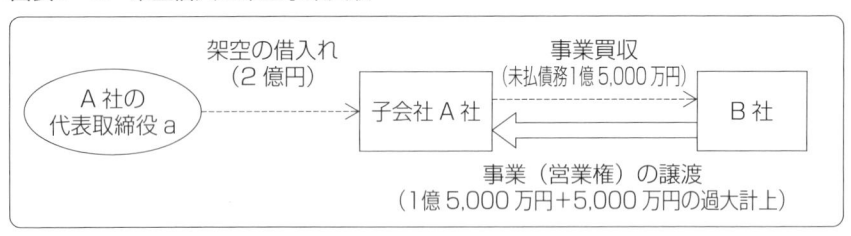

```
                架空の借入れ              事業買収
                 （２億円）          （未払債務1億5,000万円）
  ┌─────┐                    ┌─────┐                ┌───┐
  │ Ａ社の  │ ─ ─ ─ ─ ─ ─ ─▶│子会社Ａ社│ ─ ─ ─ ─ ─ ─▶│ Ｂ社 │
  │代表取締役ａ│                    │          │◀─────────────│     │
  └─────┘                    └─────┘                └───┘
                                         事業（営業権）の譲渡
                                  （1億5,000万円＋5,000万円の過大計上）
```

　その後、当社とＡ社は、株式交換に向けた協議を進めた。この際、Ａ社は、代表取締役ａを含む複数の個人投資家から新たに２億円を借り入れたことにし、この借入金を用いて、代表取締役ａへ返済を行ったように装った。個人投資家からの借入れも、代表取締役への返済も、全て架空の取引であった。

図表3-7 架空借入と架空借入返済

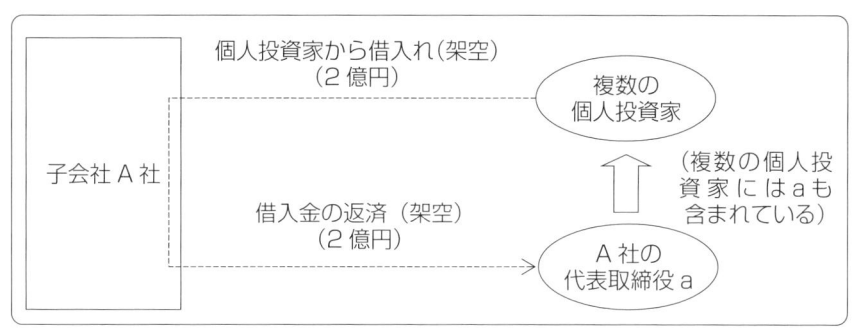

```
┌──────────┐   個人投資家から借入れ（架空）
│          │ ──────(2億円)──────→  ┌──────┐
│          │                        │複数の│
│          │                        │個人投│
│ 子会社A社 │                        │資家  │
│          │                        └──────┘
│          │                           ↑     （複数の個人投
│          │   借入金の返済（架空）         資家にはaも
│          │ ──────(2億円)──────→           含まれている）
│          │                        ┌──────┐
│          │                        │A社の │
│          │                        │代表取│
│          │                        │締役a │
└──────────┘                        └──────┘
```

　A社は、架空の借入れ2億円のうちから1億6,000万円を現物出資として受けたことにして、上記個人投資家に対し総額1億6,000万円の第三者割当増資を行った。また、架空の借入れの総額4,000万円については、個人投資家から債権放棄を受けたとして債務免除益を計上した。

図表3-8 第三者割当増資と架空現物出資

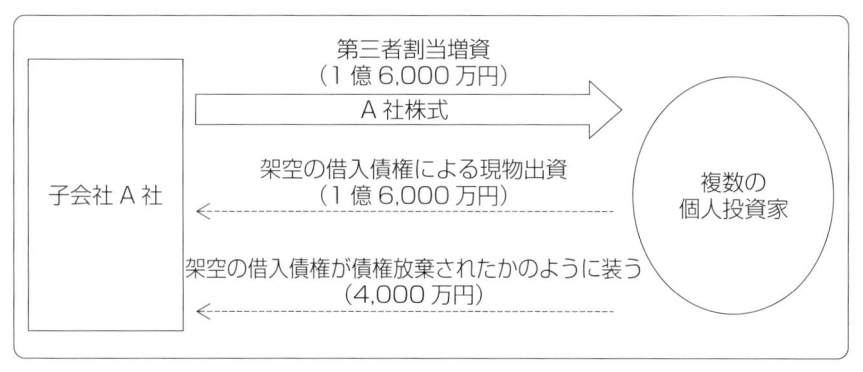

```
┌──────────┐        第三者割当増資
│          │       （1億6,000万円）
│          │ ─────────────────→  ┌──────┐
│          │        A社株式          │      │
│          │                         │複数の│
│ 子会社A社 │  架空の借入債権による現物出資 │個人投│
│          │ ←────(1億6,000万円)──── │資家  │
│          │                         │      │
│          │ 架空の借入債権が債権放棄されたかのように装う
│          │ ←─────(4,000万円)────── │      │
└──────────┘                         └──────┘
```

　その後、当社は、個人投資家との間で当社株式とA社株式の株式交換を行った。

図表3-9 株式交換

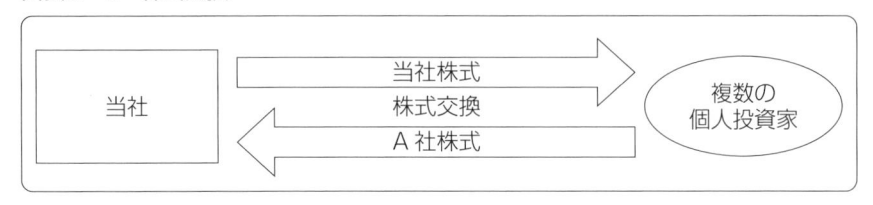

```
当社 ──当社株式──→ 複数の
    ←──株式交換──  個人投資家
    ←──A 社株式──
```

【不適正な会計処理】

①貸倒引当金の過少計上

　当社の子会社は、個人投資家に対して行った第三者割当増資に当たり、架空の現物出資を受けたこととしたため、払込金相当額の出資を受けていない。このため、個人投資家に対し不足額補填請求権を有することになるが、当社は払込金相当額の未収入金を計上しなかった。また、当社は、この未収入金について補填請求を行わず、具体的な回収計画も存在しなかったことから、その回収が見込めなかったにもかかわらず、貸倒引当金を計上しなかった。

②債務免除益の架空計上

　当社は個人投資家から債権放棄を受けたことにしていたが、この債権自体が架空のものであることから、債務免除益は発生せず、架空の計上を行ったことになる。

　　参考：平成24年7月「金融商品取引法における課徴金事例集」証券取引等監視委員会

❹ 不適正な会計処理の連結財務諸表への影響額

　当社の平成21年12月期連結財務諸表の主な科目の訂正前、訂正後およびその増減額、増減率の数値は次のとおりである。

■ 平成21年12月期　連結財務諸表の主な科目の訂正前・訂正後

(単位：百万円)

	訂正前	訂正後	増減額	増減率
売上高	1,108	1,108	0	0.00%
売上原価	327	327	0	0.00%
販売費及び一般管理費	1,174	1,164	△ 10	△ 0.85%
営業外収益	9	9	0	0.00%
営業外費用	19	19	0	0.00%
特別利益	440	400	△ 40	△ 9.09%
特別損失	287	447	160	55.75%
当期純利益・損失（△）	△ 254	△ 444	△ 190	74.80%
純資産	64	△ 122	△ 186	△ 290.63%
総資産	1,377	1,339	△ 38	△ 2.76%

❺ 不適正な会計処理を行った背景

　第三者調査委員会が平成23年4月18日に当社に提出した「調査報告書（概要）」によると、「当社の関係者においては、平成21年9月ころから平成22年3月ころにかけて、上場維持、その他の債務超過の回避を最優先課題として意識するあまり、真実を尊重する意識が低下していたといわざるを得ない。」として、その結果、次のような不適切な事象が発生したとしている。

① 当社とA社の株式交換契約の検討に際し、デュー・デリジェンスが実施されていない。
② 文書の作成日付の遡及が容認されていた。
③ 内容虚偽の文書の作成が容認されていた。
④ 不正確な情報が開示されていた。

これらについては、当社のコーポレート・ガバナンスにおいて主たる役割を担っているところの取締役会および監査役による代表取締役に対する監視機能が十分に発揮されていなかったことによる。また、当社は少人数組織であることを理由として、内部監査部門としての専任者は設置されておらず、内部監査が形骸化していた。

❻ 課徴金が課された判断基準

以下のことが総合的に勘案され、課徴金が課されたものと推測される。
① 本件も第1節 B-3株式会社、第2節 株式会社 B-4および第3節 株式会社 B-7の案件と同様に、経営者自らが虚偽記載に大きな役割を果たしていたものである。このため、取締役会および監査役による代表取締役に対する監視機能が十分に発揮されていなかった。
② 上記「❹ 不適正な会計処理の連結財務諸表への影響額」に示すとおり、不適正な会計処理が損益および純資産に与える増減率が大きい。
③ 上述のとおり、内部監査が形骸化していたこともあり、当社の関係者において、上場維持、その他の債務超過の回避を最優先課題として意識するあまり、真実を尊重する意識が低下していた。
④ 名古屋証券取引所の上場廃止基準（虚偽記載）に該当したため、名古屋証券取引所セントレックス市場から上場廃止となっている。

❼ 再発防止策

当社の平成23年4月18日の「第三者調査委員会の調査報告書の受領に関するお知らせ」によると、当社は、第三者調査委員会の提言を厳粛に受け止め、調査報告書を踏まえた対応を検討し、その結果を後日開示するとしていた。
しかし、当社は、平成23年6月14日に、名古屋証券取引所の上場廃止基準（虚偽記載）に該当したため、名古屋証券取引所セントレックス市場から上場

廃止となっている。

6 B−11株式会社

[有価証券報告書提出会社] 情報・通信業、東京証券取引所マザーズ市場（平成24年1月27日、完全子会社化により上場廃止）
[訂正報告書の提出日] 平成22年12月22日
[訂正対象決算期] 平成17年4月1日～22年3月31日
[訂正勘定科目] 売上高（架空売上の計上、売上の前倒し計上）、特別損失（貸倒引当金の不計上）

❶ 事案の概要

　本件は、上場後2期連続で赤字となっていた当社が、赤字決算の回避などの目的で、売上の架空計上等の不適正な会計処理を行い、また、これを隠蔽するため、さらに不適正な会計処理を継続し、平成18年3月期から22年3月期各期の有価証券報告書、ならびにその間の半期報告書もしくは四半期報告書において、重要な事項につき虚偽記載を行っていたものである。また、2回にわたり、重要な事項につき虚偽の記載のある有価証券報告書等を組込情報とした有価証券届出書により、投資家（第三者割当増資）に株券を取得させていた。

　金融庁は、平成23年5月31日に、上記の行為が金融商品取引法第172条の4および第172条の2に該当するとして、1億1,068万円の課徴金を課した。なお、課徴金の対象となった継続開示書類は、平成18年3月期有価証券報告書、19年3月期半期報告書・有価証券報告書、20年3月期半期報告書・有価証券報告書および21年3月期第1四半期報告書である。

❷ 訂正報告書の訂正理由

　平成 22 年 12 月 22 日に、平成 18 年 3 月期から 22 年 3 月期の間の有価証券報告書等の訂正報告書が提出されている。平成 22 年 3 月期の有価証券報告書に係る訂正報告書における訂正理由は次のとおり。他の年度の訂正理由もこれと同様である。

■ 平成22年3月期の有価証券報告書の訂正報告書

> 1【有価証券報告書の訂正報告書の訂正理由】
> 　当社は、当社の前身である旧株式会社シーフォーテクノロジーにおいて、平成 18 年 3 月期から平成 20 年 3 月期にかけて不適切な会計処理が行われていた可能性が発覚いたしました。本件は、SBI グループ入りする以前に旧経営陣の経営体制のもとに行われた取引であり、経営体制が大きく変わった現在においては、当時を知る役職員がほとんど在籍しておりませんでした。
> 　そこで、当時の事実関係の詳細をより適切かつ迅速に把握する為に、平成 22 年 7 月 28 日に当社と利害関係のない社外の弁護士及び公認会計士による外部調査委員会を設置し、調査を進め、平成 22 年 12 月 10 日付けで外部調査委員会から調査報告書を受領いたしました。
> 　外部調査委員会による調査の結果を受け、当社の会計監査人であるアスカ監査法人と協議した結果、より保守的な会計処理を行うものとして、過年度決算の訂正を行うこといたしました。
> 　これにより第 13 期（自　平成 21 年 4 月 1 日　至　平成 22 年 3 月 31 日）の有価証券報告書の一部に訂正する必要が生じましたので、金融商品取引法第 24 条の 2 第 1 項の規定に基づき、有価証券報告書の訂正報告書を提出するものであります。
> 　なお、連結財務諸表及び財務諸表の記載内容にかかる訂正箇所について

はXBRLの修正を行いましたので、併せて修正後のXBRLデータ一式（表示情報ファイルを含む。）を提出いたします。

また、訂正後の連結財務諸表及び財務諸表についてアスカ監査法人より監査を受け、その監査報告書を添付しております。

❸ 虚偽記載の態様

【不適正な会計処理に係る取引の概要】

情報セキュリティ製品の販売、ライセンス許諾を主な事業としていた当社は、東京証券取引所マザーズ市場に上場後、2期連続で赤字となっていた。また、多額の社債を発行していたこともあり、当社は、赤字決済回避に対する重圧から、次の行為を行った。

当社は、A社にソフトウェアライセンスを販売する予定であったが、A社からは購入を見合わせたい旨の意向を受けていた。にもかかわらず当社は、A社に転売先の斡旋と利益の確保を約束し、当該ライセンスを購入させた。

その後、当社は、転売先としてB社を斡旋し、A社からB社へライセンスを転売させた。当社は、B社にも転売先の斡旋と購入資金の手当を約束しており、当社が出資していた投資事業組合や、当社の社員が経営する会社からB社に融資を行い、ライセンスの購入代金に当てさせた。

その後、当該ライセンスは、当社の斡旋によりB社から複数の者に転売されたが、最終的にはC社に転売され、当社はC社に架空のソフトウェア購入代金を支払い、それをライセンスの購入資金に当てさせ、不正行為の終結を図った。

① 当社は、A社に転売先B社の斡旋を約束し、ソフトウェアライセンスを販売した。

図表3-10　転売先を斡旋したソフトウェアライセンスの販売

[当社] →ソフトウェアライセンス（転売先のあっせんを約束）→ [A社]
[当社] ←購入資金← [A社]

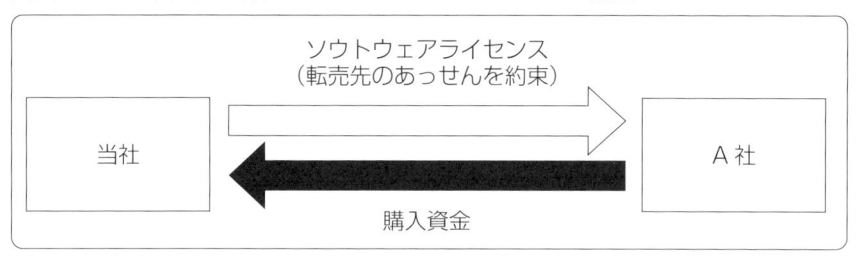

② 当社は、B社にも転売先のあっせんと購入資金の手当を約束し、ライセンスを購入させた。

図表3-11　転売先の斡旋と融資を約束したソフトウェアライセンスの販売

[当社] →転売先のあっせんを約束→ [B社] ←融資← [当社が出資している投資事業組合]
[A社] →ソフトウェアライセンス→ [B社] ← [当社の社員が経営する会社]
[A社] ←購入資金← [B社]

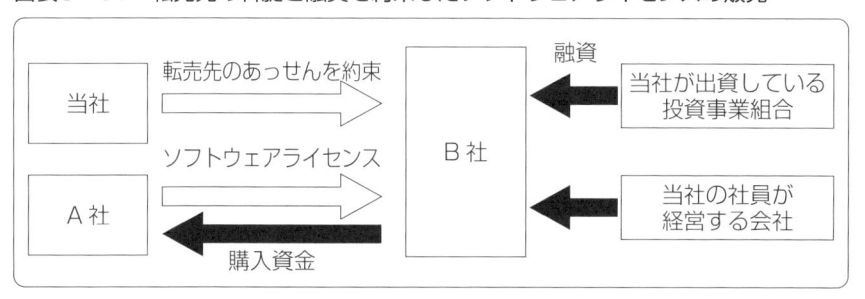

③ その後ライセンスは、当社のあっせんによりB社から複数の者に転売され、最終的にはC社に転売された。

図表3-12　循環取引

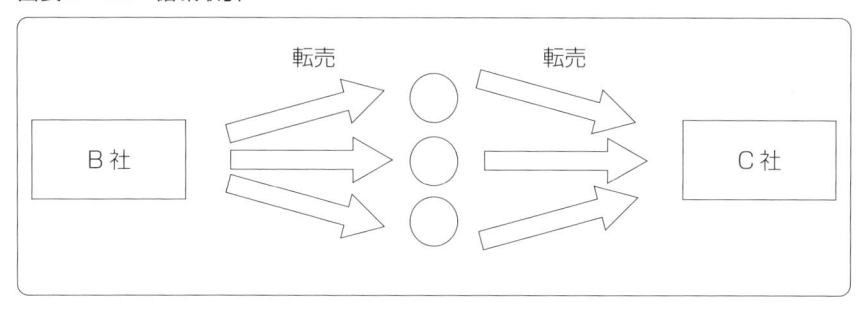

[B社] →転売→ ○○○ →転売→ [C社]

④ 当社は、C社に架空のソフトウェア購入代金を支払い、それをライセン

スの購入資金に当てさせた。

図表3−13　循環取引終結のための資金支払い

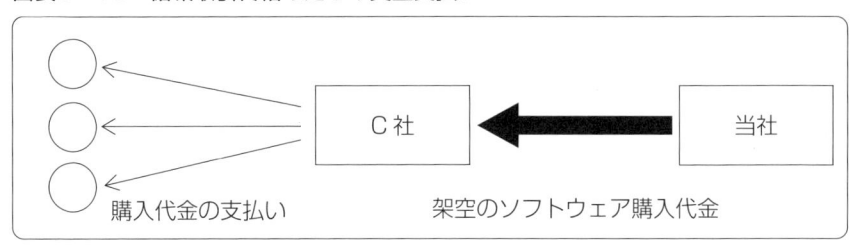

```
    ○ ←┐
    ○ ←─── C社  ←━━━━━  当社
    ○ ←┘
    購入代金の支払い      架空のソフトウェア購入代金
```

　また、当社は、A社の見積書、発注書、請求書等を偽造し、翌期に計上すべきソフトウェアライセンスの販売による売上を前倒しで計上した。

　さらに、当社は、D社に対し貸付けを行っていたが、D社は資金繰りが悪化していた。当社は、返済期限を延長したが、その後も返済はなされず、事業年度末が迫っても依然として返済の目処が立っていなかった。貸倒引当金を計上することを危惧した当社は、当社が出資していた投資事業組合の組合員からD社へ資金を貸し付け、その資金を一旦当社へ返済させた後、あらためて当社からD社に同額の貸付けを行い、返済が行われたかのように見せかけた。

【不適正な会計処理】

1 架空売上の計上・売上の前倒し計上

　当社は、実態のないライセンス販売を行い、これを販売先に次々と転売させ、その最終転売先に対して、架空の名目で出金した資金を提供する資金循環によって、架空の売上を計上した。
　また、当社は、取引先からの証憑を偽造し、翌期に計上すべき売上を前倒しで計上した。

2 貸倒引当金の計上回避

　当社は、貸倒懸念債権となっていた貸付金について、貸付金の返済が行われ

たかのように見せかけ、貸倒引当金の計上を回避し、利益を過大に計上した。
　参考：平成24年7月「金融商品取引法における課徴金事例集」証券取引等監視委員会

❹ 不適正な会計処理の連結財務諸表への影響額

　当社の平成18年3月期から22年3月期連結財務諸表の主な科目の訂正前、訂正後およびその増減額、増減率の数値は次のとおりである。

■ 平成22年3月期　連結財務諸表の主な科目の訂正前・訂正後

（単位：百万円）

	訂正前	訂正後	増減額	増減率
売上高	4,347	4,347	0	0.00%
売上原価	3,869	3,869	0	0.00%
販売費及び一般管理費	911	911	0	0.00%
営業外収益	8	8	0	0.00%
営業外費用	72	72	0	0.00%
特別利益	7	7	0	0.00%
特別損失	353	353	0	0.00%
当期純利益・損失（△）	△ 873	△ 873	0	0.00%
純資産	2,173	2,178	5	0.23%
総資産	3,296	3,301	5	0.15%

■ 平成21年3月期　連結財務諸表の主な科目の訂正前・訂正後

(単位：百万円)

	訂正前	訂正後	増減額	増減率
売上高	6,055	6,050	△ 5	△ 0.08%
売上原価	4,860	4,807	△ 53	△ 1.09%
販売費及び一般管理費	1,152	1,152	0	0.00%
営業外収益	32	32	0	0.00%
営業外費用	27	27	0	0.00%
特別利益	89	89	0	0.00%
特別損失	268	219	△ 49	△ 18.28%
当期純利益・損失（△）	△ 327	△ 230	97	△ 29.66%
純資産	3,041	3,047	6	0.20%
総資産	3,858	3,858	0	0.00%

■ 平成20年3月期　連結財務諸表の主な科目の訂正前・訂正後

(単位：百万円)

	訂正前	訂正後	増減額	増減率
売上高	3,082	3,082	0	0.00%
売上原価	2,517	2,473	△ 44	△ 1.75%
販売費及び一般管理費	964	964	0	0.00%
営業外収益	6	6	0	0.00%
営業外費用	63	63	0	0.00%
特別利益	246	246	0	0.00%
特別損失	1,213	928	△ 285	△ 23.50%
当期純利益・損失（△）	△ 1,440	△ 1,110	330	△ 22.92%

純資産	70	△ 20	△ 90	△ 128.57%
総資産	3,895	3,801	△ 94	△ 2.41%

■ 平成19年3月期　連結財務諸表の主な科目の訂正前・訂正後

(単位：百万円)

	訂正前	訂正後	増減額	増減率
売上高	2,183	2,063	△ 120	△ 5.50%
売上原価	1,997	1,814	△ 183	△ 9.16%
販売費及び一般管理費	1,329	1,329	0	0.00%
営業外収益	33	33	0	0.00%
営業外費用	210	210	0	0.00%
特別利益	577	577	0	0.00%
特別損失	1,274	1,281	7	0.55%
当期純利益・損失（△）	△ 1,995	△ 1,939	56	△ 2.81%
純資産	△ 146	△ 566	△ 420	287.67%
総資産	3,964	3,597	△ 367	△ 9.26%

■ 平成18年3月期　連結財務諸表の主な科目の訂正前・訂正後

(単位：百万円)

	訂正前	訂正後	増減額	増減率
売上高	1,375	910	△ 465	△ 33.82%
売上原価	507	487	△ 20	△ 3.94%
販売費及び一般管理費	829	827	△ 2	△ 0.24%

営業外収益	22	22	0	0.00%
営業外費用	23	23	0	0.00%
特別利益	—	—	—	—
特別損失	4	38	34	850.00%
当期純利益・損失（△）	31	△ 445	△ 476	△ 1535.48%
純資産	1,598	1,121	△ 477	△ 29.85%
総資産	5,294	4,868	△ 426	△ 8.05%

❺ 不適正な会計処理を行った背景

当社が、平成22年12月27日に東京証券取引所等に提出した改善報告書によると、過年度決算を訂正するに至った背景に、次のことがあったとしている。

1 経営成績の不振からの脱却

当社の当期純利益推移（訂正前）は次のとおりであった。

事業年度	連結	個別
平成14年3月期		11,796 千円
平成15年3月期		15,286 千円
平成16年3月期		△228,525 千円
平成17年3月期		△509,114 千円
平成18年3月期	31,775 千円	71,469 千円

当社は、平成15年2月に東京証券取引所マザーズ市場に上場したが、平成15年3月期は黒字化したものの、上場後2年間（平成16年3月期および平成17年3月期）は赤字が継続していた。前経営陣には、赤字継続からの脱却を

目指すという点から、平成18年3月期において事業計画必達による黒字達成という重圧があった。

2 黒字化達成の公約

当社の証券アナリスト向け平成18年3月期第3四半期業績説明会資料（平成18年2月16日）によると、平成18年3月期第3四半期における第3四半期純利益が△186,749千円であったが、「新施策の効果　ライセンス収入大幅増」、「通期での黒字化へ向けて、予定通り、着実に前進中」と発表していたことからも、経営陣には、平成18年3月期には黒字化を達成したい強い動機があった。

3 仮装売上げの隠匿

平成18年3月期には資金循環取引を策定することによって黒字化を達成したものの、平成19年3月期および20年3月期において、経営陣は、平成18年3月期に行った売上仮装を隠蔽するため、また、売上仮装のための資金循環を目的とし、不適正な会計処理を継続していた。

また、同改善報告書によると、次のことが不適正な会計処理が行われた直接的原因であったとしている。

① コンプライアンス意識の欠如
② 外部から招聘された協力者への依存体質
③ トップ営業による売上計上の恒常化と情報の隠匿
④ 内部統制の未整備
⑤ ソフトウェアの資産性評価時における実態調査について
⑥ 取締役会、監査役会の形骸化
⑦ 内部監査の機能不全

参考：六川浩明ほか『金融商品取引法における課徴金事例の分析Ⅱ虚偽記載編』
　　　商事法務　平成24年

❻ 課徴金が課された判断基準

以下のことが総合的に勘案され、課徴金が課されたものと推測される。
① 重要な事項につき虚偽の記載のある継続開示書類を組込情報とする有価証券届出書に基づく第三者割当増資が、1回目17億円、2回目33億円と多額であった。
② 上記「❹ 不適正な会計処理の連結財務諸表への影響額」に示すとおり、不適正な会計処理が損益および純資産に与える増減率が大きい。
③ 自社資金を還流させて架空売上を計上するなどした事案であり、他に事案に比べて資金循環取引に登場する企業数が極めて多い。
④ 当社は、平成15年2月に東京証券取引所マザーズ市場に上場したが、平成15年3月期は黒字化したものの、上場後2年間（平成16年3月期および平成17年3月期）は赤字が継続していた。前経営陣には、赤字継続からの脱却を目指すという点から、平成18年3月期において事業計画必達による黒字達成が必要であった。

また、この不適正な会計処理を隠蔽するため、さらに不適正な会計処理を継続したものである。

❼ 再発防止策

同社が、平成22年12月27日に東京証券取引所等に提出した改善報告書によると、同社の再発防止策は次のとおりである。
① コンプライアンスおよびリスク管理への意識改革：体制の整備、コンプライアンスおよびリスク管理意識の向上、今後の取り組み
② 業務管理・運営体制の強化
③ 売上計上案件および予実管理体制の強化：週次管理プロセス、月次管理プロセス
④ 内部統制の整備：稟議処理について、　内部通報制度の整備、今後の取

組みについて（内部統制の実効性の確認、業務遂行過程の明確化、外部通報窓口の設置、会計基準の遵守、子会社の管理）
⑤　ソフトウェアの実態調査について
⑥　取締役会、監査役会の充実
⑦　内部監査体制の充実

7 株式会社 B-12

[有価証券報告書提出会社] 情報・通信業、東京証券取引所マザーズ市場上場
[訂正報告書の提出日] 平成22年11月16日
[訂正対象決算期] 平成20年1月1日～21年12月31日
[訂正勘定科目] 資産（棚卸資産の架空計上、有形固定資産の架空計上）

❶ 事案の概要

　本件は、当社が取引先に見積書などの虚偽の証憑類を作成させ、当社が取引先から棚卸資産を購入したかのように装い、棚卸資産の架空計上等の不適正な会計処理を行い、平成20年12月期および21年12月期の有価証券報告書のほか、その間の四半期報告書において重要な事項につき虚偽記載を行っていたものである。また、こうした重要な事項につき虚偽の記載のある有価証券報告書等を組込情報等とした有価証券届出書により、投資家（第三者割当増資）に株券および新株予約権付証券を取得させていた。

　金融庁は、平成23年10月3日、上記の行為が金融商品取引法第172条の4および第172条の2に該当するとして、当社に3,330万円の課徴金を課した。なお、課徴金の対象となった継続開示書類は、平成20年12月期有価証券報告書と21年12月期第1四半期報告書である。

❷ 訂正報告書の訂正理由

　平成22年11月16日に、平成20年12月期から21年12月期までの間の有

価証券報告書および四半期報告書の訂正報告書が提出されている。平成21年12月期の有価証券報告書に係る訂正報告書における訂正理由は次のとおり。他のものの訂正理由もこれと同様である。

■ 平成21年12月期の有価証券報告書の訂正報告書

1【有価証券報告書の訂正報告書の訂正理由】

　当社の過年度の会計処理に対して社内調査を行ったところ、当社の平成20年12月期から平成21年12月期までの会計期間において一部の会計処理が不適切であったことが判明し、関係各所との協議を行った結果、過年度決算訂正を行うことになりました。開発に関わる一部取引の費用を前渡金として計上すべきものが棚卸資産、工具器具備品に計上されていましたのでこれらの訂正を行います。また平成21年3月31日に生じた63,000千円のデジタルTV開発プロジェクトの事業整理損については、第14期（自　平成20年1月1日　至　平成20年12月31日）の重要な後発事象に追加を行います。

　これら決算訂正により、第15期（自　平成21年1月1日　至　平成21年12月31日）の有価証券報告書の一部に訂正すべき事項がありましたので、これを訂正するため第15期（自　平成21年1月1日　至　平成21年12月31日）の有価証券報告書の訂正報告書を提出します。

　なお、連結財務諸表の記載内容にかかる訂正箇所についてはXBRLの修正を行いましたので併せて修正後のXBRL形式のデータ一式（表示情報ファイルを含む）を提出いたします。

　また、訂正後の連結財務諸表及び財務諸表について監査法人東海会計社により監査を受け、その監査報告書を添付しております。

❸ 虚偽記載の態様

【不適正な会計処理に係る取引の概要】

　当社は、指紋認証機器等の販売や、ソフトウェアの受託開発を主な事業としていた。当社は、海外投資の失敗や、販売事業に係る売掛金の回収不能によって、多額の損失発生が見込まれる状況にあった。

　当社は、A社に指紋認証機器を掛けで販売した。当社は、この売掛金を回収するに当たり、A社の資金繰りが逼迫していたことから、A社への支援として、A社から指紋認証機器等を購入するよう、当社の取引先であるB社に依頼した。

　B社は、依頼に応じ、A社から指紋認証機器等を購入した。A社は、B社から支払われた販売代金を当社に支払うことにより、当社はA社から売掛金を回収した。

　当社は、売掛金の回収に協力したB社に対して、回収に要した資金を補填するため、B社に虚偽の見積書や預かり証などを作成させるなどして、当社がB社から棚卸資産を購入したかのように装って手形を振り出し、資金を補填していた。

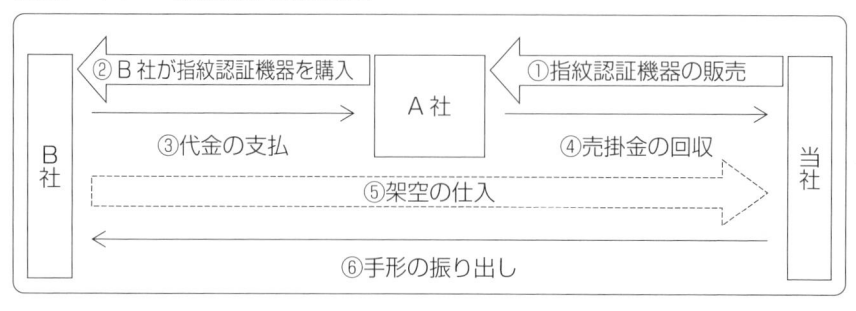

図表3－14　棚卸資産の架空計上

```
         ②B社が指紋認証機器を購入        ①指紋認証機器の販売
B   ←─────────────────    A社    ←─────────────────   当
社   ─────────────────→           ─────────────────→   社
         ③代金の支払                    ④売掛金の回収
     ┄┄┄┄┄┄┄┄┄┄┄┄┄┄┄┄┄┄┄┄┄┄┄┄┄┄┄┄┄┄┄┄┄┄┄┄┄┄┄┄⇒
                    ⑤架空の仕入
     ←─────────────────────────────────────────
                    ⑥手形の振り出し
```

　当社は、上記棚卸資産の取得取引だけでは、B社に対する資金補填に足りな

かったため、B社を通じて、当社の子会社から携帯電話部品を仕入れ取引先に販売するに当たり、虚偽の証憑を作成するなどしてB社から検査装置を仕入れたかのように偽装して、B社に手形を振り出した。

図表3-15　有形固定資産の架空計上

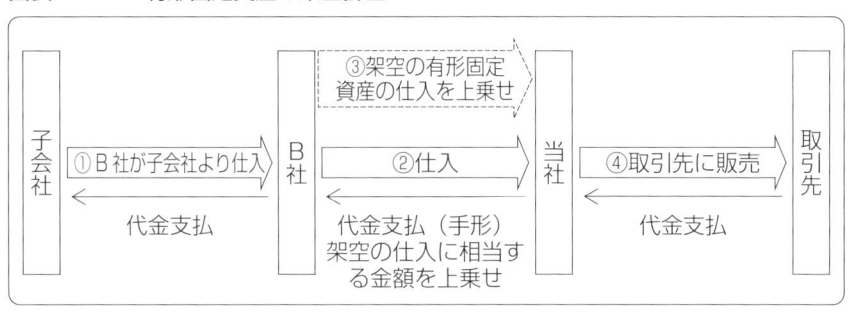

```
┌─────────────────────────────────────────────────────────────┐
│                        ③架空の有形固定                      │
│                        資産の仕入を上乗せ                    │
│  子    ①B社が子会社より仕入   B   ②仕入    当   ④取引先に販売   取 │
│  会                           社            社               引 │
│  社       代金支払                代金支払（手形）   代金支払  先 │
│                              架空の仕入に相当す              │
│                              る金額を上乗せ                  │
└─────────────────────────────────────────────────────────────┘
```

【不適正な会計処理】

1 棚卸資産の架空計上

当社は、売掛金の回収に協力した取引先に対し、回収に要した資金を補填するため、取引先に虚偽の証憑を作成させるなどして、取引先から棚卸資産を購入したかのように装い、架空の棚卸資産を計上した。

2 有形固定資産の架空計上

当社は、売掛金の回収に協力した取引先に対し、回収に要した資金を補填するため、虚偽の証憑を作成するなどして、取引先から有形固定資産を購入したかのように装い、架空の固定資産を計上した。

参考：平成24年7月「金融商品取引法における課徴金事例集」証券取引等監視委員会

❹ 不適正な会計処理の連結財務諸表への影響額

当社の平成20年12月期および21年12月期連結財務諸表の主な科目の訂正前、訂正後およびその増減額、増減率の数値は次のとおりである。

■ 平成21年12月期　連結財務諸表の主な科目の訂正前・訂正後

(単位：百万円)

	訂正前	訂正後	増減額	増減率
売上高	370	370	0	0.00%
売上原価	270	268	△ 2	△ 0.74%
販売費及び一般管理費	521	521	0	0.00%
営業外収益	30	30	0	0.00%
営業外費用	57	57	0	0.00%
特別利益	15	15	0	0.00%
特別損失	966	907	△ 59	△ 6.11%
当期純利益・損失（△）	△ 1,410	△ 1,348	62	△ 4.40%
純資産	△ 568	△ 568	0	0.00%
総資産	742	742	0	0.00%

■ 平成20年12月期　連結財務諸表の主な科目の訂正前・訂正後

(単位：百万円)

	訂正前	訂正後	増減額	増減率
売上高	1,892	1,892	0	0.00%
売上原価	1,298	1,297	△ 1	△ 0.08%
販売費及び一般管理費	824	824	0	0.00%

営業外収益	7	7	0	0.00%
営業外費用	144	144	0	0.00%
特別利益	—	—	—	—
特別損失	1,323	1,386	63	4.76%
当期純利益・損失（△）	△ 1,828	△ 1,889	△ 61	3.34%
純資産	237	175	△ 62	△ 26.16%
総資産	1,857	1,795	△ 62	△ 3.34%

❺ 不適正な会計処理を行った背景

　当社の平成22年11月19日『(訂正)「過年度決算短信、四半期決算短信、有価証券報告書、四半期報告書及び有価証券届出書の訂正について」の訂正について』によると、当社は不適正な会計処理を回避できなかった原因として、次の事項を挙げている。

1 経営会議・取締役会の形骸化

　平成20年12月期において、当社は世界的金融不況に端を発する経営環境の悪化に伴い、代表取締役社長と代表取締役副社長を中心に営業を強化するなど、業績改善に奔走していた。また平成20年9月に企図した増資を主とした資金調達の進捗が滞り、社内管理体制よりも業績改善と資金不足解消を優先せざるを得ない状況であった。そのような環境の中、開発推進業務と管理業務が独立分離的に行われ、代表取締役を含む経営陣相互の監視・監督・監査が適切に機能しなかった。

2 監査の実効性の問題

　特に、代表取締役社長および各担当取締役の業務執行状況に対する監査役の監視・監督機能が十分に果たされていなかった。また、当社監査役会にも、本

件に係る情報が十分に伝達されておらず、結果として、実効性のある監査を行うことができなかった。

さらに、内部監査室は代表取締役社長直轄の部署であったため、監視活動を独立して行うための機能が十分に働いていなかった。

③ コンプライアンスに対する意識の問題

業務遂行に関するコンプライアンス確保・改善施策はなされていたものの、取引の実行およびこれに伴う会計処理などに関し、適切な処理のためのコンプライアンス意識が不足していた。

④ 重要取引に対する社内決裁プロセスの問題

社内稟議規定に基づき開発発注や契約締結に関する各稟議のほとんどの最終決裁は代表取締役社長が行っていた。このため、重要取引に対して代表取締役社長ほかの相互チェックが十分に機能しなかった面や、リスク発生の予測と回避に向けた社内協議が十分になされなかった。

❻ 課徴金が課された判断基準

以下のことが総合的に勘案され、課徴金が課されたものと推測される。

① 本件も第1節 B-3株式会社、第2節 株式会社B-4、第3節 株式会社B-7および第5節 株式会社B-9の案件と同様、経営者自らが虚偽記載に大きな役割を果たしており、取締役会および監査役会等が機能していなかった。

② 平成21年12月期内部統制監査報告書における監査意見が「意見を表明しない」旨の内容であった。

③ 上記②を受け、平成22年4月26日に会計監査人の異動および一時監査人の選任が行われている。

④ 平成22年12月期内部統制報告書において、内部統制に重要な欠陥が

あったとしている。
⑤　上記「❹　不適正な会計処理の連結財務諸表への影響額」に示すとおり、不適正な会計処理が損益および純資産に与える増減率が大きい。
⑥　不適正な会計処理の解明に第三者委員会を設置していない。
⑦　重要な事項につき虚偽の記載のある有価証券報告書等を組込情報等とした有価証券届出書により、第三者割当増資により投資家に株券および新株予約権付証券を取得させていた。

❼ 再発防止策

当社の平成22年11月19日『(訂正)「過年度決算短信、四半期決算短信、有価証券報告書、四半期報告書及び有価証券届出書の訂正について」の訂正について』によると、当社は不適正な会計処理を回避できなかった原因として、上記❺の4つの事項を挙げている。

そして、これを踏まえ、再発防止策および法令遵守体制の整備として、次の施策を実施したいとしている。

1 経営会議・取締役会の実質化

平成21年度の監査法人による内部統制監査において、内部統制に対する適正意見を取得できなかったことから、内部統制ルールの見直しを行ったところである。

また、特定の役職に権限が集中しないよう、各部門長に権限を委嘱する等、管理本部をはじめとした全体の業務フローを見直している。特に、前渡金支出に際しては、経営会議の承認を得るとともに複数の役職員によるチェック体制をとり、業務フローの運用を徹底するような制度の見直しを図った。

2 監査の実効性の確保

経営会議および取締役会において有効な意思決定ができる体制に向けての整

備を行っている。また、監査役監査の実効性確保のために、代表取締役社長と監査役との情報共有も積極的に行っている。

さらに、部門間の相互牽制制度を充実させ、各部署の業務遂行状況を監視していく予定である。

③ コンプライアンスに対する意識の徹底

外部専門家によるコンプライアンス研修を経営陣が定期的に受講する。また、従業員のコンプライアンスに関する意識を強化するため、社内イントラネットを利用したグループウェアによる社内掲示板によって役職員間の意思疎通の場を設け、注意喚起を促す等の具体的な啓発活動を実施し、意識改革の徹底を図る。

④ 重要取引に対する社内決裁プロセスの厳格化

内部統制強化の一環として稟議システムの見直しを行い、相互牽制が機能する仕組みを取り入れる。また、決裁権限が担当取締役に集中しない社内チェック体制を構築する。

8 B-28株式会社

[有価証券報告書提出会社] 情報・通信業、東京証券取引所マザーズ上場（平成21年11月1日、信託免許取消しにより、事業活動が停止されたと認められ、上場廃止となった。）
[訂正報告書の提出日] 平成21年4月28日、同月30日
[訂正対象決算期] 平成15年4月1日～20年3月31日
[訂正勘定科目] 売上高（架空売上の計上）、資産（売上債権、貸付金、無形固定資産の過大計上）

❶ 事案の概要

　当社は、売上成長と株価上昇を過度に意識していたなかで、当社と複数の会社の間で、架空のコンサルティング料や匿名組合出資を通じた不正な資金循環取引を行うことにより、架空売上の計上、無形固定資産の過大計上等不適正な会計処理を行い、平成16年3月期から20年3月期各期の有価証券報告書、その間の半期報告書および21年3月期四半期報告書において、重要な事項につき虚偽記載を行っていたものである。
　金融庁は、平成21年7月14日に、上記行為が旧証券取引法第172条の2第1項または第2項に該当するとして、当社に600万円の課徴金を課した。

❷ 訂正報告書の訂正理由

　平成21年4月28日に平成16年3月期および17年3月期の有価証券報告書

等が、4月30日に平成18年3月期から20年3月期の間の有価証券報告書等の訂正報告書が提出されている。課徴金が課された平成18年3月期の有価証券報告書に係る訂正報告書における訂正理由は次のとおり。他の年度の訂正理由もこれと同様である。

■ 平成18年3月期の有価証券報告書の訂正報告書

1【有価証券報告書の訂正報告書の訂正理由】

　ジャパン・デジタル・コンテンツ信託株式会社による循環取引およびスルー取引と疑われる不適切な取引が平成15年3月期（第8期）から平成20年3月期（第13期）にわたり行われておりました。平成21年3月23日には、第三者の立場から、調査範囲および方法、並びに事象発生の原因究明および再発防止策の策定について提言を行っていただくため、当社グループと利害関係のない弁護士、公認会計士の4名で外部調査委員会を設置し、本件調査を行いました。

　当社は、判明した上記取引につきまして、過年度に遡り計上を取り消す等の適正な会計処理を行った結果、過年度における連結財務諸表等の修正が必要となりましたので、金融商品取引法第24条の2第1項の規定に基づき、平成18年6月30日に提出しました第11期事業年度（自　平成17年4月1日　至　平成18年3月31日）に係る有価証券報告書の訂正報告書を提出するものであります。

　なお、調査の対象となった不適切な疑いのある取引はすべて旧経営体制の下で行われたものであり、平成20年4月以降は不適切な取引は一切行われておりませんでした。

　訂正後の連結財務諸表等については、公認会計士近　暁及び公認会計士降籏　京二により、再度監査を受けており、その監査報告書を添付しております。

❸ 虚偽記載の態様

1 ソフトウェアを利用した循環取引

　平成17年3月期において、当社はA社が出資する匿名組合の管理会社（B社）に対し、実体と著しくかい離した価格で著作物利用許諾権を売り上げた。一方、当社は、C社に匿名組合出資を行い、C社がA社からソフトウェアを購入したこととし、当社からC社、A社、B社、当社へと資金を循環させていた。これにより、当社は架空売上により利益を過大計上するとともに、無形固定資産（ソフトウェア）を過大に計上した。

　18年3月期には、C社がA社から架空のコンサルティング料等を受け、この資金で、当社はC社から匿名組合分配金を受けた。一方、当社は、D社等に架空の匿名組合出資を行うことなどにより、当社からD社等を通じて、A社、C社、当社へと資金を循環させていた。これにより、当社は利益を過大に計上するとともに、出資金等を過大に計上した。

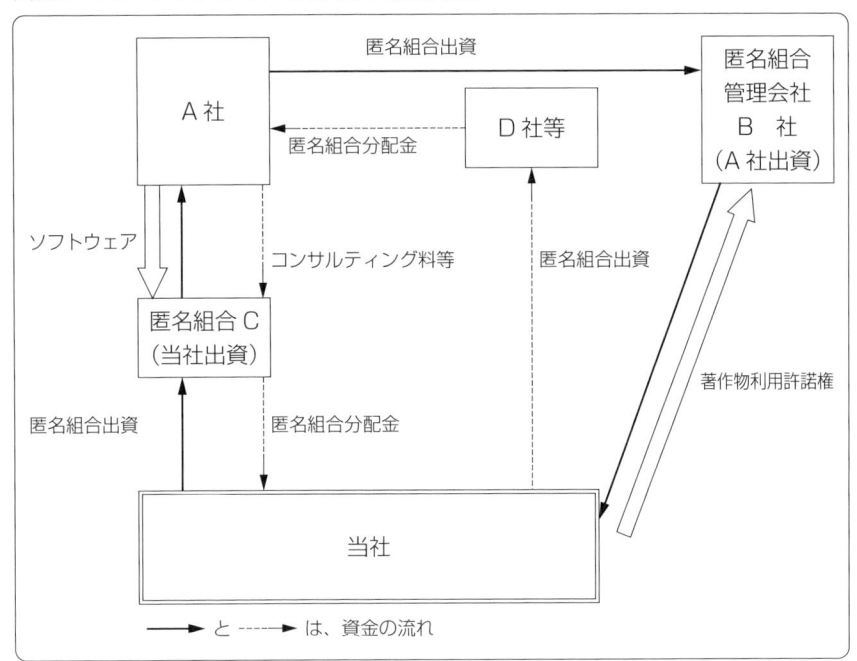

図表3-16 ソフトウェアを利用した循環取引

```
       匿名組合出資
A社 ────────────────→ 匿名組合
  ↑                    管理会社
  ┊    匿名組合分配金    B 社
  └┈┈┈┈┈ D社等 ┈┈┈┈┈→(A社出資)
  │                      ↑
ソフトウェア  コンサルティング料等  匿名組合出資
  ↓                      │
匿名組合C                  │
(当社出資)              著作物利用許諾権
  ↑                      │
  │  匿名組合出資            │
  │  匿名組合分配金          │
       当社
```

→ と ┈→ は、資金の流れ

2 架空システムの売上計上

18年3月期において、E社がF社からシステムを購入するにあたってE社から当社に資金融通の依頼があり、当該システム売買にかかるビジネスの実在性に疑義があったにもかかわらず、この取引に商社的に介入することに応じた。そして、当社は、当該システムの仕入代金を融通するとともに、E社への売上を計上した。これにより、実在性の疑われる売上を計上して利益を過大にするとともに、同額の売掛金が過大に計上された。

図表3-17　架空システムの売上計上

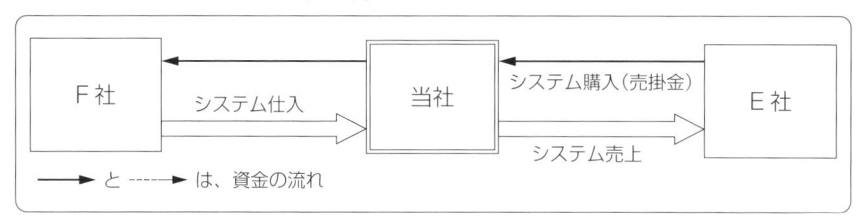

```
F社 ←――― システム仕入 ⇒ 当社 ――― システム購入(売掛金) ⇒ E社
                              ――― システム売上 ⇒

――→ と ----→ は、資金の流れ
```

なお、A社およびE社は、当社の社長の知人が代表取締役を務めていた会社のグループ会社である。

③ 架空システム構築請負による売上計上

G社から、架空のシステム構築等を請け負ったなどとして売上を計上し、18年3月期および19年3月期に利益を過大に計上した。そして、当社と親密な関係にあるH社などに資金を貸し付け、H社等からG社のグループ会社に対し架空のコンサルティング料として支払うことにより、資金を循環させていた。

図表3-18　架空システム構築請負による売上計上

```
当社 ――― 架空のシステム構築 ⇒ G社
     ←―― システム構築代金 ―――
     ――貸付→ H社 ―架空のコンサルティング料→ G社

――→ は、資金の流れ
```

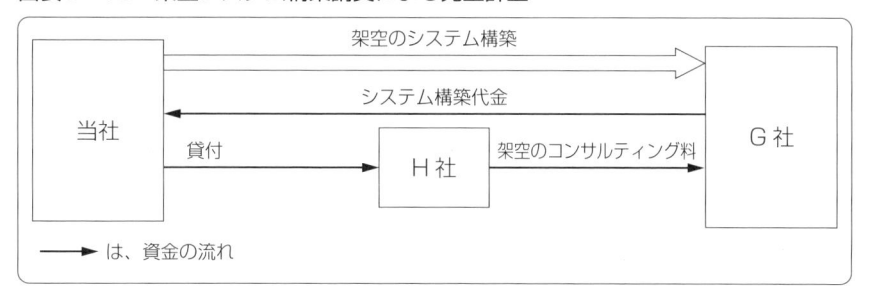

本件の不適正な会計処理は、平成18年3月期以前の数年にわたり、当社の代表取締役と既知の人物が代表取締役を務めるA社およびそのグループ会社との間で、ソフトウェアの売買や業務委託取引が頻繁に行われていたため、不適正な取引であるという疑義が社内調査により指摘され、それを受けた外部調査委員会の調査により発覚した。

参考:平成22年6月「金融商品取引法における課徴金事例集」証券取引等監視委員会

❹ 不適正な会計処理の連結財務諸表への影響額

同社の平成16年3月期から20年3月期各期連結財務諸表の主な科目の訂正前、訂正後およびその増減額、増減率の数値は次のとおりである。

■平成20年3月期　連結財務諸表の主な科目の訂正前・訂正後

(単位:百万円)

	訂正前	訂正後	増減額	増減率
売上高	719	719	0	0.00%
売上原価	457	457	0	0.00%
販売費及び一般管理費	706	706	0	0.00%
営業外収益	22	22	0	0.00%
営業外費用	65	65	0	0.00%
特別利益	41	41	0	0.00%
特別損失	864	582	△282	△32.64%
当期純利益・損失(△)	△1,285	△1,002	283	△22.02%
純資産	739	739	0	0.00%
総資産	1,256	1,116	△140	△11.15%

■平成19年3月期　連結財務諸表の主な科目の訂正前・訂正後

(単位:百万円)

	訂正前	訂正後	増減額	増減率

売上高	892	852	△ 40	△ 4.48%
売上原価	731	731	0	0.00%
販売費及び一般管理費	727	707	△ 20	△ 2.75%
営業外収益	19	19	0	0.00%
営業外費用	144	145	1	0.69%
特別利益	4	59	55	1,375.00%
特別損失	1,000	471	△ 529	△ 52.90%
当期純利益・損失（△）	△ 1,660	△ 1,097	563	△ 33.92%
純資産	2,050	1,768	△ 282	△ 13.76%
総資産	2,993	2,733	△ 260	△ 8.69%

■ 平成18年3月期　連結財務諸表の主な科目の訂正前・訂正後

(単位：百万円)

	訂正前	訂正後	増減額	増減率
売上高	1,526	1,136	△ 390	△ 25.56%
売上原価	1,484	1,262	△ 222	△ 14.96%
販売費及び一般管理費	657	618	△ 39	△ 5.94%
営業外収益	8	8	0	0.00%
営業外費用	108	116	8	7.41%
特別利益	12	12	0	0.00%
特別損失	—	210	210	—
当期純利益・損失（△）	△ 677	△ 1,023	△ 346	51.11%
純資産	3,317	2,472	△ 845	△ 25.47%
総資産	5,681	4,880	△ 801	△ 14.10%

■ 平成17年3月期　連結財務諸表の主な科目の訂正前・訂正後

(単位：百万円)

	訂正前	訂正後	増減額	増減率
売上高	1,240	765	△ 475	△ 38.31%
売上原価	1,236	1,236	0	0.00%
販売費及び一般管理費	534	514	△ 20	△ 3.75%
営業外収益	40	41	1	2.50%
営業外費用	50	50	0	0.00%
特別利益	—	—	—	—
特別損失	21	44	23	109.52%
当期純利益・損失（△）	△ 568	△ 1,046	△ 478	84.15%
純資産	720	222	△ 498	△ 69.17%
総資産	4,068	3,569	△ 499	△ 12.27%

■ 平成16年3月期　財務諸表の主な科目の訂正前・訂正後

(単位：百万円)

	訂正前	訂正後	増減額	増減率
売上高	973	953	△ 20	△ 2.06%
売上原価	476	476	0	0.00%
販売費及び一般管理費	420	400	△ 20	△ 4.76%
営業外収益	32	32	0	0.00%
営業外費用	17	17	0	0.00%
特別利益	72	72	0	0.00%
特別損失	4	4	0	0.00%

当期純利益・損失（△）	87	87	0	0.00%
純資産	1,195	1,174	△ 21	△ 1.76%
総資産	2,395	2,374	△ 21	△ 0.88%

(注) 平成16年3月期においては、連結財務諸表を作成していない。

❺ 不適正な会計処理を行った背景

　上記❸の委員会調査報告によると、このような不適正な取引が発生した原因は、次の二つのことから売上規模を拡大する必要があり、そのため予算達成のプレッシャーがあったとしている。
　① 上場会社として、売上成長と株価上昇を過度に意識した経営に傾斜していた。
　② 新規ビジネスとして信託事業の免許取得を目指した。信託免許取得のために、収益基盤の安定性を対外的に示す必要性があった。
　また、この取引の発生原因に作用した管理体制上の問題点として、次の3点があったとしている。
　① 社内管理体制の形骸化
　　　代表取締役の知人の会社との取引であったことから、実効性のある社内審査が実施されなかった。
　② 組織体制および組織風土
　　　社内稟議は、実質的な検討を各人が行っていた形跡はなく、形式的な押印が常態化していた。また、相互牽制が機能するような組織風土が欠如していた。
　③ 案件に係るフォロー体制
　　　担当者における案件全体に対する当事者意識が欠如し、案件全体での妥当性等の検証手続が不在であった。

❻ 課徴金が課された判断基準

以下のことが総合的に勘案され、課徴金が課されたものと推測される。
① 本件も第1節 B-3株式会社、第2節 株式会社B-4、第3節 株式会社B-7、第5節 株式会社B-9および第5節 株式会社B-12の案件と同様に、経営者自らが虚偽記載に大きな役割を果たしていたものである。
② 同社の売上の太宗を占める信託事業部門は、金融庁から信託免許を受けることが必要な事業であったこと。課徴金の納付命令決定は平成21年7月24日であるが、その後、平成21年9月15日には金融庁から信託免許の取消しの行政処分を受けている。
③ 平成21年11月1日、信託免許取消しにより、事業活動が停止されたと認められ、上場廃止となった。
④ 上記「❹ 不適正な会計処理の連結財務諸表への影響額」に示すとおり、不適正な会計処理が損益および純資産に与える増減率が大きい。

❼ 再発防止策

上記❸の委員会調査報告によると、外部調査委員会は、再発防止策として、次の5点を提言している。
① コンプライアンスを意識した相互牽制体制の整備
　重要な営業案件や投資案件については、すべて取締役会において審議するとともに、監査役からも積極的な意見を聴取するようにする。
② 社内決裁制度の見直し・実効化
　稟議の回覧を監査役まで行う。
③ 監査役による監査の実効化
　監査役会規程等の充実化を図るとともに、会計監査人や内部監査部との連携を密に図っていく。
④ 内部監査部による監査の実効化・内部監査実施マニュアルの充実

⑤　内部通報制度の実効化

　当社は、この提言を受け、コーポレート・ガバナンスとコンプライアンス体制の充実・強化を図るなど、再発防止体制の構築に取り組むとしている。

　なお、当社は、平成21年9月15日に、東京証券取引所において「金融庁から信託免許取消しの処分を受けた」旨の適時開示を行った。信託免許の取消しにより、当社において信託業務を継続して行うことができなくなった。その後、平成21年11月1日に東京証券取引所市場マザーズの上場廃止となっている。

9 株式会社 B-30

[有価証券報告書提出会社] 卸売業、大阪証券取引所市場第二部上場
[訂正報告書の提出日] 平成21年2月17日
[訂正対象決算期] 平成15年4月1日～20年3月31日
[訂正勘定科目] 売上高（架空売上の計上）

❶ 事案の概要

　当社は、平成10年頃から同社と取引先の間に協力会社を介在させ、冷凍魚を用いた循環取引を行うことにより、売上高等を過大に計上するなど不適正な会計処理を行い、平成16年3月期から20年3月期各期の有価証券報告書、およびその間の半期報告書において、重要な事項につき虚偽の記載を行っていたものである。

　金融庁は、平成21年7月30日に、上記行為が旧証券取引法第172条の2第1項に該当するとして、300万円の課徴金を課した。なお、課徴金の対象となった継続開示書類は、平成20年3月期有価証券報告書である。

❷ 訂正報告書の訂正理由

　平成21年2月17日に、平成16年3月期から20年3月期の間の有価証券報告書等の訂正報告書が提出されている。課徴金の対象となった平成20年3月期の有価証券報告書に係る訂正報告書における訂正理由は次とおり。他の年度の訂正理由もこれと同様である。

■ 平成20年3月期の有価証券報告書の訂正報告書

1【有価証券報告書の訂正報告書の訂正理由】
　平成20年6月27日に提出したしました第73期（自　平成19年4月1日　至　平成20年3月31日）有価証券報告書の記載事項につきまして、業績に影響を与える事象により財務諸表等の訂正を要する箇所がありましたので、これを訂正するために有価証券報告書の訂正報告書を提出するものであります。
　（発生事象）
　平成20年10月27日、取引関係業者から当社経理部に支払予定にない支払いの確認および支払要請があったことから調査いたしましたところ、少なくとも平成16年3月期（第69期）より平成21年3月期（第74期）までの間に、当社元部長による循環取引等の不適切な取引が行われ、売上高の過大計上等の不適切な会計処理が行われていたことが判明いたしました。
　これにより、過大に計上されていた売上高および仕入高を修正するとともに、不適切な取引にかかる損失及び債務の計上する等、必要と認められる修正を行いました。
　訂正後の当連結会計年度の連結財務諸表及び当事業年度の財務諸表については、監査法人トーマツにより監査報告を受けており、その監査報告書を添付しております。

❸ 虚偽記載の態様

　営業担当部長は、当社とA社との間に協力会社を介在させ、一定の粗利益率で利益を上乗せしておおむね2～3か月のサイクルで循環取引を行い、架空売上を計上する等により利益を捻出した。

第3章 ● 課徴金事案

　商品相場の下落等により、当社の抱え込んだ不良在庫に多額の含み損が発生したことから、A社との間で循環取引を行い、A社から商品を買い戻す際に販売価格を市場価格まで引下げ、発生した含み損をA社に付け替えた。これにより、不良在庫の含み損が顕在化せず、損失処理が回避された。

図表3−19　循環取引

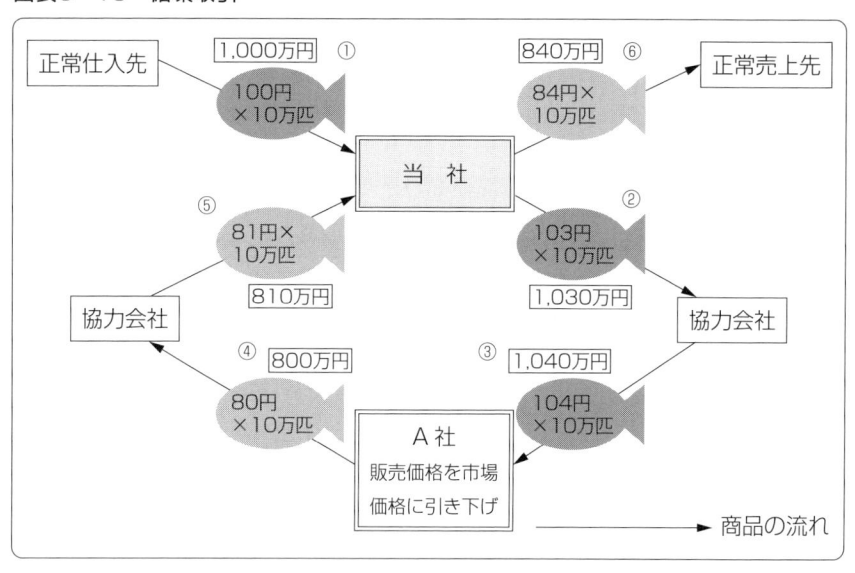

```
正常仕入先 ──1,000万円①──▶ 当社 ──840万円⑥──▶ 正常売上先
            100円×10万匹              84円×10万匹

        ⑤81円×10万匹              ②103円×10万匹
        810万円                    1,030万円

協力会社 ◀──                              ──▶ 協力会社

        ④800万円                   ③1,040万円
        80円×10万匹               104円×10万匹

                    A社
            販売価格を市場価格に引き下げ

                                    ──▶ 商品の流れ
```

　上記取引により、決済資金が不足するA社に資金を提供するため、当社は、A社から商品を仕入れたように偽装し、運送業者を介在させ、当該仕入代金を上乗せした運送費を運送会社に支払うなどして、当該上乗せした架空の仕入代金により、A社に資金を提供した。

図表3-20　循環取引に係る決済資金の提供

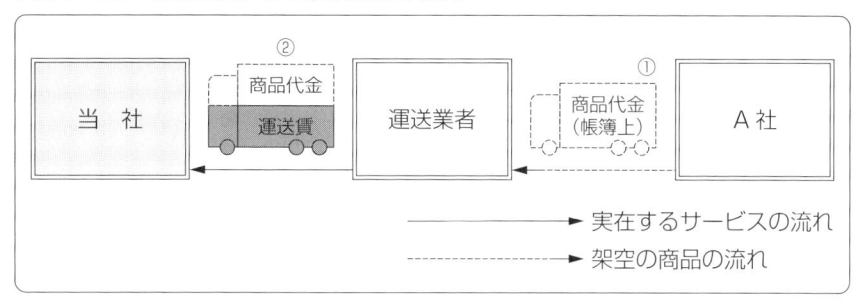

なお、本件の不適切な会計処理は、平成20年7月27日に取引関係業者から当社経理部に支払予定にない支払いの確認および支払要請があったことから、当該社員に問い質したところ、当該社員が不適切な取引の事実関係を認めたことにより発覚したものである。

参考：平成22年6月「金融商品取引法における課徴金事例集」証券取引等監視委員会

❹ 不適正な会計処理の連結財務諸表への影響額

当社の平成16年3月期から20年3月期連結財務諸表の主な科目の訂正前、訂正後およびその増減額、増減率の数値は次のとおりである。

■ 平成20年3月期　連結財務諸表の主な科目の訂正前・訂正後

（単位：百万円）

	訂正前	訂正後	増減額	増減率
売上高	179,848	175,392	△ 4,456	△ 2.48%
売上原価	172,211	168,072	△ 4,139	△ 2.40%
販売費及び一般管理費	6,828	6,828	0	0.00%

	訂正前	訂正後	増減額	増減率
営業外収益	444	444	0	0.00%
営業外費用	319	319	0	0.00%
特別利益	96	96	0	0.00%
特別損失	1,004	1,089	85	8.47%
当期純利益・損失（△）	△ 1,112	△ 1,514	△ 402	36.15%
純資産	7,500	6,308	△ 1,192	△ 15.89%
総資産	30,194	30,070	△ 124	△ 0.41%

■ 平成19年3月期　連結財務諸表の主な科目の訂正前・訂正後

（単位：百万円）

	訂正前	訂正後	増減額	増減率
売上高	197,801	193,579	△ 4,222	△ 2.13%
売上原価	189,955	185,848	△ 4,107	△ 2.16%
販売費及び一般管理費	6,969	6,969	0	0.00%
営業外収益	380	380	0	0.00%
営業外費用	263	263	0	0.00%
特別利益	230	230	0	0.00%
特別損失	1,280	1,350	70	5.47%
当期純利益・損失（△）	△ 292	△ 478	△ 186	63.70%
純資産	9,634	8,845	△ 789	△ 8.19%
総資産	36,203	36,203	0	0.00%

■ 平成18年3月期　連結財務諸表の主な科目の訂正前・訂正後

(単位：百万円)

	訂正前	訂正後	増減額	増減率
売上高	209,668	206,681	△ 2,987	△ 1.42%
売上原価	201,452	198,518	△ 2,934	△ 1.46%
販売費及び一般管理費	7,297	7,297	0	0.00%
営業外収益	605	605	0	0.00%
営業外費用	244	244	0	0.00%
特別利益	834	834	0	0.00%
特別損失	967	1,031	64	6.62%
当期純利益・損失（△）	650	533	△ 117	△ 18.00%
純資産	10,836	10,233	△ 603	△ 5.56%
総資産	37,436	37,436	0	0.00%

■ 平成17年3月期　連結財務諸表の主な科目の訂正前・訂正後

(単位：百万円)

	訂正前	訂正後	増減額	増減率
売上高	208,206	205,385	△ 2,821	△ 1.35%
売上原価	199,837	197,033	△ 2,804	△ 1.40%
販売費及び一般管理費	7,522	7,522	0	0.00%
営業外収益	425	425	0	0.00%
営業外費用	185	185	0	0.00%
特別利益	347	347	0	0.00%
特別損失	649	699	50	7.70%
当期純利益・損失（△）	439	373	△ 66	△ 15.03%

| 純資産 | 10,351 | 9,865 | △ 486 | △ 4.70% |
| 総資産 | 37,702 | 37,654 | △ 48 | △ 0.13% |

■ 平成16年3月期　連結財務諸表の主な科目の訂正前・訂正後

（単位：百万円）

	訂正前	訂正後	増減額	増減率
売上高	223,010	220,927	△ 2,083	△ 0.93%
売上原価	214,582	212,532	△ 2,050	△ 0.96%
販売費及び一般管理費	7,534	7,534	0	0.00%
営業外収益	504	504	0	0.00%
営業外費用	165	165	0	0.00%
特別利益	151	151	0	0.00%
特別損失	385	424	39	10.13%
当期純利益・損失（△）	545	472	△ 73	△ 13.39%
純資産	10,359	9,940	△ 419	△ 4.04%
総資産	37,836	37,781	△ 55	△ 0.15%

❺ 不適正な会計処理を行った背景

　当社が平成21年6月30日に大阪証券取引所に提出した改善報告書によると、このような不適切な取引が発生した原因には、当社の組織風土が売上至上主義であったこともあるとのことである。この取引を行った当社社員が、自らの営業成績を上げるために、売上や利益の増大と不良在庫の処理を目的とした循環取引を行ったと陳述している。

　また、この取引の発生原因に作用した管理体制上の問題として、次の5点が

あったとしている。
① コンプライアンス意識の欠如
一般社員に対するコンプライアンス研修等が手薄である。
② 人事の長期固定化
商品に関する圧倒的な情報を有している営業担当者に対するチェックが困難になっていた。また、同一の取引関係業者と密接な関係が生まれやすく、そうした関係を悪用した不正取引を行う土壌が醸成された。
③ 売上・利益優先の経営方針
営業担当者にとって重荷になり、不正行為を行う一因になった。
④ 不十分な内部監査
監査手法が未熟であったため不正取引を想定した有効な監査になっていなかった。
⑤ モニタリング（取引審査）態勢の不備
取引の実在性確認を意識した審査になっていなかった。

参考：鈴木広樹ほか『金融商品取引法における課徴金事例の分析Ⅱ 虚偽記載編』
　　　商事法務　平成24年

❻ 課徴金が課された判断基準

　本事案は、当社が伝統的な循環取引を主導した売上高等を過大に計上する不適正な会計処理である。多数の協力会社等の介在による大変複雑は取引であり、かつ、長期間継続して行われていたものである。しかも、粉飾金額が約4億円（当期純損失15億円のところを11億円と公表）と大きいことから課徴金が課されたと思われる。

　また、当社に課徴金を課すことは、循環取引に介在する協力会社に対して、「仲間内のなれあい」的な意識で不適正な会計処理が助長されることがあってはならず、適正な会計処理を行うことの意義を再認識させる効果をねらったのではないだろうか。

❼ 再発防止策

当社が平成21年6月30日に大阪証券取引所に提出した改善報告書によると、次の改善措置を実施するとしている。
① 社員へのコンプライアンス意識の浸透
　コンプライアンス研修等を実施するとともに、社内掲示物等によっても周知徹底させる。
② コンプライアンスを推進する体制の構築
　内部通報制度を活用するほか、法令遵守委員会も充実させる。
③ 内部管理体制の強化・再編
　内部統制の充実、内部監査室の機能強化、帳合取引と通帳取引の区分、取引の決済手続きの改善、売上・利益優先の経営方針の改善、人事異動の促進を行う。
④ モニタリングの強化
　管理部門のチェック機能の強化・改善、営業部門と管理部門の相互牽制機能の強化を行う。

第4章
行政処分のない事案

平成19年7月1日から24年6月30日までの間に有価証券報告書等に係る訂正報告書を提出した事案のうち、重要性がないと判断されたもの（告発および課徴金の対象とされなかったもの）は57ある。本章では、このうち、なぜ課徴金の対象とされなかったのかについて考察が必要と思われる12事案を紹介している。一見したところ、不適正な会計処理の重要性が高いと思われる事案である（業績に与える影響が大きな事案や、悪質性が高いように思われる事案など）。残りの事案については、巻末の資料を確認していただきたい。

　注：株式会社C-4は本書執筆時点（平成24年9月末）において告発および課徴金の対象とされていなかったため、行政処分のない事案としてとり上げたが、その後平成24年11月21日に金融庁は当社に対して600万円の課徴金を課すことを決定した。

1 株式会社 C-4

[有価証券報告書提出会社] 小売業、東京証券取引所マザーズ市場上場
[訂正報告書の提出日] 平成24年3月22日、平成24年3月23日
[訂正対象決算期] 平成19年2月1日〜23年1月31日
[訂正勘定科目] 売上原価(仕入割戻の過大計上)、資産(棚卸資産の過少計上)、負債(仕入債務の過少計上)

❶ 事案の概要

　当社は、平成20年1月期から23年1月期にかけて仕入割戻（リベート）の計上額を操作するなどの不適正な会計処理を行っていたとして、平成24年3月22日および平成24年3月23日に平成20年1月期から23年1月期までの間の有価証券報告書等の訂正報告書を提出した。

　なお、本件の不適正な会計処理は、平成23年9月12日から24年1月31日にかけて東京国税局が行った税務調査において、平成20年1月期から23年1月期にかけて仕入割戻の過大計上および除外が行われている旨の指摘を受け、第三者委員会を設置して、それによる調査が開始され判明した。

　　注：本書執筆時点（平成24年9月末）において本件は告発および課徴金の対象とされていなかったため、行政処分のない事案としてとり上げたが、その後平成24年11月21日に金融庁は当社に対して600万円の課徴金を課すことを決定した。なお、課徴金の対象となった継続開示書類は、平成20年1月期半期報告書、平成20年1月期有価証券報告書、平成21年1月期半期報告書、平成21年1月期有価証券報告書である。

❷ 訂正報告書の訂正理由

　平成24年3月22日および平成24年3月23日に平成20年1月期から23年1月期までの間の有価証券報告書等の訂正報告書が提出されている。訂正理由は各年度同様で、次のとおりである。

■平成23年1月期有価証券報告書の訂正報告書

> 　当社では過年度に不適切な会計処理が行われている疑義が判明し、外部の第三者調査委員会による事実関係の解明等を行ってきましたが、平成24年3月19日に調査結果を受領致しました。
> 　当社ではこの調査結果を受けて仕入リベート不正計上及びその取崩しならびに買掛金の違算に関する会計処理を検討しました。その結果、過年度における有価証券報告書の記載事項の一部に訂正すべき事項があるとの判断に至りましたので、金融商品取引法第24条の2第1項の規定に基づき、平成23年4月に提出した第12期の有価証券報告書の訂正報告書を提出するものであります。
> 　なお、訂正後の連結財務諸表及び財務諸表につきましては、有限責任あずさ監査法人により監査を受けており、その監査報告書を添付しております。
> 　また、連結財務諸表及び財務諸表の記載内容にかかる訂正箇所については、XBRLの修正も行いましたので、併せて修正後のXBRLのデータ一式（表示情報ファイルを含む）を提出いたします。

❸ 虚偽記載の態様

　当社が平成24年3月19日に公表した「第三者委員会の調査報告ならびに当

社の対応について」の添付資料である第三者委員会「調査報告書」(以下、「第三者委員会報告」という。)によると、平成20年1月期から23年1月期にかけて仕入割戻の計上額を操作するなどの不適正な会計処理があったとしている。

当社は、まず平成20年1月期と平成21年1月期に架空の仕入割戻を計上した。そして、平成22年1月期と平成23年1月期にその架空の仕入割戻を取り崩していた。

仕入割戻とは、一定期間に多額または多量の仕入を行った場合、仕入代金を減額してもらうことであり、その額は仕入高から控除する。したがって、平成20年1月期と平成21年1月期に架空の仕入割戻を計上したことにより、売上原価と棚卸資産が過少に計上されることになり、結果として売上総利益が過大に計上されることになった。また、買掛金も過少に計上されることになったのである。

なお、当社が開示している資料においては、「仕入値引」に対して不適正な会計処理が行われたと記載されているが、仕入値引とは、仕入れたものの中に品質不良品や破損品などがあった場合、仕入代金を減額してもらうことである。そのため、本件の場合は、仕入値引ではなく仕入割戻とした方が適切であると思われる。

❹ 不適正な会計処理の連結財務諸表への影響額

当社の平成20年1月期から23年1月期連結財務諸表の主な科目の訂正前、訂正後およびその増減額、増減率の数値は次のとおりである。

■ 平成23年1月期　連結財務諸表の主な科目の訂正前・訂正後

(単位：百万円)

	訂正前	訂正後	増減額	増減率
売上高	38,867	38,867	0	0.00%
売上原価	34,994	34,844	△ 150	△ 0.43%
販売費及び一般管理費	3,490	3,494	4	0.11%
営業外収益	32	32	0	0.00%
営業外費用	18	18	0	0.00%
特別利益	4	4	0	0.00%
特別損失	17	17	0	0.00%
当期純利益・損失（△）	247	323	76	30.77%
純資産	1,990	1,817	△ 173	△ 8.69%
総資産	5,585	5,563	△ 22	△ 0.39%

■ 平成22年1月期　連結財務諸表の主な科目の訂正前・訂正後

(単位：百万円)

	訂正前	訂正後	増減額	増減率
売上高	33,655	33,655	0	0.00%
売上原価	30,470	30,428	△ 42	△ 0.14%
販売費及び一般管理費	3,075	3,079	4	0.13%
営業外収益	25	25	0	0.00%
営業外費用	12	12	0	0.00%
特別利益	22	22	0	0.00%
特別損失	0	0	0	─
当期純利益・損失（△）	76	103	27	35.53%

純資産	1,780	1,531	△ 249	△ 13.99%
総資産	4,503	4,570	67	1.49%

■ 平成21年1月期　連結財務諸表の主な科目の訂正前・訂正後

(単位：百万円)

	訂正前	訂正後	増減額	増減率
売上高	29,136	29,136	0	0.00%
売上原価	26,787	26,865	78	0.29%
販売費及び一般管理費	2,135	2,135	0	0.00%
営業外収益	49	49	0	0.00%
営業外費用	22	22	0	0.00%
特別利益	―	―	―	―
特別損失	―	―	―	―
当期純利益・損失（△）	143	74	△ 69	△ 48.25%
純資産	1,715	1,439	△ 276	△ 16.09%
総資産	3,339	3,316	△ 23	△ 0.69%

■ 平成20年1月期　連結財務諸表の主な科目の訂正前・訂正後

(単位：百万円)

	訂正前	訂正後	増減額	増減率
売上高	28,094	28,094	0	0.00%
売上原価	25,963	26,221	258	0.99%
販売費及び一般管理費	1,687	1,690	3	0.18%

営業外収益	39	39	0	0.00%
営業外費用	39	39	0	0.00%
特別利益	4	4	0	0.00%
特別損失	4	4	0	0.00%
当期純利益・損失（△）	272	65	△ 207	△ 76.10%
純資産	1,819	1,612	△ 207	△ 11.38%
総資産	3,791	3,799	8	0.21%

❺ 不適正な会計処理を行った背景

上記❸の第三者委員会報告は、本件の不適正な会計処理が行われるようになった原因について、不正リスク要因の3分類である、動機・プレッシャー、機会、姿勢・正当化に分けて分析している。そして、それらが複合的に組み合わさり、実際に行われたのだと結論付けている。

[1] 動機・プレッシャー

これは、不正に関与しようとする動機やプレッシャーを指す。本件の不適正な会計処理は当社の専務取締役が実行したものである。架空の仕入割戻の計上の大部分は平成20年1月期に行われているが、平成20年1月期は当社が東京証券取引所マザーズ市場に上場（平成19年2月）した会計期間であり、業績に対する社内および社外からの強いプレッシャーにさらされていた可能性がある。

当該専務取締役からのヒアリングの中でも、社長から各役職員に対して、売上および利益の増加のために営業活動を強化するよう各種会議等でプレッシャーがあった旨の発言がなされている。社外からの業績向上に向けたプレッシャーを受け、社内的にも売上向上・利益向上に向けてのプレッシャーが強まっていたことがうかがわれる。

2 機会

　これは、不正を実行する機会を指す。本件において問題となった仕入割戻の集計業務は、基本的には当該専務取締役単独で行われており、商品部内および経営管理部門との間で相互牽制が行われていなかった。

　さらに、当社が属する業界における購買関連の仕入割戻は非常に複雑な体系を有しており、当社内でその体系を理解しているものが限られていた。本来、経営管理部門の中でもこの点について主体的に把握し、ビジネスモデルに対する理解に基づく経理処理がなされることが望ましい。しかし、当社では経理機能が主計部分に限られており、商品部からのデータに依拠した会計処理がなされていた。

　したがって、不正を行おうとすれば実行可能な状況が存在していたといえる。

3 姿勢・正当化

　これは、不正を思いとどませるような倫理観、遵法精神の欠如であり、不正が可能な環境下でも不正を働かない堅い意思が持てない状態を指す。

　当社では、経営者に売上および利益の極大化に対する意識があったことがうかがわれる。そのため、不正の実行者には会社のためであるとの認識があったことが考えられる。また、内部統制室からは、当社においては内部統制の基本方針書が作成されてはいるものの、仮に不正があったとしても一社員が専務取締役に物申すことは難しい雰囲気があった旨の発言がなされている。このことからも、当社における統制環境の醸成が不十分であり、倫理面での行動指針の浸透が効果的に行われていない面があったことがうかがわれる。

❻ 重要性がないとされた判断基準

　仕入割戻の計上額を操作するなどの不適正な会計処理を行ったものであるが、次のこと等を総合勘案し、課徴金が課されなかったものと推測される。

① 本件の不適正な会計処理を行ったのは当社の専務取締役であり、経営者による不正であるが、他の関与者はおらず、当社において組織的な関与はなかった。
② 平成20年1月期と平成21年1月期に架空の仕入割戻を計上するという不適正な会計処理を行っていたのであるが、平成22年1月期と平成23年1月期には、それを解消するため、計上した架空の仕入割戻を取り崩していた。

注：本書執筆時点（平成24年9月末）において本件は告発および課徴金の対象とされていなかったため、行政処分のない事案としてとり上げたが、その後平成24年11月21日に金融庁は当社に対して600万円の課徴金を課すことを決定した。やはり経営者による不正である点が問題とされたのだろうと思われる。

❼ 再発防止策

上記❸の第三者委員会報告によると、第三者委員会は、当社に対して、再発防止策として、コンプライアンスに関する意識向上、内部統制プロセスの一層の高度化、そして、再発防止のための管理体制強化のための提言を行っている。当社は、その提言を踏まえて、次のような再発防止策を実施していくとしている。

1 コンプライアンスに関する意識向上

① 外部有識者を招いた研修制度の充実
研修対象者を全社員、経営者、従業員等に分類するなどきめ細かいコンプライアンス研修の実施。
② 行動指針等の周知徹底
経営ビジョンを具体化し、経営者の明確なメッセージを伝える役割を果たす行動指針を定め、それを小冊子としてまとめ、会議・終礼等において意識付けを行う。また、社内メール等で定期的に重要性を訴える。

③　アンケートの実施

　　行動指針の認知度、コンプライアンスの意識・不備等に関するアンケートを定期的に実施し、現状および改善点等を取締役会に報告する。

④　内部通報制度の一層の周知徹底

　　実効性を高めるため、上記の施策に盛り込み周知徹底を図る。

2 内部統制プロセスの一層の高度化

【仕入割戻計上プロセスの見直し】

①　職務分掌の見直しおよび相互牽制の導入

　　仕入割戻管理の所管部署である商品部内に仕入割戻総括表の作成者のほかに承認者を設け、作成者が実施した手続を再実施、検証する。さらに商品部から回付された仕入割戻総括表を経営管理部門においても検証する。

②　経営管理部門による外部証憑照合の徹底

　　仕入割戻に関するデータを商品部のみならず経営管理部門も仕入先から直接入手し、内容を確認、商品部作成の仕入割戻管理資料との整合性を検証する。

③　チェックリストによる確実な履行

　　上記①、②についてチェックリストを作成し、月次決算にて運用を行う。

【買掛金違算原因の明確化と管理体制の構築について】

①　第一段階

　　現状の会計システムの中で可能な範囲で買掛金残高の差異解消を図る。仕入先から入手する請求明細データと当社で把握している買掛金データを照合する。特に、仕入割戻控除後の仕入額を把握し照合の精度を向上させると同時に差異の原因分析の結果をカテゴライズし、第二段階の基礎データを集積する。

②　第二段階

上記第一段階で集積した基礎データをもとに基幹システム上での買掛金消込を実現する。明細単位での照合および消込を実現する。

3 再発防止のための管理体制強化

① 経理部門の強化

経理技能のみならず当社のビジネスモデルおよび販売・購買のシステムに深い理解力を有する人材の確保に努める。

② コンプライアンス委員会の設置と内外での連携

上記❶に示す施策やその他の取り組みを推進する社内のコンプライアンス体制を整備するとともに、外部の専門家も交えたコンプライアンス委員会を設置し、定期的に改善案の履行状況の報告、指導を受ける。

③ モニタリング機能の強化

コンプライアンス改善状況について、内部統制室に十分な権限と責任を与え、その機能を強化する。

2 C-6株式会社

[有価証券報告書提出会社] サービス業、大阪証券取引所ジャスダック市場上場
[訂正報告書の提出日] 平成24年2月27日、平成24年2月28日
[訂正対象決算期] 平成19年1月1日～22年12月31日
[訂正勘定科目] 販売費及び一般管理費（貸倒引当金繰入額の過大計上）、資産（貸付金の過少計上、前渡金の過大計上）、負債（仕入債務の過少計上）

❶ 事案の概要

　当社は、当社代表取締役への迂回融資を目的とした前渡金の計上など不適正な会計処理を行っていたとして、平成24年2月27日および平成24年2月28日に平成19年12月期から22年12月期までの間の有価証券報告書等の訂正報告書を提出した。
　なお、本件の不適正な会計処理は、平成23年12月8日に当社内部者から監査役会に対して内部告発があったことを受け、内部調査委員会による調査が開始され判明した。

❷ 訂正報告書の訂正理由

　平成24年2月27日および平成24年2月28日に平成19年12月期から22年12月期までの間の有価証券報告書等の訂正報告書が提出されている。訂正理由は各年度同様で、次のとおりである。

■ 平成22年12月期有価証券報告書の訂正報告書

　当社では、大橋榮元代表取締役社長（以下、「元社長」という）らによる不正行為などについて、平成24年2月7日に第三者調査委員会（委員長：弁護士　中原健夫）から調査報告書を受領いたしました。この調査報告書で当社は、元社長らによる外注先への前渡金を装った資金の不正流用があったことと、海外連結子会社の過年度決算における一部の会計処理について変更の検討を要すること、についてご指摘をいただきました。

　当社ではこの調査報告書の指摘内容を踏まえ、元社長への貸付金の計上の要否、関連当事者との取引に係る記載の訂正等の要否を検討いたしました。また過年度の海外連結子会社における一部の前渡金に関して、その使途を改めて調査するとともに、資産性の検討を行いました。さらにこれに伴い、当社における関係会社株式評価の妥当性についても検討を行いました。

　その結果、過年度における有価証券報告書の記載事項の一部に訂正すべき事項があるとの判断に至りましたので、金融商品取引法第24条の2第1項の規定に基づき、平成23年3月29日に提出した第47期（自　平成22年1月1日　至　平成22年12月31日）の有価証券報告書について、これを訂正するため有価証券報告書の訂正報告書を提出するものであります。

　なお、連結財務諸表の記載内容にかかる訂正箇所についてはXBRLの修正も行いましたので、併せて修正後のXBRL形式のデータ一式（表示情報ファイルを含む）を提出いたします。

　訂正後の連結財務諸表等につきましては、新日本有限責任監査法人により、再度監査を受けており、その監査報告書を添付しております。

❸ 虚偽記載の態様

　当社が平成24年2月7日に公表した「第三者調査委員会による調査報告書受領のお知らせ」の添付資料である第三者調査委員会「調査報告書」(以下、「調査委員会報告」という。)によると、当社代表取締役への迂回融資を目的とした前渡金の計上など不適正な会計処理があったとしている。

1 不適正な前渡金の計上

　当社は、当社代表取締役への迂回融資を目的として不適正な前渡金の計上を行っていた。当社と取引のあるA社の協力を得て、A社に対して前渡金という名目で資金を支払った後、A社から当社代表取締役に対してその資金を貸し付けてもらっていたのである。

　なお、ここで計上されたA社に対する前渡金は、その後、当社がA社から役務の提供を受けたため、その代金として相殺されている。前渡金とは、商品を仕入れる際などに代金の一部を相手方に前払いした場合、相手方に対して生じる債権である。A社に対して資金が支払われた際、「前渡金××／現金××」という処理が行われたのだが、その後、当社がA社から役務の提供を受け、その費用を計上する際、「費用××／前渡金××」という処理が行われ、前渡金は相殺されたのである。

2 不適正な費用の計上

　不適正な前渡金の計上と関連して不適正な費用の計上も行われていた。A社に対して「施行関係受託に向けた獲得協力費」という費用が支払われていたのだが、そうした費用の支払いは当社の業務遂行上必要なく、その実体は、A社から当社代表取締役への貸付金に対する、金利に相当する謝礼だったのである。

図表4-1　不適正な前渡金と費用の計上

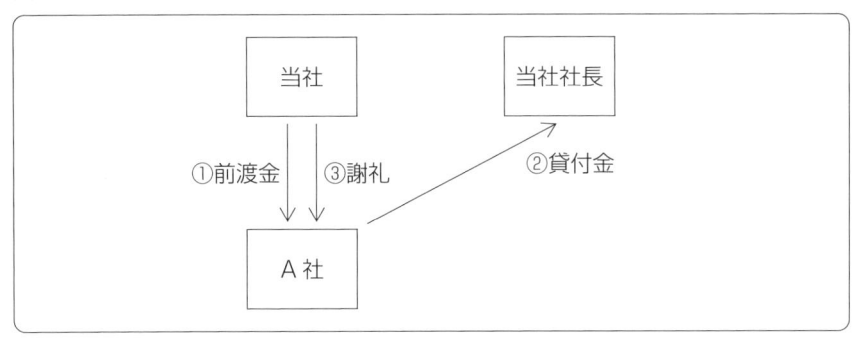

```
       ┌─────┐                ┌───────┐
       │ 当社 │                │当社社長│
       └─────┘                └───────┘
          │                        ↑
    ①前渡金│③謝礼         ②貸付金│
          ↓ ↓                     │
       ┌─────┐                    │
       │ A社 │────────────────────┘
       └─────┘
```

❹ 不適正な会計処理の連結財務諸表への影響額

　当社の平成19年12月期から22年12月期連結財務諸表の主な科目の訂正前、訂正後およびその増減額、増減率の数値は次のとおりである。

■ 平成22年12月期　連結財務諸表の主な科目の訂正前・訂正後

（単位：百万円）

	訂正前	訂正後	増減額	増減率
売上高	4,603	4,603	0	0.00%
売上原価	1,827	1,827	0	0.00%
販売費及び一般管理費	2,720	2,701	△19	△0.70%
営業外収益	8	8	0	0.00%
営業外費用	78	78	0	0.00%
特別利益	54	54	0	0.00%
特別損失	3	3	0	0.00%
当期純利益・損失（△）	5	25	20	400.00%
純資産	1,059	1,060	1	0.09%

総資産	2,067	2,118	51	2.47%

■ 平成21年12月期　連結財務諸表の主な科目の訂正前・訂正後

(単位：百万円)

	訂正前	訂正後	増減額	増減率
売上高	4,293	4,293	0	0.00%
売上原価	1,492	1,492	0	0.00%
販売費及び一般管理費	2,934	2,934	0	0.00%
営業外収益	9	9	0	0.00%
営業外費用	7	7	0	0.00%
特別利益	3	3	0	0.00%
特別損失	9	9	0	0.00%
当期純利益・損失（△）	△152	△152	0	0.00%
純資産	1,069	1,048	△21	△1.96%
総資産	2,025	2,004	△21	△1.04%

■ 平成20年12月期　連結財務諸表の主な科目の訂正前・訂正後

(単位：百万円)

	訂正前	訂正後	増減額	増減率
売上高	4,845	4,845	0	0.00%
売上原価	1,980	1,980	0	0.00%
販売費及び一般管理費	2,899	2,895	△4	△0.14%
営業外収益	6	6	0	0.00%

営業外費用	12	12	0	0.00%
特別利益	39	39	0	0.00%
特別損失	16	16	0	0.00%
当期純利益・損失（△）	△112	△108	4	△3.57%
純資産	1,296	1,276	△20	△1.54%
総資産	2,184	2,164	△20	△0.92%

■ 平成19年12月期　連結財務諸表の主な科目の訂正前・訂正後

（単位：百万円）

	訂正前	訂正後	増減額	増減率
売上高	4,510	4,510	0	0.00%
売上原価	1,709	1,709	0	0.00%
販売費及び一般管理費	2,601	2,629	28	1.08%
営業外収益	6	6	0	0.00%
営業外費用	7	7	0	0.00%
特別利益	2	2	0	0.00%
特別損失	0	0	0	―
当期純利益・損失（△）	67	39	△28	△41.79%
純資産	1,498	1,470	△28	△1.87%
総資産	2,355	2,327	△28	△1.19%

❺ 不適正な会計処理を行った背景

　上記❸の調査委員会報告によると、本件の不適正な会計処理が行われるようになったのは、次のような原因によるとしている。本件の不適正な会計処理を

主導したのは当社代表取締役であるが、トップが不適正な会計処理を実行しようとした場合、それを阻止するのは極めて困難であるように思われる。

1 当社代表取締役の個人的な金銭問題に当社が巻き込まれていったこと

本件の不適正な会計処理は、当社代表取締役に他の当社取締役が協力して行われた。本件における最大の問題は、当社代表取締役が個人的な金銭問題を抱え、それを解決するために当社およびその取締役を巻き込んだところにあり、本件の根本的な原因は当社代表取締役にあった。当社代表取締役には、上場企業のトップとして、コンプライアンスに対する十分な理解や意識が備わっていなかったといわざるを得ず、そのため、当社の社内にコンプライアンスを浸透させようとする意識も乏しかったといえる。

2 幹部自らが不正なスキームを検討したこと

本件の不適正な会計処理のスキームは、その実行に協力した当社取締役が考案した。当該取締役によるこのような不正への関与は、彼のコンプライアンス意識が乏しかったことの表れであるといわざるを得ず、執行役員や取締役の地位にあった者がかかる行為に及んだことは、当社にとって非常に重大な問題である。

3 取締役会における検証・牽制が十分に働かなかったこと

A社に対して支払われた前渡金は、当社にとってイレギュラーで多額なものであり、また、不良債権化する可能性もあるものだった。しかし、それが付議された取締役会においては、十分な確認が行われないまま全取締役一致で承認され、取締役会における検証・牽制が十分に働いていなかった。

また、当社は各業務局がいわゆる縦割り組織になっており、特定の局の専属案件について、他の局長は事情がわからず、関心が薄くなりがちであった。そのことも本件の前渡金の支払いを容易にした原因になっていると考えられる。

[4] 支払処理手続で不当な支払を止められなかったこと

　当社の社内規程では、発注金額が500,000円以上の場合、発注許可申請を作成して、各チーム長、局長の承認を得ることとされている。しかし、A社に対する謝礼の支払いは、本件の不適正な会計処理の実行に協力した当社取締役が局長を務める業務局において申請されたものであるため、そこで牽制が働かなかった。また、経理部門によるチェックも受けていたが、最終的には当社代表取締役が承認している支払いであったため、それを止めることができなかった。

❻ 重要性がないとされた判断基準

　本件の不適正な会計処理は当社の代表取締役と他の取締役が関与しており、重大であるといえるが、次のこと等を総合勘案し、課徴金が課されなかったものと推測される。

① 　上記❸のとおり、A社に対する前渡金は、その後、当社がA社から役務の提供を受けたため、その代金として相殺されている。また、A社に対して支払われた謝礼についても、当社代表取締役はそれと同額を当社に対して返還している。したがって、本件の不適正な会計処理によって当社に生じた損失はすでに回復している。

② 　本件の不適正な会計処理の主導者である当社代表取締役は代表取締役および取締役を辞任し、①のとおりA社に対して支払われた謝礼に相当する額を当社に対して返還している。また、協力者である取締役も辞任しており、当社は彼に対して懲戒処分を行うとしている。

❼ 再発防止策

　上記❸の調査委員会報告によると、第三者調査委員会は、再発防止策として、①経営陣の意識の強化、②取締役相互間の監視および監査役による監視の強化、

並びに組織体制の改革、③社内の権限の明確化、④契約審査・管理体制の整備、⑤前渡金を支払う場合の検証・牽制機能の強化、⑥内部通報制度の充実を提案している。そして、当社は、かかる提案を踏まえて、次のような再発防止策の実施を決定したとしている。

1 社外取締役の選任によるコーポレートガバナンスの充実

コーポレートガバナンスの充実を図る観点から、取締役会は社外取締役を2名以上とする。

2 社内法務組織（法務部）の新設とリーガルチェック体制の確立

経営上の法的課題、日常運営における法的問題、コンプライアンス等を担当する組織として、新たに法務部を設置し、重要な案件については外部の法律事務所のリーガルチェックを受ける体制を構築する。

3 ガバナンス・コンプライアンス委員会の新設による社内横断的な法令遵守体制構築

広く社会から信頼される経営体制の確立を目的として、ガバナンス・コンプライアンス委員会を設置する。ガバナンス・コンプライアンス委員会は取締役、法務部長、業務局長に加え、外部法律専門家で構成し、グループ全体のコンプライアンス活動の基本方針や具体的施策を審議・推進する。

4 コンプライアンス研修の義務化と運用

全取締役に法令遵守の教育と啓発を目的とする外部講師による研修を年2回義務付ける。また同様に、管理職・一般社員にもコンプライアンスのE-ラーニング研修を年2回義務付け、研修成果の向上度合いを数値化して、ホームページで適時公表する。

5 内部通報制度「コンプライアンス・ヘルプライン」(社内窓口・社外窓口)の運用開始

　内部通報制度として、社内窓口・社外窓口を「コンプライアンス・ヘルプライン」として設け、適切な運用を図るため内部監査室と連動のうえ、通報即時対応体制を構築する。

6 懲罰委員会の新設

　取締役、監査役などで構成される懲罰委員会を新たに設置する。内規に違反する役職員を発見した場合には、内部監査室の調査を経て、この懲罰委員会にて処分を決定する。

7 組織と人事関連規程等の整備、見直し

　縦割り組織を改善し、内部統制の統制環境に影響を与える人事制度について、評価・昇進・賃金体系等の関連規程類の整備、見直しを図り、社内手続やプロセスを評価に反映する制度の導入を検討する。

3 C-7株式会社

[有価証券報告書提出会社] 機械、大阪証券取引所ジャスダック市場上場
[訂正報告書の提出日] 平成24年2月14日
[訂正対象決算期] 平成22年4月1日〜23年3月31日
[訂正勘定科目] 売上高（売上の過大計上）、売上原価（売上原価の過少計上）、販売費及び一般管理費（費用の過大計上）、資産（棚卸資産の過少計上）、負債（前受金の過少計上、工事損失引当金の過少計上）

❶ 事案の概要

当社は、純水製造装置工事にかかる個別原価計算において、平成23年2月から9月までの間、2件の生産指示書（製造指図書）間での材料費の付け替えなどの不適正な会計処理を行っていたとして、平成24年2月14日に平成23年3月期の有価証券報告書の訂正報告書を提出した。

なお、本件の不適正な会計処理は、当社内において、平成23年1月に中国で受注した装置工事案件の完成工事原価と仕掛原価を精査していたところ、受注後工事が延期となっていた案件の仕掛原価が増加していたため、事実関係の調査を行った結果、判明した。

❷ 訂正報告書の訂正理由

平成24年2月14日に平成23年3月期の有価証券報告書の訂正報告書が提出されている。訂正理由は次のとおりである。

平成23年3月期有価証券報告書の訂正報告書

　当社において、平成23年1月に中国で受注した装置工事案件の完成工事原価と仕掛原価を精査していたところ、受注後工事が延期となっていた案件の仕掛原価が増加していたため、事実関係の調査を行っておりました。

　その結果、当該受注装置工事案件の完成工事原価として認識すべきものについて、同時期に中国で受注が決定していた別の装置工事案件の仕掛原価として計上していたことが判明したため、平成23年12月12日に社内調査委員会（委員長　代表取締役社長　千田豊作）を設置し、本件の事実関係について調査・解明を進めてまいりました。

　社内調査委員会の調査により、純水製造装置工事にかかる当社の個別原価計算において、2件の生産指示書（製造指図書）間にて、平成23年2月より9月にわたり材料費の付け替えが判明いたしました。当該材料費の付け替えにより、直接費金額を配賦基準とする製造間接費が、当該生産指示書に対し誤って配賦計上されており不適切な会計処理が行われていることが明らかになりました。

　当該訂正を行うため、金融商品取引法第24条の2第1項の規定に基づき、平成23年6月23日に提出した第42期（自　平成22年4月1日　至　平成23年3月31日）の有価証券報告書の訂正報告書を提出するものであります。

　なお、連結財務諸表及び財務諸表の記載内容にかかる訂正箇所につきましてはXBRLの修正も行いましたので、併せて修正後のXBRL形式のデータ一式（表示情報ファイルを含む）を提出いたします。

　訂正後の連結財務諸表及び財務諸表につきましては、太陽ASG有限責任監査法人により、再度監査を受けており、その監査報告書を添付しております。

❸ 虚偽記載の態様

　当社が平成24年1月10日に公表した「「不適切な会計処理に関するお知らせ」に関する調査結果、業績に与える影響額および当社の対応方針のご報告について」（社内調査委員会の報告を踏まえたもの。以下、「調査報告」という。）によると、純水製造装置工事にかかる個別原価計算において、平成23年2月から9月までの間、2件の生産指示書（製造指図書）間での材料費の付け替えなどの不適正な会計処理があったとしている。

1 材料費の付け替え

　当社において行われていた材料費の付け替えとは、A案件において発生した材料費を別のB案件において発生した材料費として処理していたというものである。付け替えた材料費の額だけ、A案件の原価が減り、B案件の原価が増えることになる。

　こうした材料費の付け替えは、2つの受注案件の損益を平準化させることを意図して行われた。赤字になりそうなA案件を黒字にするため、その完成工事原価を減らし、受注後工事が延期となっていたB案件の仕掛原価を増やすことにしたのである。なお、その2つの案件が材料費の付け替えの対象となった背景としては、いずれも、発注者が中国企業、工事が液晶工場設備投資案件という点で共通しており、かつ当初予定は工事実施期間がおおよそ並行するということがあった。

2 製造間接費の額への影響

　この材料費の付け替えによるA案件とB案件の間の原価の増減は、付け替えられた材料費の額だけにとどまらなかった。製造間接費の額も、A案件におけるものが減り、B案件におけるものが増えたのである。製造間接費は、材料費を含む直接費の額を配賦基準とするため、材料費の付け替えによりB案件に多く配賦されることになったからである。

3 工事損失引当金の不計上

　A案件の原価への影響はほかにもあった。当社は、決算時、赤字が想定される受注案件に対して工事損失引当金を計上することとしている。平成23年3月期において、本来であれば、赤字が見込まれるA案件に対して工事損失引当金を計上すべきであったが、材料費の付け替えにより黒字にすることを意図していたため、それを行わなかったのである。工事損失引当金の繰入額は完成工事原価に含めるため、その額だけA案件の完成工事原価の額が少なく計上された。

4 売上高の過大計上

　その工事損失引当金の不計上は、さらに平成23年3月期の売上高の過大計上にもつながった。A案件による売上高は工事進行基準により計上されていたからである。工事進行基準とは、建設業等において採用される売上計上基準であり、工事契約に関して、工事収益総額、工事原価総額および決算日における工事進捗度を合理的に見積もり、これに応じて当期の工事収益および工事原価を認識する方法である。本来計上すべき工事損失引当金を計上しなかったため、工事原価総額を過少に見積もることになり、その結果、平成23年3月期の売上高を過大に計上することになったのである。

❹ 不適正な会計処理の連結財務諸表への影響額

　当社の平成23年3月期連結財務諸表の主な科目の訂正前、訂正後およびその増減額、増減率の数値は次のとおりである。

■ 平成23年3月期　連結財務諸表の主な科目の訂正前・訂正後

（単位：百万円）

	訂正前	訂正後	増減額	増減率
売上高	22,016	21,966	△ 50	△ 0.23％
売上原価	18,052	18,295	243	1.35％
販売費及び一般管理費	2,746	2,746	0	0.00％
営業外収益	35	35	0	0.00％
営業外費用	252	252	0	0.00％
特別利益	223	223	0	0.00％
特別損失	88	88	0	0.00％
当期純利益・損失（△）	620	445	△ 175	△ 28.23％
純資産	8,414	8,239	△ 175	△ 2.08％
総資産	17,569	17,687	118	0.67％

❺ 不適正な会計処理を行った背景

　上記❸の調査報告によると、純水製造装置工事にかかる個別原価計算において、2件の生産指示書（製造指図書）間での材料費の付け替えなどの不適正な会計処理が行われるようになった背景としては、次のような管理体制上の問題点があったとのことである。

　なお、上記❸の調査報告では、不適正な会計処理が行われるようになった背景としてあげられていないが、本件に関与した当事者は、受注案件の原価の低減を図り、何としても黒字にしなければならない（赤字は絶対に避けなければならない）という強いプレッシャーを感じていたようである。

1 財務会計への認識

　生産指示書間での材料費付け替え行為等が、当社および当社グループが外部に公表すべき財務報告数値に影響を及ぼすことについて、本件に関与した当事者の認識が欠如していた。

　この材料費の付け替えは、台湾・中国担当取締役専務執行役員の指示により海外企画設計部マネージャーが行ったのだが、それを指示した当該取締役は、AB両案件の損益にのみ影響を及ぼすものと認識していた。上記❸のように売上高にまで影響を及ぼすとは認識していなかったのである。

2 組織変更への海外事業本部長の対応

　平成23年4月1日施行の組織変更により、それまでそれぞれ単一部署であった、営業およびエンジニアリング部、資材部の各部署について、すべて国内、海外に分割し、そして国内事業本部と海外事業本部に指揮・命令系統を集約することとなった。これにより海外事業本部担当役員の業務範囲が広範囲となったが、組織変更への対応が十分に進まず、当該役員による管理機能に欠陥が生じることとなった。

3 資材部門の牽制機能

　従前は単一部署であった資材部を国内資材部と海外資材部に分割する組織変更につき、平成23年4月1日施行とすることを同年1月時点で内定していた。材料費の付け替えの対象となったAB両案件は、この時点で受注が確定しており、それぞれの資材調達業務は、この組織変更を見越して任命された、海外資材部候補者である少人数のメンバーにより開始された。これは特命のプロジェクト・チームとしての位置付けであり、かつ中国を拠点として活動していたこともあり、部署内および他部署との牽制機能が不十分なものとなった。

4 原価管理機能

発注後の原価管理において、毎月開催される社内の原価管理に関する会議への報告は工事進行基準適用案件に限定されていた。B案件は、工事進行基準による売上計上という要件を満たしていなかったため、報告ならびに管理の対象外となっていた。

❻ 重要性がないとされた判断基準

2件の生産指示書（製造指図書）間での材料費の付け替えなどの不適正な会計処理を行ったものであるが、次のこと等を総合勘案し、課徴金が課されなかったものと推測される。

① 一部の事業部門で行われていたものであり、全社的なものではない。また、関与者も限られている。

② この不適正な会計処理は、もともと台湾・中国担当取締役専務執行役員の指示により行われていたものであり、経営者による不正であるといえる。しかし、当該取締役は、AB両案件の損益を平準化させることを指示しただけで、材料費の付け替えを直接指示していなかった。また、AB両案件の損益にのみ影響を及ぼすだけであると認識しており、当社および当社グループが公表する財務会計数値に対する影響については認識していなかった。

③ 上記❹に示すとおり業績への影響が僅少であるとは決していえない。しかし、その原因となったのは材料費の付け替えであり、それに関与した当事者は業績に大きな影響が及ぶとは認識していなかった。

❼ 再発防止策

上記❸の調査報告によると、当社は、上記❺の管理体制上の問題点を踏まえ

て、次のような再発防止ならびに改善策を実施するとしている。

1 財務会計に対する認識の徹底

　材料費付け替え行為やその他管理行為全般について、当社が対外的に公表する財務数値に影響を及ぼすことについて、またその計算システムについての認識を取締役および執行役員一同が十分に認識するべく、教育を再実施する。そして、全役職員への周知徹底に取り組む。また、法令等に従った適切な開示を行うことで、上場企業としての社会的責任を果たすとともに、経営の健全性ならびに透明性を確保し、投資家および利害関係者に対しての説明責任を果たし、信頼回復に努める。

2 組織変更

　国内資材部と海外資材部を統合することを主な内容とする組織変更を行い、職務権限による部内での牽制を有効なものとするべく規定する。

3 役員の職務委嘱変更

　2の組織変更に伴い、担当役員の交代と職務委嘱変更により、原価管理を強化し、その管理の実効性を高めるべく規定する。

4 社内規程の改訂

職務権限規程の改訂により、次の2項目について改善を図る。
① 先行発注、暫定発注のルールを通常発注と区分し、発注金額に応じた社長または担当役員への決裁・報告を厳格に規定する。
② 発注後の仕掛原価が10百万円以上となった受注工事については、社内の原価管理に関する会議での報告を経て、取締役会ならびに社長への報告事項とし、進捗状況等を月次単位で報告することを規定する。

5 原価管理体制の強化

4の職務権限規程の改訂に合わせ、仕掛段階の受注工事の原価管理を担当役員に一本化する。また、仕掛原価 10 百万円以上の受注工事の取締役会ならびに社長報告資料は、工事管掌部署ではない経理部が資料を整理準備することとし、相互牽制が有効に機能する方法を採用する。

6 内部監査機能の強化

原価管理の業務プロセスにおける内部統制の有効性の評価および統制不備事項の抽出を早期に行い、改善が必要な事項については整備を進めるとともに、内部統制監査体制を強化する。

4 C-8株式会社

[有価証券報告書提出会社] 建設業、東京証券取引所市場第一部上場・大阪証券取引所市場第一部上場
[訂正報告書の提出日] 平成24年2月13日、平成24年2月14日
[訂正対象決算期] 平成17年4月1日～23年3月31日
[訂正勘定科目] 売上高（売上の過大計上）、売上原価（売上原価の過大計上）、販売費及び一般管理費（退職給付費用の過大計上）、資産（売上債権の過大計上、棚卸資産の過大計上、有形固定資産の過大計上）、負債（仕入債務の過大計上）

1 事案の概要

当社は、子会社において、会計基準に適合しない売上の繰上および繰延計上などの不適正な会計処理を行っていたとして、平成24年2月13日および平成24年2月14日に平成18年3月期から23年3月期までの間の有価証券報告書等の訂正報告書を提出した。

なお、本件の不適正な会計処理は、平成23年11月29日に、当該子会社から当社に対して、当該子会社の売上高の過大計上および売上原価の繰延等の不適正な会計処理を行っていた旨の報告があり、これを踏まえて当社において社内調査を実施したところ、判明した。

❷ 訂正報告書の訂正理由

　平成 24 年 2 月 13 日および平成 24 年 2 月 14 日に平成 18 年 3 月期から 23 年 3 月期までの間の有価証券報告書等の訂正報告書が提出されている。訂正理由は各年度同様で、次のとおりである。

■ 平成23年3月期有価証券報告書の訂正報告書

> 　当社の連結子会社であるシプコー工業株式会社において、不適切な会計処理を行っていたことが判明したことから、外部有識者による第三者調査委員会を設置し、その調査を進めるとともに、国内の他の子会社における類似事象の有無についての社内調査の検証等を委託した。その結果累計で約 22 億円の業績への影響額が認められた。
>
> 　これを受け、当社が平成 23 年 6 月 30 日に提出した第 88 期（自　平成 22 年 4 月 1 日　至　平成 23 年 3 月 31 日）有価証券報告書の記載事項の一部を訂正する必要が生じたため、金融商品取引法第 24 条の 2 第 1 項の規定に基づき有価証券報告書の訂正報告書を提出する。
>
> 　なお、訂正後の連結財務諸表及び財務諸表については、青南監査法人により監査を受け、その監査報告書を添付している。

❸ 虚偽記載の態様

　当社が平成 24 年 2 月 13 日に公表した「当社連結子会社における不適切な会計処理に関する調査結果等について」の添付資料である第三者調査委員会「調査報告書」（以下、「調査委員会報告」という。）によると、子会社において次のような不適正な会計処理があったとしている。

　なお、これらの不適正な会計処理により、当該子会社には平成 20 年 3 月期

から分配可能額が存在せず、平成20年3月期以降の当該子会社の株主に対する配当は違法配当であるとしている。

1 会計基準に適合しない売上の繰上および繰延計上

工事完成基準により計上される売上のうち期間帰属が適切でないものがあった。工事完成基準とは、建設業等において採用される売上計上基準であり、工事契約に関して、工事が完成し、目的物の引渡しを行った時点で、工事収益および工事原価を認識する方法である。工事完成基準を適用する場合、工事収益を計上するのは、工事が完成し、目的物の引渡しを行った時点でなければならないが、当該子会社においては、それよりも前に計上したもの(売上の繰上計上)や、それよりも後に計上したもの(売上の繰延計上)があった。

2 伝票の操作による原価の付け替え

伝票の操作により、受注案件間での工事原価の付け替えが行われていた。個々の受注案件において損失が発生しないようにするために、そうした工事原価の付け替えが行われていたのだと思われる。

3 不良債権の隠蔽

当該子会社が計上していた完成工事未収入金のうち297百万円は、回収不能で償却しなければならないものであった。このように多額の回収不能見込額が発生した原因は、口約束により施工したが結果的に代金の回収ができなかった、もしくは架空の売上と利益計上により決算数値を操作したことによると考えられる。また、不良債権として整理することを回避する目的で、同じ発注者からの別の工事代金が入金した際にあたかも回収したと偽った形跡があり、回収されていない完成工事未収入金が回収済みとして計上されている可能性もある。

4 未成工事仮勘定(間接経費)を使った費用の繰延

未成工事仮勘定は、いわゆる間接経費に該当する費用について、期中発生時

には当該科目で処理し、期末に完成工事へ規定で定めた配賦率に基づいた金額を配賦するために設定した勘定科目である。しかし、適切な配賦を行わず、多額の費用がこの勘定に堆積していた。

5 減損会計の未実施

固定資産の収益性の低下により投資額の回収が見込めなくなった状態を固定資産の減損という。そして、固定資産に減損が生じた場合、帳簿価額を回収可能価額まで減額し、その減少額を減損損失として計上する減損処理を行わなければならない。当該子会社は、保有している有形固定資産（寮・福利厚生施設）に対して、減損処理を行わなければならないのに行っていなかった。

6 繰延税金資産等の過大計上

当該子会社は、本件の不適正な会計処理について正しい数値に直すことにより、過去連続して重要な税務上の欠損金を計上している会社に該当することとなるため、平成18年3月期以前からの繰延税金資産等は回収可能性がないものとして全額取り崩さなければならない。

7 役員退職慰労引当金の会計処理

役員退職慰労金については、支給することについて内規等があり合理的に算定することができるならば、役員退職慰労引当金を計上しなければならない。当該子会社においては、内規がありその額を合理的に算定できるにもかかわらず、平成22年3月期にその一部を計上し、平成23年3月期になって残りを計上し、その際、雑収入（保険金収入）と相殺するという不適正な会計処理を行っていた。

8 積立保険料の会計処理の誤り

積立保険の会計処理について、従来は2分の1を資産に、2分の1を費用に計上していたが、平成23年3月期には、従来と同様の処理を行うべきである

にもかかわらず、その全額を資産計上していた。

❹ 不適正な会計処理の連結財務諸表への影響額

当社の平成18年3月期から23年3月期連結財務諸表の主な科目の訂正前、訂正後およびその増減額、増減率の数値は次のとおりである。

■ 平成23年3月期　連結財務諸表の主な科目の訂正前・訂正後

(単位：百万円)

	訂正前	訂正後	増減額	増減率
売上高	452,762	452,499	△ 263	△ 0.06%
売上原価	421,989	421,966	△ 23	△ 0.01%
販売費及び一般管理費	24,768	24,766	△ 2	△ 0.01%
営業外収益	2,559	2,586	27	1.06%
営業外費用	1,085	1,087	2	0.18%
特別利益	476	476	0	0.00%
特別損失	945	945	0	0.00%
当期純利益・損失（△）	3,774	3,567	△ 207	△ 5.48%
純資産	191,758	189,581	△ 2,177	△ 1.14%
総資産	500,831	499,111	△ 1,720	△ 0.34%

■ 平成22年3月期　連結財務諸表の主な科目の訂正前・訂正後

(単位：百万円)

	訂正前	訂正後	増減額	増減率
売上高	475,055	475,653	598	0.13%

売上原価	443,734	444,600	866	0.20%
販売費及び一般管理費	24,912	24,908	△ 4	△ 0.02%
営業外収益	2,397	2,397	0	0.00%
営業外費用	1,081	1,081	0	0.00%
特別利益	399	399	0	0.00%
特別損失	1,959	1,959	0	0.00%
当期純利益・損失（△）	3,175	2,906	△ 269	△ 8.47%
純資産	196,821	194,859	△ 1,962	△ 1.00%
総資産	502,405	501,189	△ 1,216	△ 0.24%

■ 平成21年3月期　連結財務諸表の主な科目の訂正前・訂正後

（単位：百万円）

	訂正前	訂正後	増減額	増減率
売上高	465,893	464,762	△ 1,131	△ 0.24%
売上原価	436,039	435,204	△ 835	△ 0.19%
販売費及び一般管理費	25,552	25,555	3	0.01%
営業外収益	2,926	2,926	0	0.00%
営業外費用	1,447	1,447	0	0.00%
特別利益	648	648	0	0.00%
特別損失	1,251	1,251	0	0.00%
当期純利益・損失（△）	2,817	2,533	△ 284	△ 10.08%
純資産	181,546	179,851	△ 1,695	△ 0.93%
総資産	541,495	540,856	△ 639	△ 0.12%

■平成20年3月期　連結財務諸表の主な科目の訂正前・訂正後

(単位：百万円)

	訂正前	訂正後	増減額	増減率
売上高	466,285	467,113	828	0.18%
売上原価	435,510	436,782	1,272	0.29%
販売費及び一般管理費	25,619	25,614	△ 5	△ 0.02%
営業外収益	2,930	2,930	0	0.00%
営業外費用	1,267	1,273	6	0.47%
特別利益	2,770	2,770	0	0.00%
特別損失	853	853	0	0.00%
当期純利益・損失（△）	3,733	3,358	△ 375	△ 10.05%
純資産	216,214	214,814	△ 1,400	△ 0.65%
総資産	608,899	608,102	△ 797	△ 0.13%

■平成19年3月期　連結財務諸表の主な科目の訂正前・訂正後

(単位：百万円)

	訂正前	訂正後	増減額	増減率
売上高	464,041	464,673	632	0.14%
売上原価	430,895	431,782	887	0.21%
販売費及び一般管理費	25,477	25,470	△ 7	△ 0.03%
営業外収益	2,584	2,584	0	0.00%
営業外費用	1,011	1,005	△ 6	△ 0.59%
特別利益	2,258	2,258	0	0.00%
特別損失	3,165	3,165	0	0.00%
当期純利益・損失（△）	3,928	3,809	△ 119	△ 3.03%

| 純資産 | 255,005 | 254,029 | △ 976 | △ 0.38% |
| 総資産 | 672,890 | 672,784 | △ 106 | △ 0.02% |

❺ 不適正な会計処理を行った背景

上記❸の調査委員会報告によると、子会社において不適正な会計処理が行われるようになった背景としては、次のようなものがあったようである。

① 当該子会社の業績は悪化しており、含み損があった。
② 当該子会社の業種に特有の会計処理において恣意的な処理が行われやすかった。
③ 当社は、当該子会社に在籍する当社関係者に対して、当該子会社の状況を報告してくれることを期待していたようだが、彼らはすでに当社を退職していたことや、当該子会社の経営が順調でなければそのポストにとどまることができないことなどから、当社の期待に応えることに消極的であったようである。
④ 当社の財務統括部経理部門が、当社グループに属する子会社に対する経理面の管理を担当していたが、それは十分ではなかった。
⑤ 当該子会社の管理はその監査役に任せておけばいいという意識が、当社にあった。

❻ 重要性がないとされた判断基準

子会社において、会計基準に適合しない売上の繰上および繰延計上などの不適正な会計処理を行ったものであるが、次のこと等を総合勘案し、課徴金が課されなかったものと推測される。

① 子会社で行われていたものであり、全社的なものではない。
② 当該子会社は、当社グループにとって、連結の範囲から除外することが

認められるほど重要性が乏しい会社であった。
③　上記❹に示すとおり連結業績への影響は僅少である。
④　当該子会社においては、その代表取締役、他の取締役、そして、監査役までもが本件の不適正な会計処理に関与していた。しかしながら、当社への報告はなく、当社において組織的な関与はなかった。

❼ 再発防止策

上記❸の調査委員会報告によると、第三者調査委員会は次のような再発防止策を提言し、当社はかかる再発防止策を実施するとしている。

1 連結子会社を管轄する当社担当部署の管理体制の見直し

連結子会社を管轄する当社専門部署の新設など、連結子会社に対する管理体制を見直し、その監視機能を強化する。

連結子会社を管轄する当社専門部署において、連結子会社固有のリスクを再評価し、業務分掌や決裁基準等の規程の見直しを行うとともに、各社の状況に応じたリスク管理を実施し、その経営状況等を継続的にモニタリングするなどの管理手法を導入すること。

加えて、当社経理部員を増員し、当社監査室や会計監査人と連携して、連結子会社の会計処理の適正性を確保するための日常的指導を実施すること。

2 連結子会社に対する監査の強化

当社監査室による連結子会社に対する監査体制を強化する。

当社監査室による連結子会社に対する監査の実効性を担保するためには、監査室員を増員するなどして、当社内において独立した立場で上記業務を遂行できる体制を整備するとともに、連結子会社取締役会において、当社監査室による監査に協力する旨の機関決定を得るなど、連結子会社の協力体制を再確認する必要がある。

加えて、当社の会計監査人による連結子会社に対する監査体制を見直し、会計監査人による監査を強化すること。

3 連結子会社の重要人事に対する見直し

連結子会社の社長等の重要な人事に関しては、長期固定化の防止やプロパーとの配置バランスなどを考慮し、当社および連結子会社に対する総合的な人事施策として検討すること。

4 グループ企業行動憲章の制定とコンプライアンス意識の一層の涵養

本件を契機にグループ企業行動憲章を制定し、当社グループ企業役職員のコンプライアンスに対する意識を高める指標とするとともに、連結子会社の従業員に対してコンプライアンス教育を当社の支援の下に実施して、グループ企業行動憲章の趣旨の周知徹底を図ること。

5 内部通報制度等の強化

グループ企業を対象とした内部通報窓口を設置するとともに、弁護士事務所に依頼して、グループ企業従業員が直接相談できる外部窓口を設置すること。

6 経理情報システムの整備

今後、連結子会社における情報システムを整備し、特に、経理情報について、その改ざんを防止するシステムの導入を検討すること。

5 C−12株式会社

[有価証券報告書提出会社] パルプ・紙、東京証券取引所市場第一部上場
[訂正報告書の提出日] 平成23年12月14日
[訂正対象決算期] 平成18年4月1日〜23年3月31日
[訂正勘定科目] 販売費及び一般管理費（費用の過大計上）、特別損失（損失の過大計上）、資産（有形固定資産の過大計上・過少計上、無形固定資産（のれん）の過大計上）、負債（関係会社事業損失引当金の過少計上）

❶ 事案の概要

　当社は、過年度において様々な不適正な会計処理を行っていたとして、平成23年12月14日に平成19年3月期から23年3月期までの間の有価証券報告書等の訂正報告書を提出した。

　なお、本件の不適正な会計処理は、当社の会計監査人による過年度決算調査の過程において指摘された。当社の子会社から当社の代表取締役会長に対して不正な貸付けが行われていたことが判明したため、それに対応して当社は過去の有価証券報告書等の記載内容の訂正の要否を検討することにしたのだが（当該代表取締役会長の辞任に伴う連結子会社の範囲の変更、当該代表取締役会長に対する貸付けに係る貸倒引当金の計上、関連当事者との取引にかかる記載の訂正などについて）、当社の会計監査人も当社の過年度決算について調査を行うことにしたところ、その過程において当該会計監査人から過年度の会計処理の誤りについて指摘を受けたのである。

❷ 訂正報告書の訂正理由

平成 23 年 12 月 14 日に平成 19 年 3 月期から 23 年 3 月期までの間の有価証券報告書等の訂正報告書が提出されている。訂正理由は各年度同様で、次のとおりである。

■ 平成23年3月期有価証券報告書の訂正報告書

> 平成 23 年 9 月 16 日に当社の代表取締役会長、取締役を辞任した井川意高（以下「元会長」という。）に対する貸付に関して特別調査委員会を設置し、専門的かつ客観的な見地から調査を行った結果、平成 23 年 10 月 27 日に同委員会より調査報告書を受領しました。
> この調査報告を踏まえて当社は、元会長の辞任に伴う連結範囲の変更の要否、元会長への貸付金に対する貸倒引当金の計上の要否、関連当事者との取引に係る記載の訂正等の要否を検討いたしました。
> また、この検討過程における有限責任監査法人トーマツの指摘に対し、当社で過去の決算における非上場関係会社株式の評価の妥当性、関係会社への貸付金及び債務保証等に対する事業損失引当金の計上の要否、関係会社における固定資産の減損の要否、関係会社等に対する固定資産の売却取引の適切性、繰延税金資産の回収可能性を検討いたしました。
> この結果、過年度における連結財務諸表等の訂正が必要となったため、金融商品取引法第 24 条の 2 第 1 項の規定に基づき、平成 23 年 6 月 30 日に提出いたしました第 100 期（自　平成 22 年 4 月 1 日　至　平成 23 年 3 月 31 日）の有価証券報告書について、これを訂正するため有価証券報告書の訂正報告書を提出するものであります。
> なお、連結財務諸表の記載内容にかかる訂正箇所については XBRL の修正も行いましたので、併せて修正後の XBRL 形式のデータ一式（表示情報ファイルを含む）を提出いたします。

> 訂正後の連結財務諸表等については、有限責任監査法人トーマツにより、再度監査を受けており、その監査報告書を添付しております。

❸ 虚偽記載の態様

　当社が平成 23 年 12 月 14 日に提出した平成 19 年 3 月期から 23 年 3 月期までの間の有価証券報告書等の訂正報告書においては、当社の子会社から当社の代表取締役会長に対して行われていた不正な貸付けに対応した訂正（当該代表取締役会長に対する貸付けに係る貸倒引当金の計上、関連当事者との取引にかかる記載の訂正など）のほかにもいくつかの訂正が行われている。当社が平成 23 年 12 月 12 日に公表した「監査法人による過年度決算調査の過程において指摘された事項に基づく過年度有価証券報告書、決算短信等の訂正に関するお知らせ」によると、次のような不適正な会計処理があったとしている。

[1] 繰延税金資産の計上額について

　日本公認会計士協会監査委員会報告第 66 号「繰延税金資産の回収可能性の判断に関する監査上の取扱い」は、過去の業績等に基づいて、将来年度の課税所得の見積額による繰延税金資産の回収可能性を判断する指針として、5 つの会社区分を例示し、それぞれに応じた取扱いによるものとしている。

　当社は、平成 22 年 3 月期まで、会社区分 2（業績は安定しているが、期末における将来減算一時差異を十分に上回るほどの課税所得がない会社等）に該当するものとして繰延税金資産を計上していたが、平成 23 年 3 月期決算において税務上の繰越欠損金が発生したため、会社区分 3（業績が不安定であり、期末における将来減算一時差異を十分に上回るほどの課税所得がない会社等）または会社区分 4（重要な税務上の繰越欠損金が存在する会社等）のいずれかに変更する必要が生じた。

　当社は、会計監査人の意見に従い、会社区分 4 における「重要な税務上の繰

越欠損金」とは5年以内に回収できる見込みがない場合をいうものと解釈していた。そして、当社の繰越欠損金は5年以内に回収できる見込みであったため、会社区分4ではなく会社区分3に該当するものと判断し、5年分の課税所得見積額を繰延税金資産として計上し、会計監査人から適正であるとの意見を受けていた。

　しかし、会計監査人から、過年度決算調査の過程において、当社の最近の毎期の課税所得の水準と比較して、平成23年3月期の税務上の繰越欠損金の額が多いため、平成23年3月期の繰越欠損金は「重要な税務上の繰越欠損金」にあたり、当社は会社区分4に該当すると指摘された。会社区分4であれば、翌期の課税所得の見積額（1年分）を限度として繰延税金資産を計上することになる。

　当社は計画上平成24年3月期の通期では課税所得がある見込みとしていたが、会計監査人から、上場有価証券の減損等により課税所得が生じない可能性があるので、5年分の課税所得見積額の繰延税金資産を取り消すべきであるとの指摘があった。そのため、平成23年3月期に計上していた繰延税金資産約10,000百万円を取り消すこととした。

2 固定資産売却取引について

　当社は、平成15年3月期に、持分法非適用関連会社に対して、保有していた倉庫用地を売却し、同期の決算において固定資産売却益を計上した。しかし、会計監査人から、過年度決算調査の過程において、売却代金が延払いであったため所有権留保を行っており所有権の移転登記がなされていないこと、延払いの期間も30年という長期であること、そして、売却した土地を当社が賃借していること等から、当該取引については実質的に譲渡が実現していなかったとの指摘がなされた。そのため、当該取引の発生時点において売買がなかったものとして、この取引に関して平成15年3月期に計上した固定資産売却益を取り消すこととした。

3 非上場関係会社株式の減損損失の計上ついて

　市場価格のない株式は、発行会社の財政状態の悪化により実質価額が著しく低下した場合、相当の減額をなし、評価差額は当期の損失として処理しなければならないが（「金融商品に関する会計基準（企業会計基準第10号）」第21項）、回復可能性が十分な証拠によって裏付けられる場合には、期末において相当の減額をしないことも認められる（「金融商品会計に関する実務指針（会計制度委員会報告第14号）」（以下、「実務指針」という。）第92項）。特に子会社や関連会社等の株式については、実質価額が著しく低下したとしても、事業計画等を入手して回復可能性を判定できるため、回復可能性が十分な証拠によって裏付けられる場合は、期末において相当の減額をしないことも認められる（実務指針第285項）。ただし、その事業計画等は実行可能で合理的なものでなければならず、回復可能性の判定は、おおむね5年以内に回復すると見込まれる金額を上限として行う（実務指針第285項）。

　しかし、当社が採用していた非上場関係会社株式の減損についての判断基準には、こうした考え方から逸脱する点があった。そのため、会計監査人から、過年度決算調査の過程において、あらためてより厳格な基準に基づき非上場関係会社株式についての減損の判定を行うべきであるとの指摘がなされ、連結子会社14社の株式について、過年度に遡って関係会社株式評価損を計上することとなった。

4 関係会社への貸付金および債務保証等に対する事業損失引当金の計上について

　当社は、関係会社に対する貸付金の回収可能性、そして、債務保証の履行可能性については、当該関係会社の株式の減損損失を計上した場合でも、関係会社の事業は引き続き継続するので回収可能性があると判断し、貸倒引当金および債務保証損失引当金を計上していなかった。

　しかし、会計監査人から、過年度決算調査の過程において、関係会社が株式

の減損処理が必要な状態に陥っている場合には、融資および債務保証についても、その回収可能性や履行可能性を踏まえ、引当金の計上の要否を検討し、かつ、当該関係会社が債務超過に陥っている場合には、債務超過の解消が確実に見込まれる場合を除き、債務超過額について引当金を計上するべきであるとの指摘がなされた。

そのため、平成23年3月期末時点において債務超過となっている関係会社について引当金の計上の要否を検討し、連結子会社14社について貸倒引当金または債務保証損失引当金を事業損失引当金として過年度に遡って計上することとした。

5 子会社における固定資産の減損について

当社は、平成23年3月期決算において、ある子会社の保有する固定資産の簿価として連結財務諸表上697百万円を計上していた。しかし、会計監査人から、過年度決算調査の過程において、当該子会社の純資産が平成20年3月期に取得価額の50％を下回り、平成21年3月期には債務超過に陥っていることが発見されたとして、平成20年3月期において当該子会社が保有している固定資産に減損の兆候が生じていたため、同中間期に遡って当該子会社が保有する建物等の償却性固定資産の全額を減損損失として計上するべきであるとの指摘がなされた。そのため、平成20年3月期中間期に遡って当該子会社が保有する建物等の償却性固定資産の全額を減損損失として計上することとした。

❹ 不適正な会計処理の連結財務諸表への影響額

当社の平成19年3月期から23年3月期連結財務諸表の主な科目の訂正前、訂正後およびその増減額、増減率の数値は次のとおりである。

■ 平成23年3月期　連結財務諸表の主な科目の訂正前・訂正後

(単位：百万円)

	訂正前	訂正後	増減額	増減率
売上高	410,159	410,159	0	0.00％
売上原価	327,375	327,375	0	0.00％
販売費及び一般管理費	69,556	69,406	△ 150	△ 0.22％
営業外収益	3,122	3,122	0	0.00％
営業外費用	10,834	10,834	0	0.00％
特別利益	1,452	1,452	0	0.00％
特別損失	12,744	12,415	△ 329	△ 2.58％
当期純利益・損失（△）	△ 8,084	△ 18,121	△ 10,037	124.16％
純資産	129,687	115,591	△ 14,096	△ 10.87％
総資産	684,518	672,786	△ 11,732	△ 1.71％

■ 平成22年3月期　連結財務諸表の主な科目の訂正前・訂正後

(単位：百万円)

	訂正前	訂正後	増減額	増減率
売上高	423,105	423,105	0	0.00％
売上原価	330,108	330,108	0	0.00％
販売費及び一般管理費	70,221	69,831	△ 390	△ 0.56％
営業外収益	3,785	3,786	1	0.03％
営業外費用	12,703	12,703	0	0.00％
特別利益	3,196	3,200	4	0.13％
特別損失	4,917	4,336	△ 581	△ 11.82％
当期純利益・損失（△）	1,554	2,530	976	62.81％

純資産	137,149	133,089	△ 4,060	△ 2.96%
総資産	707,053	703,950	△ 3,103	△ 0.44%

■平成21年3月期　連結財務諸表の主な科目の訂正前・訂正後

(単位：百万円)

	訂正前	訂正後	増減額	増減率
売上高	465,804	465,804	0	0.00%
売上原価	371,168	371,168	0	0.00%
販売費及び一般管理費	76,336	76,027	△ 309	△ 0.40%
営業外収益	3,658	3,679	21	0.57%
営業外費用	11,088	11,088	0	0.00%
特別利益	3,018	3,018	0	0.00%
特別損失	9,670	9,747	77	0.80%
当期純利益・損失（△）	118	371	253	214.41%
純資産	131,596	126,561	△ 5,035	△ 3.83%
総資産	710,191	706,003	△ 4,188	△ 0.59%

■平成20年3月期　連結財務諸表の主な科目の訂正前・訂正後

(単位：百万円)

	訂正前	訂正後	増減額	増減率
売上高	455,804	455,804	0	0.00%
売上原価	357,716	357,716	0	0.00%
販売費及び一般管理費	76,278	75,746	△ 532	△ 0.70%

	訂正前	訂正後	増減額	増減率
営業外収益	3,404	3,404	0	0.00%
営業外費用	10,704	10,704	0	0.00%
特別利益	2,784	2,810	26	0.93%
特別損失	4,490	4,491	1	0.02%
当期純利益・損失（△）	4,729	5,287	558	11.80%
純資産	138,917	133,627	△ 5,290	△ 3.81%
総資産	703,827	699,188	△ 4,639	△ 0.66%

■平成19年3月期　連結財務諸表の主な科目の訂正前・訂正後

（単位：百万円）

	訂正前	訂正後	増減額	増減率
売上高	414,164	414,164	0	0.00%
売上原価	313,823	313,823	0	0.00%
販売費及び一般管理費	74,874	74,352	△ 522	△ 0.70%
営業外収益	3,437	3,437	0	0.00%
営業外費用	9,675	9,675	0	0.00%
特別利益	1,157	1,157	0	0.00%
特別損失	4,658	5,541	883	18.96%
当期純利益・損失（△）	10,625	10,265	△ 360	△ 3.39%
純資産	142,944	137,096	△ 5,848	△ 4.09%
総資産	688,940	683,661	△ 5,279	△ 0.77%

❺ 不適正な会計処理を行った背景

当社が平成24年5月25日に東京証券取引所に提出した改善報告書（以下、

「改善報告書」という。平成23年12月29日に提出した後、平成24年5月25日に修正版を提出。）によると、当社の会計監査人による過年度決算調査の過程において指摘された不適正な会計処理の共通原因としては、会計監査人の見解に依存する体質、そして、一般に公正妥当と認められた会計基準の理解不足があったとしている。

❻ 重要性がないとされた判断基準

　上記❸のとおり、当社の子会社から当社の代表取締役会長に対して行われていた不正な貸付けに対応した訂正のほか、当社の会計監査人による過年度決算調査の過程において指摘された不適正な会計処理の訂正を行ったものであるが、次のこと等を総合勘案し、課徴金が課されなかったものと推測される。
① 　当社の子会社から当社の代表取締役会長に対して行われていた貸付け自体は不正なものである。しかし、それに対応して行われた訂正の対象は、意図的な虚偽記載といえるものではない。
② 　当社の会計監査人による過年度決算調査の過程において指摘された不適正な会計処理は、不正ではなく誤謬に起因するものである。しかも、それが行われていた過年度の監査の時点では、当該会計監査人からそれについての指摘がなされていなかった。

❼ 再発防止策

　上記❺の改善報告書によると、当社は、当社の会計監査人による過年度決算調査の過程において指摘された不適正な会計処理に対する共通の再発防止策として、経理関連規程類の前面見直し、そして、会計・経理関連知識と理解度の向上（定期的な会計基準等の研修または勉強会を実施し、経理部員の会計および経理に関連する知識と理解度の向上に努める）を実施するとしている。

6 株式会社 C-17

[有価証券報告書提出会社] 小売業、東京証券取引所市場第一部上場・名古屋証券取引所市場第一部上場
[訂正報告書の提出日] 平成23年5月19日
[訂正対象決算期] 平成20年4月1日～22年3月31日
[訂正勘定科目] 売上高（架空売上の計上）、売上原価（架空仕入の計上）、販売費及び一般管理費（費用の過大計上）、資産（売上債権の過大計上、棚卸資産の過大計上）、負債（仕入債務の過大計上）

❶ 事案の概要

当社は、子会社において、平成20年12月頃から23年3月までの間、SDカード等を使用した循環取引等を行うことにより、売上高等を過大に計上するなど不適正な会計処理を行っていたとして、平成23年5月19日に平成21年3月期および22年3月期の有価証券報告書等の訂正報告書を提出した。

なお、本件の不適正な会計処理は、平成23年3月18日に、当該子会社とA社との間で循環取引が行われている旨の「通知書」と題する内容証明郵便が当該子会社に郵送されてきたことを受け、直ちに当社の内部調査委員会と外部調査委員会において調査が開始され判明した。

❷ 訂正報告書の訂正理由

平成23年5月19日に、平成21年3月期および22年3月期の有価証券報告

書等の訂正報告書が提出されている。訂正理由は各年度同様で、次のとおりである。

■ 平成22年3月期有価証券報告書の訂正報告書

1【有価証券報告書の訂正報告書の訂正理由】

　当社の連結子会社である株式会社リテールコム（以下、「RTC」という）において、一部の取引先との間で不適切な取引が行われていた可能性が高いことが判明したことを受けて、平成23年3月24日に内部調査委員会（委員長：代表取締役社長　森原　哲也）を設置して、事実関係の調査を開始したところ、RTCが数年間に及ぶ多数回の循環取引に関係している疑い及び係る取引が連結業績に影響を与える可能性が判明したため、公正中立かつ独立した立場からの調査を確保すべく、同月28日に外部調査委員会（委員長：関口　智弘　弁護士）を設置し、本件調査を鋭意進めてまいりました。

　外部調査委員会の調査の結果、当社及びRTCは、平成20年12月頃から平成23年3月までの間に、当社グループに属しない第三者である取引先との間で循環取引等の不正な取引に関与し、架空売上や架空仕入の計上等の不適切な会計処理が行われていたことが明らかになりました。

　当社は、判明した損失額を、年度別に適正に振り当てる作業を実施しましたが、その結果、過大に計上されていた売掛金、買掛金、棚卸資産、売上高及び売上原価の訂正等、過年度における連結財務諸表等の訂正が必要となりましたので、金融商品取引法第24条の2第1項の規定に基づき、平成22年6月30日に提出しました第22期（自　平成21年4月1日　至　平成22年3月31日）に係る有価証券報告書の訂正報告書を提出するものであります。

　訂正後の連結財務諸表については、有限責任監査法人トーマツにより、再度監査を受けており、その監査報告書を添付しております。

> なお、連結財務諸表の記載事項に係る訂正箇所についてはXBRLの訂正も行ったため、併せて訂正後のXBRL形式のデータ一式（表示情報ファイルを含む）を提出しております。

❸ 虚偽記載の態様

　当社が平成23年5月19日に公表した「当社連結子会社における不適切な会計処理に関する調査結果等のご報告」の添付資料である外部調査委員会「最終調査報告書」および内部調査委員会「内部調査報告書」（以下、これらの報告書を「調査委員会報告」という。）によると、次のような子会社の従業員によるSDカードおよびペットボトル入り飲料水を使用した循環取引等の不適正な会計処理があったとしている。

1 SDカードによる循環取引

　当該子会社の従業員は、取引先A社の代表取締役社長からA社の資金繰りが厳しいことを理由に、A社がD社からフラッシュメモリーを仕入れる際に、当該子会社に伝票を通すことを依頼され、同人が了承した。この時点からSDカードによる循環取引が開始された。取引形態は、当該子会社が、A社のほか複数の会社からSDカードを仕入れ、それをA社ほか複数の会社に売り付けるものである。したがって、この取引は、関与会社からの架空仕入と関与会社に対する架空売上となる。

2 ペットボトル入り飲料水取引による循環取引

　平成23年以降、L社関連の製造会社であるM社から、A社を介して、ペットボトル入りの飲料水を仕入れ、L社に卸すという循環取引が行われていた。A社から当該子会社への出向者が主導して行われたものである。この取引は、A社からの架空仕入とL社への架空売上となる。

3 売上ではなく、単なる立替払い取引

当該子会社は、韓国のSDメーカーからフラッシュメモリーカードを輸入し、A社に販売していた。この商流参加の理由は、A社が韓国メーカーの与信枠一杯まで取引をしているため、当該子会社がA社に代わって韓国メーカーから商品を仕入れるという融通目的であった。したがって、この取引は、韓国メーカーからの架空仕入とA社に対する架空売上となり、韓国メーカーへの支払金額はA社に対する貸付金となる。

❹ 不適正な会計処理の連結財務諸表への影響額

当社の平成22年3月期および平成21年3月期連結財務諸表の主な科目の訂正前、訂正後およびその増減額、増減率の数値は次のとおりである。

■ 平成22年3月期　連結財務諸表の主な科目の訂正前・訂正後

(単位：百万円)

	訂正前	訂正後	増減額	増減率
売上高	242,619	241,491	△ 1,128	△ 0.46%
売上原価	149,335	148,257	△ 1,078	△ 0.72%
販売費及び一般管理費	79,951	79,946	△ 5	△ 0.01%
営業外収益	1,825	1,825	0	0.00%
営業外費用	1,266	1,266	0	0.00%
特別利益	354	354	0	0.00%
特別損失	2,127	2,185	58	2.73%
当期純利益・損失（△）	6,771	6,665	△ 106	△ 1.57%
純資産	39,510	39,349	△ 161	△ 0.41%

総資産	118,516	118,177	△ 339	△ 0.29%

■ 平成21年3月期　連結財務諸表の主な科目の訂正前・訂正後

(単位:百万円)

	訂正前	訂正後	増減額	増減率
売上高	252,303	252,198	△ 105	△ 0.04%
売上原価	164,445	164,342	△ 103	△ 0.06%
販売費及び一般管理費	77,632	77,631	△ 1	△ 0.00%
営業外収益	1,642	1,642	0	0.00%
営業外費用	2,122	2,122	0	0.00%
特別利益	250	250	0	0.00%
特別損失	4,270	4,324	54	1.26%
当期純利益・損失（△）	1,709	1,654	△ 55	△ 3.22%
純資産	34,910	34,855	△ 55	△ 0.16%
総資産	121,286	121,182	△ 104	△ 0.09%

❺ 不適正な会計処理を行った背景

　上記❸の調査委員会報告によると、当該子会社において不適正な会計処理が行われるようになったのは、当該子会社の管理体制が不十分であったうえ、特定の従業員への業務および権限の集中により取引先との間で癒着が生じたことにあるとしている。

[1] 不十分な子会社管理体制

　当社は、株式取得による企業買収を成長戦力として導入してきた。しかし、

買収に際しては、営業上の業務運営が優先され、買収後の子会社に関する管理体制や内部統制につき、十分な対策が講じられていなかった。したがって、業務や経理等のシステムは子会社ごとに個別のものを継続使用するなど、買収後の統合作業がほとんど実施されなかった。

当社には、関係会社管理規程が存在し、当社の経営企画部が関係会社を統括管理すると定められている。しかし、当社経営企画部は、子会社の月次の営業報告を作成しているものの、子会社の業務に関する監視までには至っておらず、経営企画部における子会社の管理は表層的であり十分なものではなかった。

2 特定の従業員への業務および権限の集中

循環取引を始めたＢの所属していた当該子会社のプロダクト部は、Ｂの一人部署であった。Ｂが実質的に一人で、当該子会社の販売プロセスにおいて、受注、出荷、売上高の計上、請求書および納品書の発行を行い、また、購買業務プロセスでは当社を通じて仕入を行っていたものの、Ｂが当社名義で発注書を発行することができた。これにより、Ｂは、当社の信用力を利用した取引を自由に行うことができるようになった。

❻ 重要性がないとされた判断基準

循環取引等による不適正な会計処理を行ったものであるが、次のこと等を総合勘案し、課徴金が課されなかったものと推測される。

① 当該子会社は、循環取引を主導したものではなく、主導会社である取引先に協力したものである。
② 不適正な会計処理を行った当該子会社のプロダクト部の売上は、当社グループ全体の売上から見て小さい。
③ 循環取引による架空仕入、架空売上による連結業績への影響額は、上記❹のとおり僅少である。

❼ 再発防止策

　上記❸の調査委員会報告によると、外部調査委員会は、当社に対して次の再発防止策を提案した。当社は、これを受け、再発防止策を策定し、その施策を速やかに実施したいとしている。

　「不正取引の原因行為を予防するための方策」として、①商品購買部における業務プロセスの見直し、②一人部署の洗い出しおよび改善、③予防措置を機能させる、④不正取引に手を染めないように心理的バリアを高くする、⑤人事における定期的なローテーションを、また、「原因行為を早期に発見するための方策」として、①不正取引を発見する制度的手当、②不正取引の兆候を把握する施策、③担当役員への徹底を掲げ、さらに、不適正な会計処理等を早期に発見する方策に言及している。

7 株式会社C-19

[有価証券報告書提出会社] 小売業、東京証券取引所市場第一部上場
[訂正報告書の提出日] 平成23年2月1日
[訂正対象決算期] 平成18年3月1日～22年2月28日
[訂正勘定科目] 売上原価（売上原価の過少計上）、資産（棚卸資産の過大計上）

❶ 事案の概要

　当社は、子会社において、平成18年2月期から23年2月期までの間、棚卸資産を過大に計上する不適正な会計処理を行っていたとして、平成23年2月1日に平成19年2月期から22年2月期までの間の有価証券報告書等の訂正報告書を提出した。

　なお、本件の不適正な会計処理が判明した経緯は次のとおりである。内部監査において、当該子会社が平成22年7月および9月に店舗の閉店を実施したにもかかわらず、棚卸資産の合計金額が増加するという、商品在庫の不自然な推移があることを発見した。これを受けて、内部監査室が棚卸資産の内容を分析したところ、棚卸資産の計上が改竄データを元になされていることを確認した。内部監査室の報告を受け、社内調査委員会を設置し調査を開始した結果、当該子会社が不適正な棚卸資産を計上していた事実が判明した。

❷ 訂正報告書の訂正理由

　平成23年2月1日に平成19年2月期から22年2月期までの間の有価証券

報告書等の訂正報告書が提出されている。訂正理由は各年度同様で、次のとおりである。

■平成22年2月期有価証券報告書の訂正報告書

　当社内部監査室の監査において、当社の連結子会社である株式会社キリン堂薬局（以下「キリン堂薬局」という。）の棚卸資産について、一部不適切な計上が行われていた可能性が高いことが判明しました。

　それに伴い、平成23年1月12日に社内調査委員会（委員長　代表取締役社長　目黒真司）を設置し、本件に関する事実関係（過年度決算への影響を含む）の調査・解明に着手してまいりました。

　社内調査委員会による調査により、キリン堂薬局の平成18年4月期から平成22年10月期において棚卸資産に計上した金額については、棚卸による在庫有高額の数値を操作することにより実際の在庫よりも過剰に計上されていることが明らかとなり、当時の経理処理は適当でない、という結論に至りました。

　この調査結果に基づき、当社は過年度における棚卸しデータの再計算を行ったうえで実在庫有高を算定しました。

　また、これを受け、当社個別財務諸表において、キリン堂に対して計上している貸倒引当金の額を再算定しました。

　その結果、連結財務諸表及び財務諸表の訂正が必要となりましたので、金融商品取引法第24条の2第1項の規定に基づき、平成22年5月27日に提出いたしました第35期（自　平成21年3月1日　至　平成22年2月28日）に係る有価証券報告書の訂正報告書を提出するものであります。

　なお、連結財務諸表及び財務諸表の記載内容にかかる訂正箇所につき、XBRLデータの訂正を行いましたので、併せて訂正後のXBRL形式のデータ一式（表示情報ファイルを含む）を関連書類として提出いたします。

　訂正後の連結財務諸表及び財務諸表については、有限責任監査法人ト

マツにより、改めて監査を受けており、その監査報告書を添付しております。

❸ 虚偽記載の態様

　当社が平成 23 年 2 月 1 日に公表した、当社社内調査委員会による「調査委員会報告書」(以下、「調査委員会報告」という。)によると、子会社において、平成 18 年 2 月期から 23 年 2 月期までの間、棚卸資産を過大に計上する不適正な会計処理があったとしている。

　当該子会社が他の会社を吸収合併し、システム統合後の最初の棚卸を実施した平成 18 年 1 月に在庫高の異常値が発見された。当該子会社の取締役管理部長(会計処理全般を管理)は、原因を究明しようと試みるも判明させることができず、当該子会社の代表取締役と相談したところ、後で解決することにし、この差異を見過ごすこととした。そして、その際にとった方法が、在庫高を伝票値入率より想定した理論値に改竄するというものであり、それが本件の不適正な会計処理の発端となった。

　値入率とは、商品の販売価格と仕入原価の差額の販売価格に対する比率を表すものであり(値入率(％) = (販売価格 − 仕入原価) ÷ 販売価格 × 100)、目的は異なるが、内容は、売上総利益(粗利)の売上高に対する比率を表す売上高売上総利益率と同じである(売上高売上総利益率(％) = 売上総利益 ÷ 売上高 × 100)。当該取締役管理部長は、売上高と値入率を用いて売上原価を算出し(売上高 × (1 − 値入率) = 売上原価)、期首商品棚卸高と当期仕入高の合計額からそれを引いて棚卸資産の額を算出した(期首商品棚卸高 + 当期仕入高 − 売上原価 = 期末商品棚卸高)。まずあるべき売上総利益の額があり、それが算出されるように棚卸資産の額を設定したのである。

　当該子会社から当社への業績報告は、①毎月 3 日期限の前月業績数値の概算報告、②月末の前月経理確定値の報告となっていたが、当該代表取締役から当

該取締役管理部長に対し、「前述の異常値発生から原因を究明しないままに、統合したシステムでは異常値になる。①の月初の報告は値入率より想定した粗利率で割り戻した原価で報告」との指示があり、当該取締役管理部長は在庫を改竄し報告書を作成するようになった。

当該代表取締役の考えは、月末の経理確定までに異常の原因を突き止めて正しい数値で決算をするというものであったが、この指示を受けた当該取締役管理部長は、原因の究明がうまくいかないなかで、当該代表取締役の指示がプレッシャーになり、経理確定についても改竄した数字を使用し続けた。

そして、その後も、当該取締役管理部長は棚卸データを改竄して会計システムに入力するという手順で棚卸資産の架空計上を継続し、当社へ改竄した財務数値の報告を行うようになったのである。

❹ 不適正な会計処理の連結財務諸表への影響額

当社の平成19年2月期から22年2月期連結財務諸表の主な科目の訂正前、訂正後およびその増減額、増減率の数値は次のとおりである。

■ 平成22年2月期　連結財務諸表の主な科目の訂正前・訂正後

(単位：百万円)

	訂正前	訂正後	増減額	増減率
売上高	52,125	52,125	0	0.00%
売上原価	41,305	41,339	34	0.08%
販売費及び一般管理費	15,471	15,471	0	0.00%
営業外収益	76	76	0	0.00%
営業外費用	43	43	0	0.00%
特別利益	104	104	0	0.00%

	訂正前	訂正後	増減額	増減率
特別損失	182	182	0	0.00%
当期純利益・損失（△）	150	116	△ 34	△ 22.67%
純資産	8,803	8,702	△ 101	△ 1.15%
総資産	22,828	22,727	△ 101	△ 0.44%

■ 平成21年2月期　連結財務諸表の主な科目の訂正前・訂正後

（単位：百万円）

	訂正前	訂正後	増減額	増減率
売上高	56,509	56,509	0	0.00%
売上原価	44,695	44,719	24	0.05%
販売費及び一般管理費	16,570	16,571	1	0.01%
営業外収益	111	111	0	0.00%
営業外費用	40	40	0	0.00%
特別利益	122	122	0	0.00%
特別損失	3,816	3,830	14	0.37%
当期純利益・損失（△）	△ 2,869	△ 2,909	△ 40	1.39%
純資産	8,708	8,641	△ 67	△ 0.77%
総資産	24,016	23,949	△ 67	△ 0.28%

■ 平成20年2月期　連結財務諸表の主な科目の訂正前・訂正後

（単位：百万円）

	訂正前	訂正後	増減額	増減率
売上高	56,553	56,553	0	0.00%

売上原価	44,721	44,738	17	0.04％
販売費及び一般管理費	16,877	16,879	2	0.01％
営業外収益	119	119	0	0.00％
営業外費用	43	45	2	4.65％
特別利益	67	67	0	0.00％
特別損失	510	510	0	0.00％
当期純利益・損失（△）	75	54	△ 21	△ 28.00％
純資産	11,705	11,679	△ 26	△ 0.22％
総資産	23,931	23,904	△ 27	△ 0.11％

■平成19年2月期　連結財務諸表の主な科目の訂正前・訂正後

（単位：百万円）

	訂正前	訂正後	増減額	増減率
売上高	55,836	55,836	0	0.00％
売上原価	44,542	44,542	0	0.00％
販売費及び一般管理費	16,207	16,207	0	0.00％
営業外収益	81	81	0	0.00％
営業外費用	83	89	6	7.23％
特別利益	107	107	0	0.00％
特別損失	644	644	0	0.00％
当期純利益・損失（△）	569	564	△ 5	△ 0.88％
純資産	11,982	11,977	△ 5	△ 0.04％
総資産	24,890	24,885	△ 5	△ 0.02％

❺ 不適正な会計処理を行った背景

上記❸の調査委員会報告によると、子会社において不適正な会計処理が行われるようになった背景には、業績に対するプレッシャー、管理体制の不備、そして、コンプライアンス意識の欠如があったとしている。

① 業績に対するプレッシャー

本件の不適正な会計処理の関与者は、当該子会社の代表取締役と取締役管理部長である。当該代表取締役は、当社に対して好業績を報告しなくてはならないという思いを抱いていたようであり、その思いを共有していた当該取締役管理部長が不適正な会計処理を継続するようになった。

② 管理体制の不備

当該子会社では当該代表取締役と当該取締役管理部長に権限が集中しており、当該取締役管理部長が他部門に監視されることなく単独で在庫数値を作成することができ、それがそのまま当社に報告されていた。仮に職務分掌と権限委譲の体制が整備されているとしたら、他部門から在庫の実在性について指摘があったと考えられるが、当該子会社の体制では他部門からの自主的監視機能を期待することができなかった。

また、当社では総務部を窓口とした内部通報制度を制定しているが、当社グループに属する子会社への適用があいまいで、当該子会社においてはこのような制度の適用ができていなかった。

なお、当社においても、当該子会社が属する業界に精通する人員を配置しておらず、都度の財務数値の報告を受けるものの、予算実績推移や出店・改装等への経営関与が主であることから、詳細な経営情報の共有が十分にできていなかった。このことも本件の発覚を遅らせる要因と判断される。

3 コンプライアンス意識の欠如

　当該取締役管理部長は、当社に対して好業績を報告しなくてはならないという思いから本件の不適正な会計処理を実行した。しかし、架空在庫の計上がコンプライアンス上問題のある行為であることは明らかであり、取締役の立場にありながらそれを直接実行した当該取締役管理部長にはコンプライアンス意識が欠如していたといわざるを得ない。

❻ 重要性がないとされた判断基準

　子会社において棚卸資産を過大に計上する不適正な会計処理を行ったものであるが、次のこと等を総合勘案し、課徴金が課されなかったものと推測される。
① 子会社で行われていたものであり、全社的なものではない。また、関与者も限られている。
② 本件の不適正な会計処理の関与者は、当該子会社の代表取締役と取締役管理部長であり、当社における組織的な関与はなかった。また、本件の不適正な会計処理を直接実行したのは当該取締役管理部長であり、当該代表取締役の方はその具体的な内容について認識していなかった。
③ 上記❶のとおり、本件の不適正な会計処理は、当社自らが、内部監査の過程で認識した事実に基づき調査を行った結果、明らかにしたものである。

❼ 再発防止策

　上記❸の調査委員会報告によると、当社社内調査委員会は当社に対して次の再発防止策を提案し、当社はかかる再発防止策を実施するとしている。

1 事業計画、予算等の管理方法に関する改善策

　事業計画、予算管理、あるいは中期計画について、目標達成に対する指導・

指示が、子会社に過剰な圧力をかけた可能性が考えられるため、これらの作成にあたっては、経営陣が適切な情報収集や緊密なコミュニケーションを図り、子会社との間に意思・情報の連絡・疎通を欠くことがない体制、組織、会議体への見直しを図る必要がある。

2 企業風土に関する改善策

長年にわたる権限集中体制から社員が疑念を持ったとしても進言しにくい環境があったことが、本件の不適正な会計処理の発生の背景にあると考えられるため、この点につき以下の改善策を提言する。

① 外部有識者等による研修会を通じ、企業理念について徹底した討論を行い、代表取締役自ら内外にメッセージとして発信する。

② 内部通報制度の適用範囲を子会社に拡大適用することとし、法令および社内規程に反する行為をしていることを知ったときは、内部通報制度による通報を迅速に行えるよう、経営者ならびに従業員に対し制度の理解を深め活用の促進につながる教育を継続的に実施する。

③ 当社および子会社においてコンプライアンス推進活動を積極的に進めるとともに、企業理念メッセージの浸透・徹底に努める。

④ 当社管掌役員あるいは担当部署においても、子会社との距離を置くような対応や子会社が距離を感じるような雰囲気を作らないよう努め、子会社との間に意思・情報の連絡・疎通を欠くことがない体制、組織、会議体等を図る。

3 業務・ルールの明確化

連結子会社における経理規程は本社経理規程に準ずるものとしているが、本件の不適正な会計処理が行われた子会社においては人員体制等制約により形骸化している。「何でもできてしまう」という単独部署体制の改善と、当社も含めた相互監視の働く体制を作る必要があるため、以下の改善策を提言する。

① 今般発覚した在庫確定までの業務フローにおいて、ダブルチェックおよ

び他部署による相互監視の観点から見直しを図り、実地棚卸業務人員の複数体制や、定期的な第三者による実施へと変更する。
② 当該子会社と当社経理部の分担体制を構築し、経理業務の正確性、網羅性などのリスク低減を図るものとする。
③ 各部門間の相互監視が働くよう、今まで不十分であった在庫表データ等の作成・保管を行い、整合性を確認するため定期的に突合せ照合を実施する。
④ 変更内容を規程あるいは子会社に応じた細則等に明記し、周知徹底を図る。

4 内部統制システムに関する改善策

本件の不適正な会計処理を長年にわたり発見することができなかったことを踏まえて、以下の改善策を提言する。

① 子会社の予算中期計画、経営数値は、より詳細な報告内容として当社へ報告することを義務付ける。また、内部監査室、経営企画室（内部統制担当）においては経営情報を集約し、リスク情報、会計情報、営業、店舗状況に至るまで総合的に分析し、その内容を取締役へ伝達する体制を構築する。
② 子会社の会計処理に関して、目標と実績の数値の詳細の把握、人為的ミスや故意による数値の誤りを防止するための作業ごとの帳票・証票類の厳格な管理、業務分掌表の見直しを実施し、業務上発生しうるリスクの未然防止・早期発見につなげる。

8 株式会社C-21

[有価証券報告書提出会社] 不動産業、非公開、大阪証券取引所市場第二部上場・名古屋証券取引所市場第二部上場、その後上場廃止
[訂正報告書の提出日] 平成22年9月17日、平成23年1月13日、平成23年1月14日
[訂正対象決算期] 平成19年3月1日～21年2月28日
[訂正勘定科目] 売上高（売上の過大計上）、販売費及び一般管理費（費用の過少計上）、特別損失（貸倒引当金繰入額の過少計上）、資産（不動産共同事業出資金の過大計上）

1 事案の概要

　当社は、子会社において、平成20年2月期に、売上計上が適当でない取引を売上計上する不適正な会計処理を行っていたとして、平成22年9月17日、平成23年1月13日、平成23年1月14日に平成20年2月期および21年2月期の有価証券報告書等の訂正報告書を提出した。

　なお、本件の不適正な会計処理は、平成22年1月18日の監督官庁による任意調査を契機に、当該子会社において過去に一部取引先との間で不適正な取引が行われていた可能性があることが判明したため、第三者調査委員会を設置して、それによる調査が開始され判明した。

❷ 訂正報告書の訂正理由

平成22年9月17日、平成23年1月13日、平成23年1月14日に平成20年2月期および21年2月期の有価証券報告書等の訂正報告書が提出されている。訂正理由は各年度同様で、次のとおりである。

■ 平成21年2月期有価証券報告書の訂正報告書

> 当社の100％子会社であった株式会社グローバルコーポレーション（現在特別清算手続き中。以下「グローバル」という。）の不動産事業において、過去に一部取引先との間で不適切な取引が行われていた可能性があることが判明したことを受けて、当社取締役会は早急に事実関係の詳細及び業績に与える影響の有無を調査し、第三者の立場で全容の解明を行っていただくため、平成22年11月29日に社外の弁護士及び公認会計士による調査委員会（委員長：佐川明生弁護士）を設置いたしました。
>
> 調査委員会による調査により、グローバルの平成20年2月期において売上計上した2件の取引については、事実上、グローバルが拠出した出資金としての意味を有する別の不動産共同事業への事業遂行資金の返還を目的とした取引と認められるものであり、これらに関して売上として計上した当時の経理処理は適当ではない、と認めるに至りました。
>
> この調査結果に基づき、当社はこれら2件の取引について売上から除外し、不動産共同事業出資金の返還金として処理することとし、その結果、過年度における連結財務諸表等の訂正が必要となりましたので、金融商品取引法第24条の2第1項の規定に基づき、平成21年5月27日に提出しました第87期事業年度（自　平成20年3月1日　至　平成21年2月28日）に係る有価証券報告書の訂正報告書を提出するものであります。
>
> 訂正後の連結財務諸表及び財務諸表については、フロンティア監査法人により再度監査を受けており、その監査報告書を添付しております。

❸ 虚偽記載の態様

　当社が平成23年1月12日に公表した「調査委員会による調査報告書（最終）の受領に関するお知らせ」の添付資料である調査委員会「調査報告書」（以下、「調査委員会報告」という。）によると、子会社において、平成20年2月期に、売上計上が適当でない取引を売上計上する不適正な会計処理があったとしている。

　当該子会社は、同時期にA社およびB社との間で不動産業務委託契約と不動産共同事業基本契約を締結している。不動産業務委託契約は、A社およびB社が当該子会社に対して不動産に関する調査や売買等の業務を委託するという内容であり、また、不動産共同事業基本契約は、A社およびB社が当該子会社などから資金を調達して建物付土地を購入し、建物を取り壊した後、建物を新たに建築したうえでファンド等に転売するという内容である。

　そして、不動産業務委託契約に基づきA社およびB社から当該子会社に対して業務委託報酬が支払われ、また、不動産共同事業基本契約に基づき当該子会社からA社およびB社に対して事業遂行資金が拠出された。この際、当該子会社は、A社およびB社から支払われた業務委託報酬を売上として計上していた。しかし、実態に照らすと、そうした処理は適当ではなかったのである。

　調査の結果、不動産業務委託契約は、当該子会社からA社およびB社に対する具体的な役務の提供を意図したものではなく、当該子会社において売上を計上するために、不動産共同事業基本契約に基づきA社およびB社に対して拠出された事業遂行資金の一部を当該子会社に返還させることを意図したものであったことが判明したからである。

図表4-2　不適正な売上計上

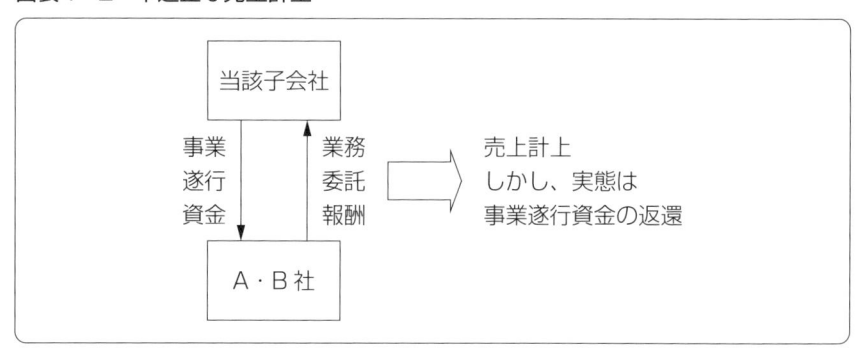

```
       当該子会社
    ↑        ↑
  事業      業務       売上計上
  遂行      委託   ⇒  しかし、実態は
  資金      報酬       事業遂行資金の返還
    ↓        │
       A・B社
```

❹ 不適正な会計処理の連結財務諸表への影響額

当社の平成20年2月期および21年2月期連結財務諸表の主な科目の訂正前、訂正後およびその増減額、増減率の数値は次のとおりである。

■ 平成21年2月期　連結財務諸表の主な科目の訂正前・訂正後

（単位：百万円）

	訂正前	訂正後	増減額	増減率
売上高	2,462	2,462	0	0.00%
売上原価	2,722	2,722	0	0.00%
販売費及び一般管理費	880	880	0	0.00%
営業外収益	65	65	0	0.00%
営業外費用	39	39	0	0.00%
特別利益	113	113	0	0.00%
特別損失	2,750	2,425	△325	△11.82%
当期純利益・損失（△）	△2,863	△2,538	325	△11.35%

純資産	1,577	1,577	0	0.00%
総資産	2,971	2,971	0	0.00%

■ 平成20年2月期　連結財務諸表の主な科目の訂正前・訂正後

(単位：百万円)

	訂正前	訂正後	増減額	増減率
売上高	3,933	3,705	△228	△5.80%
売上原価	2,820	2,820	0	0.00%
販売費及び一般管理費	1,328	1,339	11	0.83%
営業外収益	11	11	0	0.00%
営業外費用	85	85	0	0.00%
特別利益	10	10	0	0.00%
特別損失	2,324	2,410	86	3.70%
当期純利益・損失（△）	△2,459	△2,784	△325	13.22%
純資産	4,658	4,333	△325	△6.98%
総資産	7,407	7,082	△325	△4.39%

❺ 不適正な会計処理を行った背景

　上記❸の調査委員会報告によると、子会社において不適正な会計処理が行われるようになった原因としては、統制環境上の問題と組織体制上の問題があったとしている。

1 統制環境上の問題

　①　本件の不適正な会計処理の関与者は、当該子会社設立時から平成19年

5月29日まで当該子会社の代表取締役社長、平成19年5月30日から平成20年4月30日まで当該子会社の代表取締役会長だったA（当該子会社が当社の子会社となった平成18年10月以降は当社の取締役を、平成19年5月30日以降は当社の代表取締役社長を兼務）と、平成19年5月30日から平成20年4月30日まで当該子会社の代表取締役社長だったBである。不動産市況の悪化の影響を受けて、当該子会社の業績も悪化傾向にあり、Aは当該子会社の業績を向上させたいと思っていたようである。また、Aが当社の取締役に就任した後、当社の株価は下落傾向にあり、当該子会社を含む当社グループの業績を向上させることにより、当社の株価を上昇させたいとも思っていたようである。

② Aは平成19年5月25日に当社の親会社の取締役にも就任し、その取締役会において当社および当該子会社の業績について報告していたが、個別案件についての具体的な説明は行わず、親会社の他の役員も当社および当該子会社の事業展開についてはAに任せきりであった。

③ 当該子会社においては、創業者であるAが絶対的な存在であり、不動産事業の重要な決定はAが単独で行っていた。問題となった不動産業務委託契約はいずれも社長決裁権限の範囲内となり、取締役会に諮ることなく「社内稟議書」のみで承認を行っており、これらの契約の詳細な内容について他の取締役や監査役にはほとんど知らされることがなかった。また、当社の取締役会に対しても、それらについての報告はまったく行われていなかった。

[2] 組織体制上の問題

① 社長決裁権限が5億円と極めて大きく設定されており、その結果ほとんどの不動産取引は社長決裁権限範囲内となっていた。

② 当該子会社においてはAおよびBに対する進言や諫言は困難な状況にあった。内部監査室が設置されていたが、社内通報制度も整備されておらず、内部監査室長はAの任命による総務部社員からの配属替えであり、

そこからのＡおよびＢに対する進言や諫言も困難な状況にあった

❻ 重要性がないとされた判断基準

　子会社において売上計上が適当でない取引を売上計上する不適正な会計処理を行ったものであるが、次のこと等を総合勘案し、課徴金が課されなかったものと推測される。

① 子会社で行われていたものであり、全社的なものではない。また、関与者も限られている。
② 本件の不適正な会計処理の関与者である2名はいずれも当該子会社の代表取締役、そのうち1名は当社の代表取締役社長でもあり、経営者による不正であるといえるが、他の役員はそれについて認識しておらず、組織的な関与はなかった。
③ 本件は、不動産業務委託契約に基づく業務委託報酬を売上として計上していたが、実態に照らすと、そうした処理は適当ではなかったというものである。しかしながら、不動産業務委託契約に基づく当該子会社による役務の提供は一応行われており、まったく架空の売上を計上したというものではなかった。

❼ 再発防止策

　上記❸の調査委員会報告は、次のように再発防止策および法令順守体制の構築についても言及しているが、当社はそれらをすでに実施済であるとのことである。

[1] 統制環境上の問題について

① 本件訂正に関する役員の処分について
　❺に記載した、本件の不適正な会計処理の関与者であるＡおよびＢは、

すでにそれが行われた子会社の取締役を辞任し（当該子会社はその後特別清算）、Aは当社の取締役もすでに退任している。
② コーポレート・ガバナンスの改善について
　現在、当社の取締役会は、代表取締役社長、取締役管理本部長、100％子会社の代表取締役社長、親会社の代表取締役という4名の取締役で組織され、取引額1,000万円以上の不動産案件はすべて取締役会決議事項とされている。
　取締役会において不動産案件の取引を検証する際には、当該不動産情報以外に、取引先や契約書案、事業収支等の情報をもとに、慎重に判断する体制を構築している。
　また、社外監査役を2名選任しており（弁護士1名と公認会計士1名を含む）、取締役会への出席等を通じて経営に対して第三者的な立場から監視機能を担っている。また、監査役は必要に応じて会計監査人と連携し、業務上や会計上の課題等について情報を共有できる体制を構築している。
③ コンプライアンス意識の改善について
　当社ではコンプライアンス規程をはじめとする各種規程類について、定期的に役職員全員を対象として研修会を開催し、内容の周知徹底を図るとともに、相互牽制・監視を行う姿勢を培い、不適正な取引や会計処理等を未然に防止する体制を構築している。

[2] 組織体制上の問題について

① 社内稟議システムに関する改善策
　当社においては、現在、キャッシュアウトを伴う1,000万円以上の営業上の契約およびその他の約定額500万円以上の契約は取締役会決裁と定められている。そのため、ほとんどの不動産案件は取締役会において検証することとなり、代表取締役社長に決裁権限が集中しない体制となっている。
② 内部監査室のチェック体制に関する改善策
　現在、当社の内部監査室は1名の専任人員が、内部監査規程に則って監

査計画を策定し、監査を実施している。また、平成20年12月24日付で内部通報規程を制定し、定期的に開催している社内研修会を通じて役職員全員に対し、顧問弁護士への内部通報制度の周知徹底を図るなど、不正を監視する組織作りが行われている。

③　内部統制の構築の状況

　当社においては、J-SOX法の導入準備のため、平成20年3月28日付で外部のコンサルティング会社と内部統制の構築に関する「コンサルティング契約書」を締結し、社内規程の整備、いわゆる内部統制文書の3点セット（業務記述書・リスクコントロールマトリックス・業務フロー図）の作成等の作業を行った。平成21年3月からは実際の運用期間に入っているが、現在まで大きな問題もなく運用されており、監査法人の内部統制監査においても「適正」と認められている。当該コンサルティング会社には、平成21年3月以降現在に至るまで、引き続きコンサルティング契約を継続し、随時指導を受けている。

9 C-23株式会社

[有価証券報告書提出会社] 機械、東京証券取引所市場第一部上場・大阪証券取引所市場第一部上場
[訂正報告書の提出日] 平成22年11月12日
[訂正対象決算期] 平成17年4月1日～22年3月31日
[訂正勘定科目] 売上高（架空売上の計上）、売上原価（架空仕入の計上）、販売費及び一般管理費（費用の過少計上）、特別損失（付加価値税修正損の過少計上）、資産（売上債権の過大計上、棚卸資産の過少計上）

① 事案の概要

　当社は、子会社において、平成17年8月から22年8月までの間、架空売上の計上や架空仕入の計上といった不適正な会計処理を行っていたとして、平成22年11月12日に平成18年3月期から22年3月期までの間の有価証券報告書等の訂正報告書を提出した。

　なお、本件の不適正な会計処理が判明した経緯は次のとおりである。平成22年8月末、当該子会社において、他の販売子会社に比べて売掛金の回収期間が長く改善も見られないこと、また借入金も増えていることから、社内調査を開始した。その調査の過程で不適正な取引の疑いが生じたため、社長を筆頭とした社内調査チームを編成し、当該子会社に調査メンバーを派遣するなど実態解明の努力を行った結果、当該子会社において不適正な会計処理が行われていたことが判明した

❷ 訂正報告書の訂正理由

平成 22 年 11 月 12 日に平成 18 年 3 月期から 22 年 3 月期までの間の有価証券報告書等の訂正報告書が提出されている。訂正理由は各年度同様で、次のとおりである。

■ 平成22年3月期有価証券報告書の訂正報告書

当社の連結子会社である Hitachi Power Tools Europe GmbH（所在国：ドイツ。事業内容：電動工具の販売。）において、不適切な取引及び会計処理を行っていたことが判明したことから、外部の専門家で構成する調査委員会を設置し全容解明を行った。その結果、連結業績に与える影響額（過大計上額の純額）は、当社第 84 期（自　平成 17 年 4 月 1 日　至　平成 18 年 3 月 31 日）から第 89 期（自　平成 22 年 4 月 1 日　至　平成 23 年 3 月 31 日）第 1 四半期（自　平成 22 年 4 月 1 日　至　平成 22 年 6 月 30 日）までの累計で売上高 9,620 百万円、営業利益 4,468 百万円、純利益 6,019 百万円となった。なお、このうち純利益に与える影響額について、本件架空売上に対して支払ったドイツの VAT（Value Added Tax（付加価値税））のドイツ税務当局による還付が確定していないため、費用として各期に計上する会計処理で算出し、還付が確定した段階で利益計上することとしている。当該期間に支払い、費用として計上した VAT の累計額は 1,691 百万円である。

また、過去において判明はしていたものの重要性がないため遡及して会計処理の訂正をしていなかった事項及び今回新たに判明した軽微な事象（売上計上の期ずれ等）にかかる訂正（累計で売上高 1,111 百万円、営業利益 200 百万円、純利益 35 百万円）も、あわせて行うこととした。

これらにより、当社が過去に提出した第 88 期（自　平成 21 年 4 月 1 日　至　平成 22 年 3 月 31 日）有価証券報告書の記載事項の一部を訂正する

必要が生じたので、これを訂正するため、金融商品取引法第24条の2第1項の規定に基づき有価証券報告書の訂正報告書を提出する。

　連結財務諸表及び財務諸表の記載内容に係る訂正箇所については、XBRLの修正も行ったので、併せて訂正後のXBRL形式のデータ一式（表示情報ファイルを含む。）を提出する。

　なお、訂正後の連結財務諸表及び財務諸表については、第88期（自　平成21年4月1日　至　平成22年3月31日）は新日本有限責任監査法人により、第87期（自　平成20年4月1日　至　平成21年3月31日）は有限責任　あずさ監査法人により監査を受け、それぞれその監査報告書を添付している。

❸ 虚偽記載の態様

　当社が平成22年11月1日に公表した「当社連結子会社の不適切な取引および会計処理に関する調査結果等について」の添付資料である調査委員会「調査報告書」（以下、「調査委員会報告」という。）によると、子会社において、平成17年8月から22年8月までの間、架空売上の計上や架空仕入の計上といった不適正な会計処理があったとしている。本件の不適正な会計処理は、「架空売上の計上と取消処理」と「架空売上と架空仕入の計上」の2つのパターンに分類される。

1 架空売上の計上と取消処理

　これは、外部関与者と通謀することにより、偽造した証憑を作成し、架空売上を計上して、翌期以降にそれを取り消すというものである。当該子会社と外部関与者の間での製品受渡しおよび資金取引を伴わない会計帳簿上の操作であり、翌期以降に当初計上された架空売上取引と同一の製品、数量および単価で取消処理が行われていた。

2 架空売上と架空仕入の計上

　これは、外部関与者A社と通謀することにより、偽造した証憑を作成し、隠し倉庫への製品搬出により通常の売上取引を装い（A社に対する架空売上を計上）、その後、外部関与者が実質的に支配している他の企業B社の証憑も偽造し、隠し倉庫からの製品搬入により通常の仕入取引を装うというものである（B社に対する架空仕入を計上）。これも、外見上在庫を移動させてはいるが、資金取引を伴わない会計帳簿上の操作である。

　なお、この場合、A社に対する架空の売上債権とB社に対する架空の仕入債務が残存することになるが、当該子会社はその架空の売上債権と仕入債務を相殺消去するという処理も行っていた。

図表4-3　架空売上と架空仕入の計上

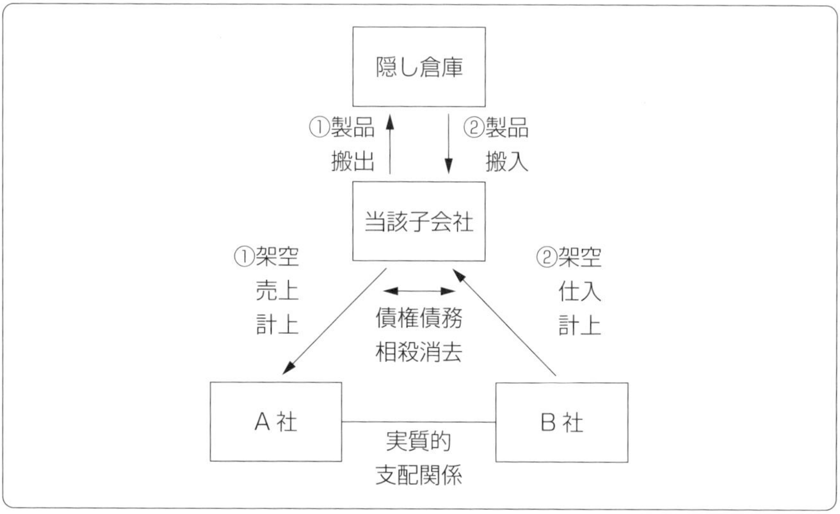

❹ 不適正な会計処理の連結財務諸表への影響額

　当社の平成18年3月期から22年3月期連結財務諸表の主な科目の訂正前、

訂正後およびその増減額、増減率の数値は次のとおりである。

■ 平成22年3月期　連結財務諸表の主な科目の訂正前・訂正後

(単位：百万円)

	訂正前	訂正後	増減額	増減率
売上高	119,166	115,000	△ 4,166	△ 3.50%
売上原価	74,775	72,094	△ 2,681	△ 3.59%
販売費及び一般管理費	39,205	39,267	62	0.16%
営業外収益	1,005	1,020	15	1.49%
営業外費用	1,019	1,019	0	0.00%
特別利益	870	870	0	0.00%
特別損失	―	698	698	―
当期純利益・損失（△）	3,333	967	△ 2,366	△ 70.99%
純資産	112,141	106,732	△ 5,409	△ 4.82%
総資産	148,982	144,347	△ 4,635	△ 3.11%

■ 平成21年3月期　連結財務諸表の主な科目の訂正前・訂正後

(単位：百万円)

	訂正前	訂正後	増減額	増減率
売上高	142,013	139,203	△ 2,810	△ 1.98%
売上原価	83,978	82,332	△ 1,646	△ 1.96%
販売費及び一般管理費	45,814	45,771	△ 43	△ 0.09%
営業外収益	1,259	1,259	0	0.00%
営業外費用	3,466	3,474	8	0.23%
特別利益	1,210	1,210	0	0.00%

特別損失	2,032	2,551	519	25.54%
当期純利益・損失（△）	5,034	3,530	△ 1,504	△ 29.88%
純資産	112,275	109,036	△ 3,239	△ 2.88%
総資産	152,553	149,675	△ 2,878	△ 1.89%

■ 平成20年3月期　連結財務諸表の主な科目の訂正前・訂正後

（単位：百万円）

	訂正前	訂正後	増減額	増減率
売上高	174,756	172,876	△ 1,880	△ 1.08%
売上原価	101,464	101,014	△ 450	△ 0.44%
販売費及び一般管理費	50,971	50,562	△ 409	△ 0.80%
営業外収益	1,270	1,270	0	0.00%
営業外費用	1,107	1,109	2	0.18%
特別利益	890	890	0	0.00%
特別損失	533	817	284	53.28%
当期純利益・損失（△）	15,561	14,229	△ 1,332	△ 8.56%
純資産	121,887	119,734	△ 2,153	△ 1.77%
総資産	167,501	165,438	△ 2,063	△ 1.23%

■ 平成19年3月期　連結財務諸表の主な科目の訂正前・訂正後

（単位：百万円）

	訂正前	訂正後	増減額	増減率
売上高	153,013	151,935	△ 1,078	△ 0.70%

	訂正前	訂正後	増減額	増減率
売上原価	90,110	89,895	△ 215	△ 0.24%
販売費及び一般管理費	43,697	43,301	△ 396	△ 0.91%
営業外収益	947	947	0	0.00%
営業外費用	1,070	1,074	4	0.37%
特別利益	48	212	164	341.67%
特別損失	―	105	105	―
当期純利益・損失（△）	13,069	12,701	△ 368	△ 2.82%
純資産	115,952	115,112	△ 840	△ 0.72%
総資産	154,143	153,351	△ 792	△ 0.51%

■ 平成18年3月期　連結財務諸表の主な科目の訂正前・訂正後

（単位：百万円）

	訂正前	訂正後	増減額	増減率
売上高	142,009	141,482	△ 527	△ 0.37%
売上原価	84,687	84,486	△ 201	△ 0.24%
販売費及び一般管理費	41,799	41,794	△ 5	△ 0.01%
営業外収益	854	854	0	0.00%
営業外費用	1,321	1,321	0	0.00%
特別利益	―	―	―	―
特別損失	126	211	85	67.46%
当期純利益・損失（△）	11,501	11,095	△ 406	△ 3.53%
純資産	107,413	106,994	△ 419	△ 0.39%
総資産	135,741	135,274	△ 467	△ 0.34%

❺ 不適正な会計処理を行った背景

　上記❸の調査委員会報告は、子会社において不適正な会計処理が行われるようになった原因について、直接の原因と当社による子会社管理における問題点とに分けて分析している。

1 直接の原因

　本件の不適正な会計処理を主導したのは当該子会社の社長である。当該社長が当該子会社の業績に対してプレッシャーを感じていたことや、自己の評価や地位を向上させたいという願望を抱いていたことなどが、不適正な会計処理の実行に向かわせた可能性があるが、これについては確定的な結論を出すことができないとしている。ただし、社長の立場にありながら不適正な会計処理に主体的に関与した当該社長は、社長としての資質を満たしていなかったとしている。

　また、当該子会社には監査役がおらず、実質的な取締役会も開催されていない状態で、当社による内部監査も約5年間実施されていなかった。そのため、当該社長に対する牽制が有効に機能していなかったとしている。

2 当社による子会社管理における問題点

　当該子会社の取締役会が実質的に機能していなかったこと、国際営業本部や経理財務本部などの管理手続が十分でなかったこと、当該子会社における内部統制の適切な運用がされていなかったこと、人的リソースの制約などから内部監査の適切な実効性が確保されていなかったこと、コンプライアンス意識やガバナンス体制が十分でなかったことなど、当社による子会社管理にはいくつかの問題点があり、それが本件の不適正な会計処理の原因の一つになったとしている。

❻ 重要性がないとされた判断基準

　子会社において架空売上の計上や架空仕入の計上といった不適正な会計処理を行ったものであるが、次のこと等を総合勘案し、課徴金が課されなかったものと推測される。

① 　子会社で行われていたものであり、全社的なものではない。また、関与者も限られている。

② 　本件の不適正な会計処理を主導したのは当該子会社の社長であるが、当社における組織的な関与はなかった。

③ 　上記❺のとおり、本件の不適正な会計処理が行われるようになった原因として、当社による子会社管理における問題点がある。しかしながら、上記❶のとおり、当社自らがその疑いに気付き、調査を行って判明させた。

❼ 再発防止策

　上記❸の調査委員会報告によると、調査委員会は、「個別対応再発防止策」として、①不正の機会、動機への対応策、②会社の風土への対応策を、また、「抜本的対応再発防止策」として、①経営理念・行動規範の見直し、②経営戦略検証プロセスの見直し、③経営管理制度の見直し、④人事制度の見直し、⑤不正の防止対策を提言している。そして、当社は、かかる提言を踏まえて、次の再発防止策を実施していくとしている。

[1] 企業風土の改革、コンプライアンス意識の徹底

① 　コンプライアンス教育の強化

　　コンプライアンスに係る不祥事を起こしたことを真摯に受け止め、経営トップ自らが反省し、今後に対する誓いを行う意味で、グループ全体にトップメッセージを発信するとともに、当社および関係会社の役員、従業員のコンプライアンス意識を一層高めるため、改めてコンプライアンス教育を

実施する。そして、何よりも「基本と正道」が優先する風通しの良い企業風土を醸成していく。

② グループ企業行動規範の周知徹底

グループ企業行動規範の全社的な周知徹底（多言語対応を含む）を図るとともに、かかる規範を日常業務と明確に関連付けて運用・浸透させるべく、役員、従業員に対する定期的な教育を実施していく。

③ 懲罰規定の制定と周知

コンプライアンス違反に対する懲罰方針を具体的に明文化するとともに、全従業員に周知し、再発防止につなげていく。

2 関係会社に関する監査および連結管理の強化

① 内部監査、巡回指導の強化

関係会社に対する内部監査を強化するため、監査体制を増強し、内部監査の実施サイクル（最長でも3年に1度）を遵守するとともに、経理財務部門による巡回指導や地域別経理会議を実施する。また、監査員の質的向上を目的に、外部も含めた関連教育を実施していく。

② 海外関係会社の取締役会の機能強化

海外関係会社の取締役会が実質的に機能していなかったことを反省し、関係会社の取締役見直しを行い、また極力取締役会を現地で開催して直接監督する機会を設けるなど、ガバナンス強化を図っていく。

③ 関係会社とのコミュニケーションの強化

当社の経営陣や管掌部門による関係会社の巡回の機会を増やし、現地責任者や管理職とのコミュニケーションを強化するなかで、日常的な連絡・報告・相談がしやすい体制を作っていく。

④ 情報システムの整備

関係会社の情報システム機能を整備し、タイムリーに関係会社の実態把握に努めるとともに、経営上のリスクを本社でも把握できる体制を構築していく。

3 内部通報制度の強化

　当社ではすでに国内・海外において内部通報制度を導入しているが、改めて、国内・海外の従業員に対し制度の趣旨や通報の方法等の周知徹底（多言語対応を含む）を図るとともに、現在の窓口（コンプライアンス本部）に加えて、外部の通報窓口（法律事務所等）の設置も検討していく。

4 人事管理の強化

① 人事ローテーションの推進
　　今回の不祥事の発生原因の一つとして、人事ローテーションが停滞したことが考えられる。人事の停滞は、法令違反行為の温床ともなりかねず、関係会社の責任者および役員の人事ローテーションを適宜実施していく。

② 人材の補強と適正な人材配置
　　全社の組織および適正人員を再度見直し、必要な部門は人材の補強を図るとともに、一定規模の海外現地法人については、当社から経理担当者を含め複数名を出向させて牽制機能を働かせるなど、適切な人材配置を構築していく。

10 C-29株式会社

[有価証券報告書提出会社] 小売業、大阪証券取引所ジャスダック市場上場
[訂正報告書の提出日] 平成22年8月10日
[訂正対象決算期] 平成18年6月1日～21年5月31日
[訂正勘定科目] 売上高（架空売上の計上）、売上原価（架空仕入の計上）、販売費及び一般管理費（租税公課等の過大計上）、営業外収益（収益の過大計上）、営業外費用（費用の過大計上）、特別損失（固定資産除却損の過大計上）、資産（有形固定資産の過大計上）

❶ 事案の概要

　当社は、処方データ事業部門において、平成19年5月期から21年5月期にかけて、架空工事発注や架空売上計上といった不適正な会計処理を行っていたとして、平成22年8月10日に平成19年5月期から21年5月期までの間の有価証券報告書等の訂正報告書を提出した。

　なお、本件の不適正な会計処理が判明した経緯は次のとおりである。まず当社の監査役が当社の店舗を往訪し、内部監査を実施した際に固定資産について調査したところ、契約実績のある改装工事の実体が確認できないという事実が判明した。さらに、当該工事と実施日付の近い改装工事の契約実績がある他の当社の店舗に工事実体についてヒアリングしたところ、同様に確認できなかった。これらの状況を踏まえ、改装工事契約とその工事実体について早急に調査確認を必要とする旨の「監査役監査報告書」が平成22年6月1日付で当社の監査役から提出され、社内調査を開始した結果、不適正であるおそれが高い取

引の存在が複数認識された。

❷ 訂正報告書の訂正理由

　平成22年8月10日に平成19年5月期から21年5月期までの間の有価証券報告書等の訂正報告書が提出されている。訂正理由は各年度同様で、次のとおりである。

■ 平成21年5月期有価証券報告書の訂正報告書

> 　当社において、元役員による処方データビジネス事業における売上の過大計上等の不正行為及び不適切な会計処理が行われたことが判明いたしました。
> 　当該内容について外部専門家（弁護士・公認会計士）主導の調査委員会による厳正な調査に基づき、売上高の修正等必要と認められる訂正を行うため、金融商品取引法第24条の2第1項の規定に基づき、平成21年8月24日に提出した第23期（平成20年6月1日から平成21年5月31日まで）の有価証券報告書の訂正報告書を提出するものであります。
> 　なお、訂正後の連結財務諸表及び財務諸表について優成監査法人により監査を受け、その監査報告書を付しております。

❸ 虚偽記載の態様

　当社が平成22年6月28日に公表した「不適切な取引に関する調査結果について」の添付資料である調査委員会「調査報告書」（以下、「調査委員会報告」という。）によると、処方データ事業部門において、平成19年5月期から21年5月期にかけて、架空工事発注や架空売上計上といった不適正な会計処理が

あったとしている。架空工事を発注して、その代金を当社から引き出し、それを架空売上の代金として当社へ還流させていたのである。

1 架空工事発注

本件の不適正な会計処理は、当社の取締役が行ったものである。当該取締役は、まず特定の工務店業者に対して架空工事を発注し、その代金として166百万円を当該工務店業者に対して支払った（「建物」、「工具器具備品」などの固定資産科目や、「消耗品費」、「修繕費」、「支払手数料」、「雑費」、「雑損失」で会計処理されていた）。

2 架空売上計上

当該工務店業者に対して支払われた166百万円は、次に当該取締役の個人の銀行口座へと移された。そして、当該取締役は、大手メーカーに対する架空売上を計上し、その代金として、自身が擬製した当該大手メーカー名義による振込手続により136百万円（架空工事の代金166百万円から工務店業者の手数料等を一部除いた金額）を当社の銀行口座へと還流させた。

図表4－4　架空工事発注と架空売上計上

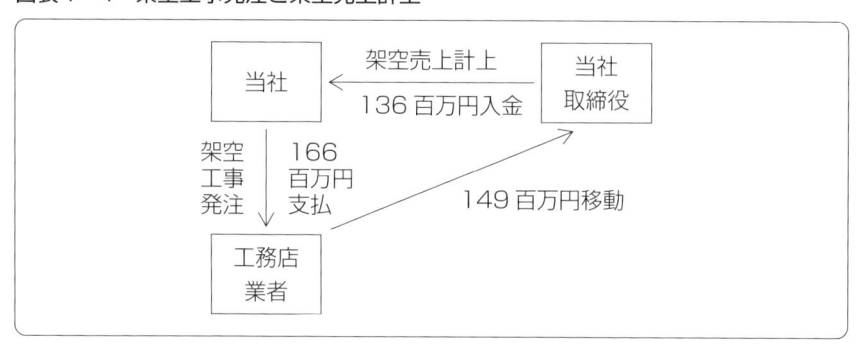

❹ 不適正な会計処理の連結財務諸表への影響額

当社の平成 19 年 5 月期から 21 年 5 月期連結財務諸表の主な科目の訂正前、訂正後およびその増減額、増減率の数値は次のとおりである。

■平成21年5月期　連結財務諸表の主な科目の訂正前・訂正後

(単位：百万円)

	訂正前	訂正後	増減額	増減率
売上高	20,007	19,994	△ 13	△ 0.06%
売上原価	17,514	17,507	△ 7	△ 0.04%
販売費及び一般管理費	1,953	1,949	△ 4	△ 0.20%
営業外収益	21	21	0	0.00%
営業外費用	153	153	0	0.00%
特別利益	39	39	0	0.00%
特別損失	5	5	0	0.00%
当期純利益・損失（△）	222	220	△ 2	△ 0.90%
純資産	1,720	1,664	△ 56	△ 3.26%
総資産	10,335	10,279	△ 56	△ 0.54%

■平成20年5月期　連結財務諸表の主な科目の訂正前・訂正後

(単位：百万円)

	訂正前	訂正後	増減額	増減率
売上高	18,576	18,506	△ 70	△ 0.38%
売上原価	16,352	16,312	△ 40	△ 0.24%
販売費及び一般管理費	1,730	1,727	△ 3	△ 0.17%

営業外収益	21	20	△ 1	△ 4.76%
営業外費用	170	161	△ 9	△ 5.29%
特別利益	11	11	0	0.00%
特別損失	95	92	△ 3	△ 3.16%
当期純利益・損失（△）	96	78	△ 18	△ 18.75%
純資産	1,547	1,493	△ 54	△ 3.49%
総資産	9,323	9,269	△ 54	△ 0.58%

■ 平成19年5月期　連結財務諸表の主な科目の訂正前・訂正後

（単位：百万円）

	訂正前	訂正後	増減額	増減率
売上高	15,395	15,348	△ 47	△ 0.31%
売上原価	13,455	13,454	△ 1	△ 0.01%
販売費及び一般管理費	1,437	1,428	△ 9	△ 0.63%
営業外収益	19	19	0	0.00%
営業外費用	100	100	0	0.00%
特別利益	―	―	―	―
特別損失	75	75	0	0.00%
当期純利益・損失（△）	140	103	△ 37	△ 26.43%
純資産	1,494	1,458	△ 36	△ 2.41%
総資産	9,392	9,355	△ 37	△ 0.39%

❺ 不適正な会計処理を行った背景

　本件の不適正な会計処理は、当社の取締役が、自ら管理を行っている処方デー

タ事業部門の従業員に本件に係る稟議書の起案を指示し、自ら決裁することにより、特定の工務店業者への支払が行われ、また、大手メーカー名義に擬製された入金の内容につき、経理部門へ自ら事実と異なる報告を行い、売上計上を指示していたというものである。

　上記❸の調査委員会報告は、金額的重要性に応じた相応な稟議決裁に関する社内規程があるにも関わらず、経営者という立場を利用し、これら規程の本来有している統制機能を無効化した結果生じてしまったものであるとしている。内部統制の目的の一つに財務報告の信頼性の確保がある。しかし、内部統制は経営者が構築するものであり、本件のように経営者がそれを無効化するような場合は機能せず、財務報告の信頼性を確保することができなくなってしまうのである。

　なお、上記❸の調査委員会報告ではあげられていないが、本件の不適正な会計処理が行われた背景として、コンプライアンス意識の欠如と業績に対するプレッシャーもあったように思われる。まず本件の不適正な会計処理を行ったのは、当社の取締役である。本来であれば、当該取締役は高いコンプライアンス意識を有し、不適正な会計処理の発生を防止する役割を果たさなければならないはずなのであるが、そうではなかったのである。

　また、本件の不適正な会計処理は、当該取締役が責任者を務める処方データ事業部門において行われたのだが、当該事業部門は新たに開設された部門だった。当該事業部門は、既存の事業部門に続く新たな事業部門としてその成果が期待されており、当該取締役はその業績に対してプレッシャーを感じていたため、本件の不適正な会計処理に及んだ可能性があるように思われる。

❻ 重要性がないとされた判断基準

　処方データ事業部門において架空工事発注や架空売上計上といった不適正な会計処理を行ったものであるが、次のこと等を総合勘案し、課徴金が課されなかったものと推測される。

① 一部の事業部門で行われていたものであり、全社的なものではない。また、関与者も限られている。
② 経営者による不正であるが、1名の取締役により行われたものであり、組織的な関与はなかった。
③ 上記❶のとおり、本件の不適正な会計処理は、当社自らが、内部監査の過程で認識した事実に基づき調査を行った結果、明らかにしたものである。

❼ 再発防止策

上記❸の調査委員会報告によると、調査委員会は、本件は一経営者の個人的な資質に基づき行われた例外的事項として考えられるとしながらも、再発防止のため次のような是正措置を実行することが望ましいとしている。そして、当社はかかる再発防止策を速やかに実施したいとしている。

① コンプライアンス意識の啓蒙

本件の不適正な会計処理が発生した背景には、個別事項に対するコンプライアンスの意識はあるものの、経営陣を含めた全社において総括的なコンプライアンス体系に対する認識の欠如があったものと考えられるため、社内においてコンプライアンス委員会を設置のうえ、コンプライアンス・マニュアルを制定し、社内の総括的かつ発展的なコンプライアンス体制を周知させる必要がある。コンプライアンス・マニュアルで遵守するべき事項として制定する行動規範には、以下のような内容が想定される。

・顧客に対する行動規範
・顧客以外の取引先やその他機関に対する行動規範
・株主・投資家に対する行動規範
・社会に対する行動規範
・良き企業風土を醸成するための行動規範
・組織の一員としての行動規範

上記等に係る行動規範を、経営陣をはじめ全社員が十分に理解し、各部署においてその責任者が主導して定期的な勉強会等の啓蒙活動を推進することが効果的である。

2 固定資産に関するチェックシステムのさらなる強化

① 事前チェック

　予算管理規程を改訂し、年度予算の策定段階で各店舗の改装投資の必要性を吟味したうえで、当該期中における店舗の改装投資計画を各事業運営会社から当社経営企画部に提出するよう要請するべきである。経営企画部では、予算策定作業の一環として提出された店舗改装投資計画を精査し、必要に応じて担当部署や店舗現場にヒアリングを行うことが効果的である。

② 決裁時チェック

　固定資産の取得の決裁に係る判断材料として稟議書に記載される情報が不足または偏向しているケースが見受けられるため、グループウェアに稟議書記載例等を添付する等により、決裁者の判断に必要な情報(固定資産取得の理由、購入先選定の根拠、金額妥当性の検証等)を定型化したうえで、起案者の指導・教育を徹底する必要がある。

③ 事後チェック

　本件の不適正な会計処理の判明が遅れた最大の理由は、固定資産取得の実体確認が徹底されていなかったことである。これまでも、期末・中間期末には固定資産を含めた実地棚卸を行っていたが、改装・改修工事の実体についてもチェックできる体制をとるべきである。

　また、稟議規程と稟議ワークフローマニュアルを改訂し、固定資産取得の稟議決裁後は、起案部署から必ず取引対象の物や役務の実在性が確認できる資料(画像等)を提出させる体制を構築するべきである。その提出状況についても稟議管理部門である総務部において随時トレースを行う必要がある。

④ 監査・モニタリング

本件の不適正な取引は店舗監査により判明したが、今後も客観的な立場からのモニタリング活動が必要である。店舗監査項目に固定資産の取得状況を追加し、店舗実査の際に固定資産取得の経緯や妥当性等、総合的な見地から店舗責任者やエリア長へのヒアリングを行うことが効果的である。

11 株式会社 C-39

[有価証券報告書提出会社] サービス業、非公開、大阪証券取引所ジャスダック市場上場、その後上場廃止
[訂正報告書の提出日] 平成21年9月10日
[訂正対象決算期] 平成18年11月1日～20年10月31日
[訂正勘定科目] 売上原価（売上原価の過少計上）、資産（前渡金の過大計上）、負債（仕入債務の過少計上）

❶ 事案の概要

　当社は、子会社において、平成19年10月度から21年5月度までの間、買掛金の過少計上や前渡金の過大計上など不適正な会計処理を行っていたとして、平成21年9月10日に平成19年10月期および20年10月期の有価証券報告書等の訂正報告書を提出した。

　なお、本件の不適正な会計処理は、当社が法令順守および内部統制強化の一環として当社グループの内部監査を行っていたところ、判明した。

❷ 訂正報告書の訂正理由

　平成21年9月10日に平成19年10月期および20年10月期の有価証券報告書等の訂正報告書が提出されている。訂正理由は各年度同様で、次のとおりである。

■ 平成20年10月期有価証券報告書の訂正報告書

当社連結子会社である株式会社CHINTAIトラベルサービスにおいて、過年度の売上と原価を対応させる決算整理作業において、不適切な会計処理が行われていたことが判明いたしました。

当該内容について厳正な調査を行い、売上原価の修正等必要と認められる訂正を行うため、金融商品取引法第24条の2第1項の規定に基づき、平成21年1月29日に提出した第17期（自　平成19年11月1日　至　平成20年10月31日）有価証券報告書の訂正報告書を提出するものであります。

なお、訂正後の連結財務諸表及び財務諸表について、新日本有限責任監査法人により監査を受け、その監査報告書を添付しております。

❸ 虚偽記載の態様

当社が平成21年9月4日に公表した「当社連結子会社における不適切な会計処理に関する調査結果のご報告」（以下、「調査報告」という。）によると、子会社において、平成19年10月度から21年5月度までの間、買掛金の過少計上や前渡金の過大計上などの不適正な会計処理があったとしている。

1 買掛金の過少計上

買掛金の過少計上と前渡金の過大計上は、いずれも、当該子会社における売上原価の額を小さくして、損失の額を大きくしないために行われたものである。まず買掛金の過少計上は、本来であれば行うべき「仕入××／買掛金××」という処理を行わず、その額だけ買掛金および売上原価を小さくしたのである。

当該子会社の平成19年10月期の決算作業の終了間際において、計上しなければならない約90百万円の買掛金および売上原価を計上していないことが判

明したのだが、これに対して、当該子会社の社長は、次のような理由からそれらを計上しないという判断を下していた。

① 金額が判明した時期が決算作業の終了間際であり、その時点において当該子会社の決算について数値を修正することとなると当社の連結決算の修正が必要になるが、かかる作業のために必要な時間が限られている。

② 判明した修正を反映する前の段階で、当該子会社の平成19年10月期の計上損失見込がすでに120百万円に及んでいたことから、新たに90百万円もの売上原価が加算されれば、経常損失見込額は210百万円にもなり、当該子会社の社長を専らの職務としていた自己の経営責任を問われる。

2 前渡金の過大計上

前渡金とは、商品を仕入れる際などに代金の一部を相手方に前払いした場合、相手方に対して生じる債権である。仕入代金の一部を仕入先に前払いした場合は、その時点で「前渡金××／現金××」という処理を行い、商品を受け取った時点で「仕入××／前渡金××」という処理を行う。当該子会社においては、本来であれば行うべき「仕入××／前渡金××」という処理を行わず、前渡金を過大に、そして、売上原価を過少に計上していたのである。

平成20年2月頃、平成19年10月期決算において経常した前渡金のうち約30百万円が、本来であれば前渡金ではなく売上原価として計上すべきものであったことが判明したのだが（その額だけ「仕入××／前渡金××」という処理を行っていなかった）、当該子会社の社長は、これに対しても修正しないという判断を下していた。

❹ 不適正な会計処理の連結財務諸表への影響額

当社の平成19年10月期および20年10月期連結財務諸表の主な科目の訂正前、訂正後およびその増減額、増減率の数値は次のとおりである。

■ 平成20年10月期　連結財務諸表の主な科目の訂正前・訂正後

(単位：百万円)

	訂正前	訂正後	増減額	増減率
売上高	18,450	18,450	0	0.00%
売上原価	9,187	9,171	△ 16	△ 0.17%
販売費及び一般管理費	6,013	6,013	0	0.00%
営業外収益	286	286	0	0.00%
営業外費用	1,078	1,078	0	0.00%
特別利益	54	54	0	0.00%
特別損失	495	495	0	0.00%
当期純利益・損失（△）	1,034	1,051	17	1.64%
純資産	13,320	13,213	△ 107	△ 0.80%
総資産	17,076	17,076	0	0.00%

■ 平成19年10月期　連結財務諸表の主な科目の訂正前・訂正後

(単位：百万円)

	訂正前	訂正後	増減額	増減率
売上高	19,422	19,422	0	0.00%
売上原価	8,971	9,095	124	1.38%
販売費及び一般管理費	6,021	6,021	0	0.00%
営業外収益	637	637	0	0.00%
営業外費用	169	169	0	0.00%
特別利益	90	90	0	0.00%
特別損失	9	9	0	0.00%
当期純利益・損失（△）	2,792	2,668	△ 124	△ 4.44%

| 純資産 | 13,403 | 13,279 | △ 124 | △ 0.93% |
| 総資産 | 18,266 | 18,233 | △ 33 | △ 0.18% |

❺ 不適正な会計処理を行った背景

　上記❸の調査報告には、子会社において不適正な会計処理が行われるようになった背景について特に記載されていないが、次のような背景があったものと思われる。

　なお、上記❸の調査報告は、本件の不適正な会計処理の判明が遅れた原因としては、それに関与した者が少数で、彼らから当社の者への報告が一切なかったことをあげている。

1 コンプライアンス意識の欠如

　本件の不適正な会計処理は、当該子会社の経理を担当していた当社経理部員が、当該子会社の社長の職務を専らとする当社の取締役の指示により行ったものである。経理部員や取締役は、本来であれば高いコンプライアンス意識を有しているべきであるが、そうではなかったことが不適正な会計処理の発生の根底にあると思われる。

2 不十分な子会社管理体制

　本件の不適正な会計処理は、当社が法令順守および内部統制強化の一環として当社グループの内部監査を行っていたところ、判明した。当該子会社に対する内部監査を行うとともに、それまで管理部門担当役員を派遣していなかった当該子会社に対して管理部門担当役員を派遣することにしたのだが、内部監査の過程で本件の不適正な会計処理に関連する勘定科目について疑義が提起され、当該管理部門担当役員も同様の疑念を抱くようになった。そして、当該管理部門担当役員が当該子会社の社長に確認したところ、本件の不適正な会計処理が

行われていた事実が判明したのである。

　子会社に対する管理体制を強化していく過程で本件の不適正な会計処理が判明したのだが、裏を返せば、それまでは子会社に対する管理体制が不十分であったということになる。

③ 業績に対するプレッシャー

　上記❸のとおり当該子会社は赤字の状態にあり、当該子会社の社長は、自己の経営責任を問われることへの懸念から、当該子会社における売上原価の額を小さくして、損失の額を大きくしないために本件の不適正な会計処理を行うことにした。本件の不適正な会計処理が行われるようになった背景の一つとして、当該子会社の社長が感じていた、当該子会社の業績に対するプレッシャーがあったように思われる。

❻ 重要性がないとされた判断基準

　子会社において買掛金の過少計上や前渡金の過大計上などの不適正な会計処理を行ったものであるが、次のこと等を総合勘案し、課徴金が課されなかったものと推測される。

① 　子会社で行われていたものであり、全社的なものではない。また、関与者も限られている。

② 　上記❹に示すとおり連結業績への影響は僅少である。

③ 　本件の不適正な会計処理を指示したのは、当該子会社の社長の職務を専らとする当社の取締役であり、経営者による不正であるといえる。しかしながら、当該取締役は当該子会社の社長の職務を専らとし、当社に対して本件の不適正な会計処理に関する報告は一切せず、当社における組織的関与の事実はなかった。

④ 　上記❺のとおり、本件の不適正な会計処理が行われた背景として、不十分な子会社管理体制があったと思われる。しかしながら、本件の不適正な

会計処理は、当社が自発的に子会社に対する管理体制を強化していく過程において発見したものである。

❼ 再発防止策

上記❸の調査報告によると、当社は、次の再発防止策を実施するとしている。

1 コンプライアンスの徹底に向けた役職員教育の充実

従前から実施している社員研修体系をさらに充実させ、外部有識者による当社および子会社全役職員向け研修を主体として、役職員のコンプライアンス意識の改革を目的とした教育の強化を行う。具体的には、策定した年間スケジュールに基づいて全役職員宛研修を実施し、研修後には効果測定を行い意識向上に努める。中途採用社員に対しても入社時に研修受講を義務付ける。併せて、管理部門の役職者に外部セミナーの受講を今まで以上に奨励し、受講して得た知識に基づき従業員宛勉強会を実施して、役職員全体の意識向上を図る。

また、懲罰規定について再度社員に周知徹底するとともに、人事委員会を設置した。人事委員会では、懲罰対象者に対する処分はもとより昇格・降格に関する決定も行う。

2 モニタリング機能の強化

監査室の要員を1名増員し、監査室の機能強化を行うとともに、社内業務監査の年次スケジュールを見直し、監査頻度および監査日数を増やす。

現状の監査は監査を受ける部署に対し事前に監査日程および監査項目を告知するものとなっているが、モニタリング機能をさらに強化するため、監査対象部署に事前告知を行わずに行う臨時監査を適時実施し、より実効性の高い監査を実施する。

社内監査業務の充実を目的に、今回の事例に対する再発防止策を講じて、これまで整備された内部統制システムを補強する。具体的には、「不適切な会計

処理発生防止に対応した業務監査マニュアル」を制定し、経過勘定・仮勘定を中心に月次ベースの残高の整合性をチェックするとともに随時、取引を抽出し不適正あるいは異常あるいは誤りであると思われるものについて、必要に応じて裏づけを取り確認する。

また、経理および営業部門の従業員を中心に定期的にヒアリングを行い、日々の行動を牽制・モニタリングする。

③ 内部通報制度の周知徹底

当社の「内部通報規程」では、当社従業員・派遣社員以外に子会社の従業員を含め、当社グループにおいて法令違反行為等が行われている事実を知った場合は、当該従業員は外部機関である「企業倫理ホットライン」に通報すべきことを規定するとともに（対象者の通報内容は「企業倫理ホットライン」から当社のコンプライアンス窓口経由で代表取締役に報告される）、当社は当該通報を理由として不利益扱いを行ってはならない旨を明記している。

当該制度について子会社を含めた全従業員に周知するため、「ホットラインカード」を配布、常時携行することを指導しているが、当該制度の趣旨および仕組、特に秘密保持と不利益扱いの禁止についてあらためて全従業員宛に周知徹底した。

④ 指揮系統の適正化

本件の不適正な会計処理は、子会社の経理を担当していた当社経理部員が、当該子会社の社長の職務を専らとする当社取締役の指示により行ったものであり、本来の指揮系統とは異なる指揮系統のもと行われたものである。今後このような不適正な運用がなされないよう、あらためて社内通達し、指導を行った。

⑤ 本社による子会社経理部門のモニタリング強化

当社グループに属する子会社の経理担当者を当社内に集約し、すべての業務を当社が統括する体制とした。さらに本件の不適正な会計処理を受けて、それ

が行われた子会社を財務報告に係る内部統制評価対象として追加した。今後当該子会社の業務プロセス等について早急に見直しを行う。

12 C-42株式会社

[有価証券報告書提出会社] 機械、東京証券取引所市場第一部上場・大阪証券取引所市場第一部上場
[訂正報告書の提出日] 平成21年6月2日
[訂正対象決算期] 平成15年4月1日～20年3月31日
[訂正勘定科目] 売上高（売上の前倒し計上）、売上原価（売上原価の過少計上）、販売費及び一般管理費（製品保証引当金の過少計上）、資産（売上債権の過大計上、棚卸資産の過大計上）

❶ 事案の概要

　当社は、事業部門であるサービス部門において、平成11年度から20年度第3四半期に至るまで、売上および工事仕掛の前倒し計上による不適正な会計処理を行っていたとして、平成21年6月2日に平成16年3月期から20年3月期までの間の有価証券報告書等の訂正報告書を提出した。

　なお、本件の不適正な会計処理は、平成21年3月中旬、同社サービス本部において長年にわたり決算の不正処理が行われている旨の匿名の手紙が、サービス本部担当役員宛に届いたことを受け、直ちに社内調査が開始され判明した

❷ 訂正報告書の訂正理由

　平成21年6月2日に、平成16年3月期から20年3月期の間の有価証券報告書等の訂正報告書が提出されている。訂正理由は各年度同様で、次のとおり

■ 平成20年3月期有価証券報告書の訂正報告書

1 【有価証券報告書の訂正報告書の訂正理由】
　当社及び連結子会社において、売上及び工事仕掛を前倒しして計上する方法により、不適切な会計処理が行われていたことが判明した。当該不適切な処理内容について厳正な調査を行い、前倒し計上されていた売上及び工事仕掛の修正等必要と認められる訂正を行うため、金融商品取引法第24条の2第1項の規定に基づき、平成20年6月27日に提出した第105期（自平成19年4月1日　至平成20年3月31日）有価証券報告書の訂正報告書を提出する。
　なお、訂正後の連結財務諸表及び財務諸表について、監査法人トーマツにより監査を受け、その監査報告書を添付している。

❸ 虚偽記載の態様

　当社が平成21年4月30日に公表した「不適切な会計処理に関する調査結果について」（以下、「調査委員会報告」という。）によると、地域サービス部、サービス本部企画部および子会社において、売上および工事仕掛の前倒し計上による不適正な会計処理があったとしている。
　売上の前倒し計上とは、翌事業年度に全部または一部の工程を実施する予定の工事について、当事業年度において工事全部が終了したものとして売上を計上するものである。売上の前倒し計上を行うと、翌事業年度以降の売上高は同額だけ少なく計上されることになる。
　また、工事仕掛の前倒しとは、翌事業年度に全部または一部の工程を実施する予定の工事を、当事業年度末の工事仕掛（棚卸資産）として前倒して計上し、

その結果、当事業年度の売上原価を圧縮するものである。前倒し計上された工事仕掛品は、翌事業年度以降の売上原価となる。

❹ 不適正な会計処理の連結財務諸表への影響額

　当社の平成16年3月期から20年3月期各期連結財務諸表の主な科目の訂正前、訂正後およびその増減額、増減率の数値は次のとおりである。

　売上および工事仕掛の前倒し計上を毎期継続して行うと、売上および棚卸資産は期間がずれて処理されることになり、その金額は累積しないことから、この粉飾による売上高、売上原価および当期純利益等に対する影響額は僅少な額となる。

■ 平成20年3月期　連結財務諸表の主な科目の訂正前・訂正後

(単位：百万円)

	訂正前	訂正後	増減額	増減率
売上高	1,290,893	1,291,081	188	0.01%
売上原価	849,041	849,532	491	0.06%
販売費及び一般管理費	313,355	313,450	95	0.03%
営業外収益	9,934	9,934	0	0.00%
営業外費用	16,324	16,324	0	0.00%
特別利益	34	34	0	0.00%
特別損失	3,606	3,606	0	0.00%
当期純利益・損失（△）	75,223	74,822	△ 401	△ 0.53%
純資産	563,556	559,986	△ 3,570	△ 0.63%
総資産	1,213,648	1,210,093	△ 3,555	△ 0.29%

■平成19年3月期　連結財務諸表の主な科目の訂正前・訂正後

(単位：百万円)

	訂正前	訂正後	増減額	増減率
売上高	912,128	911,749	△ 379	△ 0.04%
売上原価	599,111	599,060	△ 51	△ 0.01%
販売費及び一般管理費	232,077	231,934	△ 143	△ 0.06%
営業外収益	6,895	6,895	0	0.00%
営業外費用	9,363	9,363	0	0.00%
特別利益	6,000	6,000	0	0.00%
特別損失	1,158	1,158	0	0.00%
当期純利益・損失（△）	45,619	45,419	△ 200	△ 0.44%
純資産	413,120	409,952	△ 3,168	△ 0.77%
総資産	1,164,575	1,161,363	△ 3,212	△ 0.28%

■平成18年3月期　連結財務諸表の主な科目の訂正前・訂正後

(単位：百万円)

	訂正前	訂正後	増減額	増減率
売上高	792,857	792,836	△ 21	△ 0.00%
売上原価	522,385	522,931	546	0.10%
販売費及び一般管理費	203,394	203,358	△ 36	△ 0.02%
営業外収益	8,282	8,282	0	0.00%
営業外費用	6,677	6,677	0	0.00%
特別利益	2,696	2,696	0	0.00%
特別損失	3,838	3,838	0	0.00%
当期純利益・損失（△）	40,708	40,145	△ 563	△ 1.38%

純資産	343,492	340,523	△ 2,969	△ 0.86%
総資産	719,382	716,440	△ 2,942	△ 0.41%

■平成17年3月期　連結財務諸表の主な科目の訂正前・訂正後

(単位：百万円)

	訂正前	訂正後	増減額	増減率
売上高	728,880	729,413	533	0.07%
売上原価	472,221	473,124	903	0.19%
販売費及び一般管理費	195,761	196,083	322	0.16%
営業外収益	10,099	10,099	0	0.00%
営業外費用	7,518	7,518	0	0.00%
特別利益	1,040	1,040	0	0.00%
特別損失	716	716	0	0.00%
当期純利益・損失（△）	38,747	38,083	△ 664	△ 1.71%
純資産	274,121	271,715	△ 2,406	△ 0.88%
総資産	617,873	615,596	△ 2,277	△ 0.37%

■平成16年3月期　連結財務諸表の主な科目の訂正前・訂正後

(単位：百万円)

	訂正前	訂正後	増減額	増減率
売上高	625,717	625,080	△ 637	△0.10%
売上原価	412,450	412,678	228	0.06%
販売費及び一般管理費	165,279	165,482	203	0.12%

営業外収益	3,763	3,763	0	0.00%
営業外費用	6,541	6,541	0	0.00%
特別利益	1,279	1,279	0	0.00%
特別損失	2,700	3,404	704	26.07%
当期純利益・損失（△）	28,611	26,869	△ 1,742	△ 6.09%
純資産	235,771	234,028	△ 1,743	△ 0.74%
総資産	536,378	534,726	△ 1,652	△ 0.31%

❺ 不適正な会計処理を行った背景

上記❸の調査委員会報告によると、不適正な会計処理が行われるようになったのは次のことが原因であると分析している。

① 平成10年6月にAがサービス本部の本部長に就任して以降、予算必達という方針が最優先事項とされ、予算達成に向けた過度のプレッシャーに対して、異論をはさめる者がいなかった。

　本件不適正処理への全社的な関与はなかったが、サービス本部における担当役員以下複数の担当者による関与があった。

② サービス本部においては、顧客要請により工事未完了の案件について請求書を年度内に発行する事例もあり、適切な会計処理・開示に対する規範意識が低下していた。

③ 平成12年度以降平成14年度に至るまで、ほぼ同じ水準で売上および工事仕掛が前倒し計上されていたため、この会計手法が粉飾であるとの認識が低かった。

❻ 重要性がないとされた判断基準

長期間にわたる不適正な会計処理であるが、次のこと等を総合勘案し、課徴

金が課されなかったものと推測できる。
① 売上および工事仕掛の前倒しによる不適正な会計処理は、一部の事業部門と子会社で行われていたものであり、全社的なものではない。
② 企業会計において期間損益計算は重要であるが、売上および工事仕掛の前倒し計上を継続して行っていたことから、上記❹に示すとおり、売上高等が期間ずれするだけで、金額的に各期の損益に与える影響は僅少である。

❼ 再発防止策

上記❸の調査委員会報告によると、調査委員会は次の再発防止策を提案し、同社はかかる再発防止策を実行することを決定したとしている。

「サービス本部内の再発防止策」として、①サービス本部内における日々の業務を通じてのダブルチェック体制の導入、②決算データの検証手続の強化、③予算策定および管理プロセスの見直し、④ITシステム統制の高度化が、また、「全社的再発防止策」として、①経理財務部門・事業部門（管理責任部門）連携してのチェック機能の強化、②全社的な決算報告プロセスの高度化、③モニタリング体制の強化、④会計をはじめとした従業員教育の徹底、⑤内部統制・コンプライアンス教育・指導の充実、⑥再発防止策の取り組み状況のフォロー体制の整備・運用、⑦統制環境（全社統制）の改善が掲げられている。

第 5 章
不適正な会計処理事案の計量分析

本章では、不適正な会計処理が発覚した企業の悪質性と処分の関係を統計的に分析する。不適正な会計処理に対しては、刑事罰（告発）、課徴金、処分なしという3つの対処がある。監督官庁は悪質性に応じて処分を決めているものと考えられる。もちろん、悪質性が高いほどより厳しい処分（刑事罰）、刑事罰を問うほどではないが放置できないものは課徴金、課徴金を科すほどでもない軽微なものは処分なしとなっているのだろう。しかし、外部からはどのような基準で処分が決められているのかは明らかでない。そこで、ここでは悪質性を表す指標を用いて、悪質性が高まるほど処分される可能性（確率）は高まるのか、処分されるとすれば処分は重くなるのか、重くなるとすればどの程度かということを統計的に分析する。

❶ 悪質性の指標

　悪質性を表す指標としては、利益操作、純資産の操作、不適正な会計処理を行った期間、不適正な会計処理を行った財務諸表を用いたファイナンスの有無、経営陣の関与などが考えられる。以下本章で用いる悪質性を表す指標について説明する。

　利益操作額は、訂正前の当期純利益・損失から訂正後のそれを引いた増減額を訂正された期間すべてについて合計している。例えば、2年間の財務諸表が訂正された場合、1年目については、当期純利益が100億円から10億円に減額訂正され、2年目については、30億円から50億円に増額訂正された場合、－90億円と＋20億円の和である－70億円が利益操作額である。この数値はマイナスになればなるほど悪質性が高いと考えられる。ただし、規模の大きな企業は、規模の小さい企業に比べ絶対値としての利益操作額は大きくなる可能性が高い。その意味で、この指標は規模の効果は考えていない。しかし、絶対額が問題になっている可能性もあるのでこの定義を採用した。

　純資産操作額は、訂正前の純資産額から訂正後の純資産額を引いたものである。複数年の訂正が行われた場合、最新の財務諸表の訂正前後でこの指標は計算している。理由は、株価形成など株主価値に影響を与えるのは直近の財務数値であると考えられるからである。純資産訂正額は、一部の例外を除き利益操作額とおおむね一致している(注)。利益の蓄積が純資産の源になっていることを考えると当然の結果ともいえる。

　　注：121サンプルのうち2サンプルは明らかに他のサンプルとは傾向が異なり、外れ値であると考えられるが、以下の分析にはそれら2サンプルも含めて分析を行った。

　純資産操作率は、純資産操作額を訂正前の純資産額で割ったものである。この指標もマイナスが大きいほど悪質性が高いと解釈できる。比率を取ることによって、同じ訂正額でも、規模（純資産）の大きな企業にとっては軽微な悪質性、規模の小さな企業にとっては比較的大きな悪質性を表すことになる。

第5章 ● 不適正な会計処理事案の計量分析

不正期間は、財務諸表が訂正された期間である。ただし、有価証券報告書の訂正は最大5年までである。そのため、6年以上の不適正な申告を行っていても、データの制約上不正期間の最大値は5年となっている。

不適正な会計処理を行った期間の間にファイナンスを行った場合、投資家は間違った情報で投資を行うことになる。これは、投資家保護の観点からも一段と悪質性が高いといえる。

経営陣や組織的な関与は悪質性を表す指標と考えられるが、データの制約上今回の分析には用いない。

❷ 基礎統計

図表5−1は、告発、課徴金、処分なしそれぞれの悪質性指標の基本統計量である。サンプル数は、告発5、課徴金43、処分なし73の合計121件である。

図表5−1　基礎統計

	告発				課徴金				処分なし			
	利益操作額	純資産操作額	純資産操作率	不正期間	利益操作額	純資産操作額	純資産操作率	不正期間	利益操作額	純資産操作額	純資産操作率	不正期間
平均	−7072	−17140	−157	4.6	762	−2261	−34.6	3.1	−795	−874	−3.2	2.9
中央値	−2847	−5113	−30.7	5	−417	−432	−15.9	3	−153	−155	−0.8	3
最大値	−110	−111	−0.7	5	141573	2651	19.8	5	4605	5030	64.4	5
最小値	−27677	−51257	−698	3	−20418	−20418	−290.6	1	−10383	−14096	−162	1
標準偏差	11639	22321	302.8	0.9	22528	4740	54.1	1.6	2046	2339	20.6	1.6

注：利益操作額、純資産操作額の単位は百万円、資産操作率は％、不正期間は年である。

利益操作額の平均値は課徴金事案に関してはプラスになっているが、1サンプルが外れ値と考えられ、それを除くとマイナスになる。外れ値の影響を受けない中央値に関しては、告発・課徴金・処分なしの順に小さくなっており想定される結果である。

純資産操作額は、平均値、中央値ともに告発・課徴金・処分なしの順に小さくなっており想定される結果である。

純資産操作率の平均は、告発事案では−157％と100％以上のマイナスになっている。これは、例えば訂正前は100億円の純資産があっても訂正後は−57億円になるということである(注)。債務超過を隠ぺいしているということなので、悪質性は非常に高いといえる。課徴金事案では、−42％なので、訂正前に純資産100億円と報告されたものが訂正後は60億円しかなかったということになり、かなり影響があるが、それでも実は債務超過だったという事態は避けられている。処分なしの事案については−3％程度なので、純資産に対する影響は軽微といえる。純資産の操作率は処分が重いほどマイナス幅が大きく、やはり株主価値や株価形成に大きな影響を与える純資産額を操作することは悪質性が高いと判断されている可能性が高いことをうかがわせる。

　注：訂正前にプラスの純資産を報告していた場合。サンプルには、訂正前にすでに純資産がマイナス（債務超過）という場合も存在する。

不正期間に関しては、課徴金事案と処分なしの事案でほとんど差がないこともわかる。また、不適正な会計処理を行った期間の間にファイナンスを行ったケースはサンプル中、告発事案では2、課徴金事案では19、処分なしの事案では11となっている。

❸ 回帰分析

　ここでは、処分の軽重と悪質性指標の関連を分析する。悪質性の程度が処分あり（告発および課徴金）と処分なしの選択にどのような影響を与えているか（分析1）、および、処分された案件のうち、悪質性の程度が告発と課徴金の選択にどのような影響を与えているか（分析2）をプロビット回帰で分析する。

図表5-2 分析1の結果

	1 係数	1 P値	2 係数	2 P値	3 係数	3 P値	4 係数	4 P値
定数項	−0.765	0.004	−0.822	0.003	−0.900	0.002	−0.920	0.001
利益操作額	0.000	0.658						
純資産操作額			−0.00007	0.047			0.000	0.245
純資産操作率					−0.019	0.000	−0.017	0.001
不正期間	0.083	0.272	0.061	0.425	0.064	0.417	0.055	0.489
FIN_DUMMY	0.912	0.001	0.892	0.001	0.680	0.021	0.699	0.017
McFadden R^2	0.084		0.123		0.191		0.202	

図表5-2は分析1の結果である。被説明変数として処分ありに1、処分なしに0のダミー変数を割り当ててある。説明変数は、1列目は利益操作額、不正期間、FIN_DUMMYの3項目である。ここで、FIN_DUMMYは不適正な会計処理を行った期間にファイナンスを行った場合は1、行わなかった場合は0をとるダミー変数である。

係数は、プラスの場合、説明変数が大きくなるほど被説明変数が1をとる（つまり、処分される）確率が高くなることを示している（マイナスの場合は逆）。利益操作額の係数は0なので、利益操作額が増加しても、処分される確率は高まらないことがわかる(注)。不正期間の係数はプラスの値をとっているが、P値を見ると0.1を超えており、10%水準でも統計的に0と有意に異なっているとはいえない。一方、FIN_DUMMYは有意水準1%でも統計的に有意である。結果として、利益操作額、不正期間は処分される確率を高めない一方、不適正な会計処理を行った期間にファイナンスを行うことは処分の確率を高める。

注：利益操作額は外れ値と考えられる値が存在するため、この結果になった可能性もある。

2列目は、1列目と同様の分析で、説明変数のうち利益操作額を純資産操作額に置き換えた結果である。純資産操作額の係数は有意に負であり、純資産操作額のマイナス幅の増加が処分の確率を高める可能性がある。

3列目は、1列目と同様の分析で、説明変数のうち利益操作額を純資産操作

率に置き換えた結果である。純資産操作率の係数は負で、統計的にも有意であり、係数も大きいので、純資産操作率のマイナス幅が大きくなるほど、処分される確率は高まると考えられる。

　4列目は、純資産操作額と純資産操作率のいずれが処分される確率により影響を与えるかを調べるために、2つの変数を同時に投入している。統計的に有意な変数は純資産操作率とFIN_DUMMYである。4列目のモデルの決定係数が最も大きいことから、4つの回帰モデルの中では4列目のモデルが最も妥当であると考えられる。

　では、純資産操作額の大きさや不正期間中にファイナンスを行うことは、どの程度処分される確率を高めるだろうか。次にこの点の推定を行う。次のグラフは図表5−2の4列目の結果を用いて、不正期間をサンプル平均に固定したとき、純資産操作率と処分される確率の関係を、FIN_DUMMY=1（不正期間中にファイナンスした）のとき（CASE1）と、FIN_DUMMY=0（不正期間中にファイナンスしなかった）のとき（CASE0）の場合に分け作図したものである。

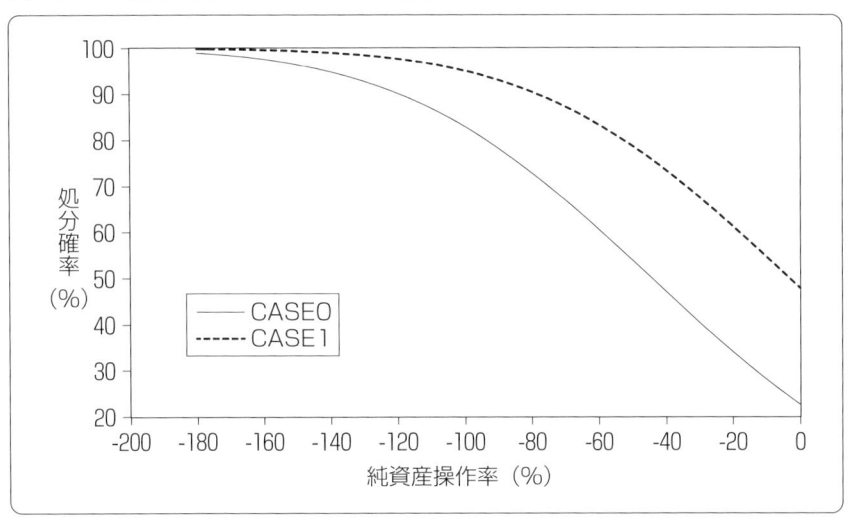

図表5−3　純資産操作率と処分確率の関係

縦軸は処分される確率である。上に行くほど処分される確率が高い。横軸は純資産操作率である。0は純資産に関して訂正がないことを表す。−20%は、もし訂正前に純資産100億円と報告されていた場合、訂正後は80億円ということを意味する。−100%では訂正後は純資産がゼロになる。−100%より小さいと純資産はマイナスということになり、訂正前はなにがしかの純資産があると思っていたものが、訂正後はマイナスになってしまう。

CASE1、CASE0ともに、純資産操作率のマイナス幅が大きくなるほど（訂正前に純資産を過大に報告するほど）処分の確率が高まっているが、CASE1のほうが明らかに上方にある。CASE0では処分される確率が50%を超えるのは純資産操作率が−45%程度であるが、CASE1の場合−5%程度で処分される確率は50%を超える。これは、不適正な会計処理を行った期間にファイナンスを行った場合は、同じ程度の粉飾であってもより重い処分が下される傾向にあることを示している。

図表5−4　分析2の結果

	1 係数	1 P値	2 係数	2 P値	3 係数	3 P値
定数項	−2.967	0.005	−3.089	0.006	−2.787	0.009
利益操作額	−0.0001	0.200				
純資産操作額			−0.00007	0.075		
純資産操作率					−0.004	0.198
不正期間	0.414	0.070	0.384	0.110	0.380	0.098
FIN_DUMMY	−0.201	0.726	−0.080	0.896	−0.435	0.490
McFadden R^2	0.212		0.335		0.246	

図表5−4は分析2の結果である。サンプルを処分された事案のみに限り（48件）、そのうち告発事案に1、課徴金事案に0を割り当てるダミー変数を被説明変数とした。説明変数は分析1（図表5−2）と同じパターンである。

1列目と3列目では不正期間が、2列目では純資産操作率が有意になっているが、全体として一貫した傾向はみられない。

❹ まとめ

　本章では、不適正な会計処理が発覚した企業の悪質性と処分の関係を統計的に分析した。不適正な会計処理に対しては、刑事罰（告発）、課徴金、処分なしという3つの対処があり、監督官庁は悪質性に応じて処分を決めているものと考えられるが、おおむねそのような傾向を支持する結果が得られた。

　まず、処分あり（告発または課徴金）と処分なしの選択では、処分される確率に純資産操作率とFIN_DUMMYが有意に影響していることがわかった。これは、粉飾の絶対額ではなく企業規模を考慮して処分を行っていること、不適正な会計処理を行った期間にファイナンスを行った場合は市場を欺いたという意味でより厳しい判断を下していることを反映していると考えられる。

　次に、処分事案のうち告発と課徴金の選択に関しては、明確な結果は得られなかった。これは、告発のサンプルが5と非常に小さいことも原因ではないかと考えられる。

　最後に本章の問題点をあげておく。第1に、悪質性を表す指標を十分に取り込めていない点である。例えば、経営陣の関与や組織的な関与は悪質性を高め、処分の可能性や処分の重さを高めることになると考えられる。しかし、今回の分析ではデータの制約からこれらの分析を行っていない。第2に、有価証券報告書の訂正は最大5年までであるため、6年以上の不適正な申告を行っていても、データの制約上は不正期間の最大値は5年となっている。そのため利益操作の全体や不正期間が必ずしも正確に測定されていない可能性がある。これらの問題点は今後の研究課題としたい。

資料編

訂正報告書における
不適正な会計処理の分析

資料編の見方

　平成19年7月1日から平成24年6月30日までの間に、金融庁に有価証券報告書に係る訂正報告書を提出した会社を対象としている。

　作成にあたっては、対象各社の訂正報告書、金融庁の対象各社に対する「虚偽有価証券報告書提出事件の告発について」・「有価証券報告書の虚偽記載に対する課徴金納付命令の決定について」、証券取引等監視委員会編『証券取引等監視委員会の活動状況』、証券取引等監視委員会「金融商品取引法における課徴金事例集」を参考にした。

　資料中、"A"は告発事案、"B"は課徴金事案、"C"は行政処分のない事案を示している。

　資料中、［訂正理由］および［訂正に伴う連結財務諸表又は財務諸表の増減金額及び増減率］は、訂正に伴う影響金額が最も大きい期を対象にしている。

　資料中、［訂正理由］は訂正報告書上の訂正理由を記載している。ただし、監査法人等により監査を受けている旨およびXBRLに関する記載は省略している（「以下省略」、（中略）など）。

❶ 告発事案

No. 業種 （上場市場） 提出日	訂正の概要
A-1 精密機器 （東証一部） 平成 23 年 12 月 14 日	［訂正対象決算期］　平成 18 年 4 月 1 日～23 年 3 月 31 日 ［訂正勘定科目］　連結（ファンドの連結はずし）、資産（無形固定資産（のれん）の架空計上）、特別損失（関係会社投資評価損の未計上、のれん減損処理等の架空計上） ［平成 23 年 3 月期訂正報告書における訂正理由］ 　本文参照（49 ページ）
A-2 精密機器 （東証一部） 平成 20 年 6 月 23 日	［訂正対象決算期］　平成 15 年 4 月 1 日～18 年 3 月 31 日 ［訂正勘定科目］　売上高（架空売上の計上）、売上原価（架空仕入の計上）、資産（売上債権の架空計上、ソフトウェアの架空計上） ［平成18年3月期訂正報告書における訂正理由］ 　当社は、当社役職員による不正の疑いのある営業取引と簿外債務が存在している疑いが判明したことに伴い、平成 19 年 1 月 21 日に大阪地方裁判所に対して民事再生手続開始の申立を行い、同 1 月 29 日に開始決定を受けました。 　その後、会計分析・ソフトウェア分析の専門会社に依頼するなどして、当該営業取引の実態解明及びその影響額を確定するための調査を実施した結果、少なくとも平成 14 年 3 月期以降において、当社が起点及び終点となる循環取引を継続的に実行することにより、売上高の過大計上、架空在庫の計上等の不適切な会計処理がなされていたことが判明いたしました。 　しかし、①平成 14 年 3 月期以前のデータに関しては既に消失しているものが多く、循環取引と判断するに足る十分な証憑等を網羅的に得られないこと、②当該取引に関係した会社には限界が多く、民間企業の調査には限界があること等の理由により、第 14 期以前の対象取引を確定することができない状況にあります。そこで、訂正の処理については、修正処理がほぼ確実に必要であると判断できる平成 15 年 3 月期より必要と認められる修正を実施することとし、当該修正結果に関して、金融商品取引法第 24 条の 2 第 1 項の規定に基づき、平成 16 年 6 月 28 日に提出いたしました有価証券報告書の訂正報告書を提出するものであります。 　訂正にあたっては、循環取引によって計上していた売上高、仕入高及びソフトウェア等を全て取り消した上で、当該取引に係る入金を「循環取引収入」、出金を「循環取引支出」として認識し、これらを純額表示しております。また、これらの影響を考慮した税効果会計の見直しや付加価値の増加を伴わない取引について売上高及び仕入高を修正し、当該取引に係る売上高と仕入高の差額を営業外収益に修正表示する等、必要と認められる修正を併せて実施いたしました。

No. 業種 (上場市場) 提出日	訂正の概要				
	[訂正に伴う連結財務諸表又は財務諸表の増減金額及び増減率] 平成18年3月31日　連結会計年度　　　　　　　　　　　　（単位：百万円）				
		訂正前	訂正後	増減額	増減率
	売上高	40,335	1,189	△39,146	△97.05%
	売上原価	35,976	1,539	△34,437	△95.72%
	販売費及び一般管理費	1,028	1,028	0	0.00%
	営業外収益	7	867	860	12,285.71%
	営業外費用	62	62	0	0.00%
	特別利益	—	—	—	—
	特別損失	0	0	0	—
	当期純利益・損失(△)	1,785	△581	△2,366	△132.55%
	純資産	12,375	7,262	△5,113	△41.32%
	総資産	19,999	10,855	△9,144	△45.72%
A-3 情報・通信業 非公開 (東証一部 その後上場廃止) 平成20年5月22日	[訂正対象決算期]　平成14年7月1日〜19年6月30日 [訂正勘定科目]　売上高（売上の過大計上、架空売上の計上）、売上原価（架空仕入の計上） [平成18年6月期訂正報告書における訂正理由] 　本文参照（72ページ）。				
A-4 情報・通信業 非公開 (JQS その後上場廃止) 平成20年5月16日	[訂正対象決算期]　平成14年4月1日〜19年3月31日 [訂正勘定科目]　売上高（売上の前倒し計上）、売上原価（架空外注費の計上）、特別損失（リース料に係る貸倒引当金の不計上） [平成17年3月期訂正報告書における訂正理由] 　本文参照（85ページ）。				
A-5 電気機器 非公開 (東証マザーズ その後上場廃止) 平成20年3月31日	[訂正対象決算期]　平成14年5月1日〜19年4月30日 [訂正勘定科目]　売上高（架空売上の計上、売上の前倒し計上）、売上原価（売上原価の繰延べ） [平成18年4月期訂正報告書における訂正理由] 　本文参照（99ページ）。				

❷ 課徴金事案

No. 業種 (上場市場) 提出日	訂正の概要
B-1 食料品 (JQS) 平成24年3月14日	[訂正対象決算期]　平成21年4月1日～23年3月31日 [訂正勘定科目]　売上高（架空売上の計上）、資産（売上債権の過大計上） [具体的な虚偽表示の態様] 　本件は、フランチャイズ（FC）権譲渡契約を仮装し、架空売上を計上したものである。次のことから、FC権譲渡契約は仮装であると認定された。 (1) A社に対するアメリカ西海岸でのFC権譲渡 　① 当社もA社もアメリカ西海岸で何ら活動実績がなく、またFC展開に向けた活動が全く行われていない。 　② 当社はB氏から不動産を購入する際に、当該不動産取引とは関係のないA社を介在させることで、当社の利益を犠牲にし、A社に多額の売却益を生じさせている。当該売却益はFC権の譲渡対価を大幅に超過しており、当該不動産取引はA社にFC権譲渡代金を捻出させるためのものであった。 (2) C社に対するシンガポールでのFC権譲渡 　① 当社もC社もシンガポールにおけるFC展開に向けた活動を全く行っていない。 　② 当社に一部代金が支払われているが、当該代金は当社が用意したものであった。 [平成22年3月期訂正報告書における訂正理由] 　当社は、平成23年3月期第3四半期時点において、その後の経営方針の検討を行うにあたり、前年度に引き続き当期純損失を計上していること、平成22年3月期内部統制監査において平成21年3月31日現在の財務報告に係る内部統制は重要な欠陥があるため有効でないと表示した内部統制報告書を提出していることなど、当社の抱える財務的なリスクをはじめとする潜在的なリスクの現況を十分に把握しておく必要があると判断し、平成22年12月21日から平成23年1月21日までの間、第三者調査機関に財務デューデリジェンスを依頼し報告書の提出を受けております。 　そして、その結果を元に当社に存在する潜在的なリスクについて監査上詳細な説明が必要であると考えられる事項についての解明を目的として、平成23年3月1日より第三者調査機関に法務デューデリジェンスを依頼いたしました。この法務デューデリジェンスは、その後、調査費用の見直しのための一時中断となりましたが、改めて他の第三者調査機関に依頼し平成23年5月9日から平成23年6月3日までの間において再開された経緯があります。 　しかし、調査中である平成23年1月26日に金融機関の行員が行った不正融資に関与した疑いで当社元代表取締役（吉田泰昌平成22年12月20日辞任、以下「元代表取締役」といいます）が逮捕され、平成23年2月16日に起訴されたこと等に起因し、平成23年5月9日から平成23年6月3日に改

No. 業種 （上場市場） 提出日	訂正の概要
	めて行われた法務デューデリジェンスについて第三者調査機関からの調査報告があったものの、①調査資料の不足、②事情聴取の未了、③時間的限界があったため、当社としては報告内容が不十分であると認識しており、さらに、監査役会および株主をはじめとする市場関係者も同様な認識であると思われることから、改めて調査を行う必要があると考え、今後のコーポレートガバナンスの実現とコンプライアンス体制構築のため包括的な意見を求めることを目的として、当社と利害関係のない弁護士2名、公認会計士1名で構成する第三者による外部調査委員会（以下、第三者委員会という）を平成23年8月18日に設置いたしました。なお、委員のうち小林弘卓氏、玉置良光氏は平成23年6月から当社の社外監査役に就任していますが、河内悠紀氏を含め第三者委員会の構成員には、過去において、当社との間に独立性、中立性に影響を及ぼすような関係や取引は一切なく、日本弁護士連合会による2010年7月15日付「企業等不祥事における第三者委員会ガイドライン」を踏まえて組織されております。また、青池取締役より大阪証券取引所に第三者委員会メンバーの人選について、上記のような説明を行い、大阪証券取引所の意向としましても、当社の状況を全く知らないメンバーよりも適当であるとのことで了承を受けております。 　その後、第三者委員会から平成23年12月15日に受領した中間報告書においてアメリカ西海岸でのFC譲渡契約、シンガポールでのFC譲渡契約の取引について、架空の取引であったと認定すべきであり、過年度決算の修正の要否の検討を促す内容の報告を受けました。 　平成24年2月27日に受領した最終報告書の結果を受け、金融商品取引法第24条の2第1項の規定に基づいて当社は過去に提出いたしました有価証券報告書等に記載されている連結財務諸表及び個別財務諸表に含まれる不適切な会計処理を訂正し、有価証券報告書等の訂正報告書を提出することを、平成24年2月29日に開催した取締役会の承認を経て決定しました。 　この結果、当社が平成22年6月28日付で提出いたしました第42期事業年度（自　平成21年4月1日　至　平成22年3月31日）有価証券報告書の記載事項の一部を訂正する必要が生じましたので、金融商品取引法第24条の2第1項の規定に基づき、有価証券報告書の訂正報告書を提出するものであります。 　以下省略。

No. 業種 (上場市場) 提出日	訂正の概要
	[訂正に伴う連結財務諸表又は財務諸表の増減金額及び増減率] 平成22年3月31日　連結会計年度　　　　　　　　　　（単位：百万円） |	訂正前	訂正後	増減額	増減率
---	---	---	---	---
売上高	7,000	6,732	△268	△3.83%
売上原価	3,776	3,775	△1	△0.03%
販売費及び一般管理費	3,334	3,334	0	0.00%
営業外収益	203	203	0	0.00%
営業外費用	208	208	0	0.00%
特別利益	25	25	0	0.00%
特別損失	986	986	0	0.00%
当期純利益・損失（△）	△942	△1,209	△267	28.34%
純資産	4,427	4,160	△267	△6.03%
総資産	9,971	9,712	△259	△2.60%	
B-2 その他金融業 （札証上場 その後上場廃止） 平成24年2月14日	[訂正対象決算期]　平成21年4月1日～23年3月31日 [訂正勘定科目]　売上高（架空売上の計上）、特別損失（減損損失の不計上）、 　　　　　　　　資産（無形固定資産（のれん）の架空計上、投資有価証券 　　　　　　　　の過大計上） [具体的な虚偽表示の態様] ⑴　のれんの架空計上 　　当社はA社株式の取得により100％子会社化し、連結財務諸表を作成した。その際、本来連結範囲に含めなければならなかったA社の子会社について、A社株式の譲渡先において連結対象とされていなかったことから、当社もそれに準じて連結範囲外としていた。A社子会社は債務超過であったため、本来ならばA社の新規連結に際し、当社の連結財務諸表上のれんが計上されることはないが、A社の子会社を連結範囲外とすることにより、架空ののれんを計上していた。 ⑵　架空売上の計上 　　当社は不動産売買や管理等に係る一切の業務について助言を与えるべくB社とコンサルティング契約を締結した。しかし当該不動産取引は中国とのクロスボーダー取引であり、交渉が難航したため、最終的に売買契約締結に至らなかった。当社はコンサルティング業務が完了していないにもかかわらず、既に実行した業務に係る売上を架空計上していた。 ⑶　減損損失の不計上 　　当社が保有する社債券について、平成22年3月期において回収不能として減損処理する必要があった。しかし、当社は、回収不能とする判断が遅れ、減損処理しなかったことにより、投資有価証券を過大に計上していた。 ⑷　投資事業有限責任組合の会計処理の誤り

No. 業種 （上場市場） 提出日	訂正の概要
	当社は投資事業有限責任組合への出資を行っているが、当該組合の決算に誤りがあったため、結果として、投資有価証券を過大に計上していた。 ［平成23年3月期訂正報告書における訂正理由］ 　当社及び当社子会社において、過年度の不適切な会計処理が存在することが判明いたしました。平成23年12月より社内調査委員会による調査を行い訂正すべき内容が判明いたしましたので、当該訂正を行うため、金融商品取引法第24条の2第1項の規定に基づき、平成23年7月29日に提出した第52期有価証券報告書（自　平成22年4月1日　至　平成23年3月31日）の有価証券報告書の訂正報告書を提出するものであります。 　以下省略。 ［訂正に伴う連結財務諸表又は財務諸表の増減金額及び増減率］ 平成23年3月31日　連結会計年度　　　　　　　　　　（単位：百万円） |	訂正前	訂正後	増減額	増減率 | |---|---|---|---|---| | 売上高 | 413 | 399 | △14 | △3.39% | | 売上原価 | 488 | 273 | △215 | △44.06% | | 販売費及び一般管理費 | 1,556 | 1,317 | △239 | △15.36% | | 営業外収益 | 112 | 122 | 10 | 8.93% | | 営業外費用 | 72 | 87 | 15 | 20.83% | | 特別利益 | 26 | 26 | 0 | 0.00% | | 特別損失 | 590 | 347 | △243 | △41.19% | | 当期純利益・損失(△) | △2,156 | △1,478 | 678 | △31.45% | | 純資産 | 220 | 213 | △7 | △3.18% | | 総資産 | 3,234 | 3,734 | 500 | 15.46% |
B－3 サービス業 （札証アンビシャス） 平成23年12月27日 平成24年1月16日	［訂正対象決算期］　平成18年1月1日～22年12月31日 ［訂正勘定科目］　売上高（架空売上の計上）、特別損失（貸倒引当金の不計上）、資産（無形固定資産（ソフトウェア）の架空計上） ［平成22年12月期訂正報告書における訂正理由］ 　本文参照（120ページ）。
B－4 情報・通信業 （東証マザーズ） 平成23年12月22日	［訂正対象決算期］　平成17年11月1日～22年10月31日 ［訂正勘定科目］　売上高（売上の過大計上）、売上原価（架空工事の計上）、販売費及び一般管理費（費用の無形固定資産への付替え）、営業外費用（貸倒引当金の過少計上）、資産（無形固定資産（ソフトウェア）の架空計上） ［平成22年10月期訂正報告書における訂正理由］ 　本文参照（130ページ）。

No. 業種 (上場市場) 提出日	訂正の概要
B-5 精密機器 (東証一部) 平成 23 年 12 月 14 日	[訂正対象決算期]　平成 18 年 4 月 1 日〜23 年 3 月 31 日 [訂正勘定科目]　A-1 参照。 [平成23年3月期訂正報告書における訂正理由] 　A-1 参照。
B-6 情報・通信業 非公開 (札証アンビシャス その後上場廃止) 平成 23 年 8 月 11 日	[訂正対象決算期]　平成 21 年 7 月 1 日〜平成 22 年 6 月 30 日 [訂正勘定科目]　販売費及び一般管理費（一般管理費（研究開発費）の過少計上）、営業外収益（関係会社株式持分及び持分法損益の過大計上）、資産（ソフトウェアの過大計上） [具体的な虚偽表示の態様] 【事案の概要】 　当社の連結子会社であり、コンピュータソフトウェアの開発・販売事業を行っていたA社は、メール広告配信事業（依頼主の意向に沿うサイト上に広告を記載し、更にA社が管理・運営する携帯電話向けサイトに会員登録した者に対して、メールにより広告を配信する事業）を展開する計画を有していたため、ソフトウェア（広告メール配信ソフト）の開発を、名目上の業務委託先の一つであるB社に依頼した。 　B社から購入した当該ソフトウェアの取得原価は3,000万円相当であったが、A社は、メール広告配信事業における業務委託費名目の支出を、資産に付け替えて利益をかさ上げするために、価格を6,000万円とする虚偽の見積書をB社に作成させた。この際A社は、B社の同業他社に依頼して6,000万円を上回る価格の相見積もりを作成させ、ソフトウェアの資産価値が妥当であるかのように装った。 図表B-6　ソフトウェア資産の過大計上 A社は利益をかさ上げするため、B社に価格を6,000万円とする虚偽の見積書を作成させ、実際の取得原価が3,000万円相当であったにもかかわらず、6,000万円のソフトウェア資産を計上した。この際A社は、B社の同業他社に依頼して6,000万円を上回る価格の相見積りを作成させ、ソフトウェアの資産価値が妥当であるかのように装った。 B社 — ~~3,000万円~~ → A社 B社 — 6,000万円 → A社 同業者① — 7,000万円 → A社 同業者② — 8,000万円 → A社

No. 業種 (上場市場) 提出日	訂正の概要
	【具体的な虚偽記載の態様】 (1) ソフトウェア資産の過大計上及び一般管理費の過少計上 　　A社がB社から購入したソフトウェアは、当局の調査の結果、資産計上されたうちの3,000万円は、業務委託先に支払われた金額の一部を、ソフトウェアに上乗せした実態のない資産であった。 　　実際の原価である3,000万円のソフトウェアについては、その実在性が認められたが、このソフトウェアを事業に利用した形跡や、事業に係る契約締結などの事実はなく、また、将来の収益獲得が確実であると認められることを立証できる証憑もなかった。 　　ソフトウェアについては「研究開発費及びソフトウェアの会計処理に関する実務指針」によって、「ソフトウェアの利用により、将来の収益獲得または費用削減が確実と認められる場合は無形固定資産に計上し、確実であると認められない場合又は確実であるかどうか不明な場合には、費用処理する」ものとされており、A社がB社から購入したソフトウェアは、本来、一般管理費（研究開発費）として期間費用処理すべきものであった。 　　その結果、ソフトウェア資産の過大計上及び一般管理費の過少計上により、四半期純損益が過大計上された。 (2) 関係会社株式持分及び持分法投資損益の過大計上 　　(1)のほか、当社は、当社の持分法適用会社に係る関係会社株式持分及び持分法投資損益を計算誤り等によって過大計上した。 [平成22年6月期訂正報告書における訂正理由] 　　平成22年10月29日に提出した第19期（自　平成21年7月1日　至　平成22年6月30日）有価証券報告書の記載事項の一部で、子会社の会計処理における取引未決算勘定に関して、売上計上が適切な会計処理と判断したことによる訂正事項がありましたので、これを訂正するため、有価証券報告書の訂正報告書を提出するものであります。 　　以下省略。

No. 業種 （上場市場） 提出日	訂正の概要
	[訂正に伴う連結財務諸表又は財務諸表の増減金額及び増減率] 平成22年6月30日　連結会計年度　　　　　　　　　　（単位：百万円） |	訂正前	訂正後	増減額	増減率
---	---	---	---	---
売上高	839	880	41	4.89%
売上原価	767	767	0	0.00%
販売費及び一般管理費	393	393	0	0.00%
営業外収益	5	5	0	0.00%
営業外費用	18	18	0	0.00%
特別利益	41	41	0	0.00%
特別損失	34	34	0	0.00%
当期純利益・損失（△）	△331	△290	41	△12.39%
純資産	207	248	41	19.81%
総資産	441	441	0	0.00%	
B−7 情報・通信業 （JQS） 平成23年7月5日	[訂正対象決算期]　平成20年4月1日～23年3月31日 [訂正勘定科目]　特別損失（貸倒引当金の過少計上、債務保証損失引当金の不計上） [平成23年3月期訂正報告書における訂正理由] 　本文参照（143ページ）。
B−8 電気機器 非公開 （JQS その後上場廃止） 平成23年6月27日	[訂正対象決算期]　平成17年5月1日～22年4月30日 [訂正勘定科目]　売上高（売上の前倒し計上、売上の取消し処理の未済、架空売上の計上） [平成22年4月期訂正報告書における訂正理由] 　本文参照（152ページ）。
B−9 情報・通信業 非公開 （名証セントレックス その後上場廃止） 平成23年4月28日	[訂正対象決算期]　平成21年1月1日～21年12月31日 [訂正勘定科目]　特別利益（債務免除益の架空計上）、特別損失（貸倒引当金の過少計上） [平成21年12月期訂正報告書における訂正理由] 　本文参照（161ページ）。
B−10 卸売業 （JQS） 平成23年1月28日	[訂正対象決算期]　平成19年4月1日～22年3月31日 [訂正勘定科目]　特別損失（ソフトウェア仮勘定に係る除却損失の過少計上） [具体的な虚偽表示の態様] 【事案の概要】 　本件は、当社が、ソフトウェアとして資産計上したソフトウェア開発に係る費用について、当初の開発委託先によるシステム開発を断念し、新規

No. 業種 (上場市場) 提出日	訂正の概要
	の開発委託先による全面的な再構築を実施したにもかかわらず、再構築の方針を決定した時点でソフトウェアの資産価値を検証して適正な会計処理を行うことについての認識が欠けていたことから、本来計上すべき固定資産の除却損を計上せず、不適正な会計処理を行っていたものである。 【ソフトウェア仮勘定に係る除却損失の過少計上】 　当社は、当社の販売管理システムを刷新するため、第Ａ期の3期前に、Ａ社に対して当該システムの開発を委託したが、Ａ社による開発作業が遅延する一方で、当社はＡ社からの契約期間の延長や開発費用の増額に応じてきた。 　その後、Ａ社が経営不振に陥ったため、当社は当該システムが完成しないことを懸念し、第Ａ期中に、別の会社にこれまでの開発の成果物の検証を依頼したところ、Ａ社の作業には基本設計等に問題が多く、システムとしての妥当性・正当性が確認できないとの報告がなされた。このため、当社は、Ａ社によるシステム開発を断念し、新たに別の会社にシステム開発委託を変更するなどの方針を決定し、改めてシステム開発を全面的にやり直し、第Ａ期の2期後に当該システムを完成させた。 　当社は、第Ａ期の会計処理において、Ａ社等に対して支払ったシステム開発費用をソフトウェア仮勘定として資産計上していたが、このシステム開発は上記のとおりの状況にあり、この開発について資産としての価値は認められず、このため、当該ソフトウェア仮勘定について、その全額を除却する必要があったにもかかわらず、当社はこれを行わずに、利益を過大に計上していた。 ［平成20年3月期訂正報告書における訂正理由］ 　当社の平成22年3月期における会計処理について、一部不適切な会計処理があったことが判明いたしました。 　当社では、事実関係の詳細をより適切かつ迅速に把握するために、平成22年12月10日に当社と利害関係のない社外の弁護士及び公認会計士による外部調査委員会を設置し、調査を進め、平成23年1月7日付けで外部調査委員会から調査報告書を受領いたしました。 　外部調査委員会による調査の結果を受け、当社の会計監査人であるアーク監査法人と協議した結果、平成22年3月期に固定資産評価損として特別損失に計上した134,551千円について、その計上時期・計上金額の訂正及び関連事項の訂正を行うものとして、過年度の訂正を行うことといたしました。 　これにより平成20年6月23日に提出いたしました第20期（自　平成19年4月1日　至　平成20年3月31日）の有価証券報告書の一部に訂正する必要が生じましたので、金融商品取引法第24条の2第1項の規定に基づき、有価証券報告書の訂正報告書を提出するものであります。 　以下省略。

No. 業種 (上場市場) 提出日	訂正の概要
	[訂正に伴う連結財務諸表又は財務諸表の増減金額及び増減率] 平成20年3月31日　連結会計年度　　　　　　　　　（単位：百万円） |	訂正前	訂正後	増減額	増減率
---	---	---	---	---
売上高	9,121	9,121	0	0.00%
売上原価	7,799	7,799	0	0.00%
販売費及び一般管理費	1,063	1,071	8	0.75%
営業外収益	9	9	0	0.00%
営業外費用	4	4	0	0.00%
特別利益	0	0	0	—
特別損失	766	978	212	27.68%
当期純利益・損失(△)	△580	△711	△131	22.59%
純資産	1,513	1,383	△130	△8.59%
総資産	3,482	3,351	△131	△3.76%	
B-11 情報・通信業 非公開 (東証マザーズ その後上場廃止) 平成22年12月22日	[訂正対象決算期]　平成17年4月1日～22年3月31日 [訂正勘定科目]　売上高（架空売上の計上、売上の前倒し計上）、特別損失 　　　　　　　（貸倒引当金の不計上） [平成22年3月期訂正報告書における訂正理由] 　本文参照（169ページ）。
B-12 情報・通信業 (東証マザーズ) 平成22年11月16日	[訂正対象決算期]　平成20年1月1日～21年12月31日 [訂正勘定科目]　資産（棚卸資産の架空計上、有形固定資産の架空計上） [平成21年12月期訂正報告書における訂正理由] 　本文参照（180ページ）。
B-13 サービス業 非公開 (東証マザーズ その後上場廃止) 平成22年9月15日	[訂正対象決算期]　平成20年1月1日～21年12月31日 [訂正勘定科目]　特別損失（債務保証損失引当金の不計上、減損損失の過少 　　　　　　　計上）、資産（著作権の過大計上） [具体的な虚偽表示の態様] 【事案の概要】 　本件は、当社が保有するコンテンツ資産等に減損の兆候があるにもかかわらず、その処理を行わず、減損損失を過少計上したものである。 　また、当社は、取引先A社の債務を保証するため、約束手形を振り出すなどしたが、A社が返済不能となったことから、A社に代わって借入金の債務を負うこととなった。このことから当社は、修正後発事象として債務保証損失に係る引当金を計上すべきであったがそれを行わず、不適正な会計処理を行ったものである。 【具体的な虚偽表示の態様】 (1)　減損損失の過少計上、著作権の過大計上

No. 業種 （上場市場） 提出日	訂正の概要
	当社は、当社が保有するコンテンツ資産（著作権）について、第A+1期に取得価格の50%の減損処理を行っているが、当該コンテンツ資産については、①当該コンテンツの関連事業が第A期以降2期連続で赤字であり、②今後収益が獲得できる合理的な事業計画もなく、また、③当該コンテンツが当社債務の担保として供されており、早期に売却できる可能性も乏しいことなどから、当該資産に使用価値及び回収可能価格を認めることはできず、第A+1期末において全額を減損処理すべきであった。 　また、同様に、当社の上記以外の長期前払費用（技術使用許諾料及びプロジェクト運営費）等の資産についても、今後収益が獲得できる合理的な事業計画がないなどから、減損処理を行うべきであったにもかかわらず、これを行っていなかった。 (2)　債務保証損失引当金の不計上 　当社は、当社の取引先であるA社の資金繰りが悪化したことから、第A期に、A社の借入金の担保として当社の約束手形を振り出し、A社から借入先のB社に裏書譲渡させることで、A社借入金に対して実質的な債務保証を行った。その後、A社の借入金の返済が不能となったことから、当該決算期後に、B社との間で金銭消費貸借契約を締結するなどして、当社がA社に代わって当該借入金の債務を負うこととした。 　当社は、第A期において、当該債務保証に係る引当金を計上していないが、修正後発事象として、本件債務保証の発生時期である第A期において、債務保証損失に係る引当金を計上する必要があった。 ［平成21年12月期訂正報告書における訂正理由］ 　当社において過年度決算について調査したところ、不適切な会計処理が判明いたしました。当該内容について、外部調査委員会による調査を行った結果、修正等必要と認められる訂正を行うため、金融商品取引法第24条の2第1項の規定に基づき、有価証券報告書の訂正報告書を提出するものであります。 　以下省略。

No. 業種 （上場市場） 提出日	訂正の概要
	[訂正に伴う連結財務諸表又は財務諸表の増減金額及び増減率] 平成 21 年 12 月 31 日　連結会計年度　　　　　　　　　　（単位：百万円） |	訂正前	訂正後	増減額	増減率
---	---	---	---	---
売上高	365	365	0	0.00%
売上原価	200	200	0	0.00%
販売費及び一般管理費	654	672	18	2.75%
営業外収益	0	0	0	―
営業外費用	17	17	0	0.00%
特別利益	107	107	0	0.00%
特別損失	1,143	2,632	1,489	130.27%
当期純利益・損失（△）	△1,545	△3,052	△1,507	97.54%
純資産	827	△666	△1,493	△180.53%
総資産	1,738	294	△1,444	△83.08%	
B-14 倉庫・運輸関連業 （東証二部） 平成 22 年 9 月 13 日	[訂正対象決算期]　平成 17 年 4 月 1 日～22 年 3 月 31 日 [訂正勘定科目]　販売費及び一般管理費（前渡金に係る損失の不計上、貸倒引当金の過少計上） [具体的な虚偽表示の態様] 【事案の概要】 　本件は、当社の子会社で、国内の製袋機や外国製のホーロー製品等の輸出入業務を営んでいたA社が、貸倒引当金の過少計上等の不適正な会計処理を行っていたものである。 【具体的な虚偽表示の態様】 (1)　前渡金に係る損失の不計上及び貸倒引当金の過少計上 　　当社の子会社A社は、機械の製販会社であるB社の海外窓口として、B社から機械（製袋機）を仕入れ、それを海外の顧客に販売していたが、その際、B社との取決めにより、海外販売先との販売契約が締結された状態で、当該機械の製造資金に充てることを前提に、契約総額の90%相当の金額を、手形を振り出すことによりB社に資金を前渡ししていた。 　　しかし、A社は、B社の業績が悪化し、当該前渡金をB社が自己の資金繰りに流用し、機械が製造されていないことを第A期末までに知った。このため、A社は、販売契約先から損害賠償請求を受けることを回避するため、B社に別途資金支援を行い、これを前渡金名目で追加計上するとともに、B社に機械を製造させることにした。 　　本件について、本来A社は、①従前からの前渡金については、B社が資金を流用していたことを知り、もはや当該前渡金では機械を製造することはできないと認識した時点で損失として処理すべきであるところ、これを行わず、②前渡金名目で追加計上した資金については、本来はB

347

No. 業種 （上場市場） 提出日	訂正の概要
	社に対する支援目的で支出したものであることから、金銭債権（貸付金）と認められるところ、当社は、その支出時点で既に回収が困難なことを認識していたにもかかわらず、追加で支払った資金について貸倒引当金を計上しなかった。 (2) 貸倒引当金の過少計上 　A社は、機械（製袋機）の国内向け販売に当たり、C社から機械を仕入れ、B社に販売するという取引を行っていたが、当該取引において、B社がA社への債務（買掛金）の返済に充てるべき資金を自己の資金繰りに流用するなどしたことから、A社のB社に対する売掛債権の回収が困難になった。A社は、そのような状況を認識していたにもかかわらず、B社に対する売掛債権について貸倒引当金を計上しなかった。 (3) 貸倒引当金の過少計上 　A社は、製袋機を製造するC社に対して、海外企業から機械部品（製袋機の部品）を輸入して販売する取引を行っていたが、B社の資金繰りの悪化に伴い、B社に製袋機の受注や資金繰り等の実質的な業務運営を依存していたC社に対するA社の売掛債権も回収が困難になった。A社は、そのような状況を認識していたにもかかわらず、C社に対する売掛債権について貸倒引当金を計上しなかった。

図表B-14　不適切な取引

【機械の輸出取引】

B社 ←（前渡金を流用）← 前渡金の支払 ← A社（当社の子会社） ←→ 販売契約の締結 ←→ 海外顧客
B社 ← 前渡金の名目で追加支払 ← A社（当社の子会社）
B社 → 機械 → A社（当社の子会社） → 機械 → 海外顧客

【機会の国内取引】

C社 ← 前渡金 ← A社（当社の子会社） ← 代金支払が滞留（売掛債権） ← B社 ←（販売代金を流用）← 代金の支払 ← 国内顧客
C社 → 機械 → A社（当社の子会社） → 機械 → B社 → 機械 → 国内顧客

No. 業種 (上場市場) 提出日	訂正の概要
	【機械部品の輸入・販売取引】

[平成22年3月期訂正報告書における訂正理由]
　当社は、平成22年8月13日提出の臨時報告書に記載のとおり、連結子会社の臨港商事株式会社における不適切な経理処理について、過年度決算を訂正する方針を決定いたしました。
　これに伴い、平成22年6月28日に提出しました第149期（自　平成21年4月1日　至　平成22年3月31日）有価証券報告書の記載事項の一部に訂正すべき事項がありましたので、これを訂正するため、有価証券報告書の訂正報告書を提出するものであります。
　以下省略。
[訂正に伴う連結財務諸表又は財務諸表の増減金額及び増減率]

平成22年3月31日　連結会計年度
（単位：百万円）

	訂正前	訂正後	増減額	増減率
売上高	19,117	19,117	0	0.00%
売上原価	17,582	17,582	0	0.00%
販売費及び一般管理費	1,396	1,416	20	1.43%
営業外収益	208	208	0	0.00%
営業外費用	217	217	0	0.00%
特別利益	13	7	△6	△46.15%
特別損失	502	987	485	96.61%
当期純利益・損失（△）	△517	△1,013	△496	95.94%
純資産	11,908	10,992	△916	△7.69%
総資産	40,745	39,862	△883	△2.17%

No. 業種 (上場市場) 提出日	訂正の概要
B-15 情報・通信業 (東証マザーズ) 平成22年8月27日	[訂正対象決算期]　平成19年4月1日～21年8月31日 [訂正勘定科目]　売上高（架空売上の計上）、資産（無形固定資産（ソフトウェア）の架空計上、無形固定資産（のれん）の架空計上） [具体的な虚偽表示の態様] 【事案の概要】 　本件は、当社が設立間もない子会社A社に売上の実績を計上するために、当社及びA社と複数の会社との間で、架空の売上を計上し、また、子会社A社においてソフトウェアの架空計上を行い、のれんの架空計上を行う等不適正な会計処理を行っていたものである。 【具体的な虚偽表示の態様】 (1) 架空売上の計上 　当社の子会社A社は、架空のソフトウェア（システム開発に係るソフトウェア）や架空の営業権（携帯サイトの営業権）を取得する名目で資金を支出し、当該資金を複数の会社を経由して当社及びA社に還流させるなどして、当社及びA社において、①インターネットサイト等の制作、②インターネットサイト広告枠の販売及び③ソフトウェアライセンスの売上との名目で架空売上を計上していた。 　なお、当社は、本件の不適正な取引を、証憑を偽造して行っていた。 (2) ソフトウェア資金及びのれんの架空売上 　A社は、ソフトウェア資産を第A期から第A+1期第四半期にかけて、営業権を第A期にそれぞれ取得したとしていたが、当該資産の取得名目で支出された資金が架空売上に係る売掛金回収の原資となっており、また、当該資産の実在性も認められないものであった。 　したがって、当社は、当該ソフトウェア資産及び営業権（のれん）を当該期において架空に計上していたものである。 [平成21年8月期訂正報告書における訂正理由] 　当社及び連結子会社である株式会社AMSにおいて、不適切な取引が平成19年12月から平成20年12月まで行われていたことが判明いたしました。 　当社は、平成22年5月より、不適切な取引が行われていた疑いが生じたことから、過去の取引に関して内部調査を進めるとともに、外部調査委員会を設置し調査を実施して参りました。 　この結果、過去に行われた取引の一部について、当社及び連結子会社である株式会社AMSにおいて不適切な取引が行われていたことが判明し、第4期（平成20年3月期）から第6期（平成22年8月期）第3四半期までの期間の連結財務諸表等及び財務諸表等について、不適切な取引に係る訂正を行いました。 　上記により、金融商品取引法第24条の2第1項の規定に基づき、平成21年11月27日に提出した第5期（自　平成20年4月1日　至　平成21年8月31日）の有価証券報告書の訂正報告書を提出するものであります。 以下省略。

No. 業種 （上場市場） 提出日	訂正の概要
	[訂正に伴う連結財務諸表又は財務諸表の増減金額及び増減率] 平成 21 年 8 月 31 日　連結会計年度 （単位：百万円） |	訂正前	訂正後	増減額	増減率
---	---	---	---	---
売上高	4,706	4,501	△205	△4.36%
売上原価	2,922	2,755	△167	△5.72%
販売費及び一般管理費	2,648	2,635	△13	△0.49%
営業外収益	7	7	0	0.00%
営業外費用	32	32	0	0.00%
特別利益	—	—	—	—
特別損失	359	604	245	68.25%
当期純利益・損失(△)	△1,389	△1,644	△255	18.36%
純資産	3,476	2,772	△704	△20.25%
総資産	5,042	4,338	△704	△13.96%	
B-16 食料品 非公開 （東証一部、大証一部 その後上場廃止） 平成 22 年 8 月 12 日	[訂正対象決算期]　平成 17 年 1 月 1 日～21 年 12 月 31 日 [訂正勘定科目]　売上高（架空売上の計上）、資産（棚卸資産の過大計上） [具体的な虚偽表示の態様] 【事案の概要】 　当社の水産飼料事業部は、養殖魚用配合飼料の製造・販売等の事業を行っていたが、同事業部は、以前から、取引先との間で様々な貸し借り関係を築いていた。こうした中、業績が相当に悪化していた当該事業部において、架空売上の計上等の不適正な会計処理が行われたものである。 【具体的な虚偽表示の態様】 (1) 架空売上の計上 　当社の水産飼料事業部は、養殖業者などに対して、養殖魚用配合飼料等の架空の売上を計上するとともに、架空の卸棚資産（原料・飼料）を製造委託先経由で取得したこととして資金を支出し、当該資金を最終的に当社に還流させることで、架空売上に係る売掛金の回収を装っていた。 　また、この架空取引により、当社には架空の卸棚資産（原料・飼料）が多額に計上されることとなり、当該卸棚資産は長期滞留状態となった。このため、会計監査等において架空在庫が発覚する恐れが生じた同事業部は、この架空の卸棚資産（在庫）を販売したことにして、さらに架空売上に係る売掛金の回収があったかのように装っていた。 　このようにして、架空売上と架空仕入を繰り返すことにより、当社は利益を過大に計上していた。 (2) 卸棚資産の過大計上 　当社の水産飼料事業部は、養殖業者からの取引に係るクレーム対応などの目的で、養殖業者などに対して当社の卸棚資産（飼料）を無償で提供していたが、これに係る会計処理を行わず、卸棚資産を過大に計上し

351

No. 業種 (上場市場) 提出日	訂正の概要
| | ていたものである。<br>　同様に、当社の水産飼料事業部は、長期滞留により収益性が低下している卸棚資産について、会計基準に基づき適正に評価損を計上すべきところ、これを行わず、卸棚資産を過大に計上していた。<br><br>図表B－16　架空売上<br><br>```
             ⑥飼料代金の回収
    当社 ←----------------------- 養殖業者等
         ①架空飼料の販売(売掛金)
      ↑  ─────────────────────→   ↑
      │                              │
   ④飼料代金  ③架空飼料の    ②架空の魚販売
      │    製造・販売              │
      │                        ⑤魚代金
      ↓                              │
     製造委託先 ─────────────────→
```<br>──→…魚・飼料等の流れ（架空）<br>----→…資金の流れ<br><br>[平成21年12月期訂正報告書における訂正理由]<br>　当社水産飼料事業部において、一部の取引先との間で不適切な取引が行われていた可能性が高いことが判明したことを受けて、平成22年5月17日に社内調査委員会（委員長：取締役社長　植木　宏）を設置して、本件不正行為に関する事実関係（過年度決算への影響を含む）の調査・解明に着手するとともに、同年6月11日に当社の業務執行を行う経営陣から独立した立場で、株主、取引先、従業員等のステークホルダー全体の利益を図る観点から、社内調査委員会による事実関係の調査結果の検証及び内部統制上の原因究明に関する調査、再発防止策の策定等を目的とする第三者委員会（委員長：赤松幸夫弁護士）の発足を決定し、本件調査を鋭意進めてまいりました。<br>　社内調査委員会による調査により、同事業部において、過年度からサンプル品出荷の費用未計上、売上計上期の操作などの不適切な会計処理や、架空販売、架空製造、これらを組み合わせた循環取引などの不正行為が継続して行われていたことが明らかになりました。また、当該不正行為を隠蔽するため、内部統制証跡の偽装やダミー品による在庫数量偽装などが行われていたことが明らかになりました。<br>　当社は、判明した損失額を、過年度及び当年度へ年度別に適正に振り当てる作業を実施しましたが、その結果、過大に計上されていた売掛金、棚卸資産、売上高及び売上原価の訂正等、過年度における連結財務諸表等の訂正が必要となりましたので、金融商品取引法第24条の2第1項の規定に基づき、平成22年3月25日に提出しました第93期事業年度（自　平成21年1月1日　至　平成21年12月31日）に係る有価証券報告書の訂正報告書を提出するものであります。 |
```

No. 業種 (上場市場) 提出日	訂正の概要
	以下省略。 [訂正に伴う連結財務諸表又は財務諸表の増減金額及び増減率] 平成21年12月31日　連結会計年度　　　　　　　　　（単位：百万円） |	訂正前	訂正後	増減額	増減率
---	---	---	---	---
売上高	83,249	80,506	△2,743	△3.29%
売上原価	61,909	60,286	△1,623	△2.62%
販売費及び一般管理費	20,775	21,799	1,024	4.93%
営業外収益	595	595	0	0.00%
営業外費用	276	276	0	0.00%
特別利益	1,670	1,667	△3	△0.18%
特別損失	2,087	2,128	41	1.96%
当期純利益・損失(△)	28	△2,117	△2,145	△7,660.71%
純資産	45,954	39,238	△6,716	△14.61%
総資産	77,270	70,719	△6,551	△8.48%	
B-17 サービス業 非公開 (東証マザーズ その後上場廃止) 平成22年7月30日 平成22年8月2日	[訂正対象決算期]　平成18年4月1日〜21年3月31日 [訂正勘定科目]　売上高（売上の前倒し計上、架空売上の計上）、資産（無形固定資産（ソフトウェア）の架空計上） [具体的な虚偽表示の態様] 【事案の概要】 　当社は、マザーズ上場以前から、上場に向けて売上を増加させるため、進行基準を悪用した売上の前倒し計上や、証憑偽造による架空売上の計上など、不適正な会計処理を行っていた。上場後も、不適正な会計処理の隠蔽及び発覚による倒産の回避のために、不適正な会計処理を長期にわたって継続していた。 【具体的な虚偽表示の態様】 (1) 売上の前倒し計上 　当社は、コンサルティング業務及びプロモーション業務のうち、受注金額が一定額以上のものについては売上計上基準として「進行基準」を採用していた。この「進行基準」とは、業務に関与した営業担当者の直接作業時間により業務の進捗度を把握し、進捗度を配賦基準として売上を計上するものとされていた。 　しかし、当社は、当期の利益目標を達成するために、業務期間の前半に売上の大部分を計上できるよう、実際の業務の進捗状況に関わりなく進行基準表を作成し、これに基づく進捗度を配賦基準として、売上を前倒し計上していた。 　なお、当社は、進捗度の基礎となる直接作業時間を集計できるような体制を有しておらず、そもそも、当社が採用した「進行基準」により進捗度を把握することさえ不可能なものであった。

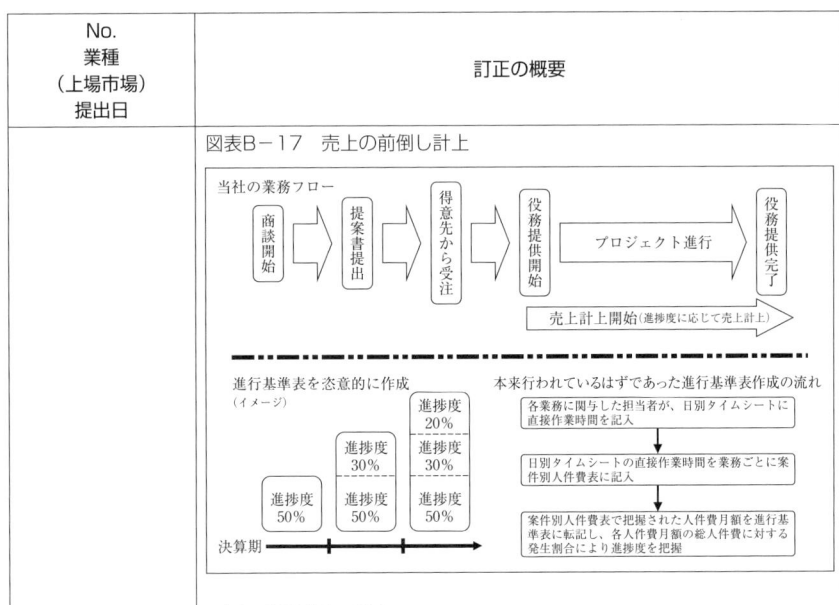

No. 業種 (上場市場) 提出日	訂正の概要
	図表B-17　売上の前倒し計上 当社の業務フロー：商談開始→提案書提出→得意先から受注→役務提供開始→プロジェクト進行→役務提供完了 売上計上開始（進捗度に応じて売上計上） 進行基準表を恣意的に作成（イメージ）：進捗度20%、進捗度30%、進捗度30%、進捗度50%、進捗度50%、進捗度50%（決算期） 本来行われているはずであった進行基準表作成の流れ： 各業務に関与した担当者が、日別タイムシートに直接作業時間を記入 ↓ 日別タイムシートの直接作業時間を業務ごとに案件別人件費表に記入 ↓ 案件別人件費表で把握された人件費月額を進行基準表に転記し、各人件費月額の総人件費に対する発生割合により進捗度を把握 (2)　架空売上の計上 　　当社は、(1)の売上の前倒し計上を行った結果、成約に至らないもの、途中で契約金額が減額され受注金額を下回り、実際には入金が見込めないものが生じてきた。本来なら既に売上計上したものの取消が必要であったが、取引受注前の引合い段階の案件を利用して、又は引合いもない案件でも過去の取引先の名称を無断で用いて、取引先の発注書及び検収書などの証憑を偽造することにより、受注及び検収が完了しているという外観を作り出すなどにより、架空の売上を計上していた。 　　また、当社役員3名は、上記架空売上に係る滞留債権に対する貸倒損失の計上回避及び本件不適正な売上計上の発覚の隠蔽を目的として、①3名が株式上場時の売出し等により得た資金、②3名の株式担保融資による借入金、③退職した元従業員の給与（人件費）の名目で支出した資金、及び④架空のソフトウェアの開発業務委託費の名目で支出した資金を用いてATM又はネットバンキングの借名口座から取引先名義で当社口座に入金し、架空売上による売掛金の回収を偽造することにより、架空売り上げが発覚しないようにしていた。 ［平成21年3月期訂正報告書における訂正理由］ 　　当社において、過年度の会計処理について修正を要する事象が認められたことから、平成16年3月期以降の会計年度について調査したところ、平成16年3月期から平成22年3月期第3四半期の売上計上等について、不適切な会計処理が行われていたことが判明いたしました。当該内容について、外部調査委員会による厳正な調査に基づき、売上高の修正等必要と認められる訂正を行うため、金融商品取引法第24条の2第1項の規定に基づき、平成21年6月30日に提出した第9期（平成20年4月1日から平成21年3月31日まで）有価証券報告書の訂正報告書を提出するものであります。

No. 業種 （上場市場） 提出日	訂正の概要
	以下省略。 ［訂正に伴う連結財務諸表又は財務諸表の増減金額及び増減率］ 平成 21 年 3 月 31 日　連結会計年度　　　　　　（単位：百万円） |	訂正前	訂正後	増減額	増減率
---	---	---	---	---
売上高	1,326	867	△459	△34.62%
売上原価	1,057	998	△59	△5.58%
販売費及び一般管理費	582	500	△82	△14.09%
営業外収益	8	9	1	12.50%
営業外費用	99	99	0	0.00%
特別利益	17	17	0	0.00%
特別損失	168	190	22	13.10%
当期純利益・損失(△)	△616	△936	△320	51.95%
純資産	2,570	324	△2,246	△87.39%
総資産	4,054	2,948	△1,106	△27.28%	
B－18 卸売業 （JQS） 平成 22 年 4 月 19 日 平成 22 年 4 月 20 日 平成 22 年 6 月 16 日	［訂正対象決算期］　平成 17 年 4 月 1 日～21 年 3 月 31 日 ［訂正勘定科目］　売上高（売上の前倒し計上）、特別損失（非上場株式評価損の過少計上）、資産（投資有価証券の過大計上） ［具体的な虚偽表示の態様］ 【事案の概要】 　本件は、当社が、黒字決算を実現するために、顧客に依頼して売上を前倒し計上していたほか、保有する非上場株式について評価損を過少に計上するなど、不適正な会計処理を行っていたものである。 【具体的な虚偽表示の態様】 (1)　売上の前倒し計上 　　当社は、ASP 事業（インターネットを通じたコンピューターアプリケーションの提供サービス）を行っており、それに付随して、顧客のビジネスモデルに応じて追加機能を付加するためのシステム開発業務を行っているが、当該システム開発に係る売上の計上基準として「検収基準」を採用しており、システム開発が完了し、追加機能が付加された時点で、顧客から検収書を受領し、売上に計上することとしていた。 　　しかし、当社は、実際には当該システム開発が完了していないにもかかわらず、顧客に検収書の発行を要請し、これを受領することで、あたかも検収が完了し、売上が計上できるかのように装い、売上を前倒し計上していた。 (2)　非上場株式評価損の過少計上及び投資有価証券の過大計上 　　当社は、保有する非上場の A 社株式の実質価格が著しく下落し、また A 社の超過収益力も既に毀損したとの認識を有していたことから、A 社株式につき減損処理を行う必要があった。A 社株式の減損処理に際し

No. 業種 (上場市場) 提出日	訂正の概要
	ては、A社の株式が市場で流通していないことから、A社の直近期の純資産額を基準にして評価損を計上する必要があった。 　しかし、当社は、決算作業の過程で、A社の株主総会招集通知を入手し、当該招集通知には、A社が新たに行う予定である株式募集に係る払込金額の下限価格が記載されていたことから、当該下限価格をもってA社株式の評価額を算定し、簿価との差額について評価損を計上することで、本来の純資産額に基づいて評価額を算定する方法よりも、評価損を過少に計上していた。 　これにより、A社は、翌期以降においても評価損を計上せず、引き続きA社株式の評価額を過大に計上した。 ［平成19年3月期訂正報告書における訂正理由］ 　平成22年4月19日に第11期（自　平成18年4月1日　至　平成19年3月31日）有価証券報告書の訂正報告書を提出いたしましたが、主に以下の事項を反映させることに伴い、記載事項の一部を訂正する必要が生じたため、金融商品取引法第24条の2第1項の規定に基づき、本訂正報告書を提出するものであります。 　平成22年4月19日に第11期（自　平成18年4月1日　至　平成19年3月31日）有価証券報告書の訂正報告書提出後、内部調査委員会の調査により、訂正内容に修正を要する事項が認められたことから、新たに検証作業を実施した結果、売上計上時期、繰延税金資産計上額、計上勘定科目に誤りが発生していることが判明しましたので修正を行うことにしました。 　以下省略。 （参考：平成22年4月19日提出訂正報告書における訂正理由） 　当社が平成18年3月期に行った売上計上の一部において期間帰属について不適切であることが社内調査委員会及び社外調査委員会の調査により判明いたしました。 　それら不適切な会計処理について会計上適切な計上金額へ修正し、その修正に伴い発生する諸影響の反映を、過年度の財務諸表等に対して実施いたしました。 　その結果、過去に提出いたしました第11期（自　平成18年4月1日　至　平成19年3月31日）有価証券報告書の記載事項の一部に訂正すべき事象が生じましたので、これを訂正するため、金融商品取引法第24条の2第1項の規定に基づき有価証券報告書の訂正報告書を提出いたします。 　以下省略。

No. 業種 (上場市場) 提出日	訂正の概要
	[訂正に伴う連結財務諸表又は財務諸表の増減金額及び増減率] 平成 19 年 3 月 31 日　事業年度　　　　　　　　　（単位：百万円） |	訂正前	訂正後	増減額	増減率
---	---	---	---	---
売上高	2,733	2,617	△116	△4.24%
売上原価	2,049	2,049	0	0.00%
販売費及び一般管理費	778	778	0	0.00%
営業外収益	1	1	0	0.00%
営業外費用	12	12	0	0.00%
特別利益	4	104	100	2,500.00%
特別損失	2	2	0	0.00%
当期純利益・損失(△)	△228	△158	70	△30.70%
純資産	1,286	1,270	△16	△1.24%
総資産	1,989	1,973	△16	△0.80%	
B-19 情報・通信業 (東証マザーズ) 平成 22 年 5 月 17 日	[訂正対象決算期]　平成 19 年 4 月 1 日～20 年 3 月 31 日 [訂正勘定科目]　販売費及び一般管理費（貸倒引当金の過少計上） [具体的な虚偽表示の態様] 【事案の概要】 　A 社から資金支援を依頼された当社が、A 社と架空の取引を行うことにより、実質的に A 社の債務について立替払いをした。その後、売掛金として計上した立替金を A 社から回収することが困難であったにもかかわらず、貸倒引当金を計上せず、不適正な会計処理を行ったものである。 【貸倒引当金の過少計上】 　当社は、当社代表取締役の知人が経営する A 社から資金支援の依頼を受けたが、当社は貸金業務を事業内容としていないことから、貸付けによる当該資金支援はできないが、当社の業務であるソフトウェア関係の取引であれば協力できると A 社に伝えた。 　そこで、A 社は、A 社が B 社に委託し、既に完了しているデータ入力業務について、当社が A 社と B 社の間に入る形で発注するので、B 社からの仕入として、A 社に代わって B 社に業務委託料を支払うよう当社に依頼した。 　そして、当社はこれを了承し、B 社に対してデータ入力業務の代金を支払い、これを B 社に対する仕入として計上するとともに、A 社に対する売上と、この売上に係る売掛金を計上した。 　しかし、上記取引の実態は、A 社の B 社に対する債務を、当社が代わりに返済するために捏造した架空の取引であり、当社の B 社への支払いについても、実態は A 社の B 社に対する債務を当社が立替払いしたものであった。 　この実質上の立替金については、A 社は資金繰りに窮して返済が滞るな

No. 業種 (上場市場) 提出日	訂正の概要
	どの状況にあり、経営実態等から回収は困難であったことから、第A期中間期において、未回収の全額について貸倒引当金を計上する必要があったが、当社は売掛金として計上したままで、実質上の立替金に対して貸倒引当金を計上していなかった。 図表B−19 架空取引による債務の立替 データ入力の発注　　　　　　　　　　　　　業務委託料名目の支払 （架空取引）　　　　　　当社　　　　　　（実質上の立替） A社　←　債務　←　B社 [平成20年3月期訂正報告書における訂正理由] 　当社は、過去の決算において一部の会計処理の修正を要する可能性のある事象が判明したことから、取締役副社長である田中琢を委員長とし、外部の専門家を含めた調査委員会を設置したところ、平成20年3月期の決算において不適切な会計処理が行われていることが判明いたしました。当該内容について、調査委員会による厳正な調査を行い、売上の修正及び貸倒引当金計上の修正が必要と認められる訂正を行うため、金融商品取引法第24条の2第1項の規定に基づき、平成20年6月27日に提出いたしました第5期（自　平成19年4月1日　至　平成20年3月31日）の有価証券報告書の訂正報告書を提出するものであります。 　なお、今回の訂正による当連結会計年度（自　平成21年4月1日　至　平成22年3月31日）及び当事業年度（自　平成21年4月1日　至　平成22年3月31日）の連結財務諸表及び財務諸表に与える影響はありません。

No. 業種 (上場市場) 提出日	訂正の概要
	[訂正に伴う連結財務諸表又は財務諸表の増減金額及び増減率] 平成20年3月31日　連結会計年度　　　　　　　　　　(単位：百万円) |	訂正前	訂正後	増減額	増減率
---	---	---	---	---
売上高	940	840	△100	△10.64%
売上原価	554	454	△100	△18.05%
販売費及び一般管理費	811	736	△75	△9.25%
営業外収益	2	2	0	0.00%
営業外費用	26	26	0	0.00%
特別利益	3	23	20	666.67%
特別損失	118	212	94	79.66%
当期純利益・損失(△)	△552	△552	0	0.00%
純資産	363	363	0	0.00%
総資産	2,358	2,358	0	0.00%	
B-20 A社（子会社） 情報通信業 非公開 （東証マザーズ その後上場廃止） 平成22年4月30日 B社（親会社） サービス業 （東証一部） 平成22年4月30日	[訂正対象決算期]　平成17年5月1日～21年4月30日 [訂正勘定科目]　売上高（売上の前倒し計上）、特別損失（のれんの過大計上による損失の過少計上）、資産（のれんの過大計上） [具体的な虚偽表示の態様] 【事案の概要】 　A社（子会社）の営業部門は、過度な売上予算達成のプレッシャーから、長期にわたって売上の前倒し計上を行っていたものである。 　B社（親会社）は公開買付けによりA社を子会社としたが、A社の不適正な会計処理に伴い、親会社であるB社においても、のれんが過大計上となっていたものである。 【具体的な虚偽表示の態様】 (1)　売上の前倒し計上 　A社は、医療関係者から、大規模臨床試験に係る様々な業務等を受託している。この大規模臨床試験は、数年に亘り継続するものであるが、当該受託料については、受託時に入金されるのが慣例となっていた。 　A社では、当該取引について従来から売上計上基準を設け、既に入金済みの業務であっても、月次で提供した業務に応じて売上計上することとしていた。 　また、A社は医療関係者が独自の事務局機能を有していないことから、医療関係者から契約書や検収書などに使用する印章を預かり保管していた。 　A社の営業部門は、過度な売上予算達成のプレッシャーから、実際には売上に計上するための業務実績がないにもかかわらず、預かっていた印章を使用し、契約書や検収書を偽造するなどして、当該業務実績があるかのように装い、売上前倒し計上していた。

No. 業種 (上場市場) 提出日	訂正の概要
	(2) のれんの過大計上 　　B社は、A社を連結子会社化したことに伴い、第B期第1四半期以降の連結財務諸表において、A社株式の取得価額（買収金額）とA社の純資産額の持分相当額との差額をのれんとして資産計上していた。 　　この買収金額は、A社の訂正前の財務諸表を前提として算出されていたため、過大なものとなっていたが、B社は、A社による上記不適正な会計処理が発覚した際に、A社株式の評価額を減少させずに、A社の純資産額分を減額し、他方で、のれんの金額を増加させる訂正報告を行っていた。 　　しかし、B社は、A社による不適正な会計処理が発覚した時点で、A社株式の買収金額はA社の企業価値に比して過大であり、A社の超過収益力を含む企業価値は毀損していたと認識していたことから、個別財務諸表上は子会社であるA社株式の評価減を行う必要があり、また、連結財務諸表上はのれんに係る減損（評価損）損失を計上する必要があった。 [A社平成19年4月期訂正報告書における訂正理由] 　　当社の過年度の決算において、売上高の前倒し計上等の不適切と思われる会計処理があったことが判明いたしました。当社の親会社であるエムスリー株式会社で専門家による外部調査委員会を設置し、これに係る調査結果の報告を受けて検証、検討を行った結果、当社は不適切な会計処理のあった決算期に遡って決算の訂正を行いました。 　　この決算訂正により、当社が平成19年7月30日付で提出いたしました第6期（自　平成18年5月1日　至　平成19年4月30日）有価証券報告書の記載事項の一部を訂正する必要が生じましたので、金融商品取引法第24条の2第1項の規定に基づき、有価証券報告書の訂正報告書を提出するものです。 　　以下省略。

No. 業種 (上場市場) 提出日	訂正の概要
	[A社訂正に伴う連結財務諸表又は財務諸表の増減金額及び増減率] 平成19年4月30日　連結会計年度　　　　　　　　　　　（単位：百万円） |	訂正前	訂正後	増減額	増減率
---	---	---	---	---
売上高	2,274	1,843	△431	△18.95%
売上原価	1,298	1,204	△94	△7.24%
販売費及び一般管理費	588	583	△5	△0.85%
営業外収益	2	2	0	0.00%
営業外費用	—	—	—	—
特別利益	—	—	—	—
特別損失	0	0	0	—
当期純利益・損失(△)	222	△96	△318	△143.24%
純資産	2,233	1,624	△609	△27.27%
総資産	2,692	2,225	△467	△17.35%	
B-21 サービス業 非公開 (JQS その後上場廃止) 平成22年4月14日	[訂正対象決算期]　平成20年3月1日〜21年2月28日 [訂正勘定科目]　特別損失（貸倒引当金の過少計上） [具体的な虚偽表示の態様] 【事案の概要】 　本件は、当社の役員が、A社からの提案により、当社が興行元へ支払うチケット販売代金及び協賛金をA社に投資運用させることにより、興行元へ支払うための協賛金を増額させようとしていたが、A社が運用で失敗したため、当社の役員は取締役会付議などの正規の手続を得ることなく、当社の資金により興行元への支払を立て替え、また、A社に貸付けを行った。 　当社がA社に代わって支払った資金及びA社へ貸付けた資金は、本来A社に対する貸付金等の債権として計上し、回収の見込みがない債権として、貸倒引当金を計上すべきところ、当社役員は、上記事実が露見することを免れるため、営業未払金のマイナス勘定として処理し、貸倒引当金の不計上等、不適正な会計処理を行っていたものである。 【貸倒引当金の不計上】 (1)　貸倒引当金の不計上 　　当社は、興行元から依頼を受けてコンサート等のチケット販売を行っていたが、興行元への当該チケット代金の支払は、興行終了後となることが業界慣例となっていたため、チケット販売から興行終了までの数か月間、当社に該当チケット代金が一時的に留まることとなっていた。 　　当社の役員は、この興行元に支払わなければならないチケット代金について、取引先であったA社からの提案により、支払いまでの間、A社に該当チケット代金を投資運用させた上で、A社から興行元へ支払わせることとした。

361

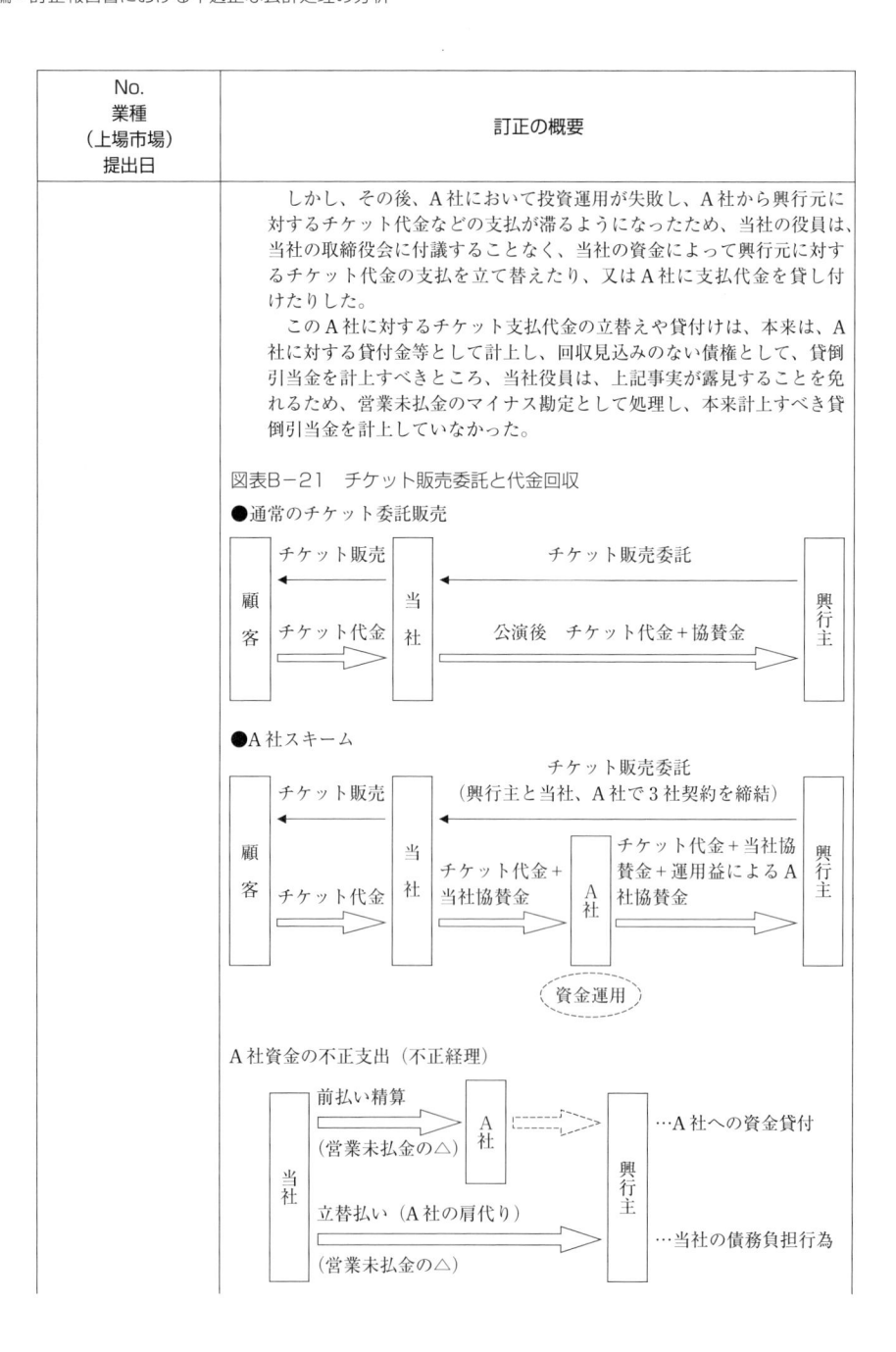

No. 業種 (上場市場) 提出日	訂正の概要
	しかし、その後、A社において投資運用が失敗し、A社から興行元に対するチケット代金などの支払が滞るようになったため、当社の役員は、当社の取締役会に付議することなく、当社の資金によって興行元に対するチケット代金の支払を立て替えたり、又はA社に支払代金を貸し付けたりした。 　このA社に対するチケット支払代金の立替えや貸付けは、本来は、A社に対する貸付金等として計上し、回収見込みのない債権として、貸倒引当金を計上すべきところ、当社役員は、上記事実が露見することを免れるため、営業未払金のマイナス勘定として処理し、本来計上すべき貸倒引当金を計上していなかった。 図表B-21　チケット販売委託と代金回収 ●通常のチケット委託販売 ●A社スキーム A社資金の不正支出（不正経理）

No. 業種 (上場市場) 提出日	訂正の概要

修正

```
         貸付金        ──→  返済不能   ┌A┐  引当金計上──→特別損失計上
┌当┐    (長期未収金)              │社│
│社│                              └─┘
└─┘  立替払い(A社の肩代り)          ┌興┐
      A社への貸付金 ──→ 返済不能   │行│  引当金計上──→特別損失計上
         (長期未収金)              │主│
                                  └─┘
```

[平成21年2月期訂正報告書における訂正理由]
　平成22年1月、元取締役の2名が取締役会の決議を経ることなく、取引先の債務を肩代わりして支出していたことが判明いたしました。社内調査の結果、当該資金流出に関して不適切な会計処理が行われており、また、当該資金流出(長期未収入金)の回収懸念等が判明したため、それらが本来処理されるべきであった決算期に遡って決算の訂正を行うことといたしました。
　また、上記の訂正処理に伴い、繰延税金資産の回収可能性を再度見直し、回収可能性が見込まれない繰延税金資産について修正いたしました。
　これらの決算訂正により、当社が平成21年5月21日に提出いたしました第17期(自　平成20年3月1日　至　平成21年2月28日)有価証券報告書の記載事項の一部を訂正する必要が生じましたので、金融商品取引法第24条の2第1項の規定に基づき、有価証券報告書の訂正報告書を提出するものであります。
　以下省略。
[訂正に伴う連結財務諸表又は財務諸表の増減金額及び増減率]

平成21年2月28日　事業年度　　　　　　　　　　　　　　(単位:百万円)

	訂正前	訂正後	増減額	増減率
売上高	7,620	7,620	0	0.00%
売上原価	3,084	3,084	0	0.00%
販売費及び一般管理費	3,744	3,744	0	0.00%
営業外収益	48	48	0	0.00%
営業外費用	0	0	0	―
特別利益	―	―	―	―
特別損失	9	1,945	1,936	21,511.11%
当期純利益・損失(△)	550	△1,444	△1,994	△362.55%
純資産	6,432	4,420	△2,012	△31.28%
総資産	15,772	15,696	△76	△0.48%

No. 業種 (上場市場) 提出日	訂正の概要
B－22 サービス業 非公開 (東証マザーズ その後上場廃止) 平成 22 年 2 月 26 日 平成 22 年 3 月 15 日 平成 22 年 3 月 19 日	[訂正対象決算期]　平成 17 年 5 月 1 日～20 年 2 月 28 日 [訂正勘定科目]　売上高（売上の過大計上） [具体的な虚偽表示の態様] 【事案の概要】 　本件は、当社が、飲食店の出店に関するエリア営業権の売却取引等に際して、第三者を経由して提供した資金や工事代金に購入資金分を上乗せして提供した資金を用いた循環取引の手法などにより、エリア営業権の購入者の購入代金とすることによって、売上の過大計上を行っていたものである。 【具体的な虚偽表示の態様】 (1) X エリアのエリア営業権（特定店舗を当該エリアに展開できる権利）の売却取引に際して、当社は、a 社に出店の意思や資金がないことを知りながら、一時的に協力会社を経由して a 社に資金提供し、当該資金でエリア営業権の購入代金に充当することとして、エリア営業権の売却が成立したかのように装い、売上を過大に計上し、不適正に利益を計上していた。 図表 B－22－1　第三者を経由した資金提供 　　　　　　　　　　　　　　　　　　　　　　　　　　　　　　　資金の流れ 　　　　　　　　　　　　（エリア営業権） 　　　　当　社　　　　　　　　　　　　　　　　　　　　　a　社 　　　　　　　　　④　エリア営業権の 　　　　　　　　　　　購入代金 ① 「出資金」名目 　　で出金 　　　　　　　　　　　　　　　　　　　　　③　送金 　　　　協力会社　　　　　　　　　　　協力会社 　　　　　　　　　　　② 送金 (2) Y エリアのエリア営業権の売却取引に際しては、店舗内装工事で取引のあった会社に依頼し、工事発注代金にエリア営業権の代金を水増しして購入者（協力会社の子会社）に資金を提供し、当該資金エリアでエリア営業権の購入代金に充当することとして、エリア営業権の売却が成立したかのように装い、売上を過大に計上し、不適正に利益を計上していた。

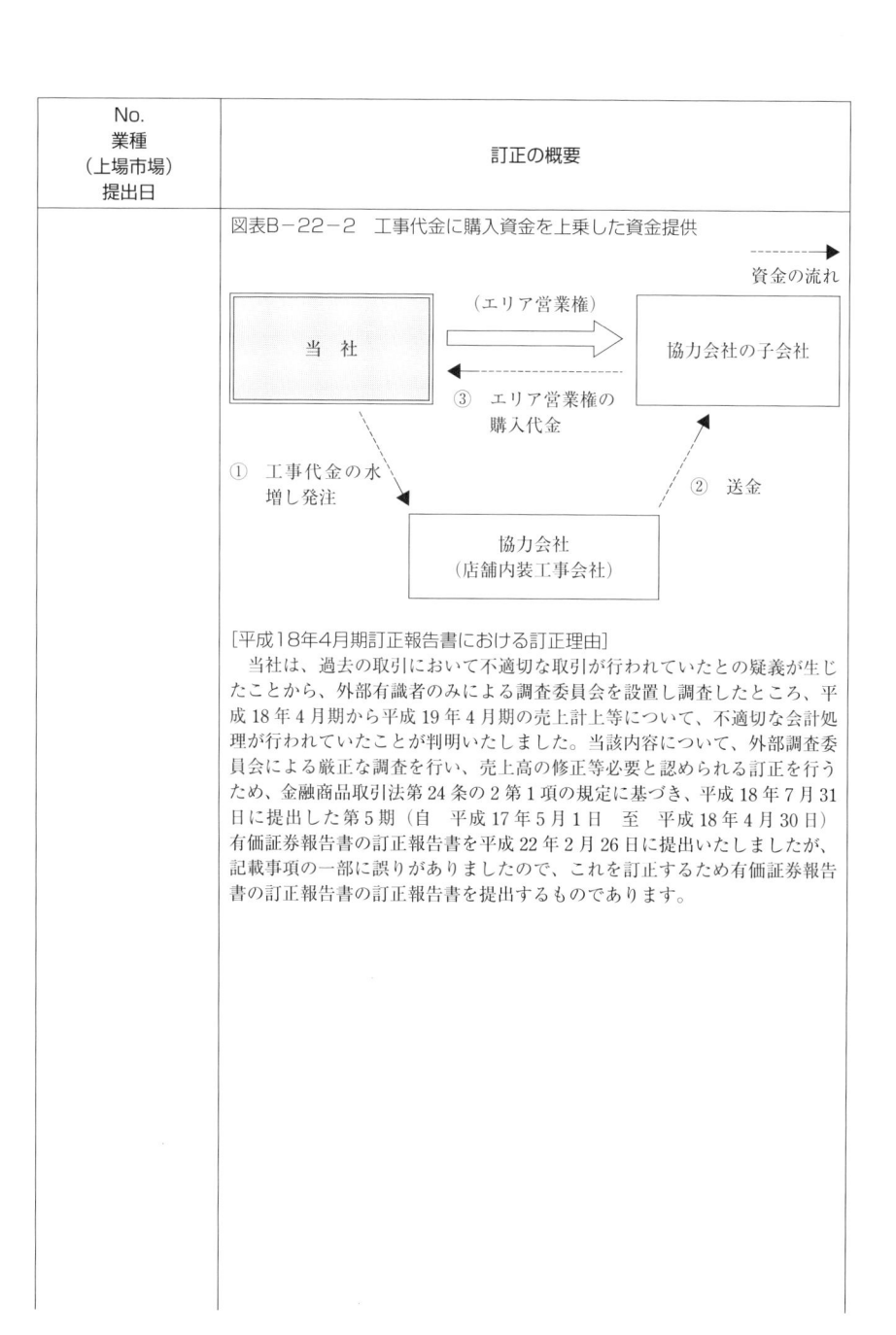

No. 業種 (上場市場) 提出日	訂正の概要

図表B-22-2　工事代金に購入資金を上乗した資金提供

```
                        (エリア営業権)
   ┌─────────┐  ═══════════════▶  ┌─────────┐
   │  当  社  │                      │協力会社の子会社│
   │         │  ◀───────────────   │         │
   └─────────┘  ③ エリア営業権の      └─────────┘
                   購入代金
   ① 工事代金の水                        ② 送金
      増し発注
              ┌─────────┐
              │  協力会社  │
              │(店舗内装工事会社)│
              └─────────┘
```
　　　　　　　　　　　　　　　　　　　　　　　　資金の流れ

[平成18年4月期訂正報告書における訂正理由]
　当社は、過去の取引において不適切な取引が行われていたとの疑義が生じたことから、外部有識者のみによる調査委員会を設置し調査したところ、平成18年4月期から平成19年4月期の売上計上等について、不適切な会計処理が行われていたことが判明いたしました。当該内容について、外部調査委員会による厳正な調査を行い、売上高の修正等必要と認められる訂正を行うため、金融商品取引法第24条の2第1項の規定に基づき、平成18年7月31日に提出した第5期（自　平成17年5月1日　至　平成18年4月30日）有価証券報告書の訂正報告書を平成22年2月26日に提出いたしましたが、記載事項の一部に誤りがありましたので、これを訂正するため有価証券報告書の訂正報告書の訂正報告書を提出するものであります。

資料編 ● 訂正報告書における不適正な会計処理の分析

No. 業種 (上場市場) 提出日	訂正の概要				
	[訂正に伴う連結財務諸表又は財務諸表の増減金額及び増減率] 平成18年4月30日　連結会計年度　　　　　　　　　　（単位：百万円）				
		訂正前	訂正後	増減額	増減率
	売上高	4,022	3,415	△607	△15.09%
	売上原価	3,115	3,074	△41	△1.32%
	販売費及び一般管理費	623	623	0	0.00%
	営業外収益	6	6	0	0.00%
	営業外費用	38	38	0	0.00%
	特別利益	44	44	0	0.00%
	特別損失	120	109	△11	△9.17%
	当期純利益・損失(△)	73	△592	△665	△910.96%
	純資産	1,307	641	△666	△50.96%
	総資産	3,513	3,234	△279	△7.94%
B-23 電気機器 (東証一部) 平成22年3月12日	[訂正対象決算期]　平成20年10月1日～21年3月31日 [訂正勘定科目]　営業外収益（経営統合の際の負ののれん償却の過大計上）、 　　　　　　　　特別損失（のれんの一括償却による損失の不計上） [具体的な虚偽表示の態様] 　当社は、A社とB社の共同株式移転方式による経営統合により平成20年10月1日に新設された。経営統合にあたっては、パーチェス法が適用され、B社が会計上の取得企業となったことから、被取得企業であるA社の経営統合前の損益や純資産等は当社の連結財務諸表に承継されていない。そのため、当社発足後の当社の損益や純資産等は、A社における経営統合前の過年度決算の訂正による影響を直接受けず、A社の経営統合前の損失処理の合計（約101億円）がA社の純資産の減少となり、経営統合に伴って当社が認識すべき正または負ののれんに影響することになる。その結果、これまで認識していた約32億円の「負ののれん」に代わって、為替換算調整後の約62億円の「正ののれん」を認識すべきこととなる。これにより、これまでに計上した「負ののれん」償却額も取り消すこととなるため、営業外収益が合計約16億円減少する。 　また、「正ののれん」は、経営統合直後の期に遡って全額減損処理することとし、平成21年3月期第3四半期に約62億円の特別損失が発生した。 [平成21年3月期訂正報告書における訂正理由] 　当社の連結子会社である日本ビクター株式会社（以下「ビクター」といいます。）における過年度の決算に関して不適切な会計処理があったことが判明いたしました。当社では、外部専門家を含む調査委員会から、これに係る調査結果の報告を受け検証・検討を行った結果、ビクターのスペイン販売子会社、ドイツ販売子会社、ロシア・東欧を管轄するオーストリア販売子会社、中国販売子会社、オプティカル・コンポーネント事業部、及びドイツのサー				

No. 業種 (上場市場) 提出日	訂正の概要
	ビス子会社において行われた不適切な会計処理に関して、それらが本来処理されるべきであった決算期に遡って決算の訂正を行うことといたしました。 　また、上記のほか、ビクターにおける未払費用に関する会計処理の誤り、並びに、ビクターの海外販売子会社における売掛金の回収懸念及びたな卸資産の引当不足等が判明したため、これらについても訂正処理を行うことといたしました。 　さらに、上記の訂正処理に伴い、ビクターのディスプレイ事業およびオプティカル・コンポーネント事業に関する固定資産の減損損失計上時期の見直しを行うことといたしました。 　また、当社設立以前のビクターにおける訂正処理に伴い、当社がビクターと株式会社ケンウッドとの共同株式移転による新設に際して認識した負ののれんを取り消して正ののれんを認識するとともに、当該正ののれんを当社設立直後に遡って全額減損処理することといたしました。 　これらの決算訂正により、当社が平成21年6月24日付で提出いたしました第1期（自平成20年10月1日　至平成21年3月31日）有価証券報告書及び平成21年7月10日付けで提出した有価証券報告書の訂正報告書の記載事項の一部を訂正する必要が生じましたので、金融商品取引法第24条の2第1項の規定に基づき、有価証券報告書の訂正報告書を提出するものであります。 　以下省略。 ［訂正に伴う連結財務諸表又は財務諸表の増減金額及び増減率］ 平成21年3月31日　連結会計年度　　　　　　　　　　（単位：百万円） |	訂正前	訂正後	増減額	増減率
---	---	---	---	---
売上高	309,771	311,299	1,528	0.49%
売上原価	216,037	224,711	8,674	4.02%
販売費及び一般管理費	93,626	88,125	△5,501	△5.88%
営業外収益	2,979	2,194	△785	△26.35%
営業外費用	9,896	10,417	521	5.26%
特別利益	1,783	1,783	0	0.00%
特別損失	11,726	20,582	8,856	75.52%
当期純利益・損失(△)	△18,795	△30,734	△11,939	63.52%
純資産	85,579	74,439	△11,140	△13.02%
総資産	354,652	344,077	△10,575	△2.98%	

No. 業種 (上場市場) 提出日	訂正の概要
B-24 電気機器 非公開 (東証一部、大証一部 その後上場廃止) 平成22年3月12日	[訂正対象決算期] 平成16年4月1日～21年3月31日 [訂正勘定科目] 販売費及び一般管理費(貸倒引当金、貸倒損失、棚卸資産引当金等の過少計上)、特別損失(減損損失の不計上) [具体的な虚偽表示の態様] 【事案の概要】 　本件は、当社の海外販売子会社が、利益目標の達成などのために、意図的に費用処理を行わなかったことや、売掛債権の回収可能性等の評価を過大に見積もることなどにより、当社が製品販売に係る営業費用の過少計上、貸倒引当金等の過少計上、減損損失の不計上など、不適正な会計処理を行ったものである。 【具体的な虚偽表示の態様】 (1) 費用(損失)の過少計上 　当社では、海外販売子会社における製品販売において、在庫補償及び営業関係費を計上しており、この費用の計上は、当該製品の売上計上後に社内決裁を経てから行われた。 　しかし、幾つかの海外販売子会社においては、①利益目標の達成への固執、②営業関係費の管理不十分等の理由から、発生した在庫補償及び営業関係費の計上を行っていないものが認められた。 　また、当社の一部事業部などにおいても、経理担当者が利益目標達成のため、意図的に販売促進費等の費用を過少計上していた。 (2) 貸倒引当金、貸倒損失及び棚卸資産引当金(評価損)の過少計上 　当社の幾つかの海外販売子会社では、①各販売拠点において適切な貸倒引当基準及び在庫評価基準等が作成されていないなどの理由により、売掛金及び棚卸資産の適切な評価がなされていなかったこと、②利益目標達成のため、意図的に売掛債権の回収可能性や棚卸資産の評価を過大に見積もるなどして、当該損失の計上を行わなかったことから、売掛債権に係る貸倒引当金や貸倒損失、棚卸資産に係る引当金(評価損)を過少に計上していたものである。 (3) 減損損失の不計上 　当社は、固定資産(建物、金型、機械等)についての減損の兆候を判断する際に、販売子会社における不適正な会計処理を適切に把握していなかったことから、減損の兆候の認識が遅れ、本来計上すべき減損損失が計上されなかった。 [平成21年3月期訂正報告書における訂正理由] 　当社における過年度の決算に関して不適切な会計処理があったことが判明いたしました。当社の親会社であるJVC・ケンウッド・ホールディングス株式会社および当社では、外部専門家を含む調査委員会から、これに係る調査結果の報告を受け検証・検討を行った結果、当社のスペイン販売子会社、ドイツ販売子会社、ロシア・東欧を管轄するオーストリア販売子会社、中国販売子会社、オプティカル・コンポーネント事業部、及びドイツのサービス子会社において行われた不適切な会計処理に関して、それらが本来処理されるべきであった決算期に遡って決算の訂正を行うことといたしました。 　また、上記のほか、当社における未払費用に関する会計処理の誤り、並び

No. 業種 (上場市場) 提出日	訂正の概要
	に、当社の海外販売子会社における売掛金の回収懸念及びたな卸資産の引当不足等が判明したため、これらについても訂正処理を行うことといたしました。 　さらに、上記の訂正処理に伴い、ディスプレイ事業およびオプティカル・コンポーネント事業に関する固定資産の減損損失計上時期の見直しを行うこととといたしました。 　これらの決算訂正により、当社が平成21年6月24日付で提出いたしました第120期（自平成20年4月1日　至平成21年3月31日）有価証券報告書の記載事項の一部を訂正する必要が生じましたので、金融商品取引法第24条の2第1項の規定に基づき、有価証券報告書の訂正報告書を提出するものであります。 　以下省略。 [訂正に伴う連結財務諸表又は財務諸表の増減金額及び増減率] 平成21年3月31日　連結会計年度 （単位：百万円） |	訂正前	訂正後	増減額	増減率
---	---	---	---	---
売上高	462,086	459,668	△2,418	△0.52%
売上原価	308,577	315,059	6,482	2.10%
販売費及び一般管理費	154,442	150,966	△3,476	△2.25%
営業外収益	1,628	1,586	△42	△2.58%
営業外費用	11,002	11,749	747	6.79%
特別利益	11,126	11,126	0	0.00%
特別損失	22,350	24,990	2,640	11.81%
当期純利益・損失(△)	△24,350	△33,336	△8,986	36.90%
純資産	88,145	74,571	△13,574	△15.40%
総資産	257,977	247,402	△10,575	△4.10%	
B-25 卸売業 (JQG) 平成22年1月14日	[訂正対象決算期]　平成19年6月1日～21年5月31日 [訂正勘定科目]　営業外費用（貸倒引当金の過少計上） [具体的な虚偽表示の態様] 　【事案の概要】 　　本件は、当社役員の主導により、コンピュータ（サーバー）の取得に係る取引に関連して、本来のサーバー代金に、他者から依頼を受けた取引先への支払分や金融支援（貸付金）に係る金額を上乗せするなどして実質的な貸付を行うとともに、当該貸付金に対する貸倒引当金を計上しないなどの不適正な会計処理を行っていたものである。 　【具体的な虚偽表示の態様】 　(1)　当社役員は、コンピュータ（サーバー）の取得に係る取引に関して、a社から、購入代金の一部について、a社の取引先の支払に充てること

No. 業種 （上場市場） 提出日	訂正の概要
	を依頼され、将来のa社との取引拡大を期待して、当該依頼を受けることとした。 　そして、コンピュータ（サーバー）の購入価格にa社の取引先への支払分を上乗せして購入し、協力会社から当社役員に該当上乗せ分の金額を還流させ、a社の取引先に支払った。 　このように、コンピュータ（サーバー）の購入価格に上乗せした金額については、コンピュータ（サーバー）の取得原価として会計処理することは適当ではなく、当社役員に対する貸付金として処理することが妥当と考えられるが、当該貸付金に対して見積られる貸倒引当金が計上されていなかった。 図表B-25-1　当社役員に対する貸付 　　　　　　　　　　　　　　　　　　　　　　　　　　　　資金の流れ 　　　　　　　　　　　サーバー①購入 　［当社］　←──────────　　　　　　　　　　　［a社代理店］ 　　　　　　　　　　　　　　　　［協力会社］ 　　　　　　　　　　　　　　　　　　　　サーバー①代金 　　　　　　　サーバー①代金 　　　　　　　　　＋ 　　　　　　　　水増し額　　　　水増し額 　　　　　　　　　　　　　　　　［当社役員］　──→　領収書の無い、現金での支払 　　　　　　　　　　　　　　　　　　　　　　　　　　　（a社の取引先） (2)　また、当社は、別のコンピュータ（サーバー）の取得に係る取引に関して、当社役員の知人が経営しており、その保有するソフトウェアに注目していた会社（b社という。）から金融支援の要請を受け、同社が将来のビジネスパートナーとなることを期待して、当該要請に応じることとした。 　そして、金融支援に当たっては、b社を経由してコンピュータ（サーバー）を購入することとし、その際、金融支援相当額として実勢の購入価格より高い価格で購入することで、b社への金融支援を行った。よって、金融支援相当額については、b社への貸付金として処理すべきものであり、当該貸付金に対して見積られる貸倒引当金が計上されていなかった。

No. 業種 （上場市場） 提出日	訂正の概要
	図表Ｂ－25－2　ｂ社に対する金融支援

```
                    サーバー②購入
    ┌────┐    ┌──────┐    ┌─────┐    ┌────┐
    │ 当社 │───▶│ 協力会社 │───▶│ ｂ社  │◀───│仕入先│
    └────┘    └──────┘    │(支援先)│    └────┘
                            └─────┘
     サーバー②代金    サーバー②代金    サーバー②代金
          ＋               ＋
      金融支援額        金融支援額
                                    金融支援額を原資として債務の弁済
```

［平成21年5月期訂正報告書における訂正理由］
　当社において、当社保有の資産について社内調査を行ったところ、過年度において一部の固定資産の不適切な会計処理が存在する可能性を認識するに至りました。
　これを受けて、当社は社外の弁護士及び公認会計士で構成される調査委員会を設置し、過年度の誤った会計処理に関する事実関係等の調査を進めてまいりました。
　調査の結果、正しくは貸付金として計上すべき価額も有形固定資産に含めて計上していたため、有形固定資産及び減価償却費が過大に計上され、また貸付金及び貸倒引当金が過少計上となっていたことが判明致しました。
　当該調査結果に基づき、有価証券報告書の記載事項の一部について訂正が必要となりましたので、金融商品取引法第24条の2第1項の規定に基づき、平成21年8月27日に提出しました第10期（自　平成20年6月1日　至　平成21年5月31日）に係る有価証券報告書の訂正報告書を提出するものであります。
　以下省略。 |

No. 業種 (上場市場) 提出日	訂正の概要
	[訂正に伴う連結財務諸表又は財務諸表の増減金額及び増減率] 平成21年5月31日　事業年度　　　　　　　　　　　　（単位：百万円） |	訂正前	訂正後	増減額	増減率
---	---	---	---	---
売上高	1,381	1,381	0	0.00%
売上原価	1,134	1,097	△37	△3.26%
販売費及び一般管理費	273	274	1	0.37%
営業外収益	8	8	0	0.00%
営業外費用	126	259	133	105.56%
特別利益	—	—	—	—
特別損失	219	219	0	0.00%
当期純利益・損失(△)	△366	△459	△93	25.41%
純資産	253	99	△154	△60.87%
総資産	1,398	1,257	△141	△10.09%	
B-26 不動産業 (東証マザーズ) 平成21年10月28日	[訂正対象決算期]　平成18年8月1日～20年7月31日 [訂正勘定科目]　売上高（架空売上の計上）、特別損失（貸倒引当金の過少計上）、資産（棚卸資産の過大計上） [具体的な虚偽表示の態様] 【事案の概要】 　本件は、当社が公表した各期の業績目標の達成を強く意識した営業活動を行う中で、その達成を優先するあまり、売上高と利益を確保するため、次のような不適正な会計処理を行ったものである。 ① 本来は交換取引にすぎないものを仕入取引と売上取引が適正に行われたものとして売上計上していた。 ② 買戻し条件付売買であるにもかかわらず売上計上を行っていた。 ③ 貸倒引当金の不計上 【具体的な虚偽表示の態様】 (1) 当社は、不動産の売却について、売却先から不動産を仕入れ、差額を現金で決済する契約を予定していたが、契約の直前に売却先の資金の用意が困難になったことから、仕入物件と売却物件とをほぼ同額であるとして取引することとした。このため、本来は、交換取引とすべきところ、当社は決済の当日に当社から仕入代金として引出した資金を、そのまま当社の口座に入金して売却先から代金支払があったように装っていた。これにより、売上の過大計上を行った。 　なお、交換取引により保有する物件については、薄価と時価との差額につき評価損を計上すべきところ、当社は、他社への売却等を装うことなどにより評価損の計上を回避した。

No. 業種 （上場市場） 提出日	訂正の概要
	図表B－26　交換取引 当社口座から払出し 当社の資金 交換取引 当社　⇔　当社の物件　⇔　a社の物件　　　a社 A社名義で当社に送金 (2)　当社は、保有する棚卸資産について、当時の当社の資金繰り、市場動向、開発計画の実現可能性から、本来は評価損を計上すべきであったが、これを行わず棚卸資産を過大に計上し、純資産を過大に計上した。 (3)　当社は、中古マンション物件に係る不動産信託受益権（以下「受益権」という。）の売却に際して、一定の時期までに受益権を買戻す旨の覚書を締結した上で売却（買戻し条件付売買）し、本来売上計上できない売上を計上した。 (4)　当社は、中古マンション物件の売却取引について、売却先から現金で入金されたかのように経理処理し、架空の売上を計上した。 (5)　当社は、不動産開発事業に対する出資金とその配当について、長期未回収状態が続いたため、出資金に対する引当金の計上等を回避する目的で、当社の役員の資金を用いて当社出資金の回収と配当金の支払いが行われたように装うことで、引当金の計上を回避した。 　　そして、後日、当社役員が支出した資金について、当社の資金が出資先と実質的に同一の会社を経由して当社役員に返済されている。 ［平成20年7月期訂正報告書における訂正理由］ 　当社において、過年度の経理処理について修正を要する事象が認められたことから、平成16年7月期以降の会計年度について調査したところ、平成18年7月期から平成20年7月期の売上計上等について、不適切な会計処理が行われていたことが判明いたしました。当該内容について、調査委員会による厳正な調査を行い、売上高の修正等必要と認められる訂正を行うため、金融商品取引法第24条の2第1項の規定に基づき、平成20年10月31日に提出した第21期（自　平成19年8月1日　至　平成20年7月31日）有価証券報告書の訂正報告書を提出するものであります。 　以下省略。

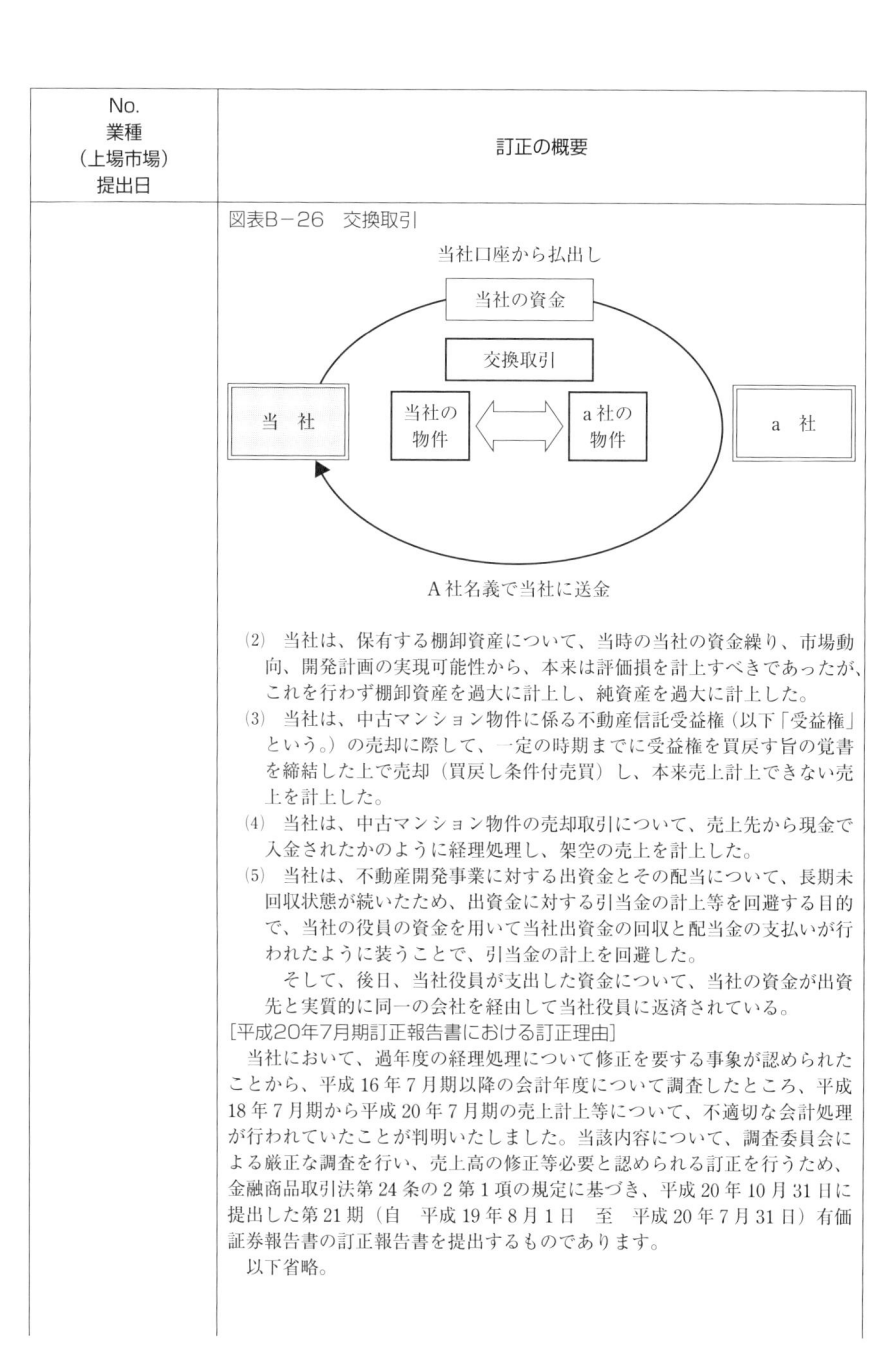

No. 業種 (上場市場) 提出日	訂正の概要
	[訂正に伴う連結財務諸表又は財務諸表の増減金額及び増減率] 平成 20 年 7 月 31 日　連結会計年度　　　　　　　（単位：百万円） |	訂正前	訂正後	増減額	増減率
---	---	---	---	---
売上高	64,638	47,977	△16,661	△25.78%
売上原価	55,395	47,834	△7,561	△13.65%
販売費及び一般管理費	6,075	6,009	△66	△1.09%
営業外収益	219	219	0	0.00%
営業外費用	2,256	2,256	0	0.00%
特別利益	45	1,780	1,735	3,855.56%
特別損失	11,110	19,499	8,389	75.51%
当期純利益・損失(△)	△10,413	△26,125	△15,712	150.89%
純資産	23,512	5,998	△17,514	△74.49%
総資産	87,056	72,582	△14,474	△16.63%	
B-27 輸送用機器 (東証一部、名証一部) 平成 20 年 12 月 25 日 平成 21 年 6 月 16 日	[訂正対象決算期]　平成 15 年 4 月 1 日～20 年 3 月 31 日 [訂正勘定科目]　売上原価（売上原価の過少計上）、特別損失（減損損失の不計上）、資産（棚卸資産・有形固定資産の過大計上） [具体的な虚偽表示の態様] 【事案の概要】 　本件は、当社の経理処理について、建設仮勘定や仕掛品などから、固定資産（減価償却）や売上原価等への振替処理を適切に行わず、売上原価の過少計上、棚卸資産等の過大計上をしていたものであるほか、当社が出資する子会社に行った金融支援の引当処理や子会社としての会計処理を行わないなどの不適正な会計処理を行っていたものである。 【具体的な虚偽表示の態様】 (1) マフラー等の製品生産のための金型等を製造した場合、その製作に要した労務費・材料費などの製造原価は、製品の量産開始時までは建設仮勘定に計上し、量産開始時に固定資産に振り替えて減価償却を開始することとされていたが、量産を開始したにもかかわらず、固定資産への振替処理を行わずに建設仮勘定に計上したままとなっていた。 (2) 海外子会社向けに金型等を製造し販売する場合、販売するまでは当該製造原価を仕掛品に計上し、売上計上後は仕掛品から売上原価に振り替えることとされていたが、これら海外子会社向け金型等の売上を計上しながら、それに対応する仕掛品を売上原価に振り替えず、仕掛品に計上したままとなっていた。 (3) 自動車メーカーから受注している溶接ライン設備については、設計・仕様の変更等が長期にわたることがあり、事業年度ごとに売上高と売上原価を対応させることが困難であったことから、経理部門が、当該設備

No. 業種 （上場市場） 提出日	訂正の概要
	の売上原価の一部について、将来的に追加の売上があるものと勝手に判断し、費用処理を行わずに仕掛品に計上したままとなっていた。 (4) 新しい生産ラインの性能確認・調整のための試しトライ費用等である据付調整費については、金型等と同様に建設仮勘定又は仕掛品に計上し、量産開始時等に振り替えて費用化することとなっていたが、据付調整費の根拠となる証憑の保存がなく金額の妥当性が検証できないものや、原価（労務費・材料費など）の配賦計算に合理性が認められないものを建設仮勘定や仕掛品として計上したままとなっていた。 (5) 当社が出資する a 社から、当社の執行役員らに金融支援の要請があり、当該執行役員らは、正式な決裁手続を経ることなく、当社及び当社の子会社等を通じて資金を貸し付けたが、必要な引当処理等を行っていなかった。 　また、当社が実質的に保有する a 社の議決権や、a 社に対するこのような融資の実態に照らせば、当社は、a 社を実質的に支配しているにもかかわらず、子会社と認識せず、子会社としての会計処理をしていなかった。 ［平成20年3月期訂正報告書における訂正理由］ 　平成 20 年 6 月 30 日に提出した第 94 期事業年度（自　平成 19 年 4 月 1 日至　平成 20 年 3 月 31 日）の有価証券報告書に、記載事項の一部を修正する必要が生じましたので有価証券報告書の訂正報告書を平成 20 年 12 月 25 日に提出いたしましたが、以下の事項を反映させることに伴い、さらに追加で記載事項の一部を修正する必要が生じましたので有価証券報告書の訂正報告書を提出いたします。 　提出会社と一部の連結子会社から、持分法適用会社であった株式会社ビジネスデザイン研究所に対して、当社役職員による不正融資がなされていた事実が判明し、それらの会計処理を適切に修正いたしました。その他、平成 20 年 12 月 25 日後において判明した要修正事項について所要の修正を行いました。 　以下省略。

No. 業種 （上場市場） 提出日	訂正の概要
	［訂正に伴う連結財務諸表又は財務諸表の増減金額及び増減率］ 平成 20 年 3 月 31 日　連結会計年度　　　　　　　　　（単位：百万円） |	訂正前	訂正後	増減額	増減率 | |---|---|---|---|---|
売上高	447,164	447,825	661	0.15%
売上原価	421,741	422,496	755	0.18%
販売費及び一般管理費	20,707	20,422	△285	△1.38%
営業外収益	2,209	2,209	0	0.00%
営業外費用	4,703	5,371	668	14.20%
特別利益	315	315	0	0.00%
特別損失	2,251	2,251	0	0.00%
当期純利益・損失(△)	△12,622	△13,061	△439	3.48%
純資産	96,212	94,219	△1,993	△2.07%
総資産	322,695	322,103	△592	△0.18%	
B－28 情報・通信業 非公開 （東証マザーズ その後上場廃止） 平成 21 年 4 月 30 日	［訂正対象決算期］　平成 15 年 4 月 1 日～20 年 3 月 31 日 ［訂正勘定科目］　売上高（架空売上の計上）、資産（売上債権、貸付金、無形固定資産の過大計上） ［平成 18 年 3 月期訂正報告書における訂正理由］ 　本文参照（189 ページ）。
B－29 情報・通信業 非公開 （JQS その後上場廃止） 平成 21 年 3 月 26 日	［訂正対象決算期］　平成 19 年 4 月 1 日～20 年 3 月 31 日 ［訂正勘定科目］　売上高（架空売上、売上前倒し計上）、販管費（貸倒引当金の過少計上）、資産（売上債権・のれんの過大計上） ［具体的な虚偽表示の態様］ (1)　架空売上の計上・売上の前倒し計上 　　当社は、①発注書や受注書を不正に作成して架空売上を計上し、また、②ソフトウェア使用許諾契約について、実際には交渉中であったにもかかわらず、契約日付を偽った契約書を不正に作成し、売上を前倒し計上することにより、売上を過大に計上した。 (2)　実体のない事業譲渡に基づく「のれん」の計上 　　当社は、主要取引先である X 社からの売上債権の支払いが滞るようになったため、売掛金や貸付金等の債権を被担保債権として X 社の事業に係るノウハウ等を引き継いで実質的に事業譲受けが行われたとして、実際には事業譲受が行われていなかったにも関わらず、「のれん」を計上し、損失計上を回避することで利益を過大に計上した。 (3)　貸倒引当金等の計上回避 　　当社は、回収可能性に疑義がある売上債権について、①実態のない債権譲渡契約書を作成して他の会社に譲渡したように装ったり、②債務保証契

No. 業種 （上場市場） 提出日	訂正の概要
	約書を不正に作成して優良企業が債務保証したかのように装うことにより、貸倒引当金の計上を回避した。 [平成20年3月期訂正報告書における訂正理由] 　当社は、平成20年8月1日付株式会社大阪証券取引所による当社に対する改善報告書の徴求を契機として、平成20年8月から社外の弁護士等の協力等を得つつ、内部統制体制の構築を進めるとともに、過年度の会計処理の適正性について確認作業を行っていたところ、当社の平成20年3月期決算において売上計上の妥当性に懸念のあるものが存在する可能性を認識するに至りました。 　これを受けて同年12月4日に当社は、社外の弁護士及び公認会計士で構成される調査委員会を設置することを取締役会において決議し、過年度の不適切な会計処理に関する事実関係等の調査を進め、不適切な会計処理が当社業績に与える影響額を確定するための作業を進めるとともに、かかる不適切な会計処理が二度と行われないよう、効果的な再発防止策の策定を進めてまいりました。 　調査の結果は、平成21年2月17日に「不適切な会計処理に関する調査委員会の最終報告について」にて報告されましたように、不適切なのれん等の計上、売上及び売掛金の繰上げ計上及び架空計上、売掛金の貸倒引当金計上の回避、及び債権譲渡による貸倒引当金計上の回避により、平成20年3月期の連結売上高が20億47百万円、同営業利益が20億67百万円並びに経常利益が20億37百万円、同当期純利益が41億13百万円、それぞれ過大に計上されていたことが判明致しました。 　当社は、判明した上記の過大計上額に関して、過年度における連結財務諸表等の修正が必要となりましたので、金融商品取引法第24条の2第1項の規定に基づき、平成20年6月25日に提出しました第9期事業年度（自　平成19年4月1日　至　平成20年3月31日）に係る有価証券報告書の訂正報告書を提出するものであります。 　以下省略。

No. 業種 （上場市場） 提出日	訂正の概要
	[訂正に伴う連結財務諸表又は財務諸表の増減金額及び増減率] 平成20年3月31日　連結会計年度　　　　　　　　　　（単位：百万円） |	訂正前	訂正後	増減額	増減率 | |---|---|---|---|---|
売上高	12,800	10,752	△2,047	△16.00%
売上原価	9,330	9,322	△8	△0.09%
販売費及び一般管理費	1,849	1,877	28	1.51%
営業外収益	214	214	0	0.00%
営業外費用	606	576	△30	△4.95%
特別利益	219	219	0	0.00%
特別損失	581	2,676	2,095	360.59%
当期純利益・損失(△)	645	△3,468	△4,113	△637.67%
純資産	10,435	6,349	△4,086	△39.16%
総資産	24,295	20,045	△4,250	△17.49%	
B-30 卸売業 （大証二部） 平成21年2月17日	[訂正対象決算期]　平成15年4月1日～20年3月31日 [訂正勘定科目]　売上高（架空売上の計上） [平成20年3月期訂正報告書における訂正理由] 　本文参照（200ページ）。
B-31 倉庫・運輸業 非公開 （大証二部） その後上場廃止） 平成20年12月22日	[訂正対象決算期]　平成15年4月1日～20年3月31日 [訂正勘定科目]　売上高（取消の未計上）、特別損失（貸倒損失の過少計上）、資産（長期未収入金・破産債権等の過大計上） [具体的な虚偽表示の態様] 　当社は、貨物輸送業務の委託先である委託事業主に貨物軽自動車を販売して売上を計上するとともに、その多くの場合、委託事業主は、当社が債務保証契約を締結している通販会社との間でオートローンを組んでいたが、 (1)　車輌売買契約解約に伴う売上及び車輌売買代金債権の取消し回避 　　当社は、委託事業主との車輌売買契約が解約された際、本来であれば計上した売上を取り消すべきところ、当該委託事業主に対する債権があるかのような合意書を偽造し、売上の取消し処理を回避するとともに、長期未収入金等として資産に計上した。 (2)　委託事業主に対するオートローン求償債権に係る貸倒不処理 　　当社は、委託事業主がオートローン債務の返済を遅延したため、当社が信販会社に代位弁済し取得した求償債権について、所在不明などにより委託事業主からの回収可能性が乏しいにもかかわらず、委託事業主との間の返済方法等に係る合意書を偽造することにより、貸倒損失等を過少に計上するとともに、長期未収入金等を過大に計上した。 (3)　委託事業主名での入金偽造等による貸倒引当金の計上回避 　　当社は、偽造合意書に基づき資産計上された長期未収入金等について、

No. 業種 （上場市場） 提出日	訂正の概要
	返済が行われないときには所定の貸倒引当金を計上する必要があるところ、委託事業主名で返済金相当額を当社に入金することにより、あたかも委託事業主が返済しているかのように装い、貸倒引当金の計上を回避した。 (4) 連結対象とすべき会社等の連結対象からの除外 　このほか、当社が業務提携等の契約を締結し、不適正な会計処理にも利用していた会社等について、当社の従業員が代表取締役等に就任するなど、当社が実質的に支配し、連結対象にすべきものと認められるにもかかわらず、当社と直接の資本関係がないとして、連結の対象から除外していた。 [平成16年3月期訂正報告書における訂正理由] 　平成16年6月28日に提出いたしました第17期事業年度（自　平成15年4月1日　至　平成16年3月31日）の有価証券報告書に以下の事項を反映させることに伴い、記載事項の一部を修正する必要が生じましたので有価証券報告書の訂正報告書を提出いたします。 　当社は、過年度の決算の内容について重大な疑義が生じ、その全容の解明と過年度の決算修正の内容の確定を図る目的で、平成20年7月25日付で特別調査委員会を設置しました。 　上記の調査結果を受けて過年度決算の修正を行うとともに、記載事項の一部に修正すべき事項がありましたので、その修正も行いました。 なお、平成16年3月期に係る数値については、過年度に係る修正事項を反映させて作成しておりますが、平成15年3月期以前に係る数値については、当初提出時の数値（修正事項を反映させる前の数値）を記載しております。 （参考：平成20年3月期訂正報告書における訂正理由） 　当社は、過年度の決算の内容について重大な疑義が生じ、その全容の解明と過年度の決算修正の内容の確定を図る目的で、平成20年7月25日付で特別調査委員会を設置しました。 　この度、特別調査委員会の調査及び監査法人の監査が終了し、不適切な会計処理の内容が判明するとともに、過年度決算修正額及び各期の修正額が確定いたしましたので、平成20年12月10日付で第17期事業年度（自　平成15年4月1日　至　平成16年3月31日）から第21期事業年度（自　平成19年4月1日　至　平成20年3月31日）の有価証券報告書及び半期報告書の訂正報告書を近畿財務局長に提出いたします。 　上記調査の結果判明した、不適正な会計処理の主な内容は以下のとおりであります。 　　内　容 １　車輌売買契約解約に伴う売上及び車輌売買代金債権の取消しの未処理並びに求償債権の貸倒未処理等 ２　貨物軽自動車の加工に用いる架装ボディの販売による実需に基づかない売上計上 ３　経済合理性のない貨物軽自動車の転リース・スキームを利用した売上計上 ４　東京合同運輸倉庫に対する貨物軽自動車の販売による実需に基づかない売上計上 ５　オーナー・オペレーターに対する求償債権を開業支援会社へ付け替え

No. 業種 (上場市場) 提出日	訂正の概要
	ことによる貸倒引当金計上(若しくは貸倒損失処理)の回避・軽減 6　連結対象とすべきであった会社等の連結対象からの除外 　上記の調査結果修正を行った第17期事業年度(自　平成15年4月1日　至　平成16年3月31日)から第21期事業年度(自　平成19年4月1日　至　平成20年3月31日)までの概要は以下のとおりであります。 　以下省略。 [訂正に伴う連結財務諸表又は財務諸表の増減金額及び増減率] 平成16年3月31日　連結会計年度　　　　　　　　　(単位:百万円) |	訂正前	訂正後	増減額	増減率 | |---|---|---|---|---| | 売上高 | 39,579 | 35,741 | △3,838 | △9.70% | | 売上原価 | 27,450 | 25,848 | △1,602 | △5.84% | | 販売費及び一般管理費 | 11,311 | 13,280 | 1,969 | 17.41% | | 営業外収益 | 275 | 322 | 47 | 17.09% | | 営業外費用 | 564 | 582 | 18 | 3.19% | | 特別利益 | 137 | 138 | 1 | 0.73% | | 特別損失 | 10 | 6,185 | 6,175 | 61,750.00% | | 当期純利益・損失(△) | 256 | △11,479 | △11,735 | △4,583.98% | | 純資産 | 6,674 | △5,039 | △11,713 | △175.50% | | 総資産 | 27,895 | 19,968 | △7,927 | △28.42% |
B-32 サービス業 非公開 (JQS その後上場廃止) 平成20年10月31日	[訂正対象決算期]　平成17年1月1日～18年12月31日 [訂正勘定科目]　売上高(売上の前倒し計上) [具体的な虚偽表示の態様] 　当社は、取引先に対するコンサルティング及びソフトウェアの取引について、実際には商品としての価値が整わないまま、第A期に売上を前倒し計上することにより利益を過大に計上し、第A+1期に当該売上を取り消した。 [平成17年12月期訂正報告書における訂正理由] 　平成18年3月31日に提出しました第7期事業年度(自　平成17年1月1日　至　平成17年12月31日)の有価証券報告書について、記載事項の一部を修正する必要が生じましたので有価証券報告書の訂正報告書を提出致します。 　当社は、創業以来売上の拡大に傾注した経営方針から、売上・利益の中身、質を重視した経営方針への転換を図るために、客観性、独立性が高く調査能力も優れている外部有識者、弁護士11名、公認会計士4名を含む合計18名の特別調査委員会を設置し、特別調査委員会に当社の創業時からの決算等について、会計監査人の監査とは切り離した、適法性、合法性、特に内部統制状況や適正な会計処理の観点による独立した調査を依頼いたしました。 　特別調査委員会の調査の結果、平成18年12月期決算において、販売先から商品の返品を受け、買戻損失として383百万円を特別損失に計上した決算

No. 業種 （上場市場） 提出日	訂正の概要
	処理について本年10月に指摘がありました。 　特別調査委員会より、①平成17年12月期に、当社が販売先に対して商品を売却し、サービスを提供した事実は既に確認・検証されており、平成17年12月期時点で売上計上処理を行ったことはやむをえない。②平成18年12月期に、販売先からの申出により、販売先を取り巻く事業環境等を鑑み、今後の互いの協力関係について見直した結果、販売先と協力関係を一旦清算し、双方が独自で事業活動をすることで合意となり、平成17年12月期に当社が販売した商品について、返品を受け、買戻損失を計上した平成18年12月期の決算処理についてもやむをえない。一方、①、②を内部統制の観点も含め時系列に捉えた場合、販売先の事業環境の変化が要因とはいえ、結果的に②の対応を当社が行うに至ったのは、①の決算処理の際に、売上の拡大に傾注した当時の経営方針のもと、当社は販売先が当社の提供した商品・サービスを活用した事業計画等の十分な精査を怠り、販売先の経営リソースを勘案した取引審査が不十分であったこと、及び営業担当者が自己の成績向上のために、販売先が当社から提供を受けた商品・サービスについて検収する十分な期間を与えず平成17年12月期の売上計上が可能となる日付で検収書を受理し、売上の前倒し計上の可能性があり、①の決算処理に関して適正さに欠けることは否めないため、自主的に訂正を行うことで、経営方針の転換を図っている当社の現状を会計処理を含むあらゆる面において遡及的に反映且つ社内外に周知徹底すべきという指摘がございました。 　当社は、特別調査委員会の指摘事項を真摯に受け止め、今後に向けた大局的な経営上の判断から自主的に過年度の決算を訂正し、当該有価証券報告書の訂正報告書を提出することと致しました。なお、今回の決算訂正につきましては、平成17年12月期及び平成18年12月期だけの訂正であり、進行期である平成20年12月期等他の事業年度には影響を与えない極めて範囲の狭いもので、また訂正による連結財務諸表等に対して、会計監査人からの適正意見が記載された監査報告書を受理しております。

資料編 ● 訂正報告書における不適正な会計処理の分析

No. 業種 （上場市場） 提出日	訂正の概要
	[訂正に伴う連結財務諸表又は財務諸表の増減金額及び増減率] 平成17年12月31日　連結会計年度　　　　　　　　（単位：百万円） |	訂正前	訂正後	増減額	増減率 | |---|---|---|---|---|
売上高	13,618	12,959	△659	△4.84%
売上原価	11,292	11,017	△275	△2.44%
販売費及び一般管理費	910	910	0	0.00%
営業外収益	58	58	0	0.00%
営業外費用	228	228	0	0.00%
特別利益	78	78	0	0.00%
特別損失	372	372	0	0.00%
当期純利益・損失（△）	522	139	△383	△73.37%
純資産	7,002	6,619	△383	△5.47%
総資産	19,767	19,672	△95	△0.48%	
B-33 機械 （JQS） 平成20年9月26日	[訂正対象決算期]　平成15年4月1日～20年3月31日 [訂正勘定科目]　売上高（売上の前倒し計上）、資産（売上債権の過大計上、前受金の過少計上） [具体的な虚偽表示の態様] (1)　売上の前倒し計上 　　当社は、検収基準により売上を計上していたが、出荷は完了しているものの検収が完了していなかったり、出荷が間に合わず翌期初めの出荷となった機械について、顧客に検収書の発行を依頼するなどして、売上の前倒し計上を行った。 (2)　クレーム賠償金に係る不適正な処理 　　当社は、取引先A社から、販売した機械の品質等についてクレームを受け、実質的な賠償金としてA社にP円を支払うこと等を合意した。 　　しかし、本来であれば「クレーム賠償金」としてP円全額を損失処理すべきところ、当社は、A社との間で実態のない技術提供契約を締結したとして試験研究費の名目でQ円を、A社から新たな設備を購入したとして設備の名目でR円をそれぞれ計上し、適正な会計処理を行わなかった（賠償金P円＝試験研究費名目Q円＋設備名目R円）。 [平成20年3月期訂正報告書における訂正理由] 　　今般、当社は、平成20年3月期決算におきまして、複数の商品取引にて売上の早期計上が行なわれていたことが認識されました。また当事業年度において、機械代のクレーム賠償金を支払った時の科目処理が誤っていたことと、費用の計上時期がずれていたことが判明いたしました。 　　かかる処理を訂正した結果、当社の第48期（自　平成19年4月1日　至　平成20年3月31日）における損益計算書は、売上高が342,750千円減少し、売上原価が249,187千円減少することになります。その結果、税引前当

No. 業種 (上場市場) 提出日	訂正の概要
	期純利益及び当期純利益は 114,681 千円減少することとなります。 　これらを訂正するため、金融商品取引法第 24 条の 2 第 1 項の規定に基づき、当社が平成 20 年 6 月 30 日に提出いたしました第 48 期（自　平成 19 年 4 月 1 日　至　平成 20 年 3 月 31 日）有価証券報告書の訂正報告書を提出するものであります。 　また、当社は、上記処理のうち、売上の早期計上分が影響を及ぼす期間については、第 48 期（自　平成 19 年 4 月 1 日　至　平成 20 年 3 月 31 日）以外の期についても、今般、売上の早期計上と認識した根拠である検収基準による売上に変更した第 44 期（自　平成 15 年 4 月 1 日　至　平成 16 年 3 月 31 日）まで遡って訂正することにいたしました。それらの期ごとに有価証券報告書及び半期報告書の訂正報告書を提出しておりますので、第 48 期以外の期の訂正については、各期の訂正報告書をご参照下さい。 　以下省略。 ［訂正に伴う連結財務諸表又は財務諸表の増減金額及び増減率］ 平成 20 年 3 月 31 日　事業年度　　　　　　　　　　　　（単位：百万円） |	訂正前	訂正後	増減額	増減率
---	---	---	---	---
売上高	3,865	3,522	△343	△8.87%
売上原価	2,990	2,741	△249	△8.33%
販売費及び一般管理費	794	783	△11	△1.39%
営業外収益	11	11	0	0.00%
営業外費用	73	73	0	0.00%
特別利益	8	7	△1	△12.50%
特別損失	1	33	32	3,200.00%
当期純利益・損失（△）	17	△97	△114	△670.59%
純資産	625	451	△174	△27.84%
総資産	3,613	3,544	△69	△1.91%	
B-34 建設業 非公開 (大証二部 その後上場廃止) 平成 20 年 5 月 2 日	［訂正対象決算期］　平成 14 年 10 月 1 日～19 年 9 月 30 日 ［訂正勘定科目］　売上高（架空売上、前倒し計上）、営業外費用（貸倒引当金の不計上）、特別損失（減損損失の不計上） ［具体的な虚偽表示の態様］ (1) 不動産事業売上の不適正な計上 　　当社は、不動産事業売上げにおいて架空売上の計上、売上の前倒し計上により利益を過大に計上した。 (2) 工事進行基準の不適正な適用 　　当社は、工事進行基準が適用される工事において、総発生原価を過少に見積もることにより、売上を過大に計上するとともに、工事損失引当金の計上を回避した。

No. 業種 （上場市場） 提出日	訂正の概要
	(3) 不動産事業支出金の不適正な計上 　　当社は、不良資産化した不動産事業支出金（土地代金、業務委託料等）について減損処理を行っていなかった。 (4) 延滞債権への貸倒引当金の不適切な処理 　　迂回資金により延滞債権等の回収を装うこと等により貸倒引当金の計上を回避した。 ［平成18年9月期訂正報告書における訂正理由］ 　平成18年12月20日に提出いたしました第52期事業年度（自　平成17年10月1日　至　平成18年9月30日）の有価証券報告書に以下の事項を反映させることに伴い、記載事項の一部を修正する必要が生じましたので有価証券報告書の訂正報告書を提出いたします。 　当社は、過年度の決算の内容について重大な疑義が生じ、その全容の解明と過年度の決算修正の内容の確定を図る目的で、平成19年12月7日付で内部調査委員会を設立し、同日、内部調査委員会による調査内容と過年度の決算修正の内容が適正、妥当であるかどうか、第三者にその検証を委ねる目的で、弁護士、公認会計士からなる外部調査委員会を設置いたしました。 　上記の調査結果を受けて過年度決算の修正を行うとともに、記載事項の一部に修正すべき事項がありましたので、その修正も行いました。 （参考：平成19年9月期訂正報告書における訂正理由） 　当社は過年度決算の内容について重大な疑義が生じ、その全容の解明と過年度決算修正の内容の確定を図る目的で、平成19年12月7日付で内部調査委員会を設立し、同日、内部調査委員会による調査内容と過年度決算修正の内容が適正、妥当であるかどうか、第三者にその検証を委ねる目的で、弁護士、公認会計士からなる外部調査委員会を設置いたしました。 　この度、外部調査委員会の調査及び監査法人の監査が終了し、不適正な会計処理の内容が判明するとともに、過年度決算修正額及び各期の修正額が確定いたしましたので、平成20年5月2日付で第49期事業年度（自　平成14年10月1日　至　平成15年9月30日）から第52期事業年度（自　平成17年10月1日　至　平成18年9月30日）の有価証券報告書及び半期報告書の訂正報告書を近畿財務局に提出いたしました。 　これを受けて平成20年2月4日に提出いたしました第53期事業年度（自　平成18年10月1日　至　平成19年9月30日）の有価証券報告書の記載事項の一部を修正する必要が生じましたので訂正報告書を提出いたします。 　不適正な会計処理の主な内容は以下のとおりであります。 1　不動産事業の架空売上 2　会計上は売上計上の要件を満たさない不動産事業の買戻条件付売上 3　会計上は売上計上の要件を満たさない土地購入者の借入金を保証した売上 4　工事進行基準売上の過大計上 5　工事損失引当金の過少計上 6　不動産事業支出金の過大計上 7　延滞債権等への貸倒引当金計上漏れ 8　賞与引当金の計上漏れ

No. 業種 （上場市場） 提出日	訂正の概要
	9　訴訟損失引当金の計上漏れ 10　繰延税金資産の過大計上 ［訂正に伴う連結財務諸表又は財務諸表の増減金額及び増減率］ 平成18年9月30日　連結会計年度 （単位：百万円） |	訂正前	訂正後	増減額	増減率
---	---	---	---	---
売上高	22,285	21,462	△823	△3.69%
売上原価	19,506	20,034	528	2.71%
販売費及び一般管理費	2,212	2,536	324	14.65%
営業外収益	30	30	0	0.00%
営業外費用	68	746	678	997.06%
特別利益	87	166	79	90.80%
特別損失	431	591	160	37.12%
当期純利益・損失(△)	7	△2,263	△2,270	△32,428.57%
純資産	5,381	111	△5,270	△97.94%
総資産	17,032	13,621	△3,411	△20.03%	
B-35 情報・通信業 非公開 （東証マザーズ その後上場廃止） 平成21年2月17日	［訂正対象決算期］　平成15年4月1日～20年3月31日 ［訂正勘定科目］　売上高（架空売上の計上）、売上原価（売上原価の過大計上）、販売費及び一般管理費（費用の過大計上）、営業外収益（収益の過少計上）、営業外費用（費用の過少計上）、資産（無形固定資産（ソフトウェア）の過大計上）、負債（未払金の過少計上） ［具体的な虚偽表示の態様］ 　当社は、過年度において、循環取引やスルー取引により、ソフトウェアの架空売上を計上する一方、仕入れた架空のソフトウェアを無形固定資産として資産計上し、また架空資産についてリース契約を活用して費用の繰延べを行い、利益を過大に計上していた。 　そして、新たな循環取引が行われなくなった平成19年3月期以降も、架空のソフトウェアが資産計上され、または、リース契約の対象とされたままで、無形固定資産の過大計上、未払金の過少計上等により純資産額が過大に計上されていた。 ［平成17年3月期訂正報告書における訂正理由］ 　当社の連結子会社である株式会社アイ・ビー・イー・ネット・タイムのデジタル映像部門（以下「旧㈱アイ・ビー・イー」という。）による循環取引およびスルー取引と疑われる不適切な取引（以下「本件取引」という。）が行われていたという疑義が生じたことから、平成20年12月25日、調査委員会を設置して、調査および確認を進めてまいりました。平成21年1月6日には、第三者の立場から、調査範囲および方法、並びに事象発生の原因究明および再発防止策に策定について提言を行っていただくため、当社グルー

No. 業種 (上場市場) 提出日	訂正の概要
	プと利害関係のない法科大学院教授兼弁護士、弁護士、公認会計士の3名を外部から招聘し、社外調査委員会を設置し、本件調査を鋭意進めてまいりました。 　調査の結果、本件取引は平成13年3月期（第3期）から平成18年3月期（第8期）にわたり行われており、それに伴い計上した収入合計金額は4,548百万円、それに対応する支出合計金額は4,547百万円でありました。これらの中には、収入に対応する支出がソフトウェア購入やリース契約で処理され、費用の発生が翌期以降に繰延べられ期間損益に影響を与えていた取引も判明いたしました。 　当社は、判明した上記取引につきまして、過年度に遡り計上を取り消す等の適正な会計処理を行った結果、過年度における連結財務諸表等の修正が必要となりましたので、金融証券取引法第24条の2第1項の規定に基づき、平成17年6月29日に提出しました第7期事業年度（自　平成16年4月1日　至　平成17年3月31日）に係る有価証券報告書の訂正報告書を提出するものであります。 （中略）。 　なお、調査の対象となった不適切な疑いのある取引はすべて旧経営体制の下で行われたものであり、平成19年3月期（第9期）、平成20年3月期（第10期）、平成21年3月期（第11期、当期）については不適切な取引は一切行われておりませんでした。 ［訂正に伴う連結財務諸表又は財務諸表の増減金額及び増減率］ 平成17年3月31日　事業年度　　　　　　　　　　　（単位：百万円）

	訂正前	訂正後	増減額	増減率
売上高	2,834	1,227	△1,607	△56.70%
売上原価	1,903	1,042	△861	△45.24%
販売費及び一般管理費	700	601	△99	△14.14%
営業外収益	17	37	20	117.65%
営業外費用	59	129	70	118.64%
特別利益	6	6	0	0.00%
特別損失	40	40	0	0.00%
当期純利益・損失(△)	100	△606	△706	△706.00%
純資産	2,110	660	△1,450	△68.72%
総資産	4,126	3,154	△972	△23.56%

No. 業種 （上場市場） 提出日	訂正の概要
B-36 建設業 非公開 （東証一部、大証一部、名証一部 その後上場廃止） 平成20年2月4日	[訂正対象決算期] 平成16年4月1日～19年3月31日 [訂正勘定科目] 売上高（工事進捗率の嵩上げによる過大計上）、売上原価（工事原価の付替えによる過少計上） [具体的な虚偽表示の態様] (1) 当社のA支店では、工事原価を市場価格よりも相当に低い単価で見積もり、それをもとに一定の粗利益率を確保するとした工事予算額を厳守させたため、 ① 工事進行基準が適用される工事において、総工事原価が過少に見積もられることにより、工事進捗率が高くなり売上が過大に計上されたほか、赤字工事にもかかわらず黒字工事として工事損失引当金の計上を回避した。 ② 工事予算額を超過しそうな工事案件の工事原価を過少に計上し、計上しなかった工事原価を簿外で繰り延べ、翌期以降の別の工事案件に付け替えること（工事原価の付替え）等により、利益を過大に計上した。 (2) また、工事進行基準が適用される工事において、実際発生原価を過大に計上することにより工事進捗率を嵩上げし、売上を過大に計上した。 [平成19年3月期訂正報告書における訂正理由] 　当社の大阪支店において、過年度にわたり、工事の原価を他の工事の原価に付け替えするなどの不適切な原価処理が行われていたことが判明し、財務諸表の記載内容について見直しを行いました。 　その結果、第65期事業年度の損益計算書においては、売上高が1,968,347千円減少、売上原価が564,109千円増加することとなり、営業利益1,412,343千円、経常利益1,009,124千円が、2,532,456千円減少し、営業損失1,120,112千円、経常損失1,523,332千円となり、当期純利益1,003,466千円が2,541,064千円減少して1,537,598千円の当期純損失となりました。また、貸借対照表に与える主な影響額については、流動資産が2,392,539千円の減少、流動負債が1,036,835千円の増加、純資産合計が3,429,374千円の減少となりました。 　これらを訂正するため、平成19年6月29日に提出しました第65期（自平成18年4月1日　至平成19年3月31日）有価証券報告書の訂正報告書を提出するものであります。 　以下省略。

No. 業種 （上場市場） 提出日	訂正の概要
	[訂正に伴う連結財務諸表又は財務諸表の増減金額及び増減率] 平成19年3月31日　事業年度　　　　　　　　　　　　（単位：百万円） |	訂正前	訂正後	増減額	増減率
---	---	---	---	---
売上高	83,669	81,700	△1,968	△2.35%
売上原価	79,053	79,617	564	0.71%
販売費及び一般管理費	3,203	3,203	0	0.00%
営業外収益	136	136	0	0.00%
営業外費用	539	539	0	0.00%
特別利益	184	184	0	0.00%
特別損失	150	159	9	6.00%
当期純利益・損失(△)	1,003	△1,537	△2,541	△253.24%
純資産	6,574	3,144	△3,429	△52.18%
総資産	60,660	58,268	△2,392	△3.94%	
B-37 情報・通信業 非公開 （JQS その後上場廃止） 平成20年2月1日	[訂正対象決算期]　平成17年4月1日～19年3月31日 [訂正勘定科目]　売上高（架空売上の計上）、特別損失（違約金の無形固定資産への付替え）、資産（前渡金の過大計上） [具体的な虚偽表示の態様] 　当社は、大型システム開発プロジェクトに関して、成果物を納品した事実がないにもかかわらず、仮装した検収書に基づいてA社に対する売上を過大に計上し、これに伴い売上債権も過大に計上された。 　また、当社は、顧客に対する違約金を支払うこととなったが、その際、B社から違約金相当額のソフトウェアを購入したように偽装してその購入代金名目でB社に資金を支払うことにより、B社からA社を通じて顧客に違約金を支払った。その結果、本来、当該違約金は特別損失として費用計上されるべきところ、B社から購入したソフトウェアとして無形固定資産に付け替えられて計上され、費用が過少に計上された。 　さらに、当社は、大型システム開発プロジェクトに関して、顧客との折り合いが合わず、顧客から契約解除通知を受けたにもかかわらず、当該プロジェクトに係る仕掛品を特別損失として費用計上せず、棚卸資産として計上し続け、棚卸資産が過大に計上された。 　加えて、当社は、未回収のA社に対する架空の売掛債権を回収したこととするため、取引先C社に前渡金の名目で弁済資金を支払ったうえ、C社からA社を通じて当社に当該弁済資金を振り込ませ、もって売掛債権が回収されたかのように偽装した。この結果、売上債権の代わり、C社に対する前渡金が過大に計上されることとなった。 [平成18年3月期訂正報告書における訂正理由] 　当社は、平成19年3月期決算において、多額の損失を計上した大型プロジェクトに関し、その取組み当初からの取引内容について改めて調査した結

No. 業種 (上場市場) 提出日	訂正の概要
	果、大きく次の3点に区分される不適切な行為の存在が確認されました。 (1) 架空売上の計上 　平成17年9月期から平成18年3月期にかけて、本プロジェクトの開発段階における一部売上につき、最終顧客の検収のない段階で売上計上を行ったため、これを取り消すこととし、その取り消す売上総額は約136百万円となります。 (2) 違約金損失の未計上 　本プロジェクトに関し、その進捗状況が思わしくないことから、最終顧客側から違約金の請求を受け、平成18年3月に約60百万円を支払いましたが、その際、その違約金相当金額を、購入予定のあった社内使用ソフトの購入代金に上乗せし、一旦ソフトの卸売り会社に支払い、そこから、最終顧客側に支払うという処理を行いました。その結果、本来違約金は特別損失として計上されるべきところ固定資産に計上されることとなりました。 (3) 直接の売り先向け債権残高の回収について 　(1)において計上した売上は売掛金の滞留という状態が続いておりましたが、その解消を図る目的で、別途進めていたプロジェクトに関係している別の会社への前渡金名目で、平成18年11月に売掛金相当額約147百万円を一旦支払い、最終的に当社に還流させる偽装を行いました。そのため当社の財務諸表上は売掛金相当額が回収され、代わりに前渡金が計上されることとなりました。 　これら(1)、(2)、(3)の取引行為を適切な処理に訂正し、第24期（自平成17年4月1日　至平成18年3月31日）における損益計算書に与える影響は、売上高が136百万円減少し、売上原価が103百万円、販売費及び一般管理費が1百万円減少し、特別損失が63百万円増加したことにより、税引前当期純利益及び当期純利益は95百万円減少しております。 　これらを訂正するため、金融商品取引法第24条の2第1項の規定に基づき、平成18年6月29日に提出した第24期（自平成17年4月1日　至平成18年3月31日）有価証券報告書の訂正報告書を提出するものであります。 　以下省略。

No. 業種 (上場市場) 提出日	訂正の概要
	[訂正に伴う連結財務諸表又は財務諸表の増減金額及び増減率] 平成18年3月31日　事業年度　　　　　　　　　　　　(単位：百万円) |	訂正前	訂正後	増減額	増減率 | |---|---|---|---|---| | 売上高 | 2,222 | 2,086 | △136 | △6.12% | | 売上原価 | 1,483 | 1,380 | △103 | △6.95% | | 販売費及び一般管理費 | 570 | 569 | △1 | △0.18% | | 営業外収益 | 0 | 0 | 0 | — | | 営業外費用 | 14 | 14 | 0 | 0.00% | | 特別利益 | 0 | 0 | 0 | — | | 特別損失 | 2 | 65 | 63 | 3,150.00% | | 当期純利益・損失(△) | 151 | 56 | △95 | △62.91% | | 純資産 | 615 | 520 | △95 | △15.45% | | 総資産 | 1,731 | 1,640 | △91 | △5.26% |
B-38 機械 (東証一部、大証一部、名証一部、札証上場、福証上場) 平成19年12月27日	[訂正対象決算期]　平成18年4月1日～19年3月31日 [訂正勘定科目]　売上高(工事進捗率の嵩上げによる売上の過大計上)、売上原価(実際発生原価の過少計上) [具体的な虚偽表示の態様] 　当社は、長期大規模工事について工事進行基準により収益を認識していたが、当該基準が適用されるべき工事において、①具体的なコストダウン(原価削減)施策の検討を行わないまま、コストダウン効果を認識する、②原材料価格の上昇などによりコストダウン効果の見直しを行うべきであったにもかかわらず、これを行わない、③客先の合意を得ていない請負金額の増額をコストダウン効果として評価することにより、不適正にコストダウン効果を認識して総発生原価見通しを過少に見積もったり、④工事発注などの事実により期末までに認識可能な工事原価を総発生原価見通しに含めない、⑤下請業者への支払の蓋然性が高い工事原価を総発生原価見通しに含めない、⑥海外子会社の原価把握の遅れ等により工事原価を総発生原価見通しに含めないことにより、工事の総発生原価見通しを過少に見積もっていた。 　この結果、工事進捗率が上昇し売上高が過大に計上されていたほか、実際発生原価(売上原価)の過少計上、赤字工事に備える受注工事損失引当金の過少計上により、利益が過大に計上されていた。 (参考)　工事進行基準は、長期の請負工事について、各決算期末において工事進捗率に応じて売上を計上して収益を認識する会計処理である。すなわち、工事進行基準は、工事全体で発生する工事原価を見積もった「総発生原価見通し」に対して、当期までに実際に発生した「実際発生原価」の割合を工事進捗率とし、当該工事進捗率に応じて請負金額の一部を売上に計上することにより収益を認識する方法である。このため、仮に総発生原価

No. 業種 （上場市場） 提出日	訂正の概要
	見通しを過少に見積もれば、同じ実際発生原価であっても工事進捗率が高くなり、売上が過大に計上されることとなる。 [平成19年3月期訂正報告書における訂正理由] 　当社及び連結子会社のエネルギー・プラント事業における工事進行基準適用の長期大規模工事に係る見積原価の増加要因について、社内調査委員会による厳正な調査を実施したところ、コストダウン効果の評価を見直すべき時期や見積原価への織り込み漏れなどの過誤が判明したため、連結財務諸表等及び財務諸表等の記載内容について見直しを行いました。 　その結果、当第190期連結会計年度の連結損益計算書において、売上高が138億35百万円減少、売上原価が164億8百万円増加することとなり、売上総利益が302億43百万円減少、246億17百万円の営業利益が302億43百万円悪化して56億26百万円の営業損失に、215億11百万円の経常利益が302億43百万円悪化して87億32百万円の経常損失に、税金等調整前当期純利益が302億43百万円減少、158億25百万円の当期純利益が204億18百万円悪化して45億93百万円の当期純損失になりました。また、連結貸借対照表に与える主な影響については、流動資産が66億48百万円の減少、固定資産が72億85百万円の増加、流動負債が210億55百万円の増加、純資産合計が204億18百万円の減少となりました。 　また、個別業績では、売上高が174億20百万円減少、売上原価が72億79百万円増加することとなり、売上総利益が246億99百万円減少し、営業利益、経常利益が246億99百万円悪化して、それぞれ、175億89百万円の営業損失、119億58百万円の経常損失となりました。さらに、子会社損失引当金繰入額64億18百万円を特別損失として追加計上した結果、265億34百万円の税引前当期純利益が311億17百万円悪化して45億83百万円の税引前当期純損失となり、61億34百万円の当期純利益が211億72百万円悪化して150億38百万円の当期純損失となりました。 　また、記載事項の一部に誤りがありましたので、これらを訂正するため、平成19年6月27日に提出いたしました第190期（自　平成18年4月1日　至　平成19年3月31日）有価証券報告書の訂正報告書を提出するものであります。 　以下省略。

資料編 ● 訂正報告書における不適正な会計処理の分析

No. 業種 （上場市場） 提出日	訂正の概要
	[訂正に伴う連結財務諸表又は財務諸表の増減金額及び増減率] 平成 19 年 3 月 31 日　連結会計年度　　　　　　　　　　（単位：百万円） |	訂正前	訂正後	増減額	増減率
---	---	---	---	---
売上高	1,234,851	1,221,016	△13,835	△1.12%
売上原価	1,082,004	1,098,412	16,408	1.52%
販売費及び一般管理費	128,230	128,230	0	0.00%
営業外収益	11,629	11,629	0	0.00%
営業外費用	14,735	14,735	0	0.00%
特別利益	49,765	49,765	0	0.00%
特別損失	25,974	25,974	0	0.00%
当期純利益・損失(△)	15,825	△4,593	△20,418	△129.02%
純資産	247,465	227,047	△20,418	△8.25%
総資産	1,535,441	1,536,078	637	0.04%	
B-39 電気機器業 非公開 （東証一部、大証一部 その後上場廃止） 平成19年12月25日	[訂正対象決算期]　平成 14 年 4 月 1 日～19 年 3 月 31 日 [訂正勘定科目]　特別損失（関係会社損失引当金の過少計上）、資産（関係会社株式の過大計上） [具体的な虚偽表示の態様] 【事案の概要】 　当社は、関係会社株式に対して適切な減損処理を行わず、関係会社株式を過大に計上していた。また、関係会社株式損失引当金の検討対象とすべき関係会社のうち一部しか検討対象とせず、関係会社株式損失引当金を過少計上していたものである。 【具体的な虚偽表示の態様】 　関係会社株式について、「金融商品に関する会計基準（企業会計基準第10号）及び「金融商品会計に関する実務指針」8 日本公認会計士協会　会計制度委員会報告第14号」によれば、子会社・関連会社（以下、「関係会社」という。）の株式の実質価格が取得原価に比べて 50％ 程度以下に低下した場合（以下、「50％ 基準」という。）には減損処理をしなければならないとされている。ただし、おおむね 5 年以内に実質価格が取得原価まで回復する見込みが十分な証拠によって裏付けられる場合には、減損処理をしないことも認められる。 　しかしながら、当社は、減損処理の要否を判定するに当たり、全ての関係会社を検討の対象とすべきところ、全ての関係会社の財務係数を把握していなかったため、月次連結決算の対象会社等のみを対象としていた。また、関係会社の純資産額（実質価格）を算定するに当たり、孫会社を有する全ての関係会社について間接投資損益を考慮すべきところ、一部の関係会社についてしか考慮していなかった。さらに 50％ 基準に該当しても、

No. 業種 (上場市場) 提出日	訂正の概要
	含み損が少額な関係会社は、回復可能性を検討することなく、重要性が低いとして減損処理を見送っていた。この結果、当社は、貸借対照表において関係会社株式を過大に計上していた。 　また、関係会社損失引当金については、一般に、債務超過の関係会社に対する貸付金について、金融商品に関する会計基準等に従い関係会社の財政状況及び経営成績等を考慮のうえ、債務超過額を上限として貸倒引当金を計上し、貸付金額を超えて債務超過額がある場合には、当該超過額について関係会社損失引当金を計上することとなる。 　しかし、当社は、貸倒引当金及び関係会社損失引当金の検討にあたり、債務超過に陥っている全ての関係会社を引当金の対象とすべきところ、当社が重要と判断した債務超過の関係会社しか引当金の検討をしていなかった。このため、貸借対照表において貸倒引当金及び関係会社損失引当金を過少に計上していた。 [平成17年3月期訂正報告書における訂正理由] 　平成17年6月30日に提出した第81期事業年度（自　平成16年4月1日　至　平成17年3月31日）の有価証券報告書に以下の事項を反映させることに伴い、記載事項の一部を修正する必要が生じましたので有価証券報告書の訂正報告書を提出致します。 　金融商品に関する会計基準適用初年度の平成13年3月期から平成16年3月期までの関係会社株式減損の要否判定対象会社の選定に係る重要性の判断や、業績変動の激しい半導体事業等を中心とした関係会社の回復可能性の判断につき、会計基準・実務指針に十分準拠すべく総見直しを行う中で、当該期間に計上した減損について、関係会社ごとに適切な計上時期に修正すると共に、これにより一部追加計上を行いました。あわせて平成17年3月期以降についても関係会社株式減損の再計算を行いました。 　また、これに伴う繰延税金資産の見直しを含め、平成13年3月期以降の繰延税金資産の再計算を行うとともにすべての取引について見直しを行いました。

No. 業種 (上場市場) 提出日	訂正の概要
	[訂正に伴う連結財務諸表又は財務諸表の増減金額及び増減率] 平成17年3月31日　事業年度　　　　　　　　　　　　（単位：百万円） |	訂正前	訂正後	増減額	増減率
---	---	---	---	---
売上高	1,458,981	1,458,981	0	0.00%
売上原価	1,285,046	1,285,046	0	0.00%
販売費及び一般管理費	178,042	178,042	0	0.00%
営業外収益	50,901	50,849	△52	△0.10%
営業外費用	46,310	37,493	△8,817	△19.04%
特別利益	13,478	13,530	52	0.39%
特別損失	56,052	77,109	21,057	37.57%
当期純利益・損失(△)	△87,800	△169,930	△82,130	93.54%
純資産	476,057	258,504	△217,553	△45.70%
総資産	1,429,432	1,254,766	△174,666	△12.22%	
B-40 卸売業 (JQS) 平成19年11月22日	[訂正対象決算期]　平成17年2月1日～18年1月31日 [訂正勘定科目]　売上原価（期末商品棚卸高の過大計上による売上原価の過少計上） [具体的な虚偽表示の態様] 　当社は、次の方法により、期末商品棚卸高を過大に計上した。この結果、売上原価が圧縮され過少に計上されることとなり、利益を過大に計上した。 ①　アウトレット店舗の実施棚卸の結果を記載した棚卸原票に、実在しない架空の商品を在庫として記載することにより、期末の在庫数量を水増しする。 ②　評価単価の低い倉庫在庫を評価単価の高いアウトレット店舗の在庫として計上することにより、期末の在庫評価額を増額する。 ③　アウトレット店舗の評価額を恣意的に高く評価し、期末の在庫評価額を増額する。 [平成18年1月期訂正報告書における訂正理由] 　当社において、平成18年1月中間期（第22期中）より平成19年1月期（第23期）までの間に、たな卸し資産の在庫数量および評価に関して不適切な行為が行われ、たな卸し資産の過大計上等の不適切な会計処理が行われていたことが判明いたしました。 　これにより、過大に計上されていたたな卸し資産を修正するとともに、これに係る売上原価を修正表示しています。また、これらの処理に対する税効果会計の見直し等、必要と認められる修正を行いました。 　これらを訂正するため、金融商品取引法第24条の2第1項の規定に基づき、平成18年4月27日に提出いたしました有価証券報告書の訂正報告書を提出するものであります。 　以下省略。

No. 業種 （上場市場） 提出日	訂正の概要
	[訂正に伴う連結財務諸表又は財務諸表の増減金額及び増減率] 平成 18 年 1 月 31 日　事業年度　　　　　　　　　　　（単位：百万円） |	訂正前	訂正後	増減額	増減率
---	---	---	---	---
売上高	18,589	18,589	0	0.00%
売上原価	9,820	10,121	301	3.07%
販売費及び一般管理費	7,725	7,725	0	0.00%
営業外収益	59	59	0	0.00%
営業外費用	32	32	0	0.00%
特別利益	0	0	0	—
特別損失	178	178	0	0.00%
当期純利益・損失(△)	467	35	△432	△92.51%
純資産	5,300	4,868	△432	△8.15%
総資産	11,373	10,959	△414	△3.64%	
B－41 機械業 非公開 (JQS その後上場廃止) 平成19年10月25日	[訂正対象決算期]　平成 18 年 4 月 1 日～19 年 3 月 31 日 [訂正勘定科目]　売上高（売上の前倒し計上） [具体的な虚偽表示の態様] 　当社は、決算期末以降に出荷・納品される予定の製品について、未確定な受注であるにもかかわらず、確定受注として決算期末までに出荷・納品がなされたものとして売上を前倒し計上するとともに、これを適正な売上高とみせかけるために原始証票を含む一部の書類を偽造または改竄する等して利益を過大に計上していた。 [平成19年3月期訂正報告書における訂正理由] 　当社は、社内コンプライアンス委員会による売上計上時期に関する調査確認を行なった結果、本来翌期に計上すべき不確定受注案件を、関連証憑類の改ざん等により、前倒して当年度に売上を計上する方法による不適正な処理が判明したため、連結財務諸表および財務諸表等の記載内容について見直しを行いました。 　その結果、当連結会計年度の連結損益計算書では、売上高 806 百万円、売上原価 496 百万円及び販売費及び一般管理費 11 百万円が減少したことにより営業利益が 298 百万円減少し、経常利益及び当期純利益がそれぞれ同額減少することとなりました。連結貸借対照表の資産の部では、受取手形及び売掛金が 627 百万円減少し、たな卸資産が 480 百万円増加し貸倒引当金が 6 百万円減少したことにより、流動資産が 140 百万円減少しました。また、差入保証金が 219 百万円減少したことにより、投資その他の資産合計及び固定資産合計がそれぞれ 219 百万円減少し、この結果、資産合計が 360 百万円減少することとなりました。負債の部では、支払手形及び買掛金が 17 百万円、未払法人税等が 1 百万円、未払金が 3 百万円、未払消費税等が 39 百万円減少したことにより、流動負債合計及び負債合計がそれぞれ 61 百万円減少す

資料編 ●訂正報告書における不適正な会計処理の分析

No. 業種 （上場市場） 提出日	訂正の概要
	ることとなりました。純資産の部では、利益剰余金が298百万円減少し、純資産合計も同額減少しております。連結株主資本等変動計算書では、当期純利益が298百万円減少し利益剰余金期末残高も同額減少しております。同時に財務諸表等におきましても、対応する同様の項目において増減が発生しております。 　これらを訂正するため、金融商品取引法第24条の2第1項の規定に基づき有価証券報告書の訂正報告書を提出するものであります。 　以下省略。 [訂正に伴う連結財務諸表又は財務諸表の増減金額及び増減率] 平成19年3月31日　連結会計年度　　　　　　　（単位：百万円） |	訂正前	訂正後	増減額	増減率 | |---|---|---|---|---| | 売上高 | 5,119 | 4,312 | △806 | △15.76% | | 売上原価 | 3,389 | 2,892 | △496 | △14.67% | | 販売費及び一般管理費 | 1,076 | 1,064 | △11 | △1.12% | | 営業外収益 | 9 | 9 | 0 | 0.00% | | 営業外費用 | 38 | 38 | 0 | 0.00% | | 特別利益 | 12 | 12 | 0 | 0.00% | | 特別損失 | 333 | 333 | 0 | 0.00% | | 当期純利益・損失(△) | 291 | △6 | △298 | △102.06% | | 純資産 | 1,323 | 1,024 | △298 | △22.60% | | 総資産 | 3,981 | 3,621 | △360 | △9.04% |
B-42 情報・通信業 非公開 （東証一部 その後上場廃止） 平成19年7月31日	[訂正対象決算期]　平成14年4月1日～18年3月31日 [訂正勘定科目]　売上高（架空売上の計上）、売上原価（架空仕入の計上） [具体的な虚偽表示の態様] 　当社社員は、A社に対していわゆる「貸し」を作ろうとの目論見から、A社から依頼された代金の立替払いを行ったが、その後、A社からは立替代金の支払を受けられなかった。 　また、別途A社からの依頼により、B町が進めていたITプロジェクトのためのソフトウェアをA社に先行発注したところ、B町において同プロジェクトの予算化が見送られ、当該ソフトウェアは納品できないまま在庫として残った。 　当該社員は、A社から立替代金の弁済を受けられないことやソフトウェア在庫の取扱いに苦慮し、当該在庫に立替代金を上乗せして他社に転売した。その後、当該他社に他の転売先を斡旋するなどして次々と転売を繰り返し、商流の中で当社が買い取り再度他社に転売するという循環取引を4年間にわたり繰り返した。 　訂正報告書に係る有価証券報告書の訂正作業は、上記架空売上及び架空仕

No. 業種 (上場市場) 提出日	訂正の概要
	入の計上とは関係のない事項についての変更（売上高及び仕入高についての総額表示から純額表示への変更）を行ったものにすぎず、当該訂正報告書にも虚偽の連結当期純損益の額が記載された。 ［平成18年3月期訂正報告書における訂正理由］ 　本年2月以降、当社社員による循環取引行為に関連して、取引先からの支払請求により簿外債務の存在が明らかとなり、本年6月より、当社は改めて監査法人の指導を受けながら、厳正な監査のもと過年度決算の修正作業を進める一方、社内調査委員会を設置し、当該取引の実態調査とその影響額を確定するための調査を行ってまいりました。この結果、当該一社員による平成15年3月に発生した取引先への販売協力と同年12月に発生したソフトウエアの先行発注が発端となって、以後循環取引が平成15年3月期、平成16年3月期、平成17年3月期、平成18年3月期と約4年に亘り繰り返し行われ、5,007百万円の売上の過大計上と1,097百万円の損失の発生が明らかとなりました。 　こうした売上の過大計上とそれに伴う利益の修正等を反映させるために、証券取引法第24条の2第1項の規定に基づき、第10期事業年度（平成17年4月1日～平成18年3月31日）の有価証券報告書の訂正報告書を提出するものであります。 　この訂正により当期の連結及び個別業績は、売上高が3,207,645千円減少し、この結果、営業利益、経常利益がそれぞれ230,704千円減少、当期純利益が407,385千円減少しております。又、これに伴い連結貸借対照表及び貸借対照表における純資産が1,070,145千円減少しております。 （中略）。 　会社法連結計算書類及び計算書類につきましては、年度ごとに訂正を行わず、第11期（平成18年4月1日～平成19年3月31日）に一括して処理しております。 　今回の循環取引行為は会社が組織的に行ったものではなく、当該社員によって約4年に亘り繰り返し行われたものでありますが、その間、取引先より当社の認識のない債務の支払請求を受けるまで顕在化しませんでした。損失の拡大と事象の顕在化が遅れた理由は、①当該社員の会社ルール・規定を無視したコンプライアンス意識の欠如、②内部牽制機能の不足、③不適切な取引の発生防止と早期発見のための社内業務監査の不十分さなどにあったものと真摯に受けとめております。

資料編 ● 訂正報告書における不適正な会計処理の分析

No. 業種 (上場市場) 提出日	訂正の概要

[訂正に伴う連結財務諸表又は財務諸表の増減金額及び増減率]

平成18年3月31日　連結会計年度　　　　　　　　　　（単位：百万円）

	訂正前	訂正後	増減額	増減率
売上高	55,896	52,688	△3,207	△5.74%
売上原価	43,500	40,523	△2,977	△6.84%
販売費及び一般管理費	11,252	11,252	0	0.00%
営業外収益	15	15	0	0.00%
営業外費用	156	156	0	0.00%
特別利益	272	272	0	0.00%
特別損失	400	577	177	44.25%
当期純利益・損失(△)	346	△60	△407	△117.34%
純資産	6,913	5,843	△1,070	△15.48%
総資産	31,367	29,833	△1,534	△4.89%

B-43
建設業
(東証一部)
平成19年7月5日

[訂正対象決算期]　平成15年4月1日～18年3月31日
[訂正勘定科目]　売上高（リース収入架空計上）、売上原価（リース資産減価償却費の過少計上）、資産（リース資産の架空計上）
[具体的な虚偽表示の態様]
　当社の連結子会社の役員は、利益を過大に計上するため、当該連結子会社について、①リース資産の減価償却費の過少計上、②リース収入（売上）の架空計上を行うとともに、その見合いとして架空のリース資産を計上した。そして、同役員は、監査法人の監査にあたり、リース資産台帳の該当頁を抜き取り、リース資産の架空計上を隠蔽していた。

[平成17年3月期訂正報告書における訂正理由]
　当社の連結子会社である株式会社ハイテクリースにおいて、過年度にわたり、リース資産の過大計上という不適切な会計処理がなされていたことが判明いたしました。
　これにより、過大に計上されていた有形固定資産　その他（リース資産）、その他の事業売上高（リース収入）及びその他の事業売上原価（リース原価）を修正するとともに、関連する有形固定資産の減価償却費、減価償却累計額、さらに当該不適切な会計処理の発生による会計処理の見直しの結果、平成16年3月期に関する当該連結子会社から当社等への配当の戻し、それに伴う税金関係等、必要と認められる修正を行ないました。
　これらを訂正するため、証券取引法第24条の2第1項の規定に基づき、平成17年6月29日に提出いたしました有価証券報告書の訂正報告書を提出するものであります。
　会社法の計算書類及び連結計算書類につきましては、年度ごとに訂正をお

No. 業種 (上場市場) 提出日	訂正の概要
	こなわず、第60期（自　平成18年4月1日　至　平成19年3月31日）に一括して処理しております。 　以下省略。 [訂正に伴う連結財務諸表又は財務諸表の増減金額及び増減率] 平成17年3月31日　連結会計年度　　　　　　　　　　　（単位：百万円） |	訂正前	訂正後	増減額	増減率
---	---	---	---	---
売上高	77,334	77,084	△250	△0.32%
売上原価	68,681	68,539	△142	△0.21%
販売費及び一般管理費	6,663	6,663	0	0.00%
営業外収益	100	100	0	0.00%
営業外費用	667	667	0	0.00%
特別利益	4	4	0	0.00%
特別損失	526	526	0	0.00%
当期純利益・損失(△)	508	405	△103	△20.28%
純資産	8,284	7,242	△1,042	△12.58%
総資産	72,585	71,744	△841	△1.16%	

資料編 ● 訂正報告書における不適正な会計処理の分析

❸ 行政処分のない事案

No. 業種 (上場市場) 提出日	訂正の概要
C-1 その他製品 (JQS) 平成24年6月27日	[訂正対象決算期] 平成19年4月1日～23年3月31日 [訂正勘定科目] 売上高(売上の過大計上)、資産(売上債権の過大計上) [平成20年3月期訂正報告書における訂正理由] 　当社が販売した製品について、仕入先を経由して買い戻しをする取引を行っていた事が判明いたしました。事実関係の詳細をより適切かつ迅速に把握するため、平成24年5月14日に経営陣から一定の独立性と専門的な見地を有する弁護士及び公認会計士等による調査委員会を設置して調査を進め、平成24年6月27日付けで調査委員会から調査報告を受領いたしました。 　その結果、過年度における有価証券報告書の記載事項の一部に訂正すべき事項があるとの判断に至りましたので、金融商品取引法第24条の2第1項の規定に基づき、平成20年6月30日に提出いたしました第19期の有価証券報告書の訂正報告書を提出するものであります。 　以下省略。 [訂正報告書に係る監査証明の有無] 監査証明あり [訂正に伴う連結財務諸表又は財務諸表の増減金額及び増減率] 平成20年3月31日　事業年度　　　　　　　　　　(単位：百万円) |	訂正前	訂正後	増減額	増減率
---	---	---	---	---
売上高	2,235	2,208	△27	△1.21%
売上原価	1,399	1,392	△7	△0.50%
販売費及び一般管理費	762	762	0	0.00%
営業外収益	29	29	0	0.00%
営業外費用	23	23	0	0.00%
特別利益	7	7	0	0.00%
特別損失	45	45	0	0.00%
当期純利益・損失(△)	27	7	△19	△74.07%
純資産	678	659	△19	△2.80%
総資産	3,382	3,361	△21	△0.62%	
C-2 空運業 (東証一部) 平成24年5月25日	[訂正対象決算期] 平成22年4月1日～23年3月31日 [訂正勘定科目] 注記のみの訂正 [平成23年3月期訂正報告書における訂正理由] 1　訂正の経緯 　当社は、平成23年10月に当社が生産業務に用いるソフトウェアの購入先の一つである外国法人(以下「相手方」といいます)に支払ったソフトウェ

No. 業種 (上場市場) 提出日	訂正の概要
	ア関連支出を資産計上したことに係る会計処理について不適切な会計処理が行われていた可能性が高いことが判明したため、セコム株式会社を主体とした特別調査委員会を設置し、内部調査を実施いたしました。また、平成24年4月25日付にて専門的及び客観的な見地からの調査分析、採るべき会計処理の検討及び再発防止策の立案等を目的とした外部専門家から構成される外部調査委員会(以下 第三者委員会といいます、委員長：伊藤鉄男 弁護士)を設置し本件調査を進めてまいりました。 　その結果、本件ソフトウェア関連支出については、過去の当社による相手方ソフトウェアの不正利用に関する損害賠償を内容とする和解金の支払いであり、ソフトウェアとしての資産性は無く特別損失に計上すべきものとの、第三者委員会による調査報告書(中間報告)を平成24年5月8日に受領しました。 　その後、第三者委員会の調査報告書(最終報告)を平成24年5月21日に受領し、上述以外の会計に重要な影響を与えるような不正利用ソフトウェアの存在は確認されませんでした。 2　偶発債務の注記 　訂正の経緯に示したソフトウェアの不正利用については、平成22年11月19日に相手方代理人の弁護士よりソフトウェア著作権侵害に係る通告書を受領しております。その後、社内調査を実施し、非正規利用事例が確認されました。これにより、当社は相手方に対して損害賠償を内容とする和解金の支払いが発生する可能性が生じていたことから、本件を偶発債務として注記することといたしました。 　これらの訂正により、当社が平成23年6月23日に提出いたしました第63期(自　平成22年4月1日　至　平成23年3月31日)の有価証券報告書の一部を訂正する必要が生じましたので、金融商品取引法第24条の2第1項の規定に基づき、有価証券報告書の訂正報告書を提出するものであります。 [訂正報告書に係る監査証明の有無]　監査証明なし [訂正に伴う連結財務諸表又は財務諸表の増減金額及び増減率] 　注記のみの訂正であり、財務諸表本表の訂正はない。
C-3 情報・通信業 (JQS) 平成24年5月2日	[訂正対象決算期]　平成22年4月1日～23年3月31日 [訂正勘定科目]　売上高(架空売上の計上)、売上原価(架空仕入の計上)、 　　　　　　　　資産(売上債権の過大計上、棚卸資産の過大計上)、負債 　　　　　　　　(仕入債務の過大計上) [平成23年3月期訂正報告書における訂正理由] 　当社の連結子会社2社において、同じ取引先から受注した「商品撮影業務」に係る業務委託料の支払いが、平成22年11月以降遅延するようになり、当社の内部監査室及び経理部門等の専門部署が支払遅延の原因調査と債権回収に向けた折衝を行っておりましたところ、今般、上記取引先から、当社グループとの取引の事実を確認できない等の回答がありました。このため、当社では、当該取引に関する事実関係について独自に社内で調査するとともに、当社と利害関係のない外部の第三者による、公正かつ中立的な立場からの調査を実施する必要があると判断し、平成24年3月28日開催の取締役会におい

No. 業種 (上場市場) 提出日	訂正の概要
	て、第三者調査委員会（委員長：大森一志　弁護士）を設置することを決議いたしました。第三者調査委員会は関係者へのヒアリングやその他の利用可能な方法により、本件の実態解明（上記取引に係る会計処理の妥当性を含む）と当社グループにおける同様の事例の有無、再発防止策に焦点をあてて調査を実施し、同年4月27日、当社は第三者調査委員会より、報告書を受領いたしました。 　当社は、平成24年4月27日付の第三者調査委員会（委員長：大森一志弁護士）による調査報告書の指摘及び社内調査の結果を受け、金融商品取引法第24条の2第1項等の規定に基づいて過去に提出いたしました有価証券報告書等に記載されている連結財務諸表及び個別財務諸表等に含まれる売上高、売上原価の修正等、必要と認められる修正を行い、有価証券報告書等の訂正報告書を提出することを、平成24年5月2日の取締役会の承認を経て決定いたしました。 　有価証券報告書等の訂正報告書提出日現在で当社が知る限りにおいて、下記訂正内容以外に修正すべき会計処理はありませんが、当社グループに対し違法行為をはたらき損害を被らせた社外の人物数名については、刑事告訴を検討中であり、実際に告訴に至った場合には、捜査当局、監督機関その他の公的機関による調査が行われることも予想されます。かかる調査により訂正報告書提出日の翌日以降に新たな事実が判明した場合には、連結財務諸表及び個別財務諸表等を訂正する場合があります。 [訂正報告書に係る監査証明の有無]　監査証明あり [訂正に伴う連結財務諸表又は財務諸表の増減金額及び増減率] 平成23年3月31日　連結会計年度　　　　　　　　（単位：百万円） |	訂正前	訂正後	増減額	増減率
---	---	---	---	---
売上高	16,761	16,707	△54	△0.76%
売上原価	14,202	14,157	△45	△0.32%
販売費及び一般管理費	2,555	2,555	0	0.00%
営業外収益	28	28	0	0.00%
営業外費用	9	9	0	0.00%
特別利益	212	212	0	0.00%
特別損失	133	133	0	0.00%
当期純利益・損失（△）	△59	△63	△4	6.78%
純資産	7,144	7,140	△4	△0.06%
総資産	9,826	9,809	△17	△0.17%

No. 業種 （上場市場） 提出日	訂正の概要
C-4 小売業 （東証マザーズ） 平成24年3月22日 平成24年3月23日	［訂正対象決算期］　平成19年2月1日～23年1月31日 ［訂正勘定科目］　売上原価（仕入割戻の過大計上）、資産（棚卸資産の過少計上）、負債（仕入債務の過少計上） ［平成23年1月期訂正報告書における訂正理由］ 　本文参照（212ページ）。 　注：本書執筆時点（平成24年9月末）において本件は告発および課徴金の対象とされていなかったため、行政処分のない事案としてとり上げたが、その後平成24年11月21日に金融庁は当社に対して600万円の課徴金を課すことを決定した。 ［訂正報告書に係る監査証明の有無］　監査証明あり
C-5 建設業 非公開 （JQS その後上場廃止） 平成24年3月22日	［訂正対象決算期］　平成22年4月1日～23年3月31日 ［訂正勘定科目］　売上原価（売上原価の繰延べ）、資産（棚卸資産の過大計上）、負債（仕入債務の過少計上） ［平成23年3月期訂正報告書における訂正理由］ 　当社及び連結子会社において、完成工事原価を繰延べして計上する方法等により、不適切な会計処理が行われていたことが判明いたしました。当該不適切な処理内容について社内調査を実施した結果、本報告の対象となる会計期間の連結業績へは約311百万円の影響があることが認められました。 　これにより当社が平成23年6月23日に提出いたしました第66期（自　平成22年4月1日　至　平成23年3月31日）有価証券報告書の記載事項の一部を訂正する必要が生じたため、金融商品取引法第24条の2第1項の規定に基づき当該有価証券報告書の訂正報告書を提出いたします。 　以下省略。 ［訂正報告書に係る監査証明の有無］　監査証明あり ［訂正に伴う連結財務諸表又は財務諸表の増減金額及び増減率］ 平成23年3月31日　連結会計年度　　　　　　　　　　　　（単位：百万円） |	訂正前	訂正後	増減額	増減率
---	---	---	---	---
売上高	29,307	29,307	0	0.00%
売上原価	27,533	27,941	408	1.48%
販売費及び一般管理費	1,687	1,687	0	0.00%
営業外収益	48	48	0	0.00%
営業外費用	7	7	0	0.00%
特別利益	463	463	0	0.00%
特別損失	209	209	0	0.00%
当期純利益・損失（△）	61	△249	△311	△508.20%
純資産	7,663	7,351	△311	△4.07%
総資産	16,005	15,703	△302	△1.89%

No. 業種 （上場市場） 提出日	訂正の概要
C-6 サービス業 （JQS） 平成24年2月27日 平成24年2月28日	［訂正対象決算期］　平成19年1月1日～22年12月31日 ［訂正勘定科目］　販売費及び一般管理費（貸倒引当金繰入額の過大計上）、資産（貸付金の過少計上、前渡金の過大計上）、負債（仕入債務の過少計上） ［平成22年12月期訂正報告書における訂正理由］ 　本文参照（221ページ）。 ［訂正報告書に係る監査証明の有無］　監査証明あり
C-7 機械 （JQS） 平成24年2月14日	［訂正対象決算期］　平成22年4月1日～23年3月31日 ［訂正勘定科目］　売上高（売上の過大計上）、売上原価（売上原価の過少計上）、販売費及び一般管理費（費用の過大計上）、資産（棚卸資産の過少計上）、負債（前受金の過少計上、工事損失引当金の過少計上） ［平成23年3月期訂正報告書における訂正理由］ 　本文参照（231ページ）。 ［訂正報告書に係る監査証明の有無］　監査証明あり
C-8 建設業 （東証一部、大証一部） 平成24年2月13日 平成24年2月14日	［訂正対象決算期］　平成17年4月1日～23年3月31日 ［訂正勘定科目］　売上高（売上の過大計上）、売上原価（売上原価の過大計上）、販売費及び一般管理費（退職給付費用の過大計上）、資産（売上債権の過大計上、棚卸資産の過大計上、有形固定資産の過大計上）、負債（仕入債務の過大計上） ［平成23年3月期訂正報告書における訂正理由］ 　本文参照（241ページ）。 ［訂正報告書に係る監査証明の有無］　監査証明あり
C-9 ガラス・土石製品 （東証一部、大証一部） 平成24年2月10日	［訂正対象決算期］　平成21年4月1日～23年3月31日 ［訂正勘定科目］　売上高（売上計上時期の操作）、売上原価（売上計上時期の操作に対応）、販売費及び一般管理費（販売諸掛の過少計上）、資産（売上債権の過大計上、棚卸資産の過大計上） ［平成23年3月期訂正報告書における訂正理由］ 　当社は、当社の新材料事業部高機能フィルム事業グループにおいて原価計算及び売上計上に関し、不適切な会計処理が行われていたことが判明したことを受けて、取締役社長を委員長とする社内調査委員会を設置し、不適切な会計処理の内容把握、原因及び動機の解明、再発防止策の提案等を行うとともに、当社において他に同様の事例がないことを徹底的に調査し、他には問題がないことを確認いたしました。調査にあたっては、弁護士及びコンサルタント等の外部専門家から適宜助言を受けるなどし、調査の適法性、適正性等の確保に努めました。 　当社取締役会は、平成24年2月10日、社内調査委員会から調査結果の報告を受け、売上高、売上原価の修正等必要と認められる訂正を行うことといたしました。 　これらの決算訂正により、当社が平成23年6月29日に提出いたしました第148期（自　平成22年4月1日　至　平成23年3月31日）に係る有価証券報告書の一部を訂正する必要が生じましたので、金融商品取引法第24

No. 業種 （上場市場） 提出日	訂正の概要
	条の2第1項の規定に基づき、有価証券報告書の訂正報告書を提出するものであります。 ［訂正報告書に係る監査証明の有無］　監査証明あり ［訂正に伴う連結財務諸表又は財務諸表の増減金額及び増減率］ 平成23年3月31日　連結会計年度　　　　　　　　　　（単位：百万円） |	訂正前	訂正後	増減額	増減率
---	---	---	---	---
売上高	201,220	201,644	424	0.21%
売上原価	158,463	159,542	1,079	0.68%
販売費及び一般管理費	35,331	35,362	31	0.09%
営業外収益	1,760	1,760	0	0.00%
営業外費用	3,236	3,236	0	0.00%
特別利益	295	295	0	0.00%
特別損失	2,916	2,916	0	0.00%
当期純利益・損失（△）	1,339	920	△419	△31.29%
純資産	129,113	128,541	△572	△0.44%
総資産	311,696	310,746	△950	△0.30%	
C-10 小売業 (JQS) 平成24年1月13日	［訂正対象決算期］　平成20年5月1日～23年4月30日 ［訂正勘定科目］　売上原価（売上原価の過少計上）、特別損失（棚卸資産評価損の過少計上）、資産（棚卸資産の過大計上） ［平成21年4月期訂正報告書における訂正理由］ 　当社は、第36期の内部統制監査における棚卸資産の評価プロセスにおいて眼鏡推進担当及び物流・集中加工担当において在庫状況を確認しましたところ、確認された在庫状況と財務経理部が把握する棚卸資産の評価額（評価基準は原価法「収益性の低下による簿価の切下げの方法」）が示す在庫状況との間に差異がある可能性が判明したため、平成23年11月28日から内部監査部門・管理部門において事実を確認しておりました。また、同日、当社は、かかる事態に鑑み、社内調査委員会（委員長　当社代表取締役社長　齋藤正和、委員　当社常勤監査役　吉田豊稔、当社取締役　角田浩一、当社内部監査室1名の計4名）（以下「社内調査委員会」）を設置しました。 　社内調査委員会による調査の結果、「棚卸資産の評価に関する会計基準」に準拠した会計処理を実施することになった平成20年7月度において、商品の経年変化を年度別に割り振るデータに誤謬が発生したことによって、棚卸資産の在庫金額を過大に計上しており、それが平成20年7月度以降の期でも継続していたことが平成23年12月16日に判明しました。 　上記により、当社が平成21年7月27日付で提出いたしました第33期（自　平成20年5月1日　至　平成21年4月30日）有価証券報告書の記載事項の一部を訂正する必要が生じましたので、金融商品取引法第24条の2第

No. 業種 (上場市場) 提出日	訂正の概要
	1項の規定に基づき、有価証券報告書の訂正報告書を提出するものであります。 以下省略。 [訂正報告書に係る監査証明の有無]　監査証明あり [訂正に伴う連結財務諸表又は財務諸表の増減金額及び増減率] 平成21年4月30日　事業年度　　　　　　　　　　　　（単位：百万円） |　　　　　|訂正前|訂正後|増減額|増減率| |---|---|---|---|---| |売上高|29,422|29,422|0|0.00%| |売上原価|9,609|9,649|40|0.42%| |販売費及び一般管理費|20,070|20,070|0|0.00%| |営業外収益|111|111|0|0.00%| |営業外費用|287|287|0|0.00%| |特別利益|137|137|0|0.00%| |特別損失|3,349|3,524|175|5.23%| |当期純利益・損失(△)|△3,770|△3,985|△214|5.70%| |純資産|5,424|5,209|△214|△0.81%| |総資産|26,476|26,262|△214|△3.96%|
C-11 小売業 (JQS) 平成23年12月28日	[訂正対象決算期]　平成21年4月1日～23年3月31日 [訂正勘定科目]　売上原価（売上原価の過少計上）、資産（棚卸資産の過大計上） [平成23年3月期訂正報告書における訂正理由] 　当社のIT管理部門（システム管理・運用及びIT統制管理担当部門）において、売価還元法計算による還元率を検証していたところ、平成23年9月末のたな卸資産について、特定の仕入担当者の部門において異常値が発生していることが判明したため、平成23年12月5日に内部調査委員会（委員長　代表取締役社長　川原﨑康雄）を設置し、本件の事実関係について調査・解明を進めてまいりました。 　内部調査委員会の調査により、1名の仕入担当者が平成19年4月頃から平成23年9月において不正な売価改訂伝票、仕入伝票及び返品伝票の操作により過大な売価改訂を行い、たな卸資産の売価を高額に設定することにより、期末たな卸資産が過大に計上されており不適切な会計処理が行われていることが明らかになりました。 　この調査結果に基づき、当社は過年度における売価還元法の再計算を行ったうえで期末たな卸資産を算定いたしました。 　その結果、連結財務諸表等の訂正が必要となりましたので、金融商品取引法第24条の2第1項の規定に基づき、平成23年6月30日に提出いたしました第59期（自　平成22年4月1日　至　平成23年3月31日）に係る有

No. 業種 (上場市場) 提出日	訂正の概要
	価証券報告書の訂正報告書を提出するものであります。 　以下省略。 [訂正報告書に係る監査証明の有無]　監査証明あり [訂正に伴う連結財務諸表又は財務諸表の増減金額及び増減率] 平成23年3月31日　連結会計年度　　　　　　　　（単位：百万円） |	訂正前	訂正後	増減額	増減率
---	---	---	---	---
売上高	60,461	60,461	0	0.00%
売上原価	47,394	47,441	47	0.10%
販売費及び一般管理費	11,756	11,756	0	0.00%
営業外収益	414	414	0	0.00%
営業外費用	264	264	0	0.00%
特別利益	—	—	—	—
特別損失	481	481	0	0.00%
当期純利益・損失(△)	499	471	△28	△5.61%
純資産	11,922	11,872	△50	△0.42%
総資産	29,450	29,400	△50	△0.17%	
C−12 パルプ・紙 (東証一部) 平成23年12月14日	[訂正対象決算期]　平成18年4月1日～23年3月31日 [訂正勘定科目]　販売費及び一般管理費（費用の過大計上）、特別損失（損失の過大計上）、資産（有形固定資産の過大計上・過少計上、無形固定資産（のれん）の過大計上）、負債（関係会社事業損失引当金の過少計上） [平成23年3月期訂正報告書における訂正理由] 　本文参照（251ページ）。 [訂正報告書に係る監査証明の有無]　監査証明あり
C−13 サービス業 (JQS) 平成23年11月14日	[訂正対象決算期]　平成22年4月1日～23年3月31日 [訂正勘定科目]　売上高（売上の過大計上）、資産（売上債権の過大計上） [平成23年3月期訂正報告書における訂正理由] 　当社の連結子会社である株式会社ピーアンドピー・キャリア（本社：東京都新宿区、代表取締役：半田敏雄、以下「PPC」）において、不適切な会計処理を行っていたことが判明したことを受けて、即座に社外の弁護士並びに社内の公認会計士を含む社内調査委員会を設置して、事案の全容解明に尽力いたしました。 　調査の結果、PPCの一部の新規事業におきまして、経営陣に対し当該事業の営業成績が順調に推移しているかのように見せかけるため、請求金額を算定する際21日から当月末日までの売上を見越し計上する20日締めの取引先に関して、平成22年10月より平成23年9月にわたり、数名の同社従業

No. 業種 （上場市場） 提出日	訂正の概要
	員が連携して見越し金額算定資料の数値操作を行い売上高を過大に計上していたことが明らかになりました。 　当該不適切な会計処理について、「会計上の変更及び誤謬の訂正に関する会計基準」を適用した結果、過大に計上されていた売掛金、売上高、貸倒引当金等、過年度における連結財務諸表等の訂正が必要となりましたので、金融商品取引法第24条の2第1項の規定に基づき、平成23年6月23日に提出いたしました第24期（自　平成22年4月1日　至　平成23年3月31日）に係る有価証券報告書の訂正報告書を提出するものであります。 　以下省略。 [訂正報告書に係る監査証明の有無]　監査証明あり [訂正に伴う連結財務諸表又は財務諸表の増減金額及び増減率] 平成23年3月31日　連結会計年度　　　　　　　　　　（単位：百万円） |	訂正前	訂正後	増減額	増減率
---	---	---	---	---
売上高	21,478	21,445	△33	△0.15%
売上原価	17,426	17,426	0	0.00%
販売費及び一般管理費	3,507	3,507	0	0.00%
営業外収益	9	9	0	0.00%
営業外費用	11	11	0	0.00%
特別利益	19	19	0	0.00%
特別損失	52	52	0	0.00%
当期純利益・損失(△)	267	235	△32	△11.99%
純資産	3,001	2,969	△32	△1.07%
総資産	5,406	5,371	△35	△0.65%	
C-14 サービス業 （東証一部） 平成23年11月8日	[訂正対象決算期]　平成22年4月1日～23年3月31日 [訂正勘定科目]　売上原価（売上原価の過少計上）、販売費及び一般管理費 　　　　　　　（報酬、給与及び賞与の過少計上）、負債（未払費用の過少 　　　　　　　計上） [平成23年3月訂正報告書における訂正理由] 　平成23年6月24日に提出いたしました第38期（自　平成22年4月1日　至　平成23年3月31日）の有価証券報告書の以下の事項について、記載事項の一部に誤りがありましたので、これを訂正するため有価証券報告書の訂正報告書を提出するものであります。 　第2四半期の従業員の賞与及び法定福利費の見積りを行う中で、第38期（自　平成22年4月1日　至　平成23年3月31日）に計上した従業員の賞与及び法定福利費について金額の差異が判明しました。当該差異の適正な計上時期は第38期（自　平成22年4月1日　至　平成23年3月31日）であると判断し、再計算の上で計上を行いました。また、繰延税金資産について

No. 業種 (上場市場) 提出日	訂正の概要
	も、上記差異に伴う影響額を、再計算の上で計上を行いました。 [訂正報告書に係る監査証明の有無] 監査証明なし [訂正に伴う連結財務諸表又は財務諸表の増減金額及び増減率] 平成23年3月31日 連結会計年度 　　　　　　　　　　（単位：百万円） |	訂正前	訂正後	増減額	増減率
---	---	---	---	---
売上高	61,790	61,790	0	0.00%
売上原価	48,462	48,832	370	0.76%
販売費及び一般管理費	10,294	10,337	43	0.42%
営業外収益	2,146	2,146	0	0.00%
営業外費用	178	178	0	0.00%
特別利益	378	378	0	0.00%
特別損失	234	234	0	0.00%
当期純利益・損失(△)	3,937	3,690	△247	△6.27%
純資産	37,342	37,094	△248	△0.66%
総資産	55,549	55,714	165	0.30%	
C-15 情報・通信業 (東証一部) 平成23年8月5日	[訂正対象決算期] 平成22年4月1日～23年3月31日 [訂正勘定科目] 特別損失（のれん一括償却額の過少計上）、資産（無形固定資産（のれん）の過大計上） [平成23年3月期訂正報告書における訂正理由] 　平成23年6月29日に提出いたしました第52期（自 平成22年4月1日 至 平成23年3月31日）に係る有価証券報告書におきまして、「連結財務諸表における資本連結手続に関する実務指針」（会計制度委員会報告7号）第32項に基づくのれん一括償却額を計上することにより特別損失等を訂正するため有価証券報告書の訂正報告書を提出するものであります。 　以下省略。 [訂正報告書に係る監査証明の有無] 監査証明なし

No. 業種 (上場市場) 提出日	訂正の概要
	[訂正に伴う連結財務諸表又は財務諸表の増減金額及び増減率] 平成 23 年 3 月 31 日　連結会計年度　　　　　　　　　（単位：百万円） <table><tr><td></td><td>訂正前</td><td>訂正後</td><td>増減額</td><td>増減率</td></tr><tr><td>売上高</td><td>15,285</td><td>15,285</td><td>0</td><td>0.00%</td></tr><tr><td>売上原価</td><td>9,355</td><td>9,355</td><td>0</td><td>0.00%</td></tr><tr><td>販売費及び一般管理費</td><td>4,258</td><td>4,258</td><td>0</td><td>0.00%</td></tr><tr><td>営業外収益</td><td>82</td><td>82</td><td>0</td><td>0.00%</td></tr><tr><td>営業外費用</td><td>57</td><td>57</td><td>0</td><td>0.00%</td></tr><tr><td>特別利益</td><td>25</td><td>25</td><td>0</td><td>0.00%</td></tr><tr><td>特別損失</td><td>616</td><td>717</td><td>101</td><td>16.40%</td></tr><tr><td>当期純利益・損失(△)</td><td>1,122</td><td>1,021</td><td>△101</td><td>△9.00%</td></tr><tr><td>純資産</td><td>28,578</td><td>28,477</td><td>△101</td><td>△0.35%</td></tr><tr><td>総資産</td><td>33,656</td><td>33,555</td><td>△101</td><td>△0.30%</td></tr></table>
C−16 サービス業 (名証セントレックス) 平成 23 年 6 月 9 日	[訂正対象決算期]　平成 18 年 4 月 1 日～22 年 3 月 31 日 [訂正勘定科目]　売上高（売上の過大計上）、特別損失（投資有価証券評価損・減損損失の過大計上）、資産（売上債権の過大計上） [平成19年3月期訂正報告書における訂正理由] 　当社の平成 19 年 3 月期における会計処理について、一部不適切な会計処理があったことが判明いたしました。 　当社では、事実関係の詳細をより適切かつ迅速に把握するために、平成 23 年 4 月 21 日に当社と利害関係のない社外の弁護士及び公認会計士による外部調査委員会を設置し、調査を進め、平成 23 年 5 月 17 日付けで外部調査委員会から調査報告を受領いたしました。 　外部調査委員会による調査の結果を受け、当社の監査人であるやよい監査法人と協議した結果、平成 19 年 3 月期に売上計上した 248,000 千円について、売上の訂正及び関連事項の訂正を行うものとして、過年度の訂正を行うこととといたしました。 　以下省略。 [訂正報告書に係る監査証明の有無]　監査証明なし

No. 業種 （上場市場） 提出日	訂正の概要
	[訂正に伴う連結財務諸表又は財務諸表の増減金額及び増減率] 平成19年3月31日　連結会計年度　　　　　　　　　（単位：百万円） |	訂正前	訂正後	増減額	増減率
---	---	---	---	---
売上高	2,118	1,870	△248	△11.71%
売上原価	1,512	1,512	0	0.00%
販売費及び一般管理費	434	438	4	0.92%
営業外収益	2	2	0	0.00%
営業外費用	18	18	0	0.00%
特別利益	—	—	—	—
特別損失	17	17	0	0.00%
当期純利益・損失(△)	73	△179	△252	△345.21%
純資産	1,109	857	△252	△22.72%
総資産	1,971	1,711	△260	△13.19%	
C-17 小売業 （東証一部、名証一部） 平成23年5月19日	[訂正対象決算期]　平成20年4月1日～22年3月31日 [訂正勘定科目]　売上高（架空売上の計上）、売上原価（架空仕入の計上）、販売費及び一般管理費（費用の過大計上）、資産（売上債権の過大計上、棚卸資産の過大計上）、負債（仕入債務の過大計上） [平成22年3月期訂正報告書における訂正理由] 　本文参照（260ページ）。 [訂正報告書に係る監査証明の有無]　監査証明あり
C-18 サービス業 （東証マザーズ） 平成23年2月28日	[訂正対象決算期]　平成17年11月1日～21年10月31日 [訂正勘定科目]　注記のみの訂正 [平成21年10月期訂正報告書における訂正理由] 　前代表取締役の不正行為による不適切な会計処理が行われていたことが判明したことから、外部の専門家で構成する第三者調査委員会を設置し、内容解明を行いました。その結果については、平成22年12月14日付「第三者調査委員会の調査報告書の公表と社内対策委員会（仮称）の設置について」で開示しております。 　第三者調査委員会の調査及びその後の社内対策委員会の調査にて判明した、前代表取締役の不正行為による不適切な会計処理の訂正を行う必要が生じたため、金融商品取引法第24条の2第1項の規定に基づき、平成22年1月29日に提出いたしました第33期（自　平成20年11月1日　至　平成21年10月31日）に係る有価証券報告書の訂正報告書を提出するものであります。 [訂正報告書に係る監査証明の有無]　監査証明なし [訂正に伴う連結財務諸表又は財務諸表の増減金額及び増減率] 　注記のみの訂正であり、財務諸表本表の訂正はない。

No. 業種 (上場市場) 提出日	訂正の概要
C-19 小売業 (東証一部) 平成23年2月1日	[訂正対象決算期]　平成18年3月1日～22年2月28日 [訂正勘定科目]　売上原価（売上原価の過少計上）、資産（棚卸資産の過大計上） [平成22年2月期訂正報告書における訂正理由] 　本文参照（267ページ）。 [訂正報告書に係る監査証明の有無]　監査証明あり
C-20 小売業 (東証一部) 平成23年1月28日	[訂正対象決算期]　平成21年4月1日～22年3月31日 [訂正勘定科目]　販売費及び一般管理費（費用の過少計上）、特別損失（損失の過少計上）、資産（無形固定資産の過大計上） [平成22年3月期訂正報告書における訂正理由] 　当社連結子会社の東京日産コンピュータシステム株式会社において、平成22年3月期の会計処理について、一部不適切な会計処理があったことが判明いたしました。 　同社では、事実関係の詳細をより適切かつ迅速に把握するために、第三者調査委員会を設置し、調査を進め、その調査報告書を受領いたしました。 　同社は、この調査結果を受け、同社の会計監査人と協議した結果、過年度の決算を訂正し有価証券報告書の訂正報告書を提出することといたしました。 　当社決算につきましては、会計監査人との協議の結果、過年度に与える影響は軽微でありますが、当社の現下の状況をより正確に開示すべきと考え、金融商品取引法第24条の2第1項の規定に基づき、平成22年6月24日に提出しました第98期有価証券報告書（自　平成21年4月1日　至　平成22年3月31日）にかかる有価証券報告書の訂正報告書を提出するものであります。 　以下省略。 [訂正報告書に係る監査証明の有無]　監査証明あり

No. 業種 （上場市場） 提出日	訂正の概要
	[訂正に伴う連結財務諸表又は財務諸表の増減金額及び増減率] 平成22年3月31日　連結会計年度　　　　　　　　　　（単位：百万円） |	訂正前	訂正後	増減額	増減率
---	---	---	---	---
売上高	69,608	69,608	0	0.00%
売上原価	53,481	53,481	0	0.00%
販売費及び一般管理費	15,948	15,963	15	0.09%
営業外収益	69	69	0	0.00%
営業外費用	743	743	0	0.00%
特別利益	354	354	0	0.00%
特別損失	856	932	76	8.88%
当期純利益・損失(△)	△864	△893	△29	3.36%
純資産	11,753	11,699	△54	△0.46%
総資産	49,342	49,287	△55	△0.11%	
C-21 不動産業 非公開 （大証二部、名証二部 その後上場廃止） 平成22年9月17日 平成23年1月13日 平成23年1月14日	[訂正対象決算期]　平成19年3月1日～21年2月28日 [訂正勘定科目]　売上高（売上の過大計上）、販売費及び一般管理費（費用の過少計上）、特別損失（貸倒引当金繰入額の過少計上）、資産（不動産共同事業出資金の過大計上） [平成21年2月期訂正報告書における訂正理由] 　本文参照（278ページ）。 [訂正報告書に係る監査証明の有無]　監査証明あり
C-22 サービス業 (JQS) 平成22年11月15日	[訂正対象決算期]　平成20年4月1日～22年3月31日 [訂正勘定科目]　売上高（売上の過大計上）、売上原価（売上原価の過大計上）、販売費及び一般管理費（費用の過大計上）、特別損失（事業整理損の過少計上）、資産（売上債権の過大計上、棚卸資産の過大計上、有形固定資産の過大計上）、負債（事業整理損失引当金の過少計上） [平成21年3月期訂正報告書における訂正理由] 　当社は、平成21年3月期に計上した売上等における会計処理の適正性につき、訂正すべき事項があるとの指摘を当社の会計監査人である有限責任監査法人トーマツより受け、協議を重ねた上での熟慮の結果、当該売上等を取り消すこととといたしました。 　これにより当社が平成21年6月24日に提出した第46期（自　平成20年4月1日　至　平成21年3月31日）有価証券報告書の記載事項の一部を訂正する必要が生じましたので、金融商品取引法第24条の2第1項の規定に基づき、有価証券報告書の訂正報告書を提出するものであります。 　以下省略。

No. 業種 (上場市場) 提出日	訂正の概要
	[訂正報告書に係る監査証明の有無] 監査証明あり [訂正に伴う連結財務諸表又は財務諸表の増減金額及び増減率] 平成21年3月31日　連結会計年度　　　　　　　　　　（単位：百万円） |	訂正前	訂正後	増減額	増減率
---	---	---	---	---
売上高	17,727	17,207	△520	△2.93%
売上原価	12,094	11,841	△253	△2.09%
販売費及び一般管理費	5,102	5,094	△8	△0.16%
営業外収益	209	209	0	0.00%
営業外費用	109	109	0	0.00%
特別利益	1	1	0	0.00%
特別損失	90	719	629	698.89%
当期純利益・損失(△)	220	△322	△542	△246.36%
純資産	5,654	5,111	△543	△9.60%
総資産	15,467	15,276	△191	△1.23%	
C－23 機械 (東証一部,大証一部) 平成22年11月12日	[訂正対象決算期]　平成17年4月1日～22年3月31日 [訂正勘定科目]　売上高（架空売上の計上）、売上原価（架空仕入の計上）、販売費及び一般管理費（費用の過少計上）、特別損失（付加価値税修正損の過少計上）、資産（売上債権の過大計上、棚卸資産の過少計上） [平成22年3月期訂正報告書における訂正理由] 　本文参照（287ページ）。 [訂正報告書に係る監査証明の有無]　監査証明あり
C－24 精密機器 (東証一部,名証一部) 平成22年11月11日	[訂正対象決算期]　平成17年4月1日～22年3月31日 [訂正勘定科目]　売上高（架空売上の計上）、売上原価（架空仕入の計上）、特別損失（不正取引に係る損失の過少計上）、資産（売上債権の過大計上、棚卸資産の過大計上）、負債（仕入債務の過大計上） [平成18年3月期訂正報告書における訂正理由] 　当社札幌支店の計装分野において、不適切な会計処理が行われていたことが判明しましたことから、平成22年8月17日に社内調査委員会を設置し、本件取引の事実関係、影響額及び責任の所在等の調査、また、全社的にも不適切な会計処理がないか、さらに再発防止策の検討に鋭意取り組んでまいりました。加えて、当社と利害関係のない弁護士・公認会計士等による専門的及び客観的な立場からの調査・分析と改善のための施策立案を目的として、社外調査委員会を同年9月15日に設置し、本件調査を同時に進めてまいりました。 　社内調査委員会による調査により、当社札幌支店の計装分野において、平

No. 業種 (上場市場) 提出日	訂正の概要
	成9年度から本年度第1四半期に至るまで、架空売上(循環取引を含む)などの不適切な会計処理が継続して行われていたことや通算の不正取引による損失額は14億2千5百万円となることなどが明らかになりました。 　続いて、調査により判明した損失額を、過年度及び当年度へ年度別に確定する作業を実施し、その結果、過大に計上されていた売掛金、棚卸資産、買掛金、売上高及び売上原価の訂正等、過年度における連結財務諸表等の訂正が必要となりましたので、金融商品取引法第24条の2第1項の規定に基づき、平成18年6月29日に提出しました第83期事業年度(自　平成17年4月1日　至　平成18年3月31日)に係る有価証券報告書の訂正報告書を提出するものであります。 　以下省略。 [訂正報告書に係る監査証明の有無]　監査証明あり [訂正に伴う連結財務諸表又は財務諸表の増減金額及び増減率] 平成18年3月31日　連結会計年度　　　　　　　　　(単位：百万円) |	訂正前	訂正後	増減額	増減率
---	---	---	---	---
売上高	33,923	33,395	△528	△1.56%
売上原価	26,668	26,277	△391	△1.47%
販売費及び一般管理費	5,628	5,628	0	0.00%
営業外収益	368	368	0	0.00%
営業外費用	233	233	0	0.00%
特別利益	13	13	0	0.00%
特別損失	24	913	889	3,704.17%
当期純利益・損失(△)	1,058	33	△1,025	△96.88%
純資産	17,930	16,906	△1,024	△5.71%
総資産	39,176	38,157	△1,019	△2.60%	
C-25 卸売業 (JQS) 平成22年10月26日	[訂正対象決算期]　平成18年4月1日～22年3月31日 [訂正勘定科目]　負債(再評価に係る繰延税金負債の過少計上)、純資産(土地再評価差額金の過大計上) [平成22年3月期訂正報告書における訂正理由] 　平成22年6月30日に提出いたしました第60期(自　平成21年4月1日　至　平成22年3月31日)有価証券報告書において、繰延税金資産の回収可能性検討後の税効果会計処理に誤りがあることが判明いたしましたので、再評価に係る繰延税金負債及び土地再評価差額金を訂正するため、有価証券報告書の訂正報告書を提出するものであります。 　以下省略。 [訂正報告書に係る監査証明の有無]　監査証明なし

No. 業種 (上場市場) 提出日	訂正の概要
	[訂正に伴う連結財務諸表又は財務諸表の増減金額及び増減率] 平成22年3月31日　連結会計年度　　　　　　　　　　　（単位：百万円） |	訂正前	訂正後	増減額	増減率
---	---	---	---	---
売上高	11,050	11,050	0	0.00%
売上原価	7,729	7,729	0	0.00%
販売費及び一般管理費	3,958	3,958	0	0.00%
営業外収益	97	97	0	0.00%
営業外費用	135	135	0	0.00%
特別利益	20	20	0	0.00%
特別損失	12	12	0	0.00%
当期純利益・損失(△)	△713	△713	0	0.00%
純資産	4,620	4,375	△245	△5.30%
総資産	12,009	12,009	0	0.00%	
C-26 情報・通信業 非公開 （東証マザーズ その後上場廃止） 平成22年8月27日	[訂正対象決算期]　平成16年9月1日～20年8月31日 [訂正勘定科目]　売上高（売上の過大計上）、資産（売上債権の過大計上） [平成17年8月期訂正報告書における訂正理由] 　当社は、過去（平成17年8月期及び平成18年8月期）の売上計上等における会計処理の適切性につき、鋭意社内調査を進めるとともに外部有識者による新たな外部調査委員会を設置し調査を進めておりましたが、平成22年7月23日付けで当該外部調査委員会より調査報告書を受領いたしました。 　当該調査報告書において、平成17年8月期及び平成18年8月期における投資有価証券の評価及び収益認識の妥当性を中心に疑義の可能性のある会計処理について調査をおこなった結果、2件の投資に関連する売上取引について、「形式を重視するのであれば、現状の会計処理が妥当との考え方もある。」との報告をいただきましたが、一方、「これらの取引が意図的に行われていたとした場合、売上の「対価の成立」という収益認識のための要件の1つを実質的には満たさず、売上計上はすべきでなかったとの考え方も成立する。」との指摘も受けました。 　当該報告内容を受け、当社の一時会計監査人である堂島監査法人と協議の上、当社取締役会にて熟慮した結果、企業会計原則における保守主義原則に基づき、より保守的な会計処理を行うものとして、過年度決算の訂正を行うことといたしました。 　これにより、当社が平成17年11月25日付で提出いたしました第6期（自　平成16年9月1日　至　平成17年8月31日）に係る有価証券報告書の記載事項の一部を訂正する必要が生じましたので、金融商品取引法第24条の2第1項の規定に基づき、有価証券報告書の訂正報告書を提出するものであります。

No. 業種 (上場市場) 提出日	訂正の概要
	以下省略。 [訂正報告書に係る監査証明の有無] 監査証明なし [訂正に伴う連結財務諸表又は財務諸表の増減金額及び増減率] 平成17年8月31日 連結会計年度 (単位：百万円) |	訂正前	訂正後	増減額	増減率
---	---	---	---	---
売上高	2,314	2,184	△130	△5.62%
売上原価	1,275	1,275	0	0.00%
販売費及び一般管理費	686	686	0	0.00%
営業外収益	1	1	0	0.00%
営業外費用	75	75	0	0.00%
特別利益	20	20	0	0.00%
特別損失	1,761	1,761	0	0.00%
当期純利益・損失(△)	△1,596	△1,726	△130	8.15%
純資産	4,919	4,788	△131	△2.66%
総資産	6,619	6,488	△131	△1.98%	
C-27 卸売業 (JQS) 平成22年8月13日	[訂正対象決算期] 平成21年4月1日～22年3月31日 [訂正勘定科目] 販売費及び一般管理費(費用の過大計上)、営業外費用(不正流用損失の過少計上)、特別損失(前期損益修正損・過年度不正流用損失の過少計上)、資産(売上債権の過大計上) [平成22年3月期訂正報告書における訂正理由] 　当社元社員による過年度に渡る保険料の不正請求及び架空売上の計上が判明したため、当該内容につき調査した結果、売上・販売費及び一般管理費の過大計上が判明いたしましたので連結財務諸表及び財務諸表の記載内容の見直しを行いました。 　なお、当該不正に伴う影響額を年次別に把握すべく調査を行いましたが、第29期連結会計年度及び第29期事業年度以前の不正行為が各年度の連結財務諸表及び財務諸表に与える影響が僅少であるため、過年度分の影響額を第30期連結会計年度及び第30期事業年度において一括して訂正しております。 　その結果、第30期連結会計年度の連結損益計算書においては、販売費及び一般管理費が3,060千円の減少、営業外費用が1,600千円の増加、特別損失22,660千円の増加により税金等調整前当期純利益が21,200千円減少し当期純利益が21,200千円減少しました。連結貸借対照表においては、受取手形及び売掛金が2,500千円減少し、その他流動資産が200千円減少し、その他流動負債が18,500千円増加しております。 　また財務諸表においても対応する同様の項目において増減が発生しております。

No. 業種 (上場市場) 提出日	訂正の概要
	これらを訂正するため、金融商品取引法第24条の2第1項の規定に基づき有価証券報告書の訂正報告書を提出するものであります。 以下省略。 [訂正報告書に係る監査証明の有無]　監査証明あり [訂正に伴う連結財務諸表又は財務諸表の増減金額及び増減率] 平成22年3月31日　連結会計年度　　　　　　　　　　（単位：百万円） |	訂正前	訂正後	増減額	増減率
---	---	---	---	---
売上高	32,206	32,206	0	0.00%
売上原価	23,610	23,610	0	0.00%
販売費及び一般管理費	8,075	8,072	△3	△0.04%
営業外収益	45	45	0	0.00%
営業外費用	88	90	2	2.27%
特別利益	311	311	0	0.00%
特別損失	114	137	23	20.18%
当期純利益・損失(△)	470	449	△21	△4.47%
純資産	5,147	5,126	△21	△0.41%
総資産	15,816	15,814	△2	△0.01%	
C-28 建設業 (東証一部) 平成22年8月13日	[訂正対象決算期]　平成21年4月1日～22年3月31日 [訂正勘定科目]　法人税等調整額（法人税等調整額の過大計上）、資産（繰延税金資産の過大計上） [平成22年3月期訂正報告書における訂正理由] 　平成22年6月30日に提出いたしました第194期（自　平成21年4月1日　至　平成22年3月31日）有価証券報告書の記載事項の一部に訂正すべき事項がありましたので、これを訂正するため、有価証券報告書の訂正報告書を提出するものであります。当社は、過去に連結子会社に売却した販売用不動産の未実現利益の消去に係る連結上の繰延税金資産1,168百万円を計上しておりましたが、「税効果会計に係る会計基準」及び「連結財務諸表における税効果会計に関する実務指針」に照らして改めて検討した結果、繰延税金資産の一部427百万円を遡って取崩すこととしました。これは、連結子会社において当該不動産に係る評価損を平成22年3月期に認識した結果、連結固有の一時差異が減少したことに伴う繰延税金資産の取崩しが必要であったと判断したためであります。 　以下省略。 [訂正報告書に係る監査証明の有無]　監査証明なし

No. 業種 (上場市場) 提出日	訂正の概要
	[訂正に伴う連結財務諸表又は財務諸表の増減金額及び増減率] 平成22年3月31日　連結会計年度　　　　　　　　　　　(単位：百万円) |	訂正前	訂正後	増減額	増減率
---	---	---	---	---
売上高	65,449	65,449	0	0.00%
売上原価	59,647	59,647	0	0.00%
販売費及び一般管理費	4,806	4,806	0	0.00%
営業外収益	1,302	1,302	0	0.00%
営業外費用	861	861	0	0.00%
特別利益	287	287	0	0.00%
特別損失	2,796	2,796	0	0.00%
当期純利益・損失(△)	△798	△1,225	△427	53.51%
純資産	20,680	20,252	△427	△2.07%
総資産	67,334	66,907	△427	△0.63%	
C-29 小売業 (JQS) 平成22年8月10日	[訂正対象決算期]　平成18年6月1日～21年5月31日 [訂正勘定科目]　売上高（架空売上の計上）、売上原価（架空仕入の計上）、販売費及び一般管理費（租税公課等の過大計上）、営業外収益（収益の過大計上）、営業外費用（費用の過大計上）、特別損失（固定資産除却損の過大計上）、資産（有形固定資産の過大計上） [平成21年5月期訂正報告書における訂正理由] 　本文参照（298ページ）。 [訂正報告書に係る監査証明の有無]　監査証明あり
C-30 情報・通信業 (東証一部,福証上場) 平成22年8月5日	[訂正対象決算期]　平成21年4月1日～22年3月31日 [訂正勘定科目]　少数株主損失（少数株主損失の過大計上）、純資産（少数株主持分の過少計上） [平成22年3月期訂正報告書における訂正理由] 　平成22年6月18日に提出いたしました第50期（自　平成21年4月1日　至　平成22年3月31日）有価証券報告書の記載内容の一部に誤りがありました。 　具体的には、連結子会社株式の評価損に係る連結処理の誤りにより、連結損益計算書において、少数株主損失が174百万円過大に計上された結果、当期純利益が同額過大に計上されておりました。また、連結貸借対照表において利益剰余金が同額過大に、少数株主持分が同額過少に計上されておりました。 　以上の誤りに係る該当箇所を訂正するため、有価証券報告書の訂正報告書を提出するものであります。 　以下省略。

資料編 ● 訂正報告書における不適正な会計処理の分析

No. 業種 (上場市場) 提出日	訂正の概要				
	[訂正報告書に係る監査証明の有無] 監査証明なし [訂正に伴う連結財務諸表又は財務諸表の増減金額及び増減率] 平成22年3月31日 連結会計年度 (単位:百万円)				
		訂正前	訂正後	増減額	増減率
	売上高	51,747	51,747	0	0.00%
	売上原価	30,879	30,879	0	0.00%
	販売費及び一般管理費	17,714	17,714	0	0.00%
	営業外収益	426	426	0	0.00%
	営業外費用	262	262	0	0.00%
	特別利益	35	35	0	0.00%
	特別損失	547	547	0	0.00%
	当期純利益・損失(△)	1,601	1,426	△174	△10.93%
	純資産	34,164	34,164	0	0.00%
	総資産	50,541	50,541	0	0.00%
C-31 卸売業 (東証マザーズ) 平成22年7月28日	[訂正対象決算期] 平成20年4月1日~21年3月31日 [訂正勘定科目] 売上高(売上の過大計上) [平成21年3月期訂正報告書における訂正理由] 　当社は平成22年6月14日付で、当社の会計監査人であった新日本有限責任監査法人(以下、「監査法人」という。)を解任いたしました。退任する監査法人の意見として「過年度決算の見直しを含めた適切な措置をとるよう求めてきた」との意見表明がありますが、当社といたしましては過年度決算については、監査法人のご指導の下、適切な会計処理を実施してきたと認識をしておりました。 　しかしながら、一時会計監査人に選任したやよい監査法人による監査手続にあたり、当社としても過去の決算処理が適切であったかどうかを確認する必要があると考え、その適切性の確認を目的に、当社として外部有識者による新たな外部調査委員会を設置し、平成22年7月14日に調査報告書を受領いたしました。 　調査報告書では当社過年度決算について、「過年度の決算処理が現行の会計基準を逸脱するものであるとはいえない」等、との評価を受けておりますが、一部の処理につきましてはより保守的な会計処理により「過年度修正を行うことも、一つの判断としてはあり得る。」との指摘も受けております。 　当該調査結果を受け、やよい監査法人と協議の上、当社取締役会にて熟慮した結果、より保守的な会計処理の方法として、平成21年3月期のNAS蓄電池合計30MWに係る代理店手数料売上339百万円については、連結上の未実現利益として、平成22年3月期に連結消去している現状の会計処理を平成21年3月期に連結消去するという形に訂正するという過年度決算の訂				

No. 業種 (上場市場) 提出日	訂正の概要
	正を行うこととといたしました。 　これにより、当社が平成21年6月24日付で提出いたしました第10期(自平成20年4月1日至平成21年3月31日)有価証券報告書の記載事項の一部を訂正する必要が生じましたので、金融商品取引法第24条の2第1項の規定に基づき、有価証券報告書の訂正報告書を提出するものであります。 　以下省略。 ［訂正報告書に係る監査証明の有無］　監査証明あり ［訂正に伴う連結財務諸表又は財務諸表の増減金額及び増減率］ 平成21年3月31日　連結会計年度　　　　　　　　　　　(単位：百万円) |	訂正前	訂正後	増減額	増減率 | |---|---|---|---|---| | 売上高 | 7,198 | 6,858 | △339 | △4.72% | | 売上原価 | 2,812 | 2,812 | 0 | 0.00% | | 販売費及び一般管理費 | 1,419 | 1,419 | 0 | 0.00% | | 営業外収益 | 82 | 82 | 0 | 0.00% | | 営業外費用 | 847 | 847 | 0 | 0.00% | | 特別利益 | ― | ― | ― | ― | | 特別損失 | 72 | 72 | 0 | 0.00% | | 当期純利益・損失(△) | 831 | 630 | △201 | △24.19% | | 純資産 | 16,501 | 16,300 | △201 | △1.22% | | 総資産 | 73,838 | 73,976 | 138 | 0.19% |
C-32 卸売業 (東証二部) 平成22年5月14日	［訂正対象決算期］　平成19年4月1日～20年3月31日 ［訂正勘定科目］　売上原価(架空仕入の計上)、販売費及び一般管理費(費用の過大計上)、資産(棚卸資産の過大計上)、負債(仕入債務の過少計上) ［平成20年3月期訂正報告書における訂正理由］ 　当社の元社員により、複数年にわたって不正な仕入計上処理が行われていたことが判明いたしました。 　当社では、外部専門家による調査委員会から、これに係る調査結果の報告を受け検証・検討を行った結果、売上原価の修正等必要と認められる訂正を行うこととといたしました。 　これらの決算訂正により、当社が平成20年6月26日に提出いたしました第50期(自　平成19年4月1日　至　平成20年3月31日)に係る有価証券報告書の記載事項の一部を訂正する必要が生じましたので、金融商品取引法第24条の2第1項の規定に基づき、有価証券報告書の訂正報告書を提出するものであります。 　以下省略。 ［訂正報告書に係る監査証明の有無］　監査証明あり

No. 業種 (上場市場) 提出日	訂正の概要
	[訂正に伴う連結財務諸表又は財務諸表の増減金額及び増減率] 平成20年3月31日　事業年度　　　　　　　　　　　（単位：百万円） |	訂正前	訂正後	増減額	増減率
---	---	---	---	---
売上高	44,268	44,268	0	0.00%
売上原価	36,674	36,809	135	0.37%
販売費及び一般管理費	6,516	6,491	△25	△0.38%
営業外収益	135	135	0	0.00%
営業外費用	132	132	0	0.00%
特別利益	0	0	0	―
特別損失	11	11	0	0.00%
当期純利益・損失(△)	606	496	△110	△18.15%
純資産	6,465	6,256	△209	△3.23%
総資産	21,071	20,894	△177	△0.84%	
C-33 小売業 (東証一部、大証一部) 平成22年4月14日	[訂正対象決算期]　平成20年3月1日～21年2月28日 [訂正勘定科目]　特別損失（貸倒引当金繰入額の過少計上）、資産（繰延税金資産の過大計上、長期未収入金の過少計上）、負債（貸倒引当金の過少計上、預り金の過少計上） [平成21年2月期訂正報告書における訂正理由] 　当社の連結子会社である株式会社ローソンエンタメディアにおいて、社内調査により、同社の元代表取締役専務および元経理担当取締役が権限を逸脱し、社内手続を一切経ずに独断で多額の資金を不正に流出させていたことが判明いたしました。当社では、外部専門家を含む調査委員会から、これに係る調査結果の報告を受け検証・検討を行った結果、当該資金流出に関して不適切な会計処理が行われており、また、当該流出資金（長期未収入金）の回収懸念等が判明したため、それらが本来処理されるべきであった決算期に遡って決算の訂正を行うことといたしました。 　また、上記の訂正処理に伴い、繰延税金資産の回収可能性を再度見直し、回収可能性が見込まれない繰延税金資産について修正いたしました。 　これらの決算訂正により、当社が平成21年5月27日に提出いたしました第34期（自　平成20年3月1日　至　平成21年2月28日）有価証券報告書の記載事項の一部を訂正する必要が生じましたので、金融商品取引法第24条の2第1項の規定に基づき、有価証券報告書の訂正報告書を提出するものであります。 　以下省略。 [訂正報告書に係る監査証明の有無]　監査証明あり

No. 業種 (上場市場) 提出日	訂正の概要
	[訂正に伴う連結財務諸表又は財務諸表の増減金額及び増減率] 平成21年2月28日　連結会計年度　　　　　　　　　　（単位：百万円） |	訂正前	訂正後	増減額	増減率
---	---	---	---	---
売上高	349,476	349,476	0	0.00%
売上原価	88,358	88,358	0	0.00%
販売費及び一般管理費	211,931	211,931	0	0.00%
営業外収益	2,056	2,056	0	0.00%
営業外費用	2,456	2,456	0	0.00%
特別利益	94	94	0	0.00%
特別損失	6,674	8,610	1,936	29.01%
当期純利益・損失(△)	25,306	23,807	△1,499	△5.92%
純資産	203,178	201,166	△2,012	△0.99%
総資産	436,171	436,096	△75	△0.02%	
C-34 サービス業 (東証一部) 平成22年3月15日	[訂正対象決算期]　平成16年4月1日～21年3月31日 [訂正勘定科目]　売上高（売上の過大計上）、販売費及び一般管理費（費用の過大計上）、特別損失（損失の過少計上）、資産（売上債権の過大計上、有形固定資産の過大計上） [平成17年3月期訂正報告書における訂正理由] 　当社が、平成17年3月期および平成18年3月期に計上した売上の一部に、売上としての収益計上要件を満たさないものが含まれていたこと等の不適切な会計処理が、第三者委員会の調査により判明致しました。 　それら不適切な会計処理の訂正による最終的な影響額として、当該不適切処理の発生時点から平成22年3月期第2四半期末までの期間において、連結決算上138百万円の損失が過年度累計で発生することが判明致しております。 　当社は、過年度に過大計上した売上を、会計上適切な計上科目、計上時期、計上金額へ修正し、その修正に伴い発生する諸影響の反映を、過年度の財務諸表等に対して実施いたしました。 　その結果、平成17年6月27日付で提出いたしました第8期（自　平成16年4月1日　至　平成17年3月31日）の有価証券報告書の記載事項の一部に訂正すべき事項がありましたので、これを訂正するため、金融商品取引法24条の2第1項の規定に基づき、有価証券報告書の訂正報告書を提出するものであります。 [訂正報告書に係る監査証明の有無]　監査証明あり

No. 業種 (上場市場) 提出日	訂正の概要
	[訂正に伴う連結財務諸表又は財務諸表の増減金額及び増減率] 平成 17 年 3 月 31 日　連結会計年度　　　　　　　　　（単位：百万円） |	訂正前	訂正後	増減額	増減率
---	---	---	---	---
売上高	5,773	4,594	△1,179	△20.42%
売上原価	2,835	2,835	0	0.00%
販売費及び一般管理費	1,257	1,254	△3	△0.24%
営業外収益	38	38	0	0.00%
営業外費用	65	65	0	0.00%
特別利益	2	2	0	0.00%
特別損失	7	66	59	842.86%
当期純利益・損失(△)	894	△84	△978	△109.40%
純資産	6,489	5,511	△978	△15.07%
総資産	9,559	8,301	△1,258	△13.16%	
C-35 陸運業 (東証一部、大証一部、名証一部) 平成 22 年 3 月 12 日	[訂正対象決算期]　平成 16 年 4 月 1 日～21 年 3 月 31 日 [訂正勘定科目]　売上高（売上の前倒し計上）、売上原価（売上原価の過大計上）、特別損失（貸倒損失の過少計上）、資産（売掛金の過大計上） [平成 17 年 3 月期訂正報告書における訂正理由] 　当社連結子会社㈱メディアートにおいて、取引実体のない売上の計上、売上計上時期の前倒し、費用の過少計上など複数の不適切な経理処理が行われていたこと及び当社連結子会社近鉄ビルサービス㈱において、元従業員が会社の資金を着服していたことが判明いたしました。連結財務諸表においては当該連結子会社の不適切な経理処理の修正及び不正行為に係る損失の計上、財務諸表においては当該連結子会社の修正後の財政状態に基づく関係会社事業損失の計上等必要と認められる訂正を行うため、金融商品取引法第 24 条の 2 第 1 項の規定に基づき、平成 17 年 6 月 30 日に提出した第 94 期（自平成 16 年 4 月 1 日　至　平成 17 年 3 月 31 日）の有価証券報告書の訂正報告書を提出いたします。 　以下省略。 [訂正報告書に係る監査証明の有無]　監査証明あり

No. 業種 (上場市場) 提出日	訂正の概要
	[訂正に伴う連結財務諸表又は財務諸表の増減金額及び増減率] 平成17年3月31日　連結会計年度　　　　　　　　　（単位：百万円） |	訂正前	訂正後	増減額	増減率
---	---	---	---	---
売上高	1,106,324	1,105,372	△952	△0.09%
売上原価	944,378	943,935	△443	△0.05%
販売費及び一般管理費	96,183	96,183	0	0.00%
営業外収益	7,605	7,605	0	0.00%
営業外費用	29,729	29,729	0	0.00%
特別利益	21,619	21,619	0	0.00%
特別損失	32,369	33,778	1,409	4.35%
当期純利益・損失(△)	20,678	18,735	△1,943	△9.40%
純資産	137,650	135,707	△1,943	△1.41%
総資産	2,007,695	2,004,305	△3,390	△0.17%	
C-36 空運業 (東証二部) 平成22年1月4日	[訂正対象決算期]　平成16年10月1日～20年9月30日 [訂正勘定科目]　売上高（売上の計上時期の誤り）、売上原価（売上の計上時期の誤りに対応）、資産（売上債権の過大計上、棚卸資産の過少計上）、負債（前受金の過少計上） [平成19年9月期訂正報告書における訂正理由] 　今般、当社において内部統制の本格適用初年度にあたり、決算財務全般にわたり社内調査を実施したところ、過去の売上物件の一部について、本来あるべき売上時期の期間帰属処理において誤りが生じている可能性のある事象が判明しました。 　当社は調査委員会を設置し、過年度における売上計上時期の妥当性の検証、不適切な処理案件の洗い出しを行なった結果、第57期（自　平成15年10月1日　至　平成16年9月30日）から第61期（自　平成19年10月1日　至　平成20年9月30日）までの期間内で一部の売上計上時期の期間帰属処理に誤りがあることが判明致しました。 　上記により、過去に提出いたしました第60期（自　平成18年10月1日　至　平成19年9月30日）有価証券報告書の記載事項の一部に訂正すべき事象が生じましたので、これを訂正するため、金融商品取引法第24条の2第1項の規定に基づき有価証券報告書の訂正報告書を提出いたします。 　以下省略。 [訂正報告書に係る監査証明の有無]　監査証明あり

No. 業種 (上場市場) 提出日	訂正の概要
	[訂正に伴う連結財務諸表又は財務諸表の増減金額及び増減率] 平成 19 年 9 月 30 日　連結会計年度　　　　　　　　　　（単位：百万円） |	訂正前	訂正後	増減額	増減率
---	---	---	---	---
売上高	19,478	19,993	515	2.64%
売上原価	15,148	15,418	270	1.78%
販売費及び一般管理費	4,068	4,068	0	0.00%
営業外収益	77	77	0	0.00%
営業外費用	91	91	0	0.00%
特別利益	137	137	0	0.00%
特別損失	34	34	0	0.00%
当期純利益・損失(△)	98	344	246	251.02%
純資産	6,477	6,352	△125	△1.93%
総資産	11,707	11,598	△109	△0.93%	
C－37 卸売業 (JQG) 平成 21 年 11 月 17 日	[訂正対象決算期]　平成 20 年 7 月 1 日～21 年 6 月 30 日 [訂正勘定科目]　売上原価（売上原価の過大計上）、資産（棚卸資産の過大計上） [平成21年6月期訂正報告書における訂正理由] 　平成 21 年 9 月 30 日に提出いたしました第 14 期（自　平成 20 年 7 月 1 日　至　平成 21 年 6 月 30 日）有価証券報告書の記載事項の一部に誤りがありましたので、これを訂正するため、金融商品取引法第 24 条の 2 第 1 項の規定に基づき、有価証券報告書の訂正報告書を提出するものであります。 　訂正内容の概要は以下のとおりであります。 　平成 22 年 6 月期第 1 四半期の決算業務を進めていく中で、売上総利益率が予想と乖離した数値を示していたため調査しておりましたが、監査法人による四半期レビューの過程で棚卸資産に対する評価減等の翌期戻入れの会計処理において誤りがあることが判明いたしました。在庫の評価減の洗い替え処理において経理処理の誤りがあったために棚卸資産が正確に算出されなかったものであります。この会計処理は平成 15 年 6 月期から正しい処理であるとの認識のもとで継続的に行っていたため、過去にわたって損益および純資産に影響を与えることとなりました。このため、平成 15 年 6 月期に遡り訂正することといたしました。 　以下省略。 [訂正報告書に係る監査証明の有無]　監査証明あり

No. 業種 (上場市場) 提出日	訂正の概要
	[訂正に伴う連結財務諸表又は財務諸表の増減金額及び増減率] 平成21年6月30日　連結会計年度　　　　　　　　　　（単位：百万円） |	訂正前	訂正後	増減額	増減率
---	---	---	---	---
売上高	4,393	4,393	0	0.00%
売上原価	2,295	2,272	△23	△1.00%
販売費及び一般管理費	2,329	2,329	0	0.00%
営業外収益	23	23	0	0.00%
営業外費用	170	170	0	0.00%
特別利益	2	2	0	0.00%
特別損失	75	75	0	0.00%
当期純利益・損失(△)	△304	△311	△7	2.30%
純資産	495	428	△67	△13.54%
総資産	2,876	2,810	△66	△2.29%	
C-38 電気機器 非公開 (非上場) 平成21年9月18日	[訂正対象決算期]　平成20年1月1日～20年12月31日 [訂正勘定科目]　売上高（売上の過大計上）、売上原価（売上原価の過大計上）、販売費及び一般管理費（費用の過大計上）、資産（売上債権の過大計上、棚卸資産の過少計上）、負債（仕入債務の過大計上） [平成20年12月期訂正報告書における訂正理由] 　当社は、平成21年3月末において、第120期（平成20年1月1日から平成20年12月31日まで）の一部の売上金額について再度確認する必要性が生じたため、財務諸表が未確定の状況に至り、平成21年3月31日に、あらた監査法人より意見不表明の監査報告書を受領し、当該未確定の財務諸表及び意見不表明の監査報告書を含む第120期の有価証券報告書を提出いたしました。 　その後、売上金額の調査を終了し、第120期の財務諸表を最終的に確定した結果、第120期の財務諸表において、売上高が1,342百万円、売上総利益が353百万円、営業利益、経常利益及び税引前当期純利益が351百万円減少し、当期純損失が351百万円増加しました。したがって、当社は、金融商品取引法第24条の2第1項の規定に基づき、平成21年3月31日に提出いたしました第120期有価証券報告書の訂正報告書を提出するものであります。 　以下省略。 [訂正報告書に係る監査証明の有無]　監査証明あり

資料編 ● 訂正報告書における不適正な会計処理の分析

No. 業種 （上場市場） 提出日	訂正の概要
	［訂正に伴う連結財務諸表又は財務諸表の増減金額及び増減率］ 平成20年12月31日　事業年度　　　　　　　　　　　　　（単位：百万円） |	訂正前	訂正後	増減額	増減率 | |---|---|---|---|---| | 売上高 | 35,971 | 34,628 | △1,342 | △3.73% | | 売上原価 | 29,281 | 28,292 | △989 | △3.38% | | 販売費及び一般管理費 | 5,165 | 5,163 | △2 | △0.04% | | 営業外収益 | 1,219 | 1,219 | 0 | 0.00% | | 営業外費用 | 21 | 21 | 0 | 0.00% | | 特別利益 | 214 | 214 | 0 | 0.00% | | 特別損失 | 297 | 297 | 0 | 0.00% | | 当期純利益・損失（△） | △1,825 | △2,177 | △351 | 19.29% | | 純資産 | 79,222 | 78,871 | △351 | △0.44% | | 総資産 | 96,082 | 95,286 | △796 | △0.83% |
C－39 サービス業 非公開 (JQS その後上場廃止） 平成21年9月10日	［訂正対象決算期］　平成18年11月1日～20年10月31日 ［訂正勘定科目］　売上原価（売上原価の過少計上）、資産（前渡金の過大計上）、負債（仕入債務の過少計上） ［平成20年10月期訂正報告書における訂正理由］ 　本文参照（306ページ）。 ［訂正報告書に係る監査証明の有無］　監査証明あり
C－40 化学 (JQS) 平成21年8月28日	［訂正対象決算期］　平成18年1月1日～20年12月31日 ［訂正勘定科目］　売上高（架空売上の計上）、売上原価（売上原価の過大計上）、販売費及び一般管理費（貸倒引当金の過少計上）、資産（売上債権の過大計上、棚卸資産の過少計上） ［平成19年12月期訂正報告書における訂正理由］ 　当社の中国連結子会社の一社において、不適切な会計処理が行われたことが判明いたしました。 　当社は、調査の結果、当該会計処理について、過大計上された売上高の修正並びに売掛金とたな卸資産の修正等、必要と認められる訂正を行うため、金融商品取引法第24条の2第1項の規定に基づき、平成20年3月28日に提出した第48期（自　平成19年1月1日　至　平成19年12月31日）有価証券報告書の訂正報告書を提出いたします。 　以下省略。 ［訂正報告書に係る監査証明の有無］　監査証明あり

No. 業種 （上場市場） 提出日	訂正の概要
	[訂正に伴う連結財務諸表又は財務諸表の増減金額及び増減率] 平成19年12月31日　連結会計年度　　　　　　　　（単位：百万円） |	訂正前	訂正後	増減額	増減率
---	---	---	---	---
売上高	88,703	87,947	△756	△0.85%
売上原価	73,090	72,794	△296	△0.40%
販売費及び一般管理費	18,075	18,083	8	0.04%
営業外収益	535	535	0	0.00%
営業外費用	775	775	0	0.00%
特別利益	127	127	0	0.00%
特別損失	2,683	2,683	0	0.00%
当期純利益・損失(△)	△6,297	△6,765	△468	7.43%
純資産	19,553	19,025	△528	△2.70%
総資産	74,998	74,312	△686	△0.91%	
C-41 その他製品 （大証二部） 平成21年7月29日	[訂正対象決算期]　平成16年12月1日～20年11月30日 [訂正勘定科目]　売上高（売上の計上時期の操作）、売上原価（売上の計上時期の操作に対応）、資産（売上債権の過大計上、棚卸資産の過少計上） [平成19年11月期訂正報告書における訂正理由] 　当社において不適切な会計処理の内容について厳正な調査を行ったところ次の事実が判明いたしました。 1．工事物件における完工基準を満たさない売上計上があった。 2．値引等処理の期間対応が不十分であった。 3．デザイン料、プランニング料、据付運送費、搬入諸経費等の契約が不十分であった事と、未回収分の取消処理時期が遅れていた。 4．売上先変更処理等により一部の売掛金未回収状況が表面上回避されていた。 　以上により、売上計上時期のズレなど必要と認められる訂正を行うため、金融商品取引法第24条の2第1項の規定に基づき、平成20年2月28日に提出した第88期（自平成18年12月1日　至平成19年11月30日）有価証券報告書の訂正報告書を提出いたします。 　以下省略。 [訂正報告書に係る監査証明の有無]　監査証明あり

429

資料編●訂正報告書における不適正な会計処理の分析

No. 業種 (上場市場) 提出日	訂正の概要
	[訂正に伴う連結財務諸表又は財務諸表の増減金額及び増減率] 平成 19 年 11 月 30 日　連結会計年度　　　　　　（単位：百万円） |	訂正前	訂正後	増減額	増減率
---	---	---	---	---
売上高	19,766	19,969	203	1.03%
売上原価	15,701	15,870	169	1.08%
販売費及び一般管理費	4,174	4,174	0	0.00%
営業外収益	91	91	0	0.00%
営業外費用	239	239	0	0.00%
特別利益	58	58	0	0.00%
特別損失	884	884	0	0.00%
当期純利益・損失(△)	308	342	34	11.04%
純資産	6,326	6,262	△64	△1.01%
総資産	15,455	15,391	△64	△0.41%	
C-42 機械 (東証一部、大証一部) 平成 21 年 6 月 2 日	[訂正対象決算期]　平成 15 年 4 月 1 日～20 年 3 月 31 日 [訂正勘定科目]　売上（売上の前倒し計上）、売上原価（売上原価の過少計上）、販売費及び一般管理費（製品保証引当金の過少計上）、資産（売上債権の過大計上、棚卸資産の過大計上） [平成20年3月期訂正報告書における訂正理由] 　本文参照（315 ページ）。 [訂正報告書に係る監査証明の有無]　監査証明あり
C-43 卸売業 (東証一部、大証一部、名証一部、札証上場、福証上場) 平成 21 年 1 月 28 日	[訂正対象決算期]　平成 15 年 4 月 1 日～20 年 3 月 31 日 [訂正勘定科目]　売上高（売上の過大計上）、資産（売上債権の過大計上）、負債（仕入債務の過大計上） [平成20年3月期訂正報告書における訂正理由] 　当社の機械カンパニーの営業課において、当社が外国に所在する事業者から仕入れた重機械及び資機材等（以下、訂正理由の部分において、総称して「本商品」といいます。）をモンゴル国所在の本商品の使用者に対して販売する三国間貿易取引（以下、訂正理由の部分において、「本三国間貿易取引」といいます。）に係る債権の一部に回収遅延が発生し、それを契機に本三国間貿易取引の内容を調査した結果、販売取引として会計処理されていた中に、物流を伴わない実質的には金融支援取引（融資取引）と考えられる取引が含まれていたことが判明いたしました。これを受けて、当社は、販売取引として会計処理されていた当該取引を取消し、金融取引（融資取引）として計上し直すこととしたことに伴い、当社が平成 20 年 6 月 25 日に提出しました第 84 期（自　平成 19 年 4 月 1 日　至　平成 20 年 3 月 31 日）有価証券報告書の記載事項の一部を訂正する必要が生じましたので、有価証券報告書の訂正報告書を提出するものであります。

No. 業種 (上場市場) 提出日	訂正の概要
	[訂正報告書に係る監査証明の有無] 監査証明なし [訂正に伴う連結財務諸表又は財務諸表の増減金額及び増減率] 平成20年3月31日 連結会計年度 　　　　　　　　　　(単位：百万円) |	訂正前	訂正後	増減額	増減率
---	---	---	---	---
売上高	2,861,210	2,859,853	△1,357	△0.05%
売上原価	1,865,306	1,865,306	0	0.00%
販売費及び一般管理費	729,380	729,380	0	0.00%
営業外収益	66,168	65,349	△819	△1.24%
営業外費用	49,985	49,985	0	0.00%
特別利益			―	―
特別損失			―	―
当期純利益・損失(△)	218,585	217,301	△1,284	△0.59%
純資産	978,471	973,545	△4,926	△0.50%
総資産	5,255,420	5,274,199	18,779	0.36%	
C-44 卸売業 (東証二部) 平成21年1月16日	[訂正対象決算期] 平成16年4月1日～18年3月31日 [訂正勘定科目] 売上高(売上の過大計上)、売上原価(売上原価の過大計上) [平成18年3月期訂正報告書における訂正理由] 　当社事業年度の第48期(平成17年3月期)及び第49期(平成18年3月期)過去において、特定の取引先との間で、付加価値の増加を伴わない仲介取引等の不適切な取引が行われていた可能性が高いことが判明したことを受け、当社は、社内調査委員会において、不適切な取引の詳細及び各事業年度の財務諸表等への影響額の調査等を実施した結果、当該取引については、売却代金全額を収益金額として計上すること(総額表示)は不適切であると判断し、従前の総額表示から、売却代金と購入原価との差額を収益金額として表示する方法(純額表示)に訂正することが適切であると判断し、平成18年6月29日に提出した第49期(自　平成17年4月1日　至　平成18年3月31日)有価証券報告書の記載の一部に誤りがありましたので、これを訂正するため有価証券報告書の訂正報告書を提出するものであります。 　なお、この訂正による利益への影響はございません。 [訂正報告書に係る監査証明の有無] 監査証明なし

No. 業種 (上場市場) 提出日	訂正の概要				
	[訂正に伴う連結財務諸表又は財務諸表の増減金額及び増減率]				
	平成18年3月31日　連結会計年度　　　　　　　　　（単位：百万円）				
		訂正前	訂正後	増減額	増減率
	売上高	24,406	22,251	△2,155	△8.83%
	売上原価	21,556	19,401	△2,155	△10.00%
	販売費及び一般管理費	2,718	2,718	0	0.00%
	営業外収益	20	20	0	0.00%
	営業外費用	121	121	0	0.00%
	特別利益	209	209	0	0.00%
	特別損失	44	44	0	0.00%
	当期純利益・損失(△)	24	24	0	0.00%
	純資産	7,167	7,167	0	0.00%
	総資産	13,924	13,924	0	0.00%
C-45 小売業 (東証一部、名証一部) 平成20年11月28日	[訂正対象決算期]　平成15年3月1日〜20年2月29日 [訂正勘定科目]　売上原価（売上原価の過少計上）、資産（現金及び預金の過大計上、未収入金の過少計上) [平成19年2月期訂正報告書における訂正理由] 　当社の元経理部長による過年度における金員の流用が明らかになり、当該内容を調査し、連結財務諸表等及び財務諸表等の記載内容について見直しを行いました。 　連結損益計算書においては、売上原価が267百万円増加したことにより、税金等調整前当期純利益は8,366百万円となり、税効果会計の見直しにより法人税等調整額が106百万円増加し、当期純利益は3,839百万円となりました。 　連結貸借対照表においては、現金及び預金が510百万円減少、流動資産のその他が249百万円減少、流動資産の繰延税金資産が106百万円増加、固定資産の繰延税金資産が196百万円増加、投資その他の資産のその他が491百万円増加、貸倒引当金が491百万円増加し、この結果、利益剰余金が456百万円減少しました。 　同時に個別財務諸表の損益計算書におきましても、売上原価が267百万円増加したことにより、税引前当期純利益は6,266百万円となり、税効果会計の見直しにより法人税等調整額が106百万円増加し、当期純利益は3,592百万円となりました。 　貸借対照表においては、現金及び預金が510百万円減少、未収入金が267百万円減少、流動資産のその他が18百万円増加、流動資産の繰延税金資産が106百万円増加、固定資産の繰延税金資産が196百万円増加、投資その他の資産のその他が491百万円増加、貸倒引当金が491百万円増加し、この結				

No. 業種 （上場市場） 提出日	訂正の概要
	果、繰越利益剰余金が456百万円減少しました。 　これらを訂正するため、金融商品取引法第24条の2第1項の規定に基づき有価証券報告書の訂正報告書を提出するものであります。 ［訂正報告書に係る監査証明の有無］　監査証明なし ［訂正に伴う連結財務諸表又は財務諸表の増減金額及び増減率］ 平成19年2月28日　連結会計年度　　　　　　　　　　（単位：百万円） |	訂正前	訂正後	増減額	増減率
---	---	---	---	---
売上高	217,229	217,229	0	0.00%
売上原価	162,478	162,745	267	0.16%
販売費及び一般管理費	45,500	45,500	0	0.00%
営業外収益	1,705	1,705	0	0.00%
営業外費用	865	865	0	0.00%
特別利益	85	85	0	0.00%
特別損失	1,541	1,541	0	0.00%
当期純利益・損失（△）	4,000	3,839	△161	△4.03%
純資産	61,132	60,675	△456	△0.75%
総資産	101,258	100,802	△456	△0.45%	
C－46 小売業 非公開 （東証二部 その後上場廃止） 平成20年11月20日	［訂正対象決算期］　平成15年3月1日～20年2月29日 ［訂正勘定科目］　販売費及び一般管理費（費用の過少計上）、営業外費用（費用の過少計上）、資産（現金及び預金の過大計上） ［平成20年2月期訂正報告書における訂正理由］ 　当社は、過年度において不適切な経理処理（以下、「本件」という）が行われていたことを受けて、平成20年9月17日、内部委員会を設置して、当該取引の内容把握、当該取引に至った原因及び動機の解明、再発防止策の策定等に着手するとともに、同年同日、調査の透明性、公正性を確保するため、有識者を委員とする外部調査委員会を設置することを取締役会において決議し、その指導・助言のもとに本件調査を鋭意進めてまいりました。 　調査の結果、本件は過年度において当社の総勘定元帳の当座預金勘定残高と当座預金残高との不一致があり、その不一致原因を明らかにすることができなかったため、発覚を隠蔽することを目的として当時の経理部長によって継続して行われたこと、その結果本件等に基づく当社の最終的な損益影響の累計額が総額で66百万円となることが判明しました。 　当社は、判明した上記の損益影響額を、過年度に年度別に適正に振り当てる作業を実施しました。その結果、過小に計上されていた売上原価の修正等、過年度における財務諸表等の修正が必要となりましたので、金融商品取引法第24条の2第1項の規定に基づき、平成20年5月29日に提出しました第50期事業年度（自　平成19年3月1日　至　平成20年2月29日）に係る

No. 業種 （上場市場） 提出日	訂正の概要
	有価証券報告書の訂正報告書を提出するものであります。 [訂正報告書に係る監査証明の有無]　監査証明なし [訂正に伴う連結財務諸表又は財務諸表の増減金額及び増減率] 平成20年2月29日　事業年度　　　　　　　　　　　（単位：百万円） |	訂正前	訂正後	増減額	増減率
---	---	---	---	---
売上高	65,013	65,013	0	0.00%
売上原価	48,913	48,913	0	0.00%
販売費及び一般管理費	11,814	11,828	14	0.12%
営業外収益	94	94	0	0.00%
営業外費用	5	6	1	20.00%
特別利益	―	―	―	―
特別損失	40	40	0	0.00%
当期純利益・損失(△)	2,952	2,938	△14	△0.47%
純資産	24,071	24,005	△66	△0.27%
総資産	30,955	30,888	△67	△0.22%	
C-47 建設業 （東証一部、大証一部、名証一部） 平成20年11月14日	[訂正対象決算期]　平成15年4月1日～20年3月31日 [訂正勘定科目]　売上高（架空売上の計上）、特別損失（循環取引損失の不計上）、資産（売上債権の過大計上、棚卸資産の過大計上）、負債（仕入債務の過大計上） [平成20年3月期訂正報告書における訂正理由] 　当社は、連結子会社である大興物産株式会社（以下「当社連結子会社」という。）による架空循環取引と疑われる不適切な取引（以下「本件取引」という。）が行われていたことが判明したことを受けて、平成20年8月22日、社内調査委員会を設置して、当該取引の内容把握、当該取引に至った原因及び動機の解明、再発防止策の策定等に着手するとともに、同年9月17日、調査の透明性、公正性を確保するため、有識者を委員とする社外調査委員会を設置することを取締役会において決議し、その指導・助言のもとに本件調査を鋭意進めてまいりました。 　調査の結果、本件取引は平成10年に不良債権の発覚を隠蔽すること等を目的として当社連結子会社の常務執行役員（平成10年当時は新事業開発本部SI（注）部長。平成20年8月18日付けで常務執行役員を退任。同年10月15日付けで懲戒解雇処分により退職。）により開始され、その後も同役員によって継続して行われたこと、その結果本件取引に基づく当社連結子会社の最終的な損失額が総額で6,912百万円となることが判明しました。 （注）System Integrateの略 　当社は、判明した上記損失額を、過年度及び当年度へ年度別に適正に振り当てる作業を実施しましたが、その結果、過大に計上されていた売上高及び

434

No. 業種 (上場市場) 提出日	訂正の概要
	売上原価の修正等、過年度における連結財務諸表等の修正が必要となりましたので、金融商品取引法第24条の2第1項の規定に基づき、平成20年6月30日に提出しました第111期事業年度(自　平成19年4月1日　至　平成20年3月31日)に係る有価証券報告書の訂正報告書を提出するものであります。 　以下省略。 [訂正報告書に係る監査証明の有無]　監査証明あり [訂正に伴う連結財務諸表又は財務諸表の増減金額及び増減率] 平成20年3月31日　連結会計年度　　　　　　　　　　　（単位：百万円） |	訂正前	訂正後	増減額	増減率
---	---	---	---	---
売上高	1,894,187	1,894,044	△143	△0.01%
売上原価	1,778,354	1,778,354	0	0.00%
販売費及び一般管理費	97,593	97,593	0	0.00%
営業外収益	31,856	31,856	0	0.00%
営業外費用	20,484	20,484	0	0.00%
特別利益	38,472	38,472	0	0.00%
特別損失	16,861	18,545	1,684	9.99%
当期純利益・損失(△)	42,162	40,709	△1,453	△3.45%
純資産	308,581	305,449	△3,132	△1.01%
総資産	1,918,510	1,918,395	△115	△0.01%	
C-48 電気機器 (東証一部、大証一部) 平成20年11月7日	[訂正対象決算期]　平成16年4月1日～20年3月31日 [訂正勘定科目]　売上高(架空売上の計上)、売上原価(架空仕入の計上)、 　　　　　　　　特別損失(循環取引損失の不計上)、資産(売上債権の過 　　　　　　　　大計上)、負債(仕入債務の過大計上) [平成17年3月期訂正報告書における訂正理由] 　当社の関係会社において、少なくとも平成17年3月期(第1期)より平成21年3月期(第5期)までの間に、複数の取引先との間で実体のない循環取引を繰り返し行った上、各事業年度においてかかる循環取引による架空の売上及び仕入を計上していたことが判明しました。 　これにより、過大に計上されていた売上高及び仕入高を修正するとともに、不適切な取引に係る債権及び債務の修正等、必要と認められる修正を行いました。 　これらを訂正するため、金融商品取引法第24条の2第1項の規定に基づき、平成17年6月30日に提出しました第1期(自　平成16年4月1日　至　平成17年3月31日)有価証券報告書の訂正報告書を提出するものであります。 　以下省略。

No. 業種 (上場市場) 提出日	訂正の概要
	[訂正報告書に係る監査証明の有無]　監査証明あり [訂正に伴う連結財務諸表又は財務諸表の増減金額及び増減率] 平成17年3月31日　連結会計年度　　　　　　　　　　（単位：百万円） |	訂正前	訂正後	増減額	増減率
---	---	---	---	---
売上高	239,696	234,293	△5,403	△2.25%
売上原価	186,543	181,455	△5,088	△2.73%
販売費及び一般管理費	51,961	51,961	0	0.00%
営業外収益	2,718	2,718	0	0.00%
営業外費用	3,882	3,882	0	0.00%
特別利益	2,200	2,200	0	0.00%
特別損失	7,694	10,002	2,308	30.00%
当期純利益・損失(△)	△14,732	△17,354	△2,622	17.80%
純資産	65,708	63,086	△2,622	△3.99%
総資産	267,996	264,844	△3,152	△1.18%	
C-49 サービス業 (東証一部) 平成20年10月10日	[訂正対象決算期]　平成15年4月1日～20年1月31日 [訂正勘定科目]　売上高（売上の過大計上）、売上原価（売上原価の未成工事への付替えによる費用の繰延べ）、販売費及び一般管理費（費用の過少計上）、資産（売上債権の過大計上、棚卸資産の過大計上）、負債（仕入債務の過少計上） [平成20年1月期訂正報告書における訂正理由] 　今般、当社連結子会社の㈱丹青ディスプレイにおいて、第46期から当期第51期までの複数年にわたり、売上高の過大計上や売上原価の付替えといった不適切な処理が行われていたこと及び会計処理誤りにより売上原価が過少に計上されていたこと等が判明いたしました。 　これらに対する厳正な内部調査の結果に基づき、第46期（平成15年4月1日から平成16年3月31日まで）から第50期（平成19年4月1日から平成20年1月31日まで）までの各期に係る有価証券報告書及び第48期から第50期までの各期に係る半期報告書を訂正することとなりました。 　当書類は、このうち平成20年4月25日に提出いたしました第50期有価証券報告書について訂正するものであります。 　これにより訂正となる箇所及び訂正前後の各金額並びに影響額の概要は、以下のとおりであります。 　なお、当該訂正はすべて連結財務諸表等に関連するものであり、財務諸表等に関連する訂正はありません。 [訂正報告書に係る監査証明の有無]　監査証明なし

No. 業種 (上場市場) 提出日	訂正の概要
	[訂正に伴う連結財務諸表又は財務諸表の増減金額及び増減率] 平成20年1月31日　連結会計年度（10ヶ月決算）　（単位：百万円） |	訂正前	訂正後	増減額	増減率
---	---	---	---	---
売上高	45,563	45,553	△10	△0.02%
売上原価	39,848	39,878	30	0.08%
販売費及び一般管理費	7,114	7,120	6	0.08%
営業外収益	221	221	0	0.00%
営業外費用	150	150	0	0.00%
特別利益	71	71	0	0.00%
特別損失	89	89	0	0.00%
当期純利益・損失(△)	△928	△962	△34	3.66%
純資産	12,724	12,545	△179	△1.41%
総資産	29,332	29,164	△168	△0.57%	
C-50 サービス業 非公開 (JQS その後上場廃止) 平成20年6月16日	[訂正対象決算期]　平成17年10月1日～平成19年9月30日 [訂正勘定科目]　営業外収益（収益の過少計上）、営業外費用（有価証券運用損・投資有価証券運用損の不計上） [平成19年9月期訂正報告書における訂正理由] 　平成19年12月25日に提出した第47期（自　平成18年10月1日　至　平成19年9月30日）有価証券報告書の記載事項につき、一部訂正を要する箇所がありましたので、金融商品取引法第24条の2第1項の規定に基づき、本訂正報告書を提出するものであります。 　これは、複合金融商品（他社株転換社債等）の、当初時価評価差額を、その他有価証券評価差額金として純資産の部に計上しておりましたが、各金融商品を見直した結果、会計処理方法に誤りがあることが判明いたしました。これに伴い、有価証券運用損及び投資有価証券運用損等の科目で処理をすることとなり、これを訂正するものであります。 　以下省略。 [訂正報告書に係る監査証明の有無]　監査証明あり

No. 業種 (上場市場) 提出日	訂正の概要
	[訂正に伴う連結財務諸表又は財務諸表の増減金額及び増減率] 平成19年9月30日　連結会計年度　　　　　　　　　　（単位：百万円） |	訂正前	訂正後	増減額	増減率
---	---	---	---	---
売上高	24,706	24,706	0	0.00%
売上原価	15,428	15,428	0	0.00%
販売費及び一般管理費	5,572	5,572	0	0.00%
営業外収益	372	381	9	2.42%
営業外費用	415	630	215	51.81%
特別利益	54	54	0	0.00%
特別損失	740	740	0	0.00%
当期純利益・損失(△)	1,479	1,356	△123	△8.32%
純資産	17,082	17,064	△18	△0.11%
総資産	35,146	35,128	△18	△0.05%	
C-51 卸売業 非公開 (非上場) 平成20年3月27日	[訂正対象決算期]　平成14年7月1日～19年6月30日 [訂正勘定科目]　売上高（架空売上の計上）、売上原価（架空仕入の計上）、販売費及び一般管理費（費用の過少計上）、資産（売上債権の過大計上）、負債（仕入債務の過大計上） [平成19年6月期訂正報告書における訂正理由] 　当社において、平成15年6月期（第56期）より平成19年6月期（第60期）までの間に、商品の移動を伴わない架空取引等の不適切な取引行為がなされ、売上高の過大計上等の不適切な会計処理が行われていたことが判明いたしました。 　これらを訂正するため、金融商品取引法第24条の2第1項の規定に基づき、平成19年9月28日に提出いたしました有価証券報告書の訂正報告書を提出するものであります。 [訂正報告書に係る監査証明の有無]　監査証明なし

No. 業種 (上場市場) 提出日	訂正の概要
	[訂正に伴う連結財務諸表又は財務諸表の増減金額及び増減率] 平成19年6月30日　連結会計年度　　　　　　　　　　　(単位：百万円) <table><tr><th></th><th>訂正前</th><th>訂正後</th><th>増減額</th><th>増減率</th></tr><tr><td>売上高</td><td>154,850</td><td>154,151</td><td>△699</td><td>△0.45%</td></tr><tr><td>売上原価</td><td>140,985</td><td>140,265</td><td>△720</td><td>△0.51%</td></tr><tr><td>販売費及び一般管理費</td><td>11,342</td><td>11,362</td><td>20</td><td>0.18%</td></tr><tr><td>営業外収益</td><td>743</td><td>743</td><td>0</td><td>0.00%</td></tr><tr><td>営業外費用</td><td>91</td><td>91</td><td>0</td><td>0.00%</td></tr><tr><td>特別利益</td><td>112</td><td>112</td><td>0</td><td>0.00%</td></tr><tr><td>特別損失</td><td>9</td><td>9</td><td>0</td><td>0.00%</td></tr><tr><td>当期純利益・損失(△)</td><td>1,873</td><td>1,873</td><td>0</td><td>0.00%</td></tr><tr><td>純資産</td><td>35,956</td><td>35,956</td><td>0</td><td>0.00%</td></tr><tr><td>総資産</td><td>55,496</td><td>55,468</td><td>△28</td><td>△0.05%</td></tr></table>
C-52 繊維製品 (東証一部) 平成20年2月28日	[訂正対象決算期]　平成14年4月1日～19年3月31日 [訂正勘定科目]　売上高(架空売上の計上)、売上原価(架空仕入の計上)、 　　　　　　　　資産(売上債権の過大計上、棚卸資産の架空計上)、負債 　　　　　　　　(仕入債務の過大計上) [平成17年3月期訂正報告書における訂正理由] 　平成17年6月29日に提出した第59期事業年度(自　平成16年4月1日 　至　平成17年3月31日)の有価証券報告書に以下の事項を反映させることに伴い、記載事項の一部を修正する必要が生じましたので金融商品取引法第24条の2第1項の規定に基づき有価証券報告書の訂正報告書を提出致します。 　当社産業資材本部の元社員により平成9年3月期より平成18年3月期の長期間にわたり不正取引が行われていたことが判明いたしました。当該取引は、商品を仕入れて預かり在庫として取引先の一社に保管し、最終ユーザーが必要とする際に複数の取引先を通して販売をするという取引であることを装っておりましたが、実際には最終ユーザーは存在せず、当社が販売した取引先から当社の仕入先に販売が行われるという商品の移動を伴わない循環取引であったことから、架空在庫の計上及び売上高の過大計上等がなされておりました。 　元社員より不正取引は平成9年3月期から行なっていたとの説明を受けておりますが、平成9年3月期から、平成12年3月期の期間については、この期間に主な取引先であった会社との当該取引が既に終了しておりデータの照合が出来ないこと、当社においても販売・仕入等の取引データは残っているものの証憑となる書類が既に廃棄されており、対象取引が確定できないことから、訂正の処理はほぼ確実であると判断できる平成13年3月期より実

No. 業種 （上場市場） 提出日	訂正の概要
	施しております。 　なお、過大に計上された売上高及び仕入高を修正するとともに、当該取引に係る売上高と仕入高の差額を営業外収益及び営業外費用に修正表示しております。また、各期末の架空の商品在庫については取り消しを行いました。その他当該取引に係る債権債務残高を売掛金・買掛金より未収金・未払金に振替えるなどの必要と認められる修正を行いました。 [訂正報告書に係る監査証明の有無]　監査証明なし [訂正に伴う連結財務諸表又は財務諸表の増減金額及び増減率] 平成17年3月31日　連結会計年度　　　　　　　　　　　（単位：百万円） | | 訂正前 | 訂正後 | 増減額 | 増減率 | |---|---|---|---|---| | 売上高 | 49,364 | 48,857 | △507 | △1.03% | | 売上原価 | 37,680 | 37,153 | △527 | △1.40% | | 販売費及び一般管理費 | 8,924 | 8,924 | 0 | 0.00% | | 営業外収益 | 1,005 | 1,036 | 31 | 3.08% | | 営業外費用 | 264 | 264 | 0 | 0.00% | | 特別利益 | 113 | 113 | 0 | 0.00% | | 特別損失 | 315 | 315 | 0 | 0.00% | | 当期純利益・損失(△) | 2,379 | 2,431 | 52 | 2.19% | | 純資産 | 29,554 | 29,508 | △46 | △0.16% | | 総資産 | 53,328 | 53,282 | △46 | △0.09% |
C-53 その他金融業 非公開 （東証一部 その後上場廃止） 平成20年2月13日	[訂正対象決算期]　平成16年4月1日～19年3月31日 [訂正勘定科目]　売上高（営業取引から営業外取引への振替）、売上原価（営業取引から営業外取引への振替）、営業外収益（営業取引から営業外取引への振替） [平成19年3月期訂正報告書における訂正理由] 　当社の取引先である株式会社アイ・エックス・アイ（以下、IXI社）が平成19年1月21日付けに民事再生手続開始の申立を行ったことに伴い、IXI社関連取引に関する債権154億円について、取立不能または取立遅延のおそれが生じ、第43期事業年度（自　平成18年4月1日　至　平成19年3月31日）において、債権の全額に対して、貸倒引当金を設定し、特別損失に計上しました。 　当該取引につきましては、取引に関係した会社が多く、且つ民間企業の調査には限界があることから、全容の解明には至っておりませんでした。 　その後IXI社の管財人は、再生計画策定の過程で同社の過去の取引の商流を子細に分析し、その結果に基づき当社の再生債権査定申立に対して資料を提示しております。当社は新たに提示された資料の内容について精査し、その結果、同資料の内容の信憑性は高く、当社が過去に取り扱ってきたIXI社

No. 業種 (上場市場) 提出日	訂正の概要
	関連取引が、営業取引とは認められない取引であったとするのが妥当であるとの結論に至りました。したがって、一連のIXI社関連取引を対象に、訂正を行うことが適切と判断し、平成19年6月26日に提出いたしました第43期事業年度（自　平成18年4月1日　至　平成19年3月31日）有価証券報告書の訂正報告書を提出するものであります。 　訂正の内容は、当該取引について営業取引から営業外取引へと認識を改め、売上高および売上原価を取消して、純額を営業外収益に計上すること、また、当該取引の債権・債務について、貸借対照表上、「賃貸料等未収入金」から「その他の流動資産」に、「買掛金」から「その他の流動負債」に振替えること、連結貸借対照表上、「支払手形及び買掛金」から「その他の流動負債」に振替えることなどであります。 　なお、当該訂正が経常利益、当期純損益に与える影響はありません。 　以下省略。 [訂正報告書に係る監査証明の有無]　監査証明あり [訂正に伴う連結財務諸表又は財務諸表の増減金額及び増減率] 平成19年3月31日　連結会計年度　　　　　　　　　　（単位：百万円） |	訂正前	訂正後	増減額	増減率
---	---	---	---	---
売上高	490,588	451,122	△39,466	△8.04%
売上原価	454,822	415,794	△39,028	△8.58%
販売費及び一般管理費	17,346	17,346	0	0.00%
営業外収益	894	1,332	438	48.99%
営業外費用	894	894	0	0.00%
特別利益	1,358	1,358	0	0.00%
特別損失	15,492	15,492	0	0.00%
当期純利益・損失(△)	△3,801	△3,801	0	0.00%
純資産	65,120	65,120	0	0.00%
総資産	1,339,637	1,339,637	0	0.00%	
C-54 卸売業 (東証一部) 平成19年12月17日	[訂正対象決算期]　平成18年4月1日～19年3月31日 [訂正勘定科目]　特別損失（架空在庫の消去に伴う損失計上）、資産（棚卸資産の架空計上） [平成19年3月期訂正報告書における訂正理由] 　当社の委託加工取引において、当社元社員による横領等を伴う不正な取引行為が判明したため、当該不正の内容につき調査し、連結財務諸表等及び財務諸表等の記載内容について見直しを行いました。 　なお、当該不正に伴う損失額を年次別に把握すべく調査を行いましたが、元々の開始時期が特定出来ないこと、過去のコンピュータシステム入力原票改ざんの検証が困難であること、本人が使用していたパソコンのデータがほ

No. 業種 (上場市場) 提出日	訂正の概要

とんど消去されており、専門業者に復元を依頼したものの復元不可能であったこと、また委託加工先が不正の協力者と推測され、これ以上の踏み込んだ説明や資料提供を受けることが困難であること等により第72期連結会計年度以前の年次別把握は困難であるとの結論に至り、過年度分の影響額を当連結会計年度において一括して訂正しております。

その結果、当連結会計年度の連結損益計算書においては、特別損失154百万円の計上により税金等調整前当期純損益及び当期純損益が154百万円減少しました。連結貸借対照表においては、売掛金が80百万円、たな卸資産が66百万円、利益剰余金が154百万円減少し、買掛金が7百万円増加しました。同時に、財務諸表等におきましても、対応する同様の項目において増減が発生しております。

これらを訂正するため、金融商品取引法第24条の2第1項の規定に基づき平成19年6月26日に提出いたしました第72期(自　平成18年4月1日　至　平成19年3月31日)の有価証券報告書の訂正報告書を提出するものであります。

以下省略。

[訂正報告書に係る監査証明の有無]　監査証明あり
[訂正に伴う連結財務諸表又は財務諸表の増減金額及び増減率]

平成19年3月31日　連結会計年度　　　　　　　　　　(単位：百万円)

	訂正前	訂正後	増減額	増減率
売上高	20,662	20,662	0	0.00%
売上原価	19,195	19,195	0	0.00%
販売費及び一般管理費	1,406	1,406	0	0.00%
営業外収益	38	38	0	0.00%
営業外費用	6	6	0	0.00%
特別利益	―	―	―	―
特別損失	―	154	154	―
当期純利益・損失(△)	84	△69	△154	△182.14%
純資産	3,684	3,529	△154	△4.21%
総資産	6,515	6,368	△147	△2.26%

No. 業種 （上場市場） 提出日	訂正の概要
C-55 機械 （JQS） 平成19年11月22日	[訂正対象決算期]　平成18年4月1日～19年3月31日 [訂正勘定科目]　売上高（売上の前倒し計上、架空売上の計上）、資産（売上債権の過大計上、棚卸資産の過少計上） [平成19年3月期訂正報告書における訂正理由] 　当社連結子会社である株式会社セタにて、本来平成20年3月期に計上すべき売上を、平成19年3月期に計上する不適切な処理が判明し、同社にて財務諸表等の記載内容について見直しを行い、平成19年10月25日付で有価証券報告書の訂正報告書の提出を行い、適切な処理に基づいた同社財務諸表等を公表いたしました。当社は、同社の財務諸表等の訂正を受け、平成19年3月期の当社連結財務諸表等の訂正を行うものであります。 　その結果、当連結会計年度の連結損益計算書では、売上高が806百万円減少し、営業損失及び経常損失は414百万円増加しました。加えて、少数株主損失が130百万円増加したため、当期純利益は284百万円減少することとなりました。連結貸借対照表では、総資産は362百万円減少、負債合計は52百万円増加、純資産は414百万円減少いたしました。 　これらを訂正するため、金融商品取引法第24条の2第1項の規定に基づき、有価証券報告書の訂正報告書を提出するものであります。 　以下省略。 [訂正報告書に係る監査証明の有無]　監査証明あり [訂正に伴う連結財務諸表又は財務諸表の増減金額及び増減率] 平成19年3月31日　連結会計年度　　　　　　　　　　　　（単位：百万円） |	訂正前	訂正後	増減額	増減率
---	---	---	---	---
売上高	36,387	35,580	△806	△2.22%
売上原価	18,124	17,743	△381	△2.10%
販売費及び一般管理費	21,054	21,043	△11	△0.05%
営業外収益	347	347	0	0.00%
営業外費用	3,905	3,905	0	0.00%
特別利益	22,965	22,965	0	0.00%
特別損失	4,809	4,809	0	0.00%
当期純利益・損失（△）	9,453	9,169	△284	△3.00%
純資産	117,028	116,614	△414	△0.35%
総資産	172,043	171,681	△362	△0.21%

No. 業種 (上場市場) 提出日	訂正の概要
C-56 建設業 非公開 (東証二部) その後上場廃止) 平成19年11月13日	[訂正対象決算期] 平成18年4月1日～19年3月31日 [訂正勘定科目] 売上原価(工事損失引当金の不計上)、負債(工事損失引当金の不計上) [平成19年3月期訂正報告書における訂正理由] 　平成19年6月28日に提出した第5期(自 平成18年4月1日 至 平成19年3月31日)有価証券報告書の記載事項の一部に訂正すべき事項がありましたので、これを訂正するため、有価証券報告書の訂正報告書を提出するものであります。 　当社グループでは、受注工事に係る将来の損失に備えるため、連結会計年度末手持工事のうち重要な損失の見込まれるものについて、その損失見込額を工事損失引当金に計上しています。 　このたび、平成20年3月期中間決算における当社の工事損失引当金計上の要否の検討にあたり、工事損失見込額の算定、ならびに損失の認識時点に関してすべての手持工事を点検いたしましたところ、工事損失引当金の認識時点を平成19年3月期末とすべき案件が検出されました。 　当社は、平成19年3月期末時点での当該特定の工事の損益見通し等の判断について、再度慎重に検証いたしました結果、工事損失引当金331百万円を平成19年3月期末に計上することが妥当であると判断し、平成19年6月28日に提出した第5期(自 平成18年4月1日 至 平成19年3月31日)有価証券報告書を訂正することといたしました。 [訂正報告書に係る監査証明の有無] 監査証明なし [訂正に伴う連結財務諸表又は財務諸表の増減金額及び増減率] 平成19年3月31日　連結会計年度　　　　　　　　　　(単位：百万円) |	訂正前	訂正後	増減額	増減率
---	---	---	---	---
売上高	351,288	351,288	0	0.00%
売上原価	323,881	324,212	331	0.10%
販売費及び一般管理費	17,748	17,748	0	0.00%
営業外収益	734	734	0	0.00%
営業外費用	1,616	1,616	0	0.00%
特別利益	457	457	0	0.00%
特別損失	1,586	1,586	0	0.00%
当期純利益・損失(△)	7,845	7,514	△331	△4.22%
純資産	28,591	28,260	△331	△1.16%
総資産	241,823	241,823	0	0.00%	

No. 業種 （上場市場） 提出日	訂正の概要
C-57 機械 （東証一部） 平成19年9月10日	［訂正対象決算期］　平成14年4月1日～19年3月31日 ［訂正勘定科目］　売上高（売上の前倒し計上）、資産（売上債権の過大計上、棚卸資産の過少計上） ［平成17年3月期訂正報告書における訂正理由］ 　当社国内事業本部の売上計上（国内売上）において、平成18年3月期以前の過年度において、「確定受注案件の早期売上計上」という不適切な会計処理が、主に中間期に行われていた事実が判明致しました。 　これを踏まえ、当該不適切処理の実態調査及び当社の売上計上基準「工場出荷基準」に準拠し、売上計上の妥当性の再検証を行い、連結財務諸表等及び財務諸表等の記載内容について見直しを行いました。 　その結果、第57期連結会計年度の連結損益計算書の売上高は158,370千円減少、売上原価は105,963千円減少、販売費及び一般管理費は633千円減少することとなり、売上総利益は52,406千円減少、営業利益、経常利益、税金等調整前当期純利益及び当期純利益は51,772千円の減少となりました。 　また、第57事業年度の損益計算書の売上高は160,043千円減少、売上原価は109,763千円減少、販売費及び一般管理費は633千円減少致しました。その結果、売上総利益は50,279千円減少、営業利益、経常利益、税引前当期純利益及び当期純利益はそれぞれ49,645千円の減少となりました。 　これらを訂正するとともに、記載事項の一部に訂正すべき事項がありましたので、証券取引法第24条の2第1項の規定に基づき平成17年6月29日に提出致しました有価証券報告書の訂正報告書を提出するものであります。 　以下省略。 ［訂正報告書に係る監査証明の有無］　監査証明あり ［訂正に伴う連結財務諸表又は財務諸表の増減金額及び増減率］ 平成17年3月31日　連結会計年度　　　　　　　　　　（単位：百万円） |	訂正前	訂正後	増減額	増減率
---	---	---	---	---
売上高	14,884	14,726	△158	△1.06%
売上原価	10,355	10,249	△106	△1.02%
販売費及び一般管理費	4,271	4,270	△1	△0.02%
営業外収益	122	122	0	0.00%
営業外費用	310	310	0	0.00%
特別利益	567	567	0	0.00%
特別損失	489	489	0	0.00%
当期純利益・損失（△）	76	24	△52	△68.42%
純資産	16,453	16,401	△52	△0.32%
総資産	28,906	28,849	△57	△0.20%

■監修者紹介

宝印刷　総合ディスクロージャー研究所

　平成19年4月開設。ディスクロージャーを網羅する調査・情報収集体制を整え、ディスクロージャー制度と実務・実態に関する調査分析、研究活動を行う専門機関。レポートや書籍刊行、セミナー開催を通じ、成果を公表している。

■編者紹介

小谷　融（こたに・とおる）

　大阪経済大学情報社会学部教授（ディスクロージャー制度論、財務会計論）、大阪経済大学博士（経済学）、宝印刷株式会社総合ディスクロージャー研究所顧問、兵庫県加西市監査委員。大阪経済大学経営学部卒業。大阪国税局、大蔵省証券局、証券取引等監視委員会等を経て現職。

　主要な著書は、『三訂版　図解　実務がわかる金融商品取引法の基本知識』（税務経理協会　平成22年）、『二訂版　金融商品取引法におけるディスクロージャー制度』（税務研究会　平成22年）、『金融商品取引法における課徴金事例の分析Ⅰインサイダー取引編』（（共著：小谷融・鈴木広樹・六川浩明）商事法務　平成24年）、『金融商品取引法における課徴金事例の分析Ⅱ虚偽記載編』（（共著：小谷融・鈴木広樹・平松朗・六川浩明）商事法務　平成24年1月）など。

■執筆者紹介（執筆順）

小谷　融（こたに・とおる）
　　執筆担当：第1章第1節、第2章、第3章、第4章第6節・第12節、資料
　※「編者紹介」参照

平松　朗（ひらまつ・あきら）
　　執筆担当：第1章第3節～第5節
　　宝印刷株式会社執行役員。早稲田大学法学部卒業。東京国税局、大蔵省証券局、証券取引等監視委員会、公正取引委員会、金融庁総務企画局企業開示課主任会計専門官等を経て現職。
　　主要な著書は、『財務諸表規則逐条詳解』（共著　中央経済社　平成22年）、『連結財務諸表規則逐条詳解』（共著：中央経済社　平成23年）など。

鈴木　広樹（すずき・ひろき）
　　執筆担当：第1章第2節、第4章第1節～第5節・第7節～第11節、資料
　　事業創造大学院大学准教授（企業倫理担当）。早稲田大学政治経済学部卒業。証券会社勤務等を経て現職。
　　主要な著書は、『株式投資に活かす適時開示』（国元書房　平成19年）、『タイムリー・ディスクロージャー（適時開示）の実務』（税務研究会　平成20年）など。

清水　一（しみず・はじめ）
　　執筆担当：第5章
　　大阪経済大学情報社会学部講師（コーポレート・ガバナンス）。神戸大学大学院経営学研究科博士後期課程修了。神戸大学博士（経営学）、高松大学経営学部講師を経て現職。
　　主要な著書は、『企業リスク管理の理論』（第5章担当、中央経済社　平成21年）、「経営者の年齢と企業評価：社長や取締役の若返りは企業価値の向上に役立つか」証券アナリストジャーナル2007年11月号など。

手嶋　大介（てしま・だいすけ）
　　執筆担当：資料
　　宝印刷株式会社総合ディスクロージャー研究所主任研究員、公認会計士。横浜国立大学経済学部卒業。新日本有限責任監査法人から出向。

「告発」「課徴金」「行政処分なし」の視点でみる
不適正な会計処理と再発防止策

2013年2月25日　発行

監　修	宝印刷総合ディスクロージャー研究所
編著者	小谷　融 ⓒ
著　者	平松　朗・鈴木　広樹・清水　一・手嶋　大介
発行者	小泉　定裕
発行所	株式会社　清文社

東京都千代田区内神田1-6-6（MIFビル）
〒101-0047　電話　03(6273)7946　FAX　03(3518)0299
大阪市北区天神橋2丁目北2-6（大和南森町ビル）
〒530-0041　電話　06(6135)4050　FAX　06(6135)4059
URL http://www.skattsei.co.jp/

印刷：亜細亜印刷㈱

■著作権法により無断複写複製は禁止されています。落丁本・乱丁本はお取り替えします。
■本書の内容に関するお問い合わせは編集部までFAX（03-3518-8864）でお願いします。

ISBN978-4-433-56862-7